A-Z CARDIFF & NEWPORT

Key to Map Pages	2-3
Large Scale Cardiff City Centre	4-5
Map Pages	6-120

Index...
Villag...
and s...
Guid...

REFERENCE

Motorway	**M1**	Airport	✈
A Road	**A46**	Car Park (selected)	P
B Road	**B682**	Church or Chapel	†
Dual Carriageway		Cycleway (selected)	🚲
One-way Street — Traffic flow on A Roads is also indicated by a heavy line on the driver's left.		Fire Station	■
		Hospital	H
Road Under Construction — Opening dates are correct at the time of publication.		House Numbers (A & B Roads only)	37 44
Proposed Road		Information Centre	i
Restricted Access		National Grid Reference	³20
Pedestrianized Road		Park and Ride — Cardiff East	P+R
Track / Footpath		Police Station	▲
Residential Walkway		Post Office	★
Railway — Heritage Station, Station, Level Crossing, Tunnel		Toilet	▽
Built-up Area — MILL RD.		Viewpoint	☀
		Waterbus — Mermaid Quay	W
Local Authority Boundary		Educational Establishment	▢
National Boundary	+ · + · +	Hospital or Healthcare Building	▢
National Park Boundary		Industrial Building	▢
Postcode Boundary		Leisure or Recreational Facility	▢
Map Continuation — 14	Large Scale City Centre — 4	Place of Interest	▢
		Public Building	▢
		Shopping Centre or Market	▢
		Other Selected Buildings	▢

SCALE

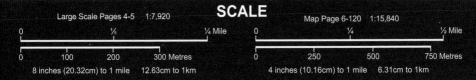

Large Scale Pages 4-5   1:7,920

0 — ⅛ — ¼ Mile

0 — 100 — 200 — 300 Metres

8 inches (20.32cm) to 1 mile   12.63cm to 1km

Map Page 6-120   1:15,840

0 — ¼ — ½ Mile

0 — 250 — 500 — 750 Metres

4 inches (10.16cm) to 1 mile   6.31cm to 1km

Copyright © Collins Bartholomew Ltd 2020 © Crown Copyright and database rights 2020 Ordnance Survey 100018598.

EDITION 7   2021

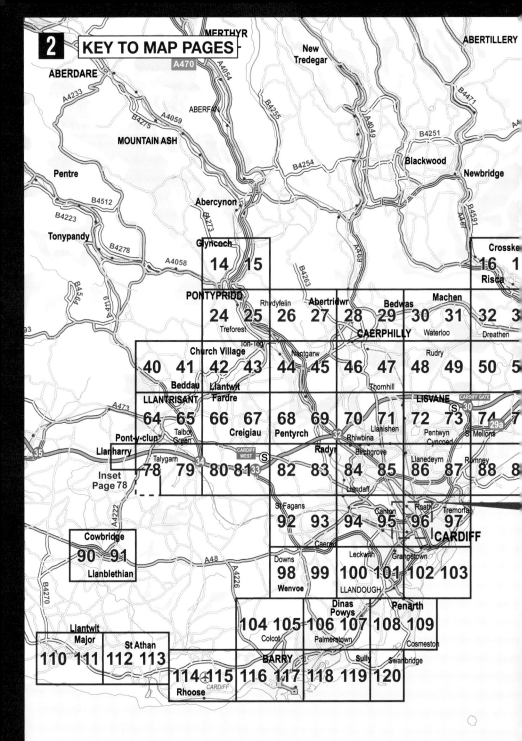

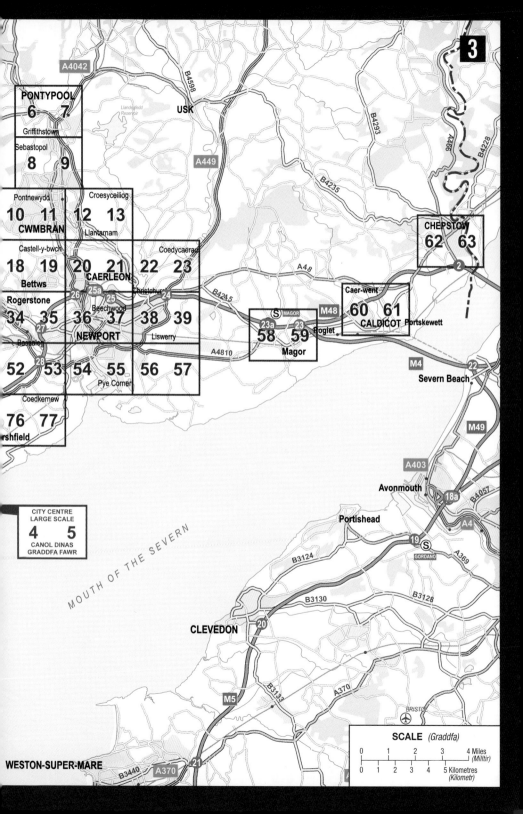

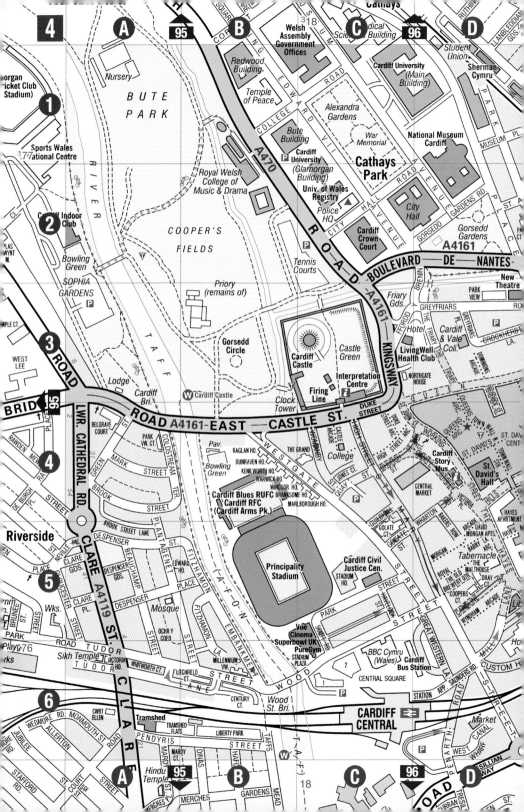

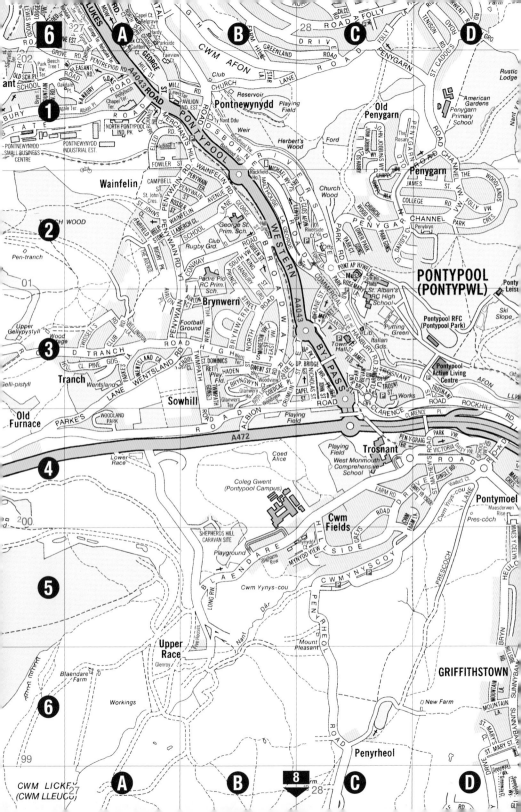

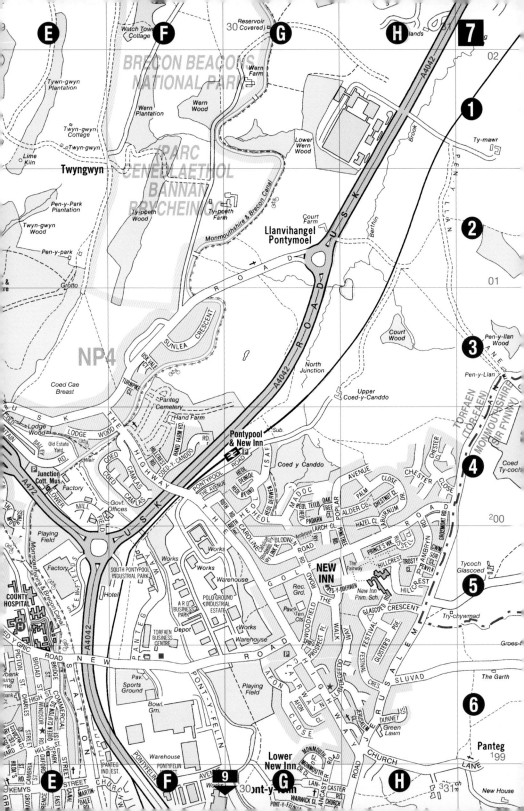

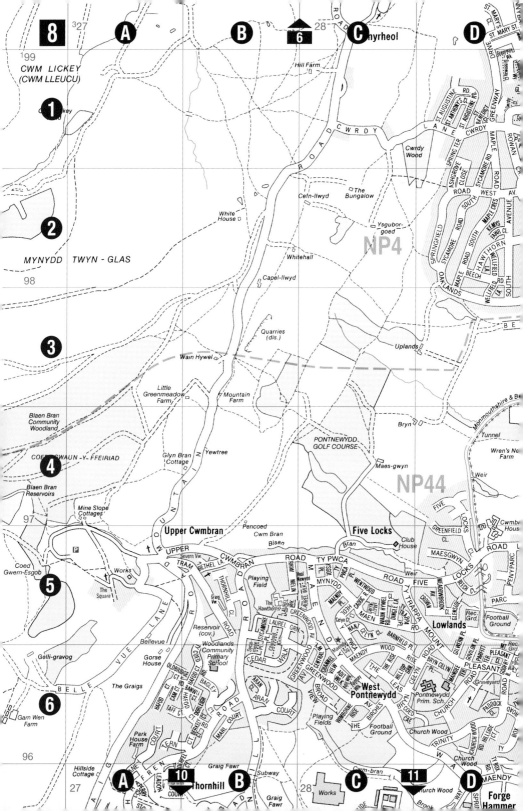

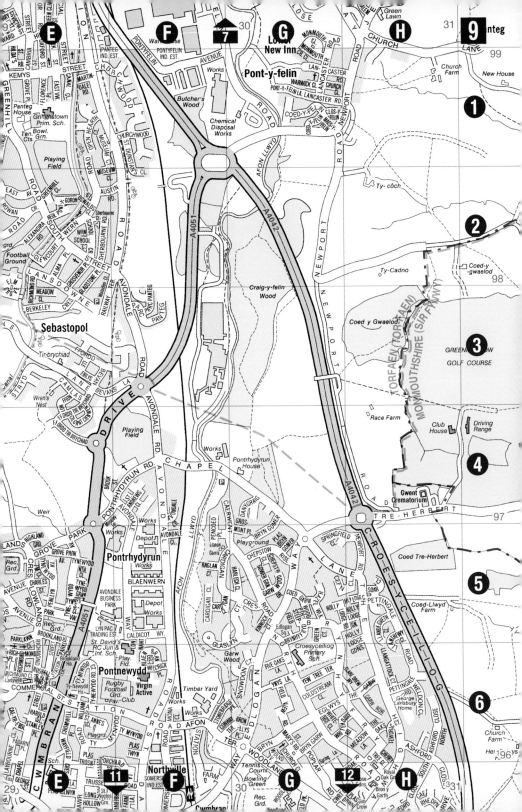

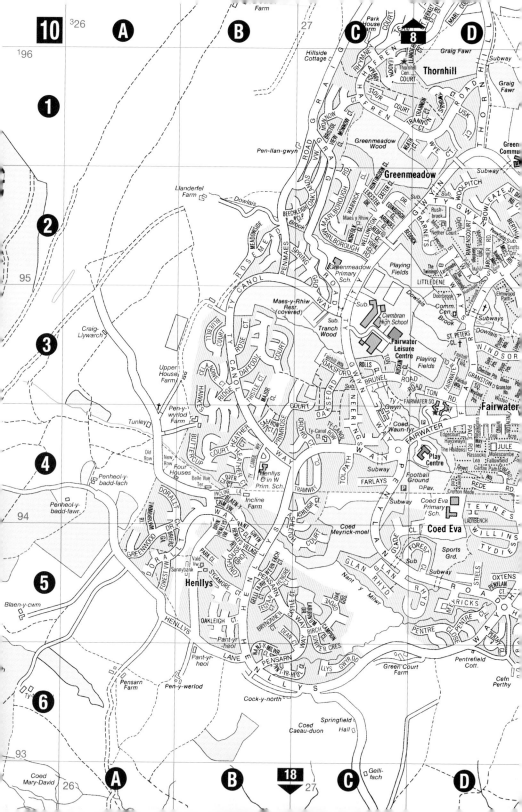

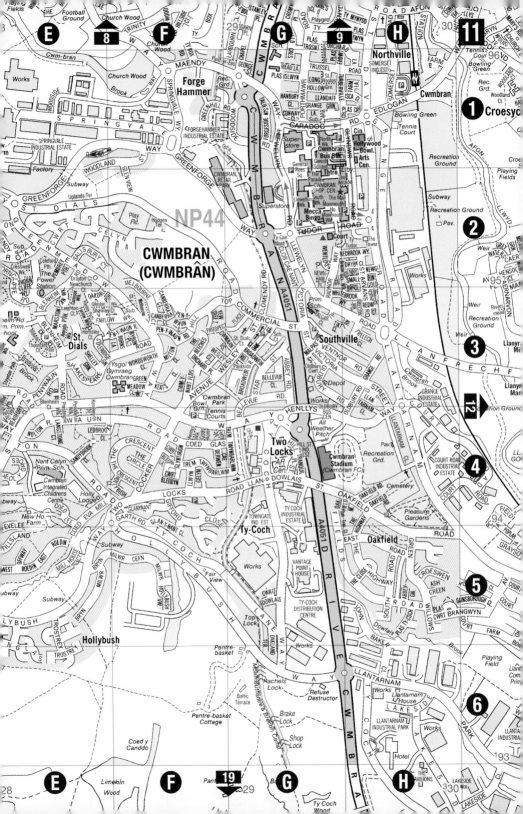

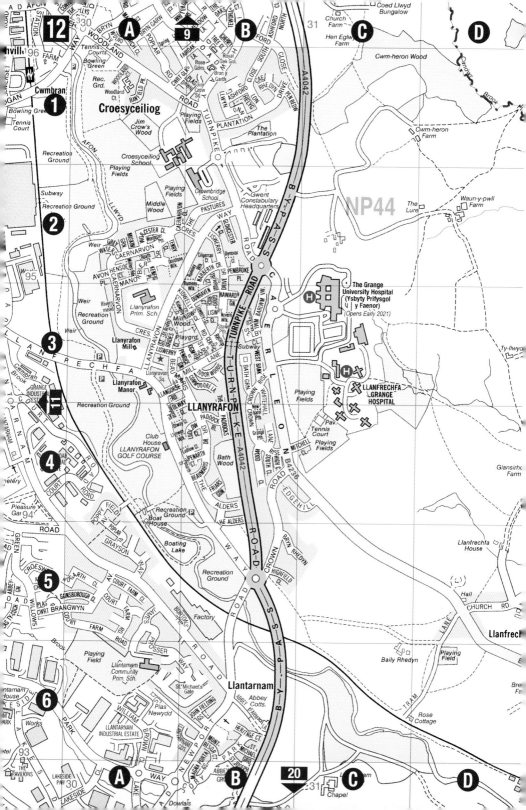

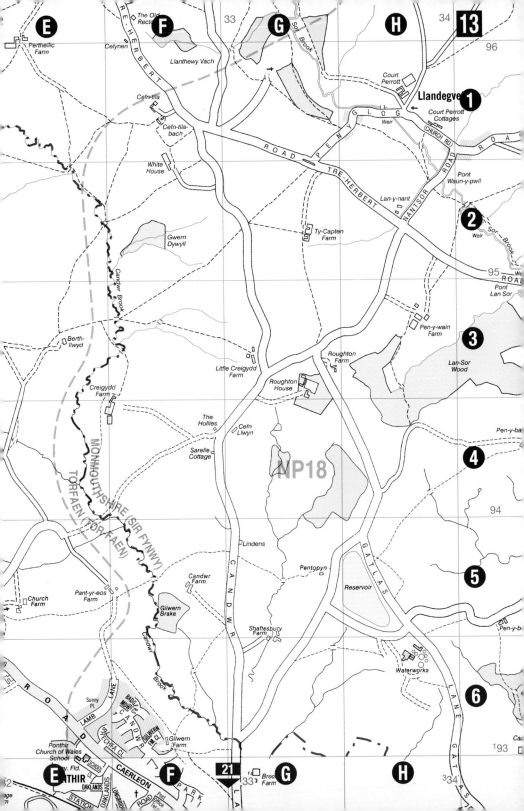

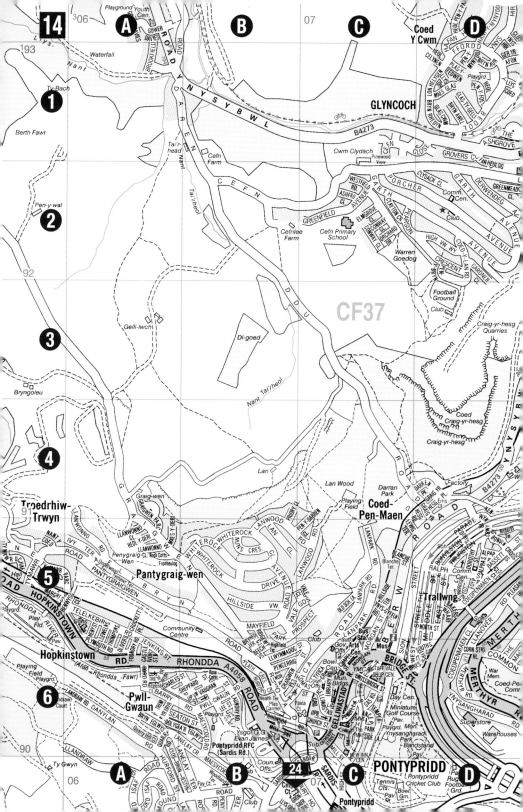

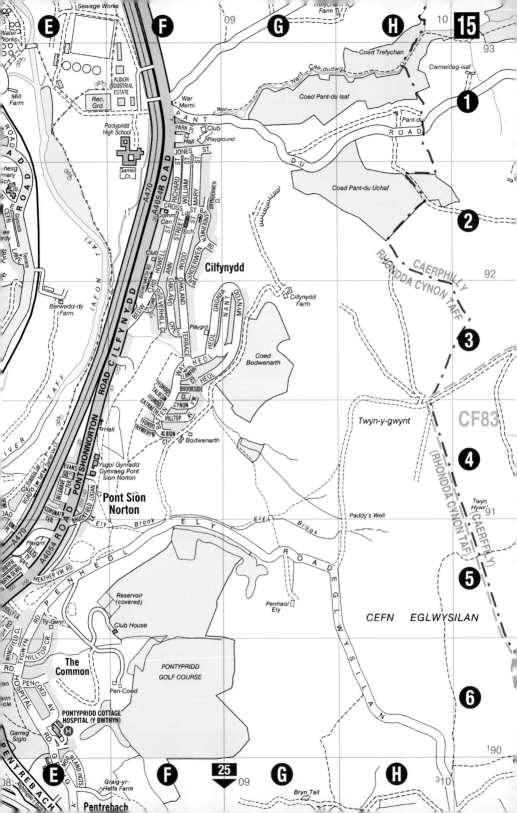

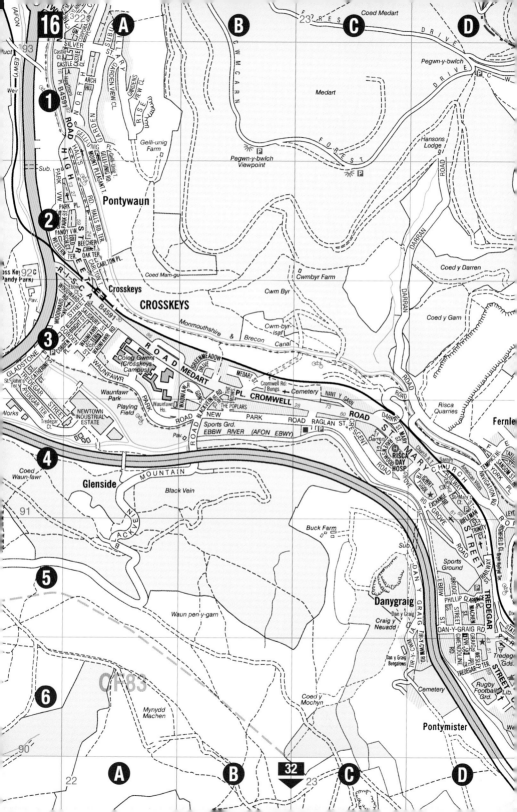

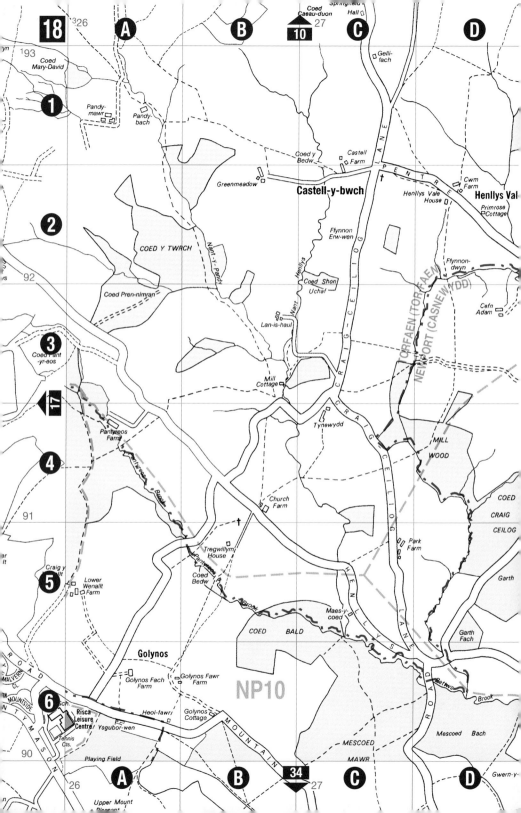

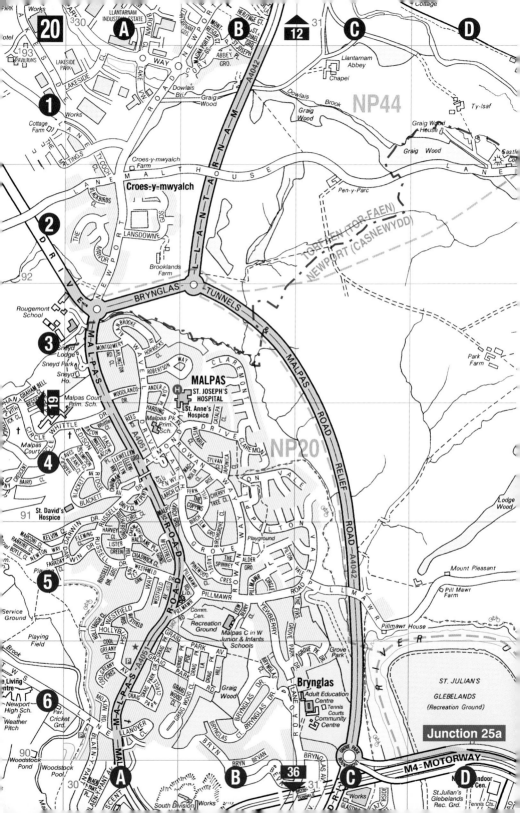

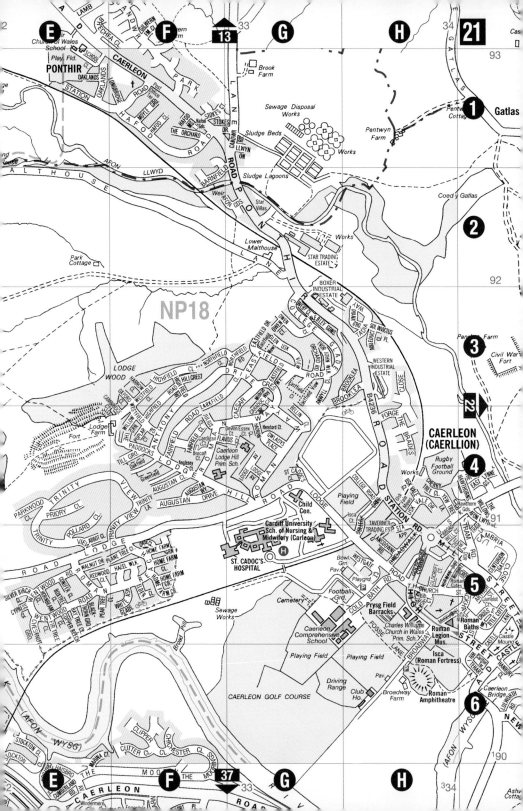

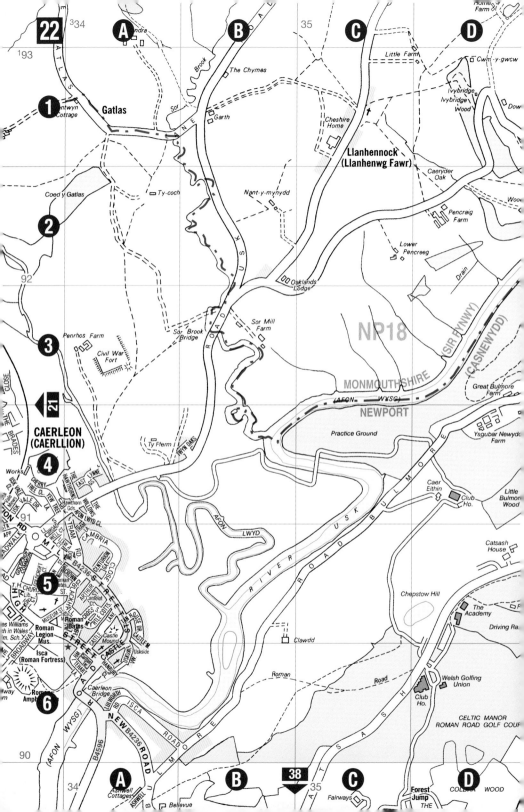

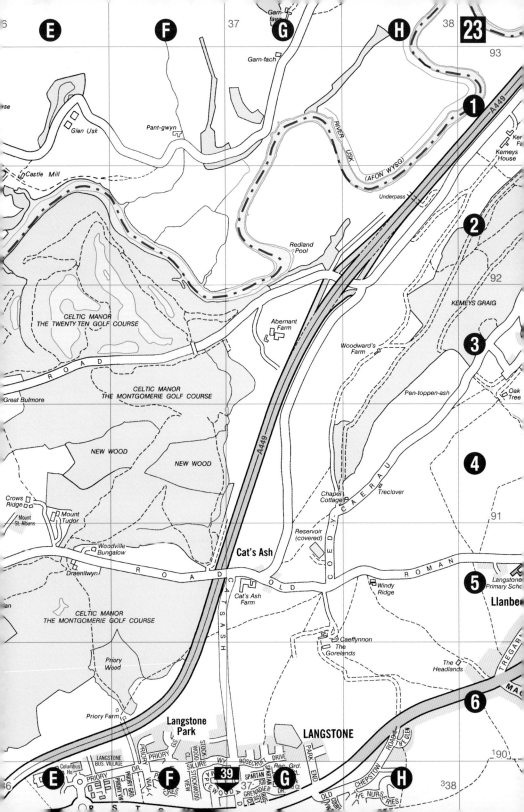

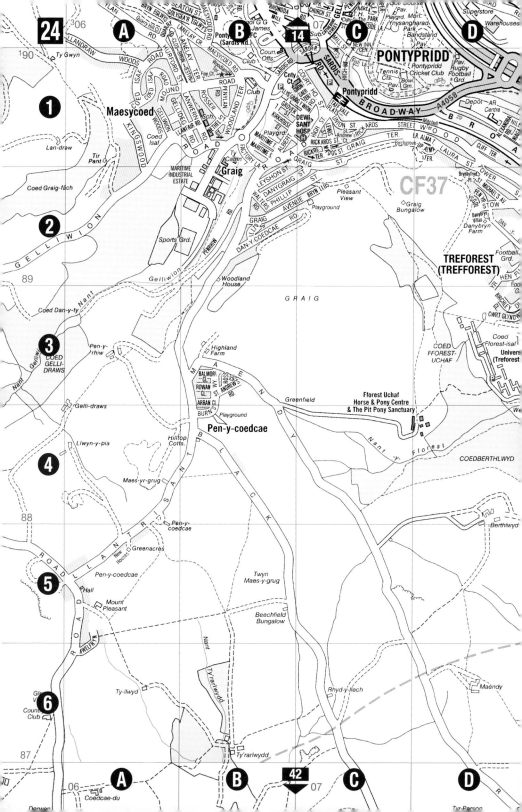

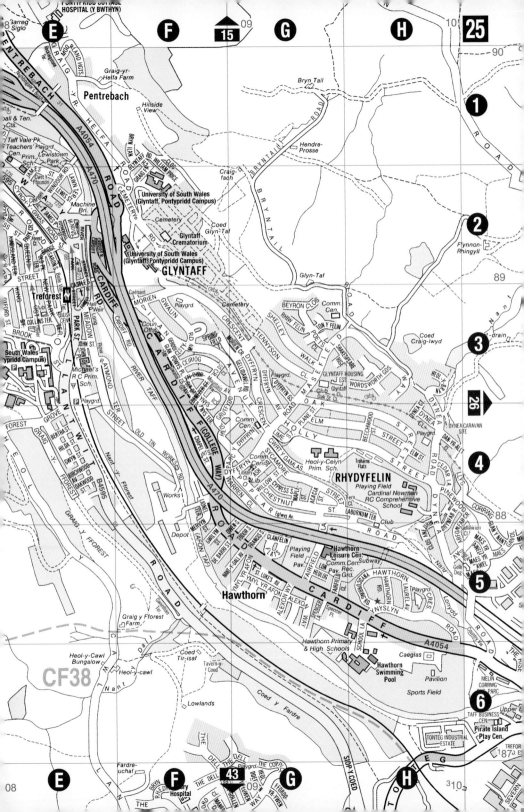

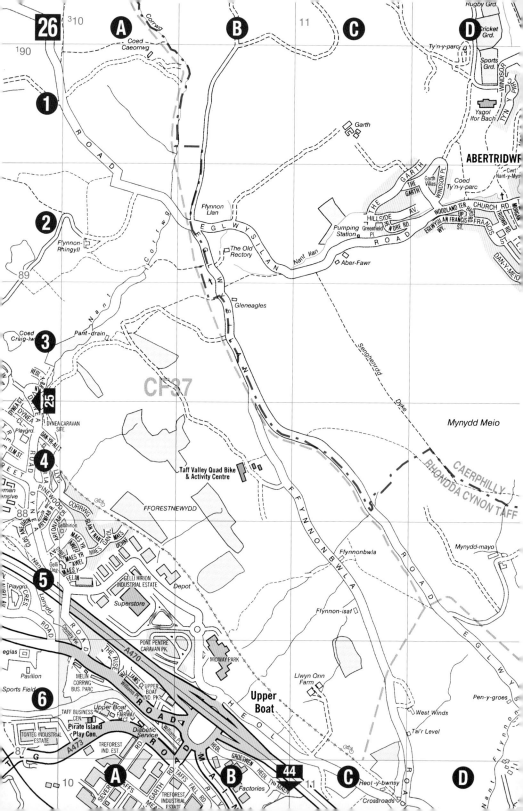

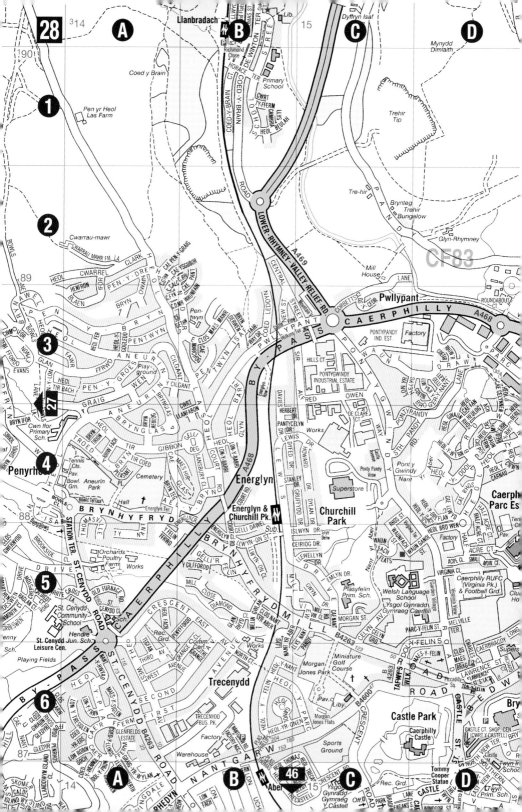

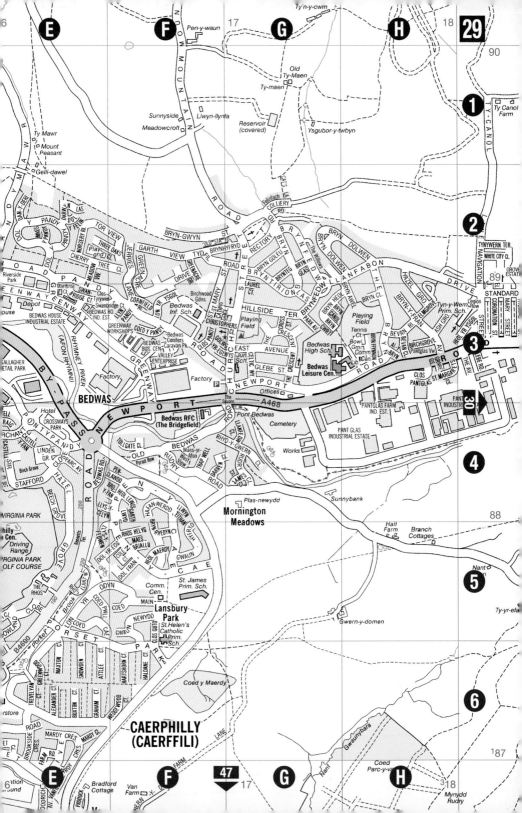

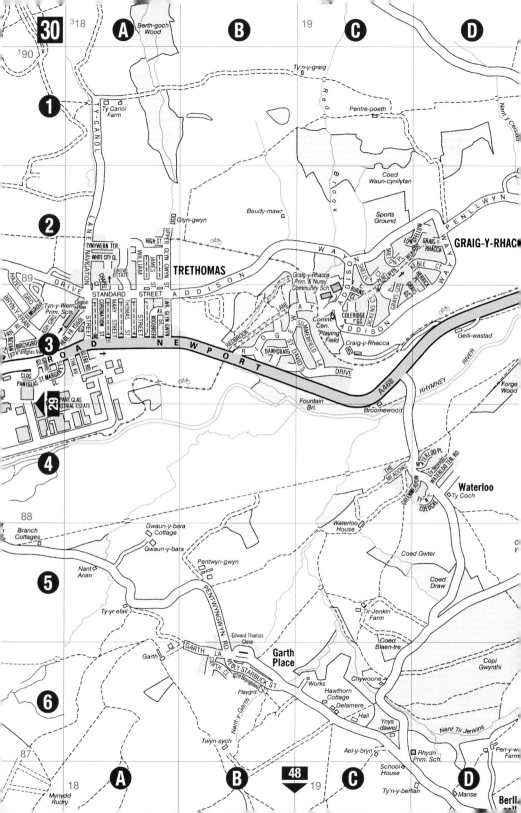

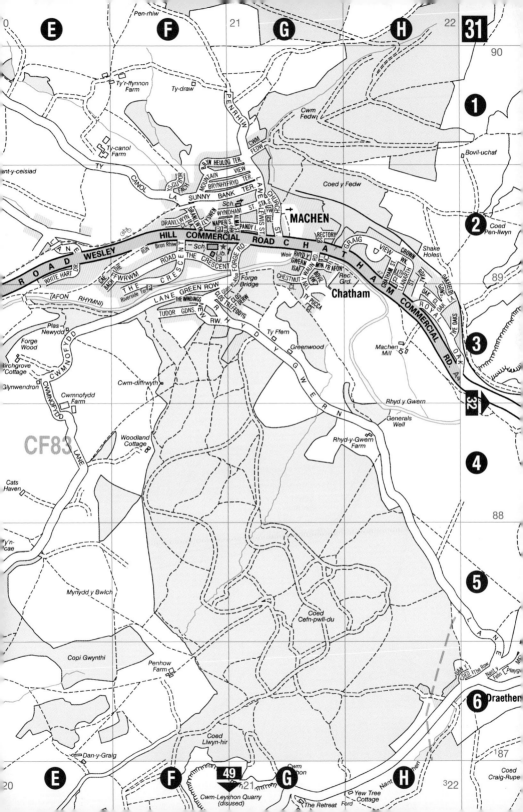

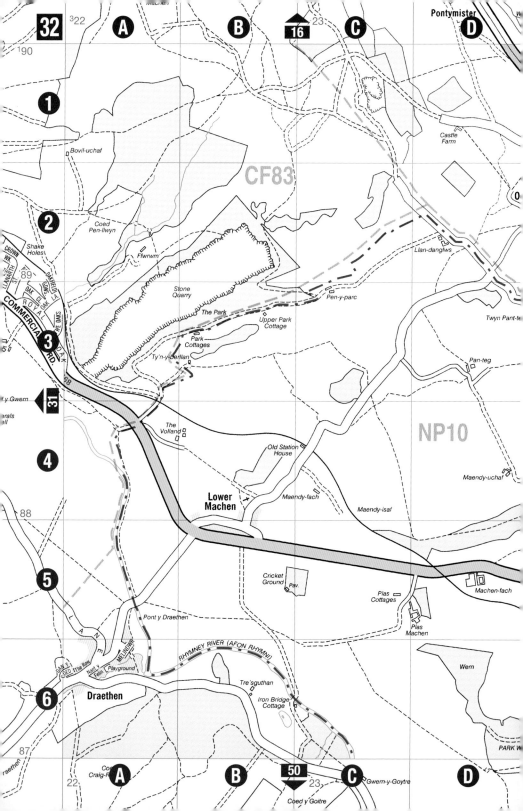

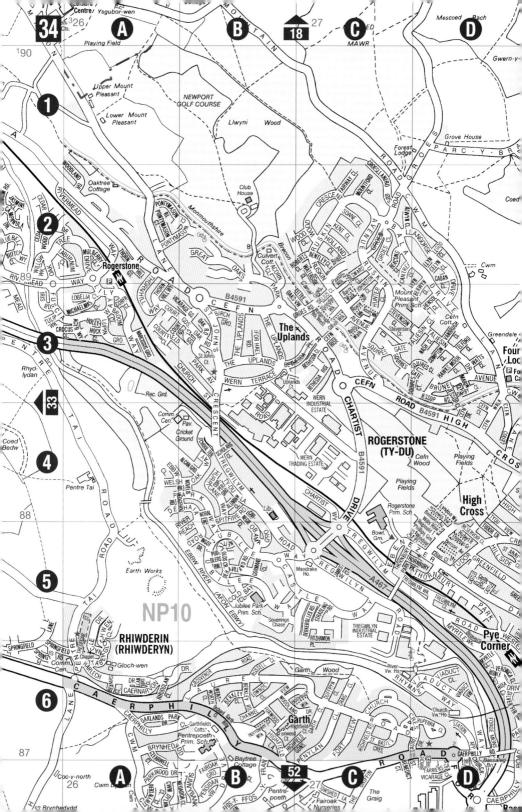

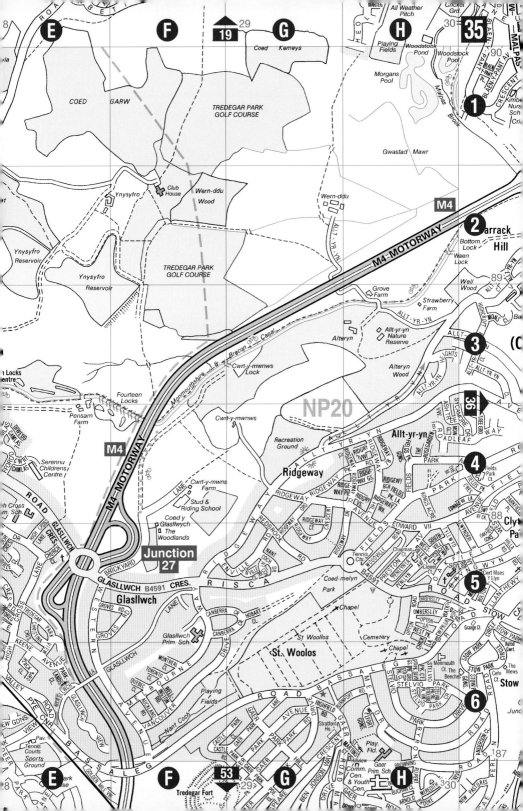

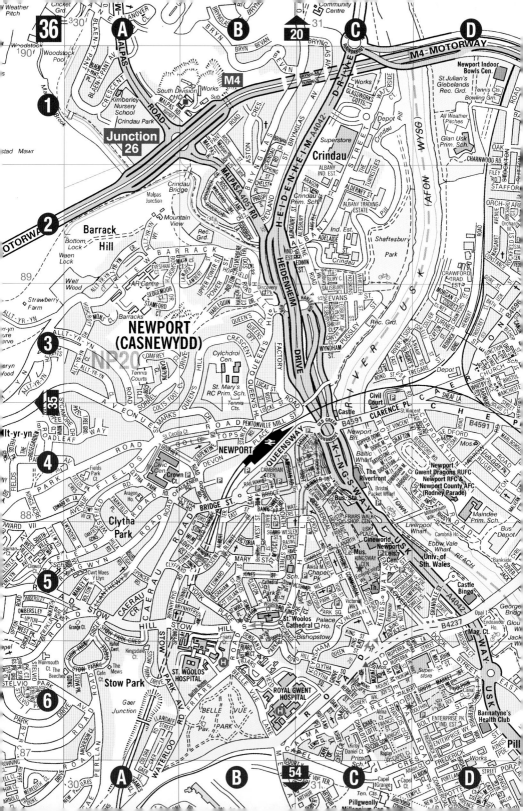

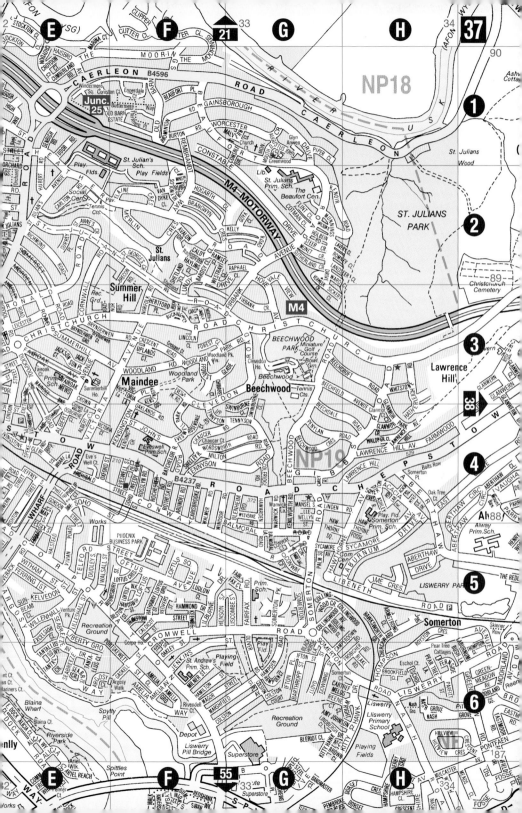

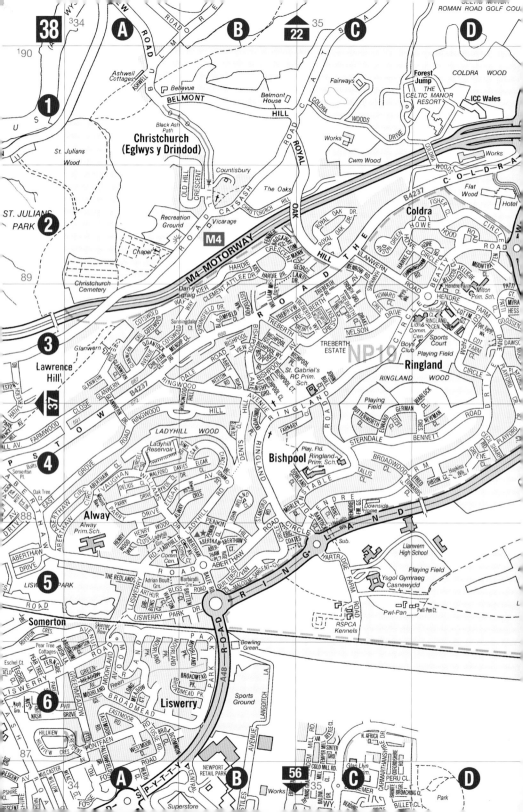

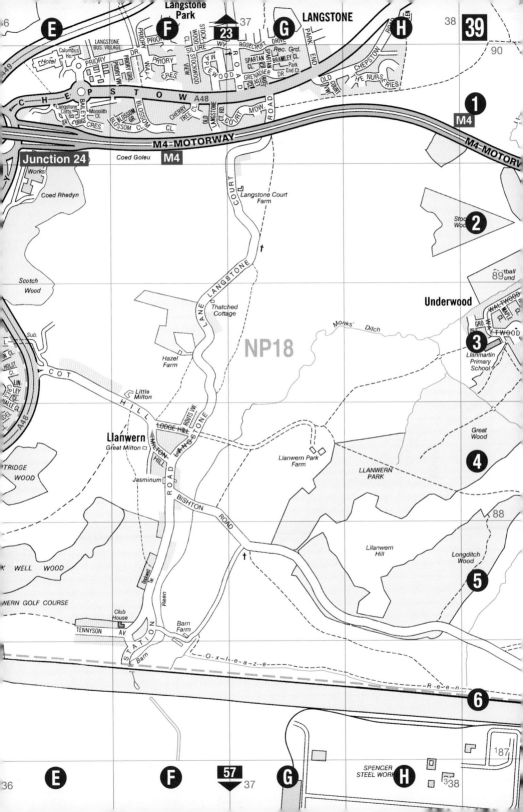

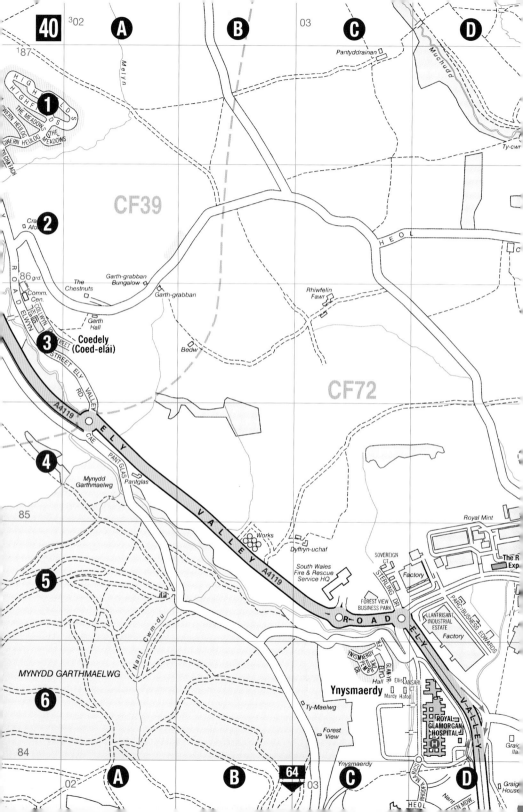

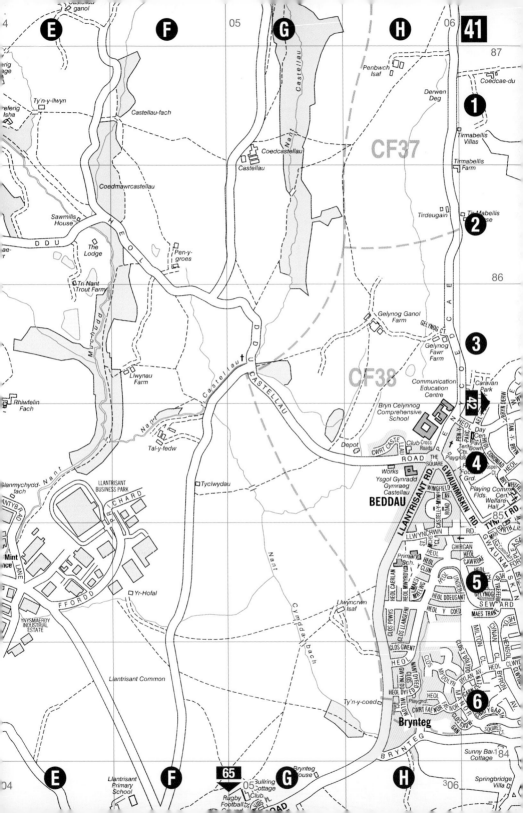

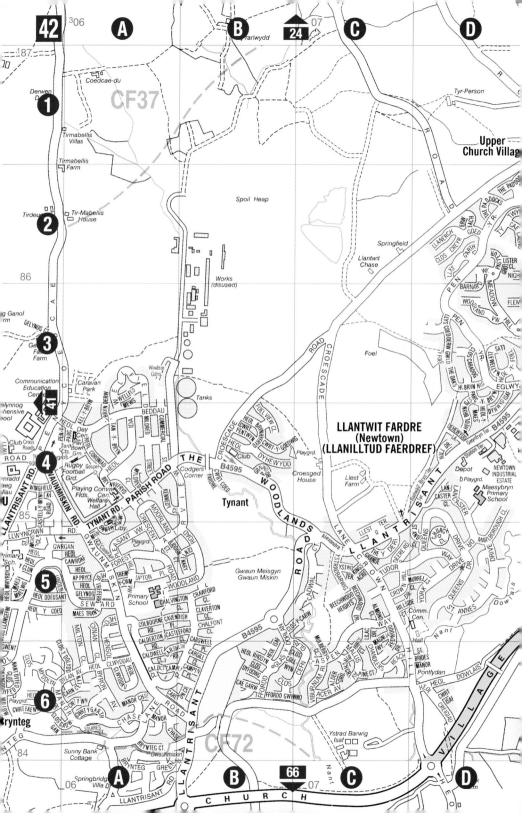

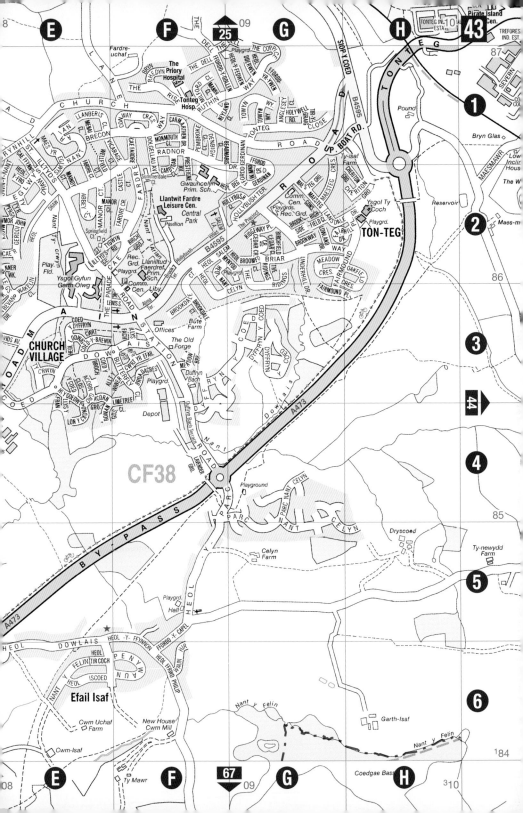

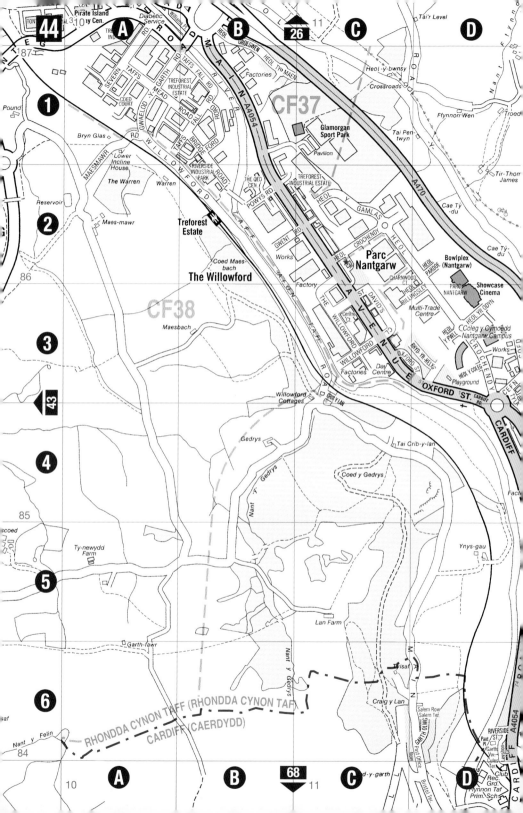

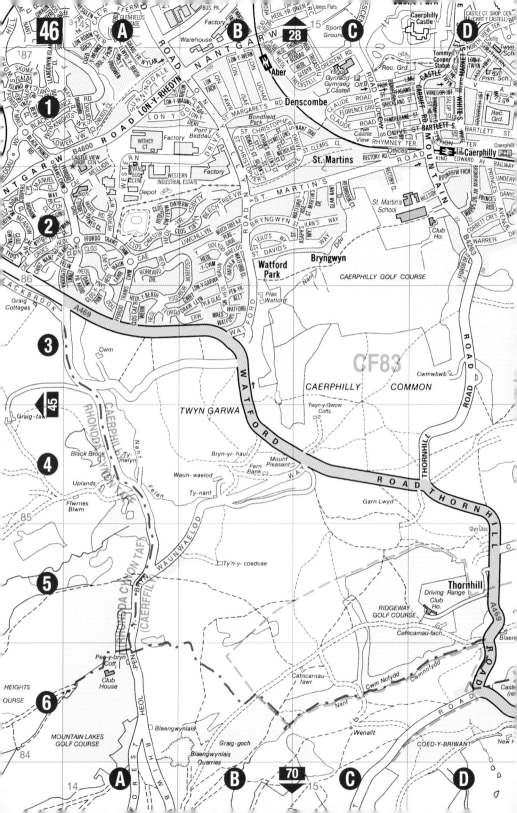

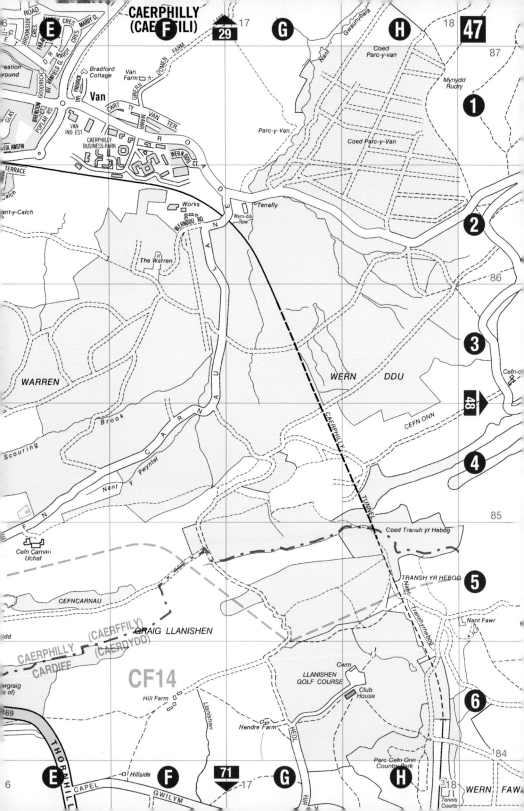

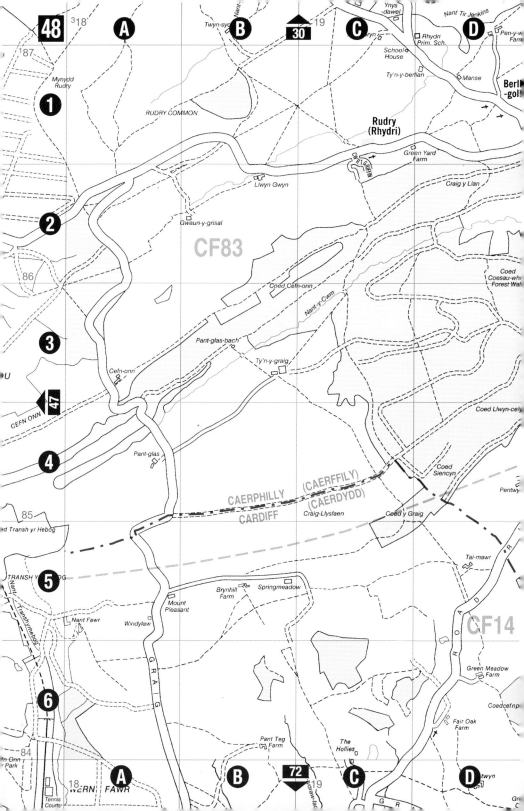

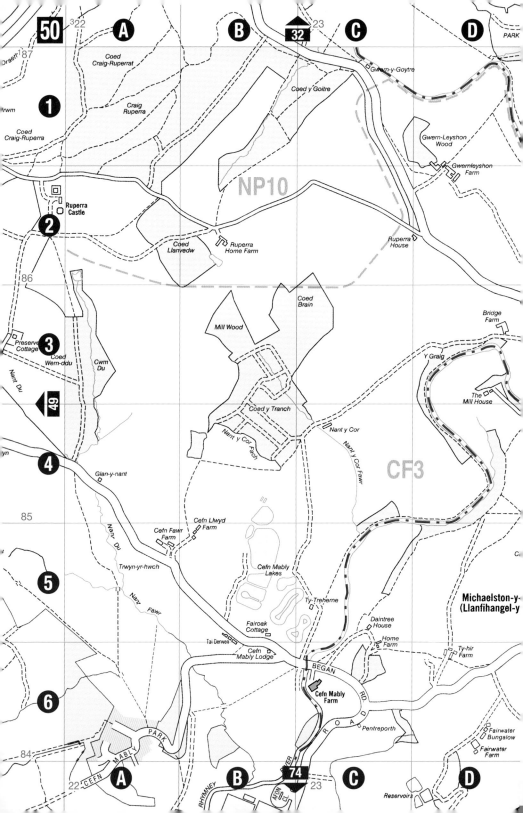

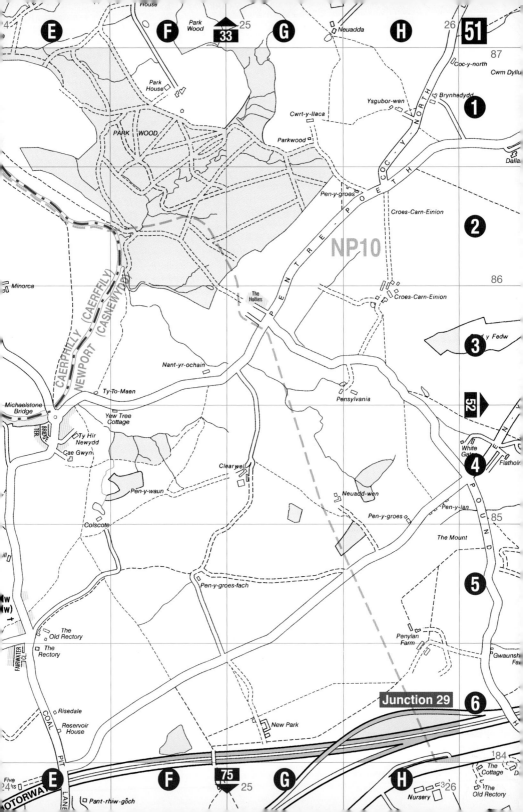

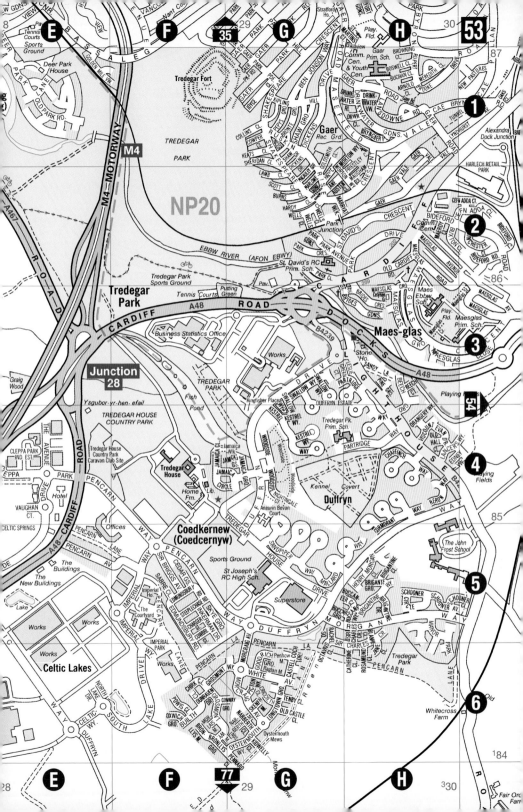

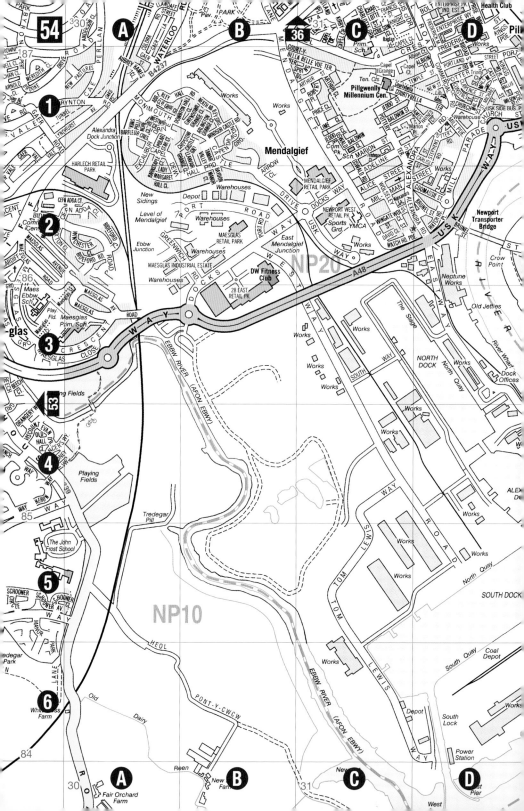

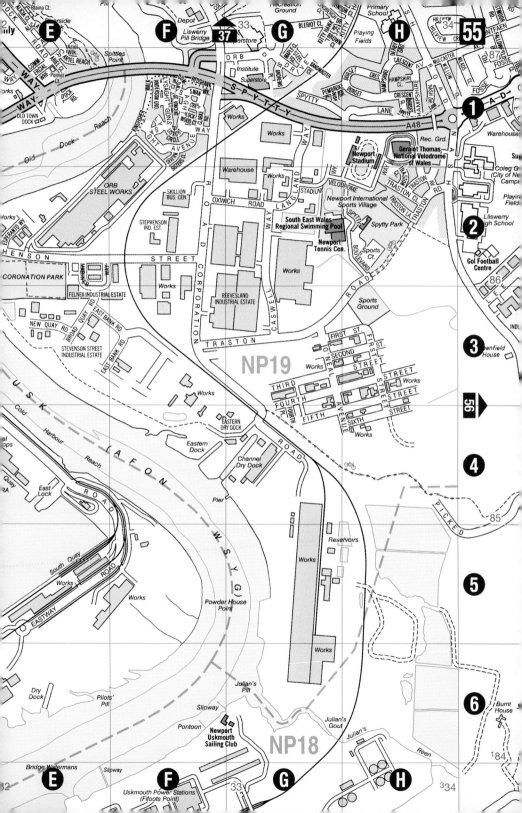

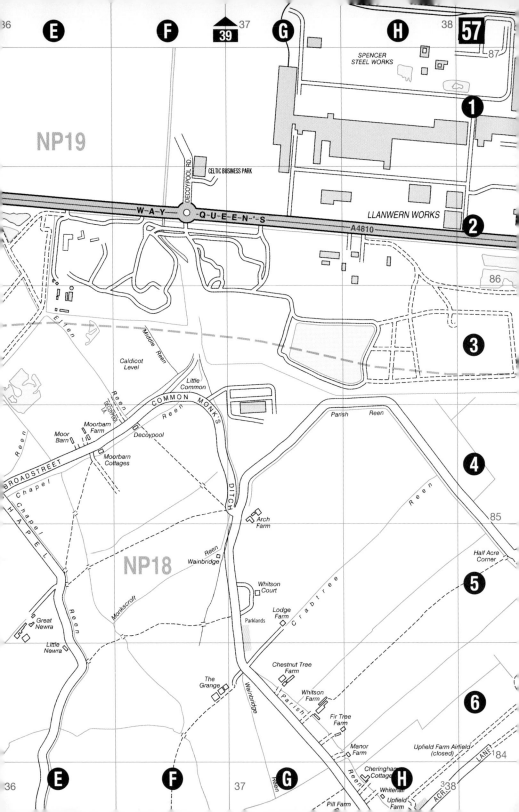

E F ▲39 37 G H 38 57
87

SPENCER
STEEL WORKS

NP19

CELTIC BUSINESS PARK

W·A·Y Q·U·E·E·N·'·S

LLANWERN WORKS

A4810

❶
❷
86

❸

Caldicot
Level

Little
Common

COMMON MONK'S

Moorbarn
Farm

Moor
Barn

Decoypool

Moorbarn
Cottages

Parish Reen

❹
85

Reen

BROADSTREET

CHAPEL

Chapel

NP18

Arch
Farm

DITCH

Reen
Wainbridge

Half Acre
Corner

❺

Monkscroft

Whitson
Court

Crabtree

Lodge
Farm

Parklands

Great
Newra

Little
Newra

Reen

Chestnut Tree
Farm

❻

The
Grange

Whitson
Farm

Wainbridge

Parish

Fir Tree
Farm

Manor
Farm

Upfield Farm Airfield
(closed)

LANE 184

Cheringham
Cottage

ACR 338

Whitehall

E F 37 G H Upfield
Farm

Reen

Pill Farm

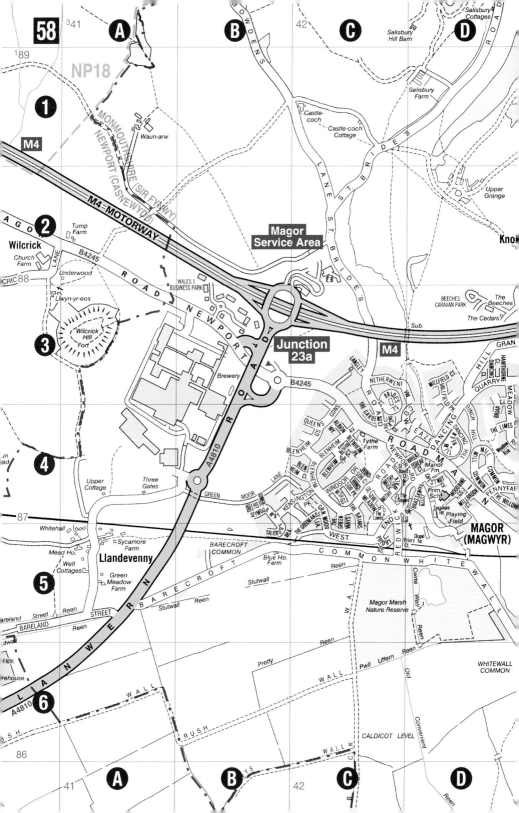

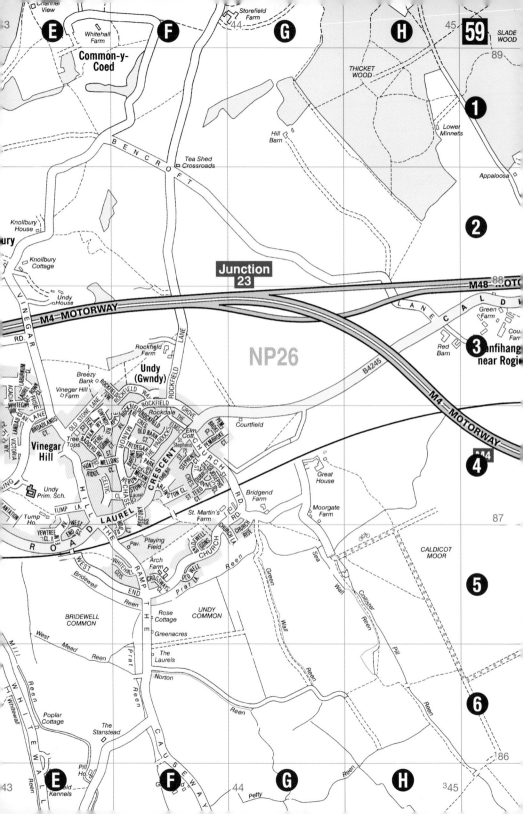

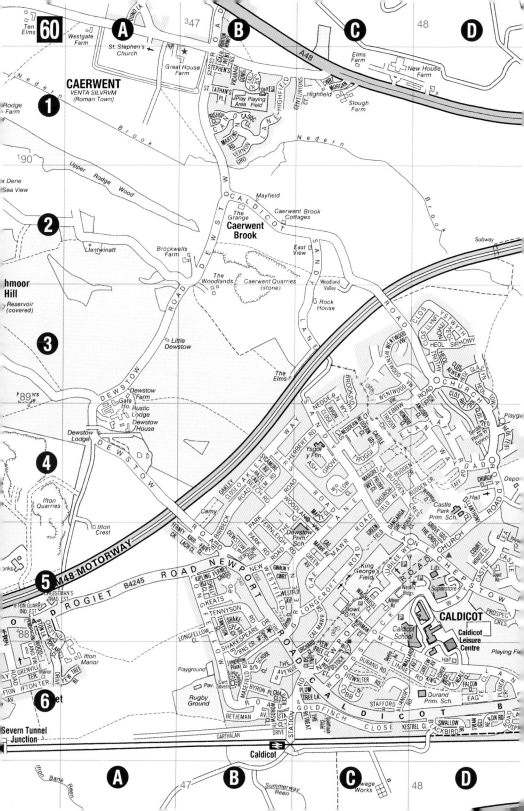

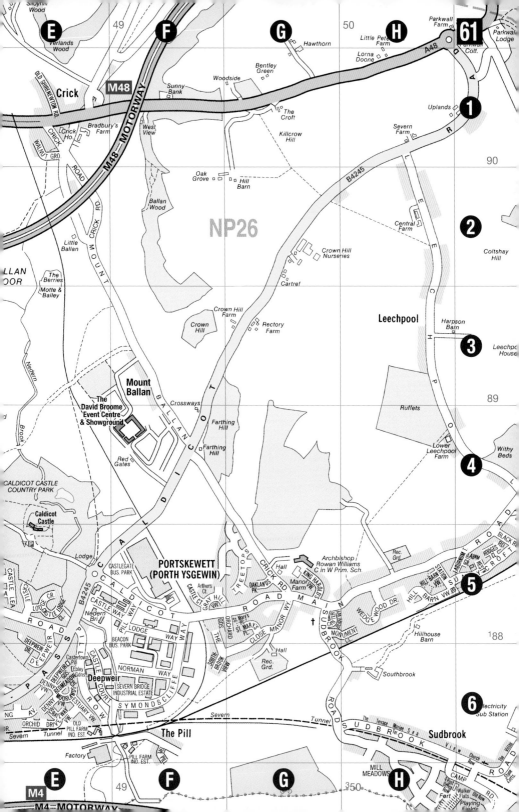

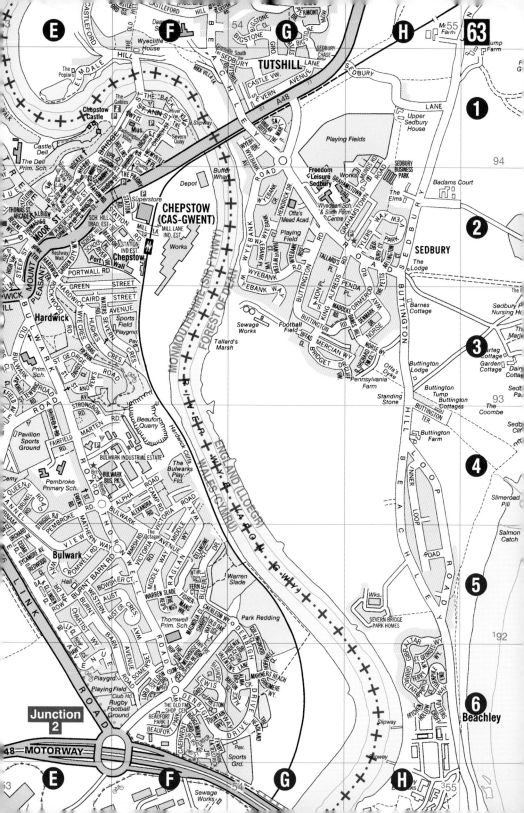

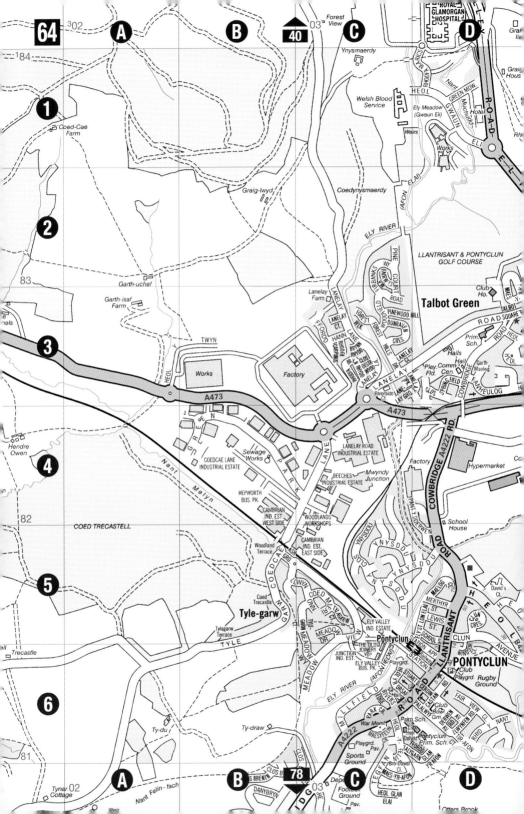

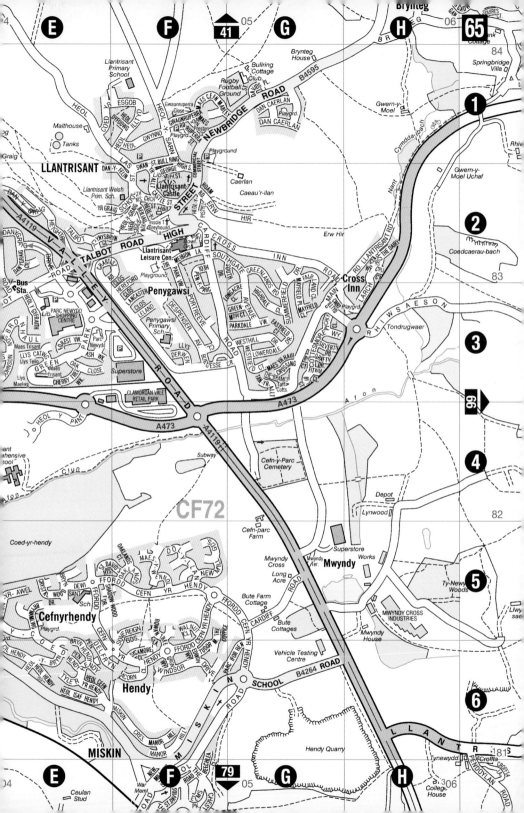

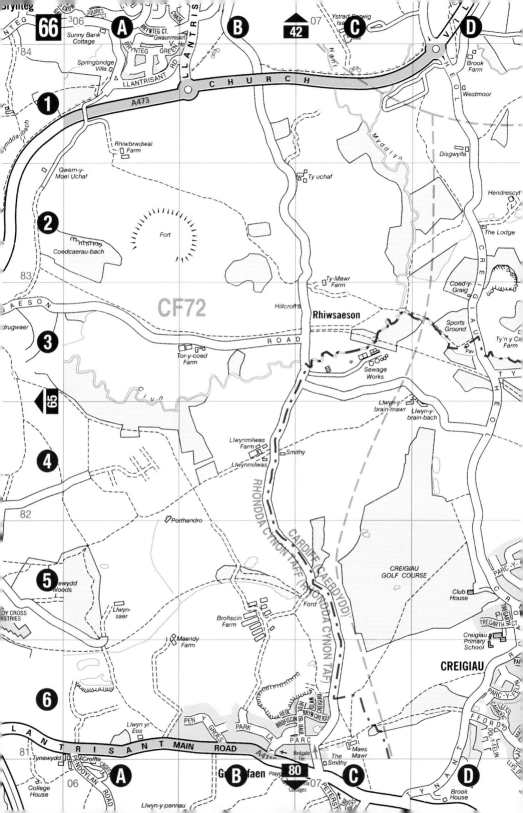

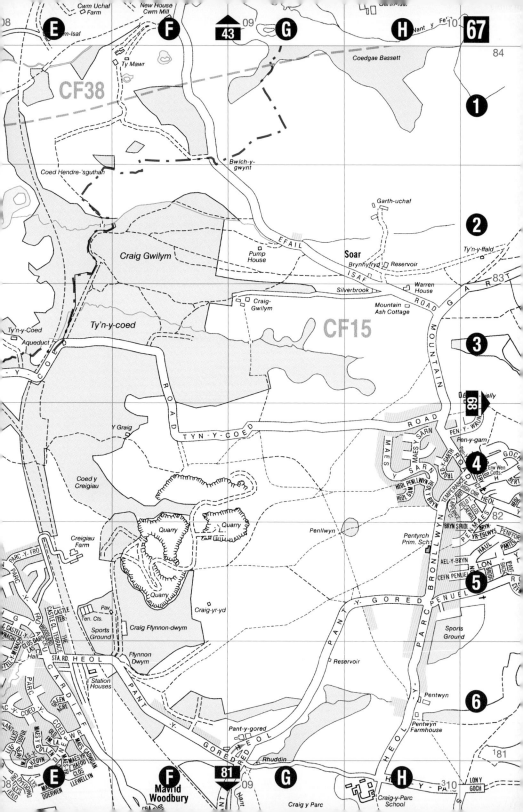

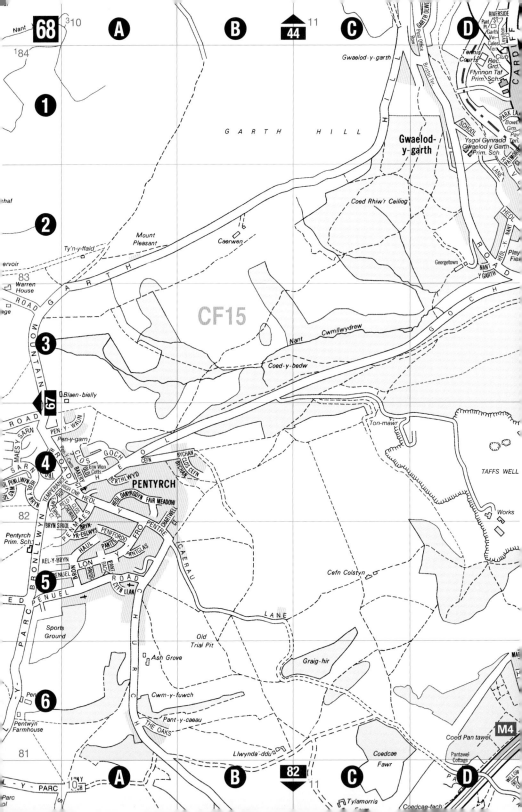

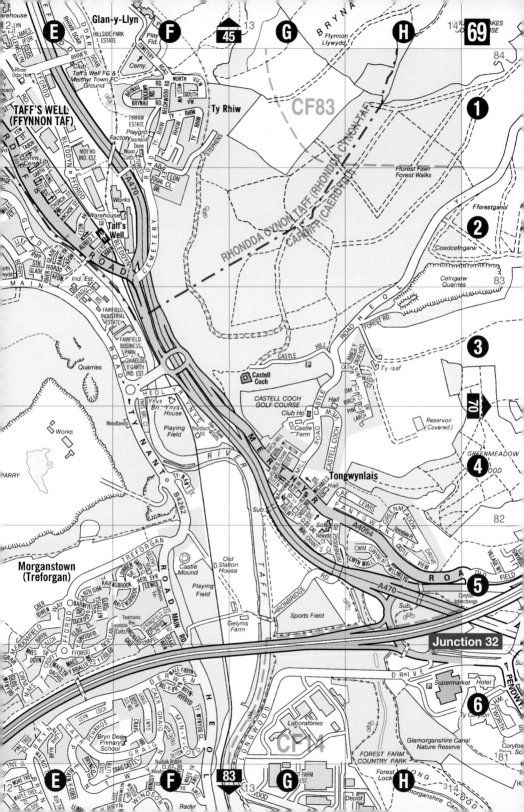

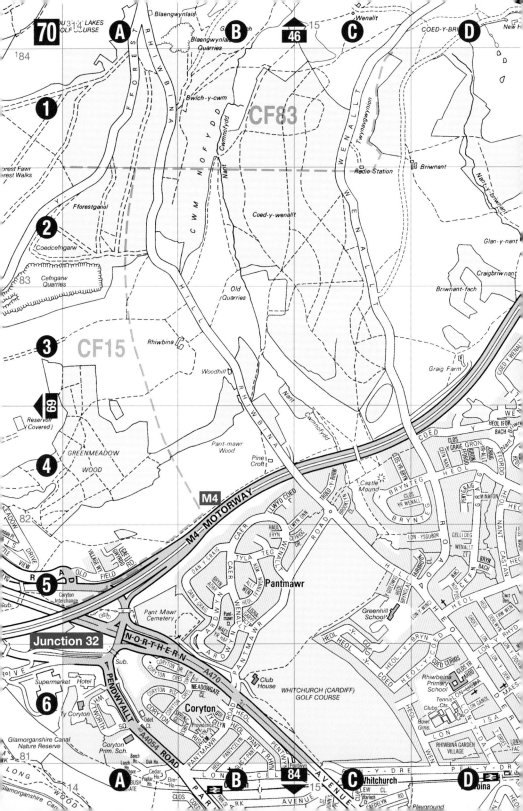

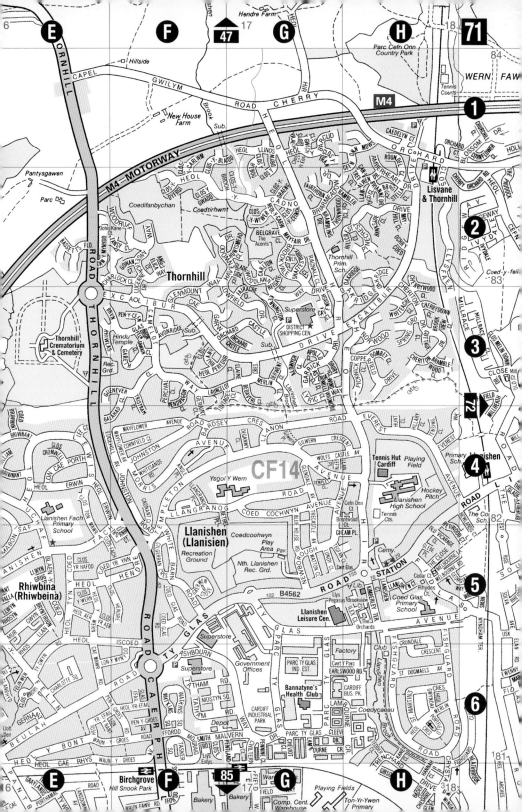

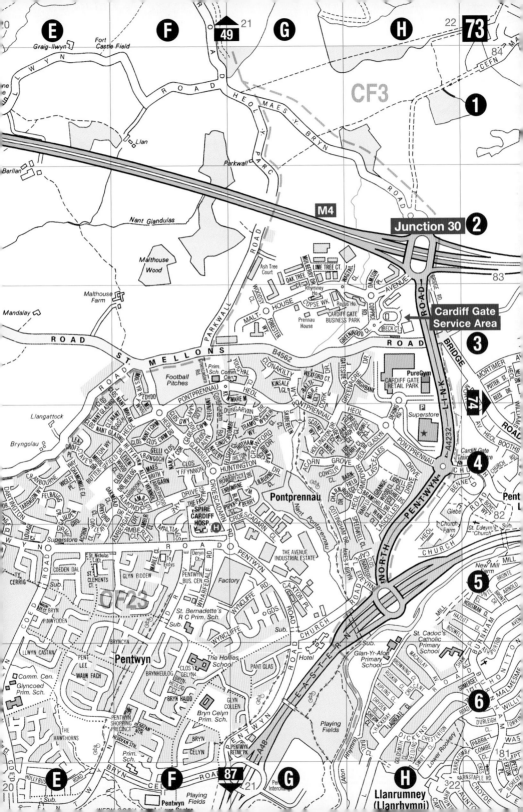

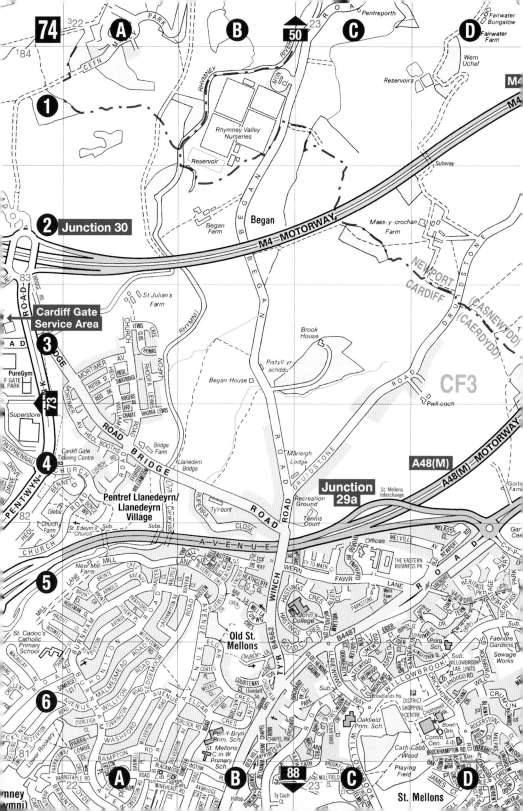

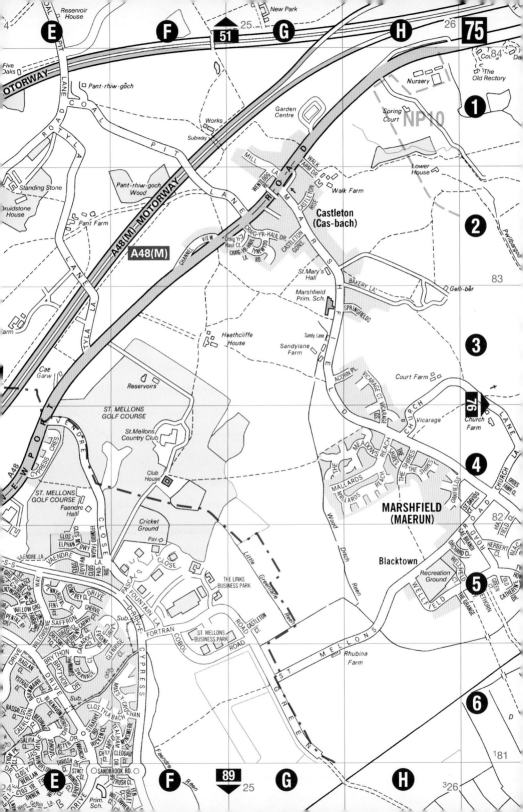

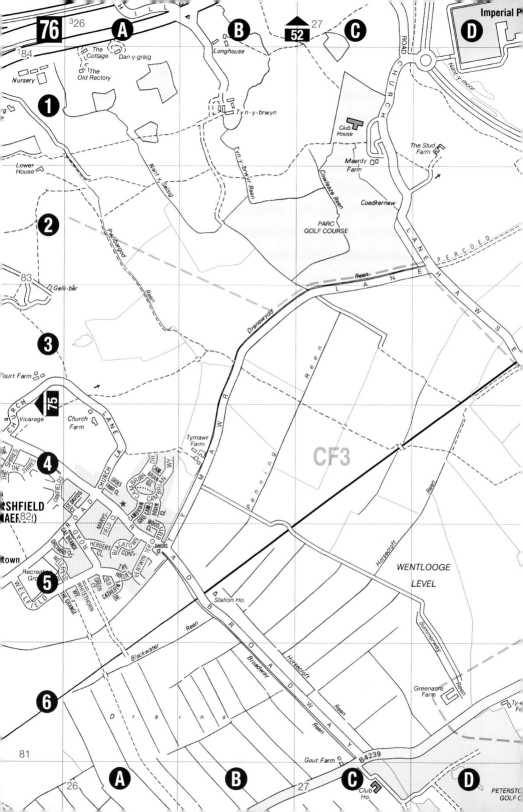

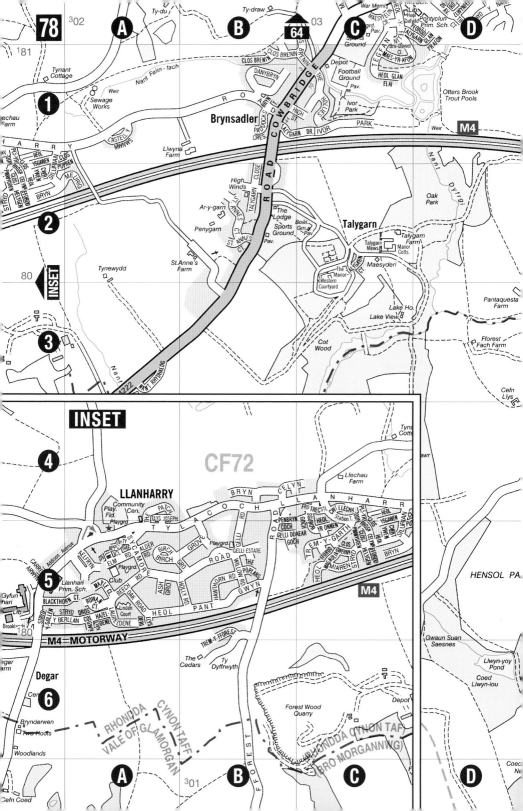

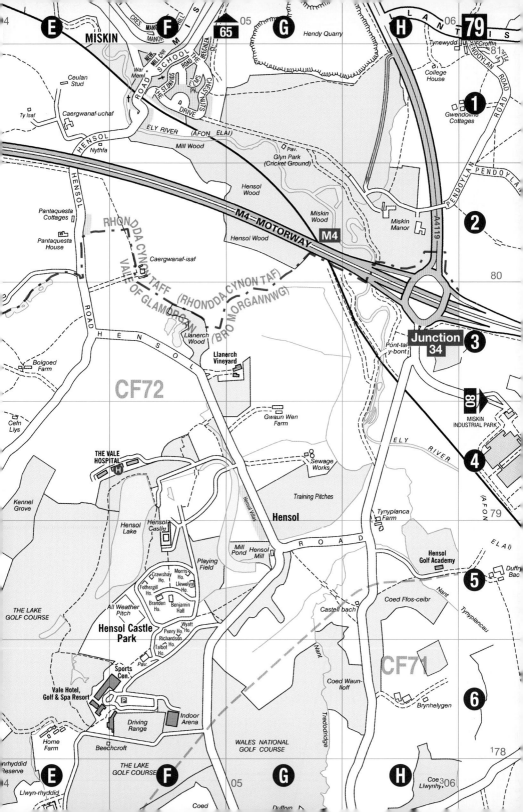

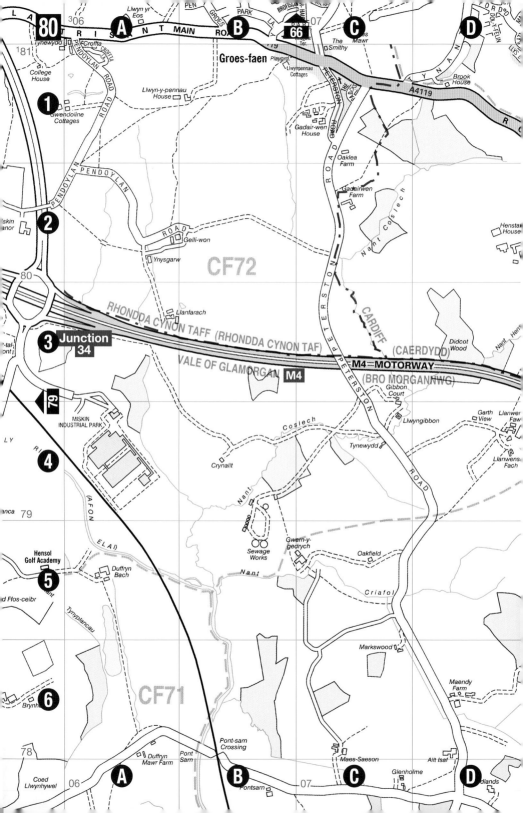

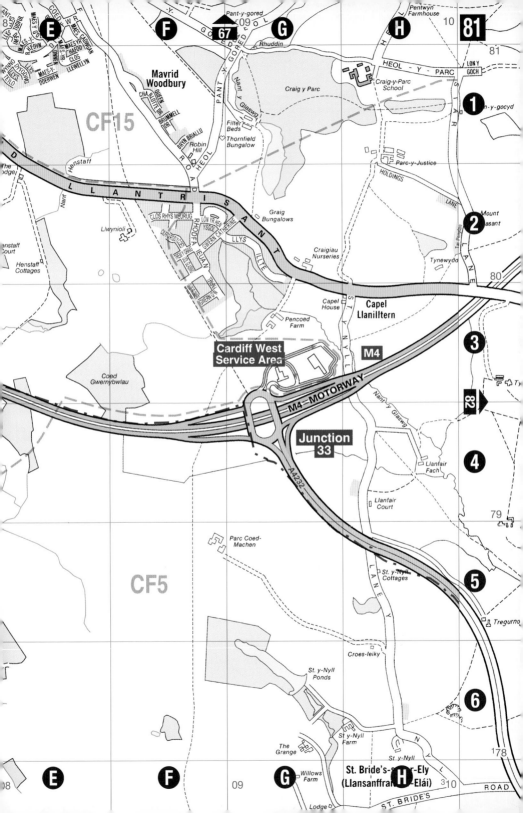

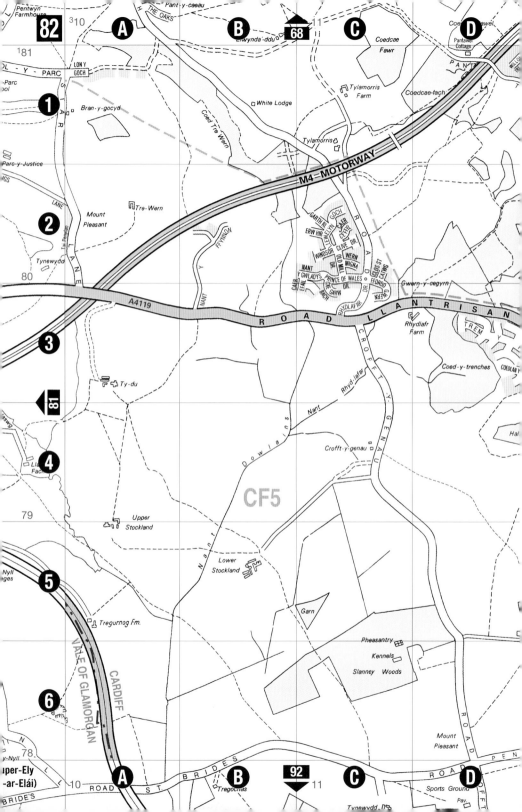

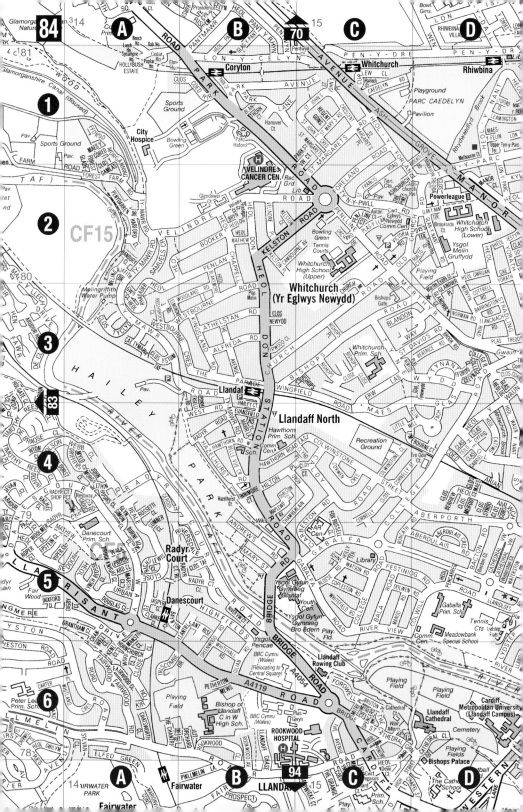

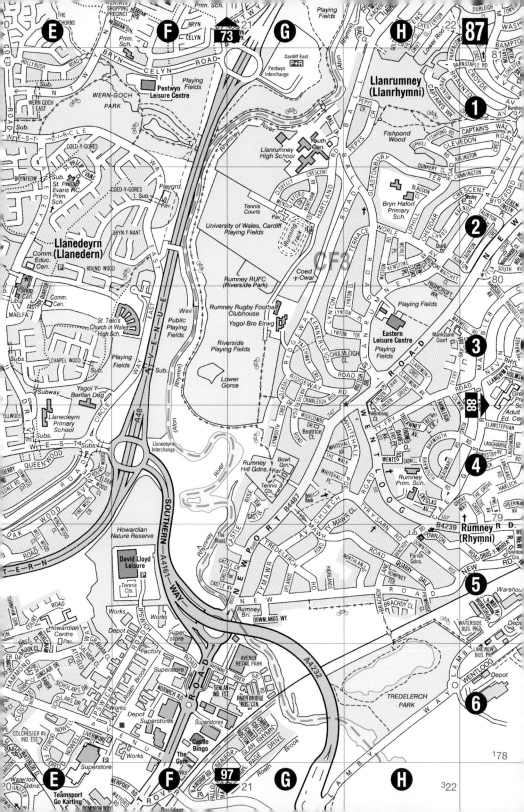

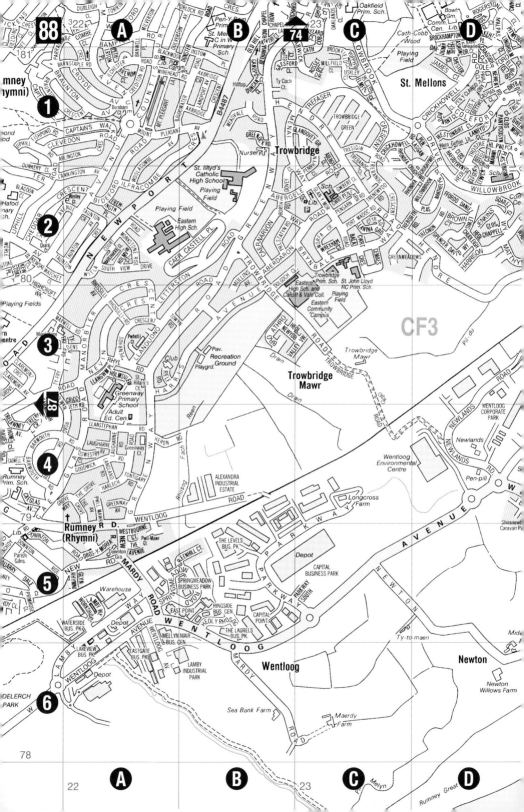

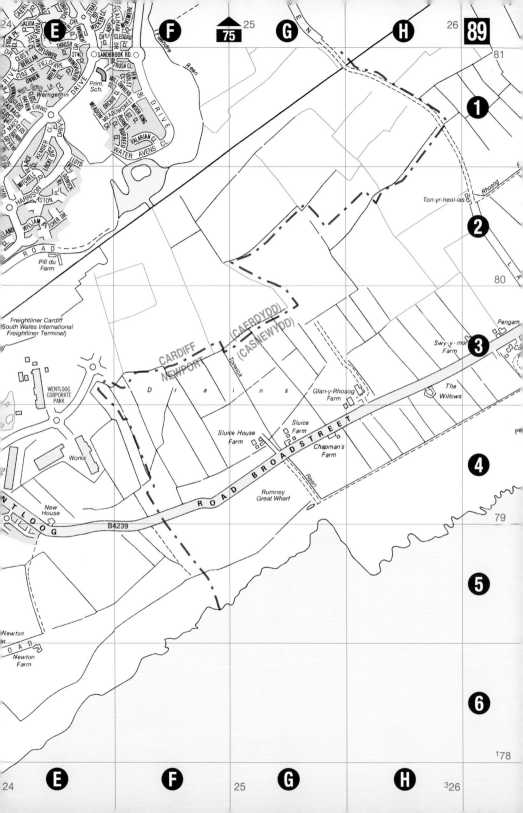

81

1

Ton-yr-heol-las Rhosog

2

80

Pill du
Farm

Freightliner Cardiff
South Wales International
Freightliner Terminal)

Pengam

CARDIFF (CAERDYDD)
NEWPORT (CASNEWYDD)

Swy-y-mor
Farm **3**

WENTLOOG
CORPORATE
PARK

D   r   a   i   n   s

Tonwick

Glan-y-Rhosog
Farm

The
Willows

Works

Sluice House
Farm

Sluice
Farm

Chapman's
Farm

4

ROAD BROADSTREET

Reen

Rumney
Great Wharf

New
House

79

WENTLOOG B4239

5

Newton

ROAD

Newton
Farm

6

178

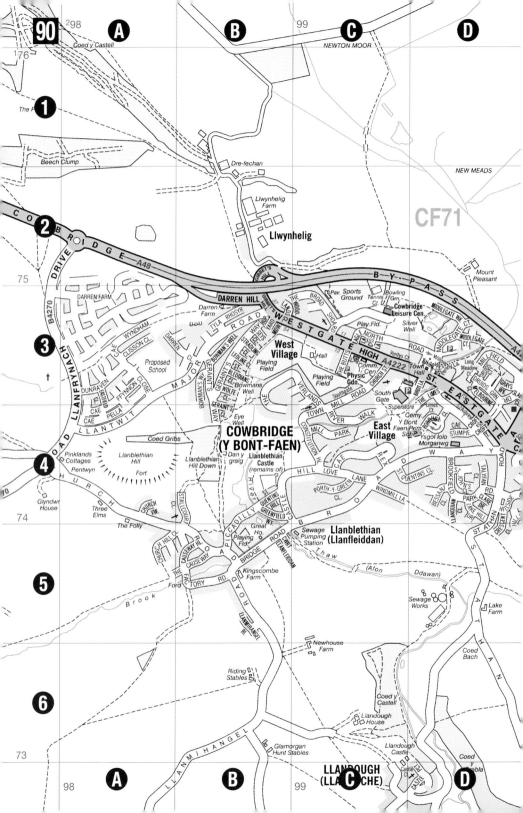

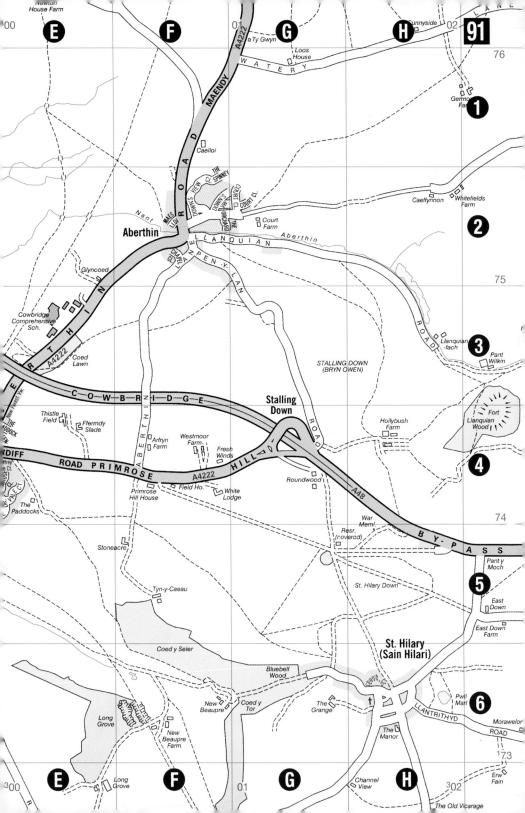

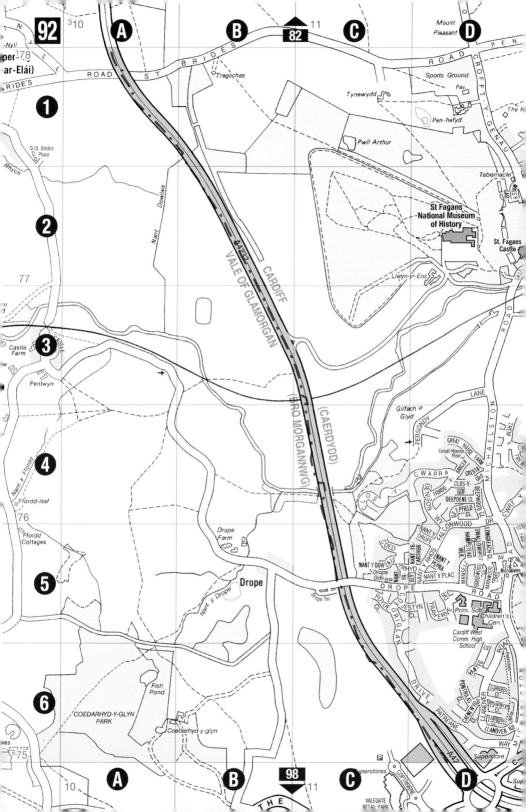

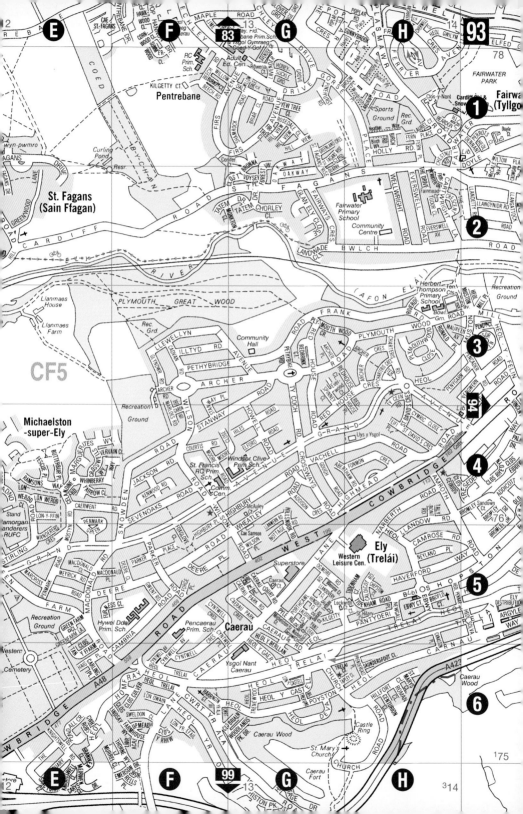

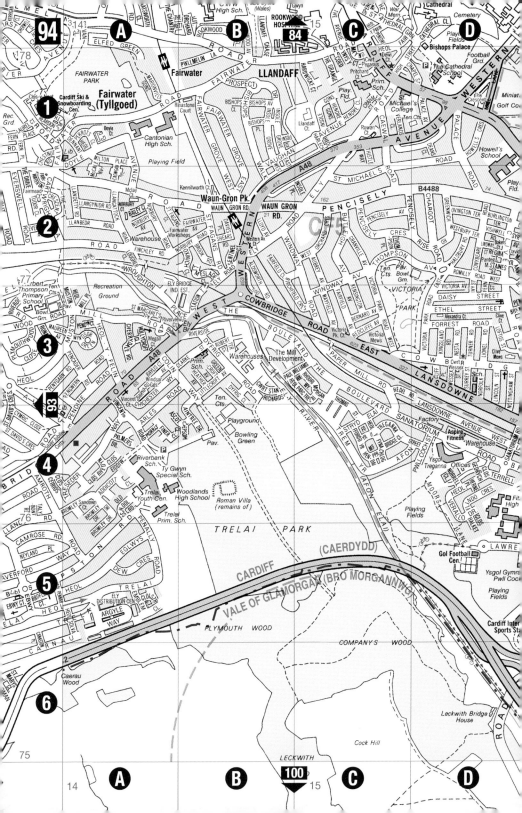

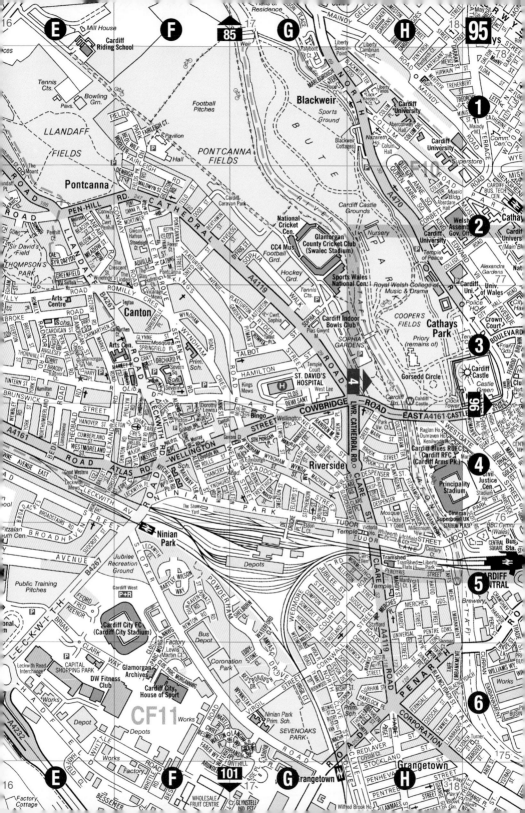

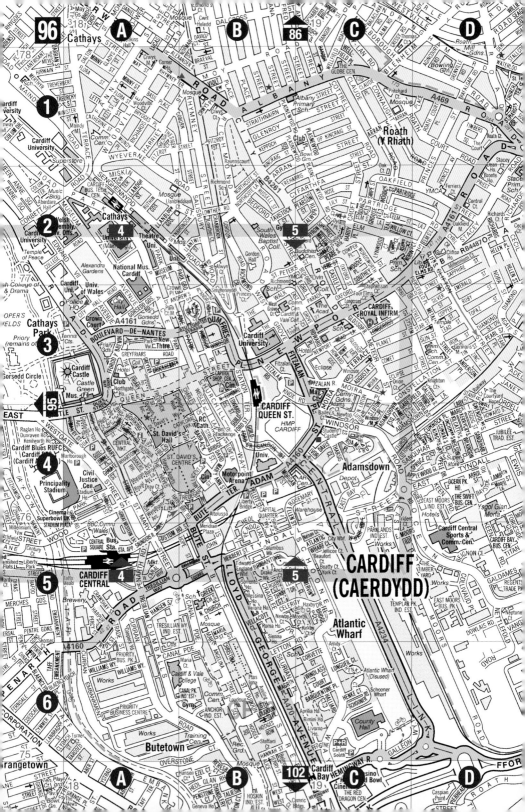

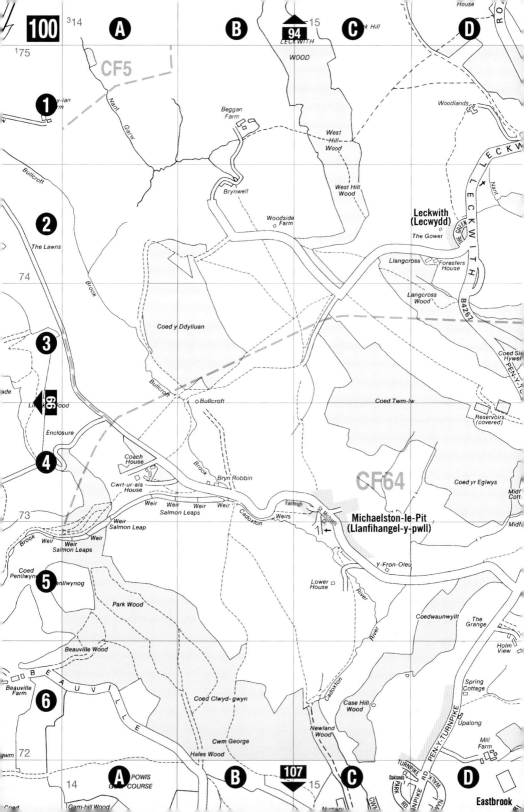

1

ROATH DOCK

CARDIFF DOCKS

Transit Sheds

Fletchers Wharf

ROAD

Depot

COLDSTORES ROAD

Warehouses

Timber Depot

King's Wharf

2

74

CF10

CARDIFF FLATS

3

EWAR

OLD CLIPPER ROAD

VIKING ROAD

Works

Cardiff Heliport

South Point

Waste Recycling Centre

Oil Storage Terminal

FORESHORE ROAD

97

LONGSHIPS ROAD

PLACE

MOUTH OF THE SEVERN

(ABER HAFREN)

4

73

5

6

172

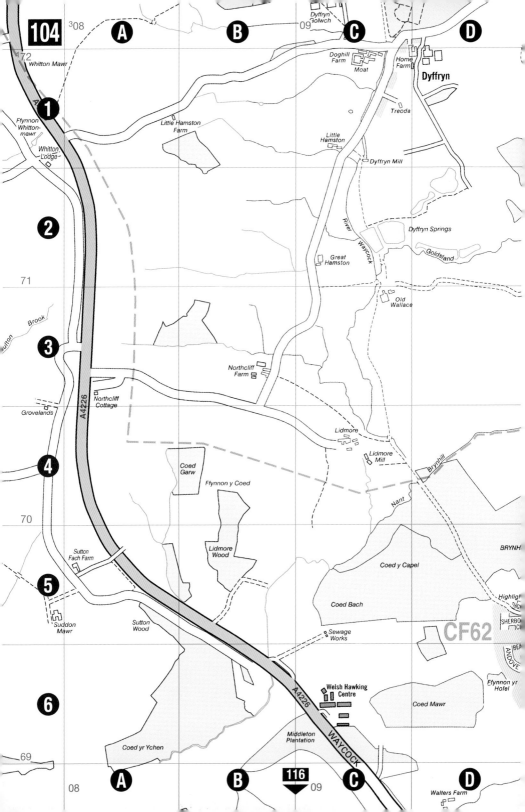

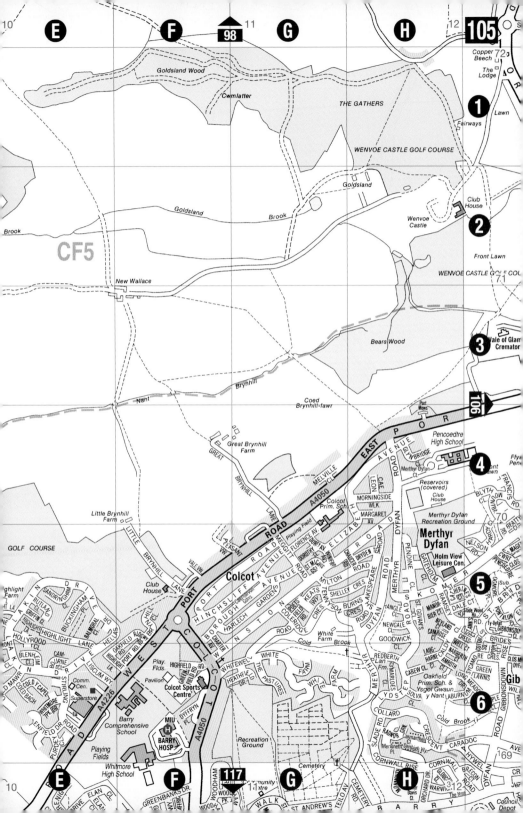

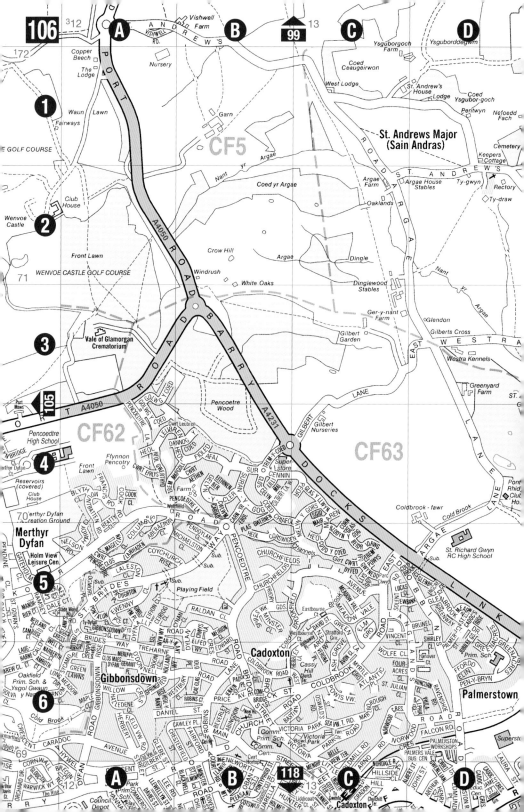

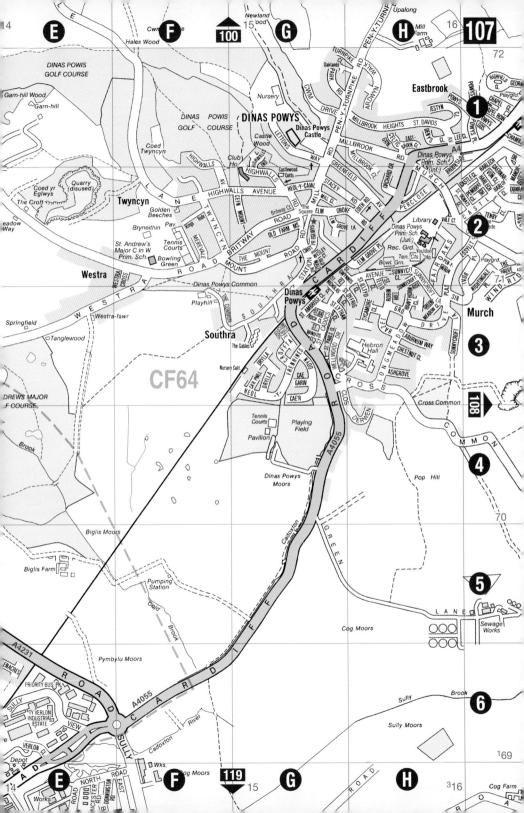

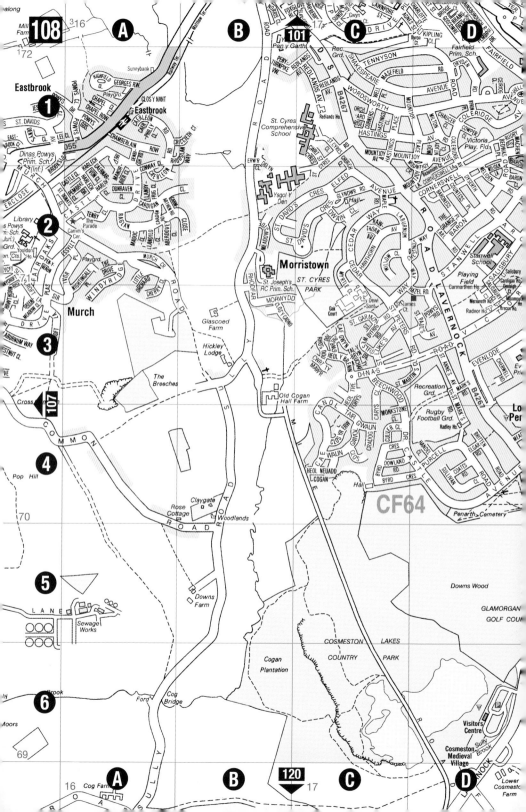

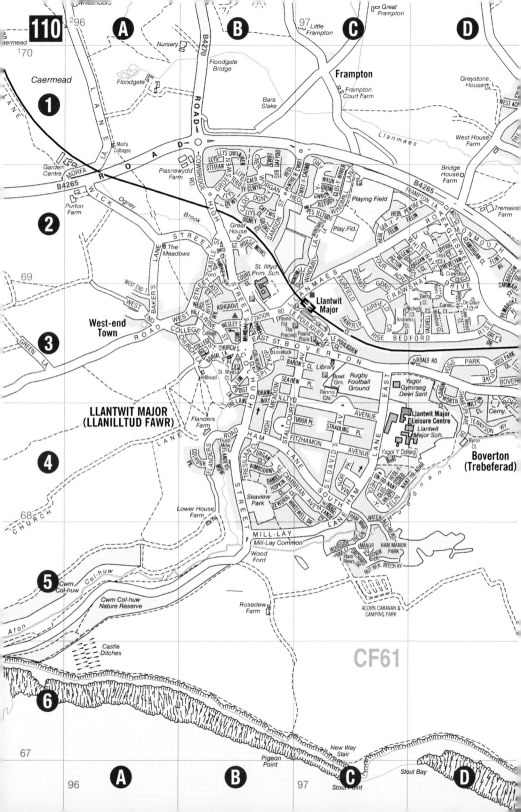

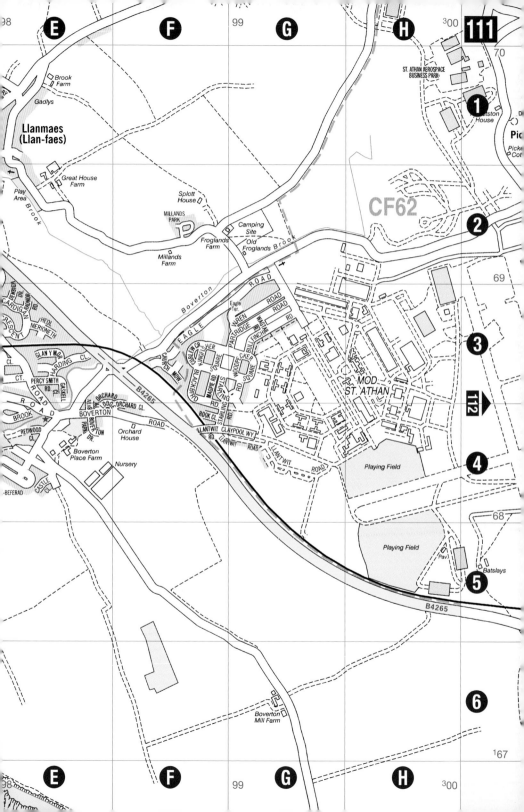

ST. ATHAN AEROSPACE
BUSINESS PARK

1

...ston
House

Pic...

Picke...
Cot...

Brook
Farm

Gadlys

**Llanmaes
(Llan-faes)**

Play
Area

Great House
Farm

Splott
House

Millands
Park

Camping
Site

Froglands
Farm

Old
Froglands

Millands
Farm

Boverton   Brook

CF62

2

69

ROAD

ROAD

Eagle
Ter.

ROAD

WREN

WASTE

RD.

BULLFINCH

3

PARTRIDGE

EAGLE

CHURCH MDN.

SWALLOW CR.

...HER

WNGFE...

BLACKBIRD

MAGPIE RD.

WOODPE...KER

STARLING

RD.
SQUARE

RD.

RD.
SQUARE

**MOD.
ST. ATHAN**

112 ▶

DESWY...
DR.
RUNWAY
CARDIGAN
RD.

HARDING
CL.
CRESCENT

HEOL
MERIONETH

GLAN Y MOR
CL.
RASKELL

PERCY SMITH
RD.
CT.

ROAD
BROOK

B4265

ORCHARD
CL.
ORCHARD CL.

ALUN
BOVERTON

BOVERTON
PARK DR.

REDWOOD
CL.

-BEFERAD

CASTLE
CL.

Boverton
Place Farm

ROOK CL.

ROAD

Orchard
House

Nursery

LLANTWIT
RD.
CLAYPOOL WY.

LLANTWIT   ROAD

LLANTWIT

ROAD

Playing Field

4

68

Playing Field

Pav.

Batslays

5

B4265

6

167

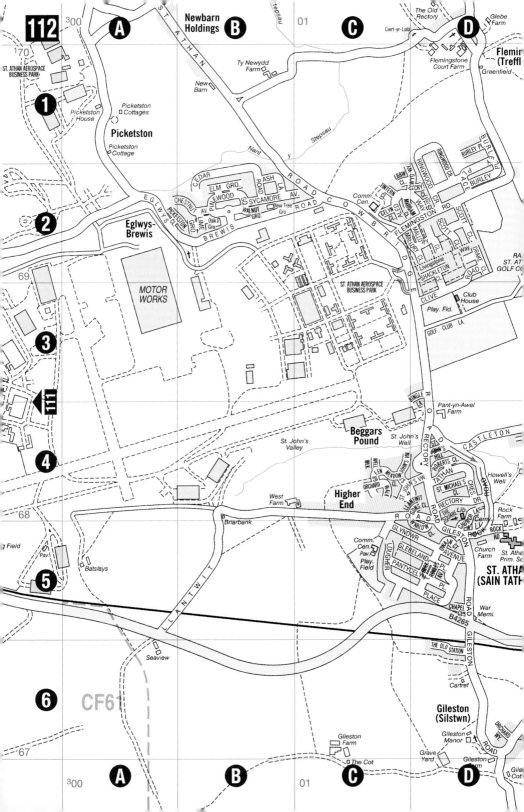

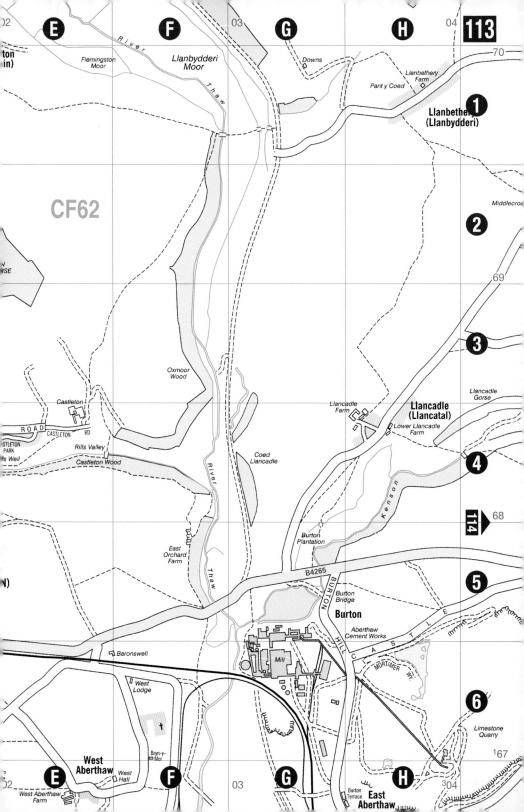

A B 05 Pen-doing C D

Middlecross Barn

Cliff Wood

KENSON

Penmark (Pen-marc)

Penmark Castle (ruins)

Penmark Farm

Barren Hill

CROFT JOHN

1

Kenson Wood

Kenson

Penmark Place

HILL

Sefton-Bungalow

Llancadle Gorse

New Wood

Llancadle (Llancatal)

wer Llancadle Farm

River

Ffwl-y-mwn

Castle Wood

2

Brook

Fonmon Castle

68 ◀ **113**

Woodhouse

B4265

Watch Tower

ROAD

3

ROAD

Castle Lodge

Rocks Head

Fon-mon Pond

Fonmon (Ffwl-y-mwn)

CF62

4

Limestone Quarry

67

Home Farm

Fonmon Farmhouse

NEWTON OF PORT

ROAD

ROAD

ROAD

Nurston

Chapel Farm

Nurston

Bird Farm

FONMON

5

OR

Playground

FONMON

PARK ROAD

BEAUFORT WY

MATTHEW

GODWIN'S

PYMAN

Font-y-gary (Ffont-y-gari)

ADENFIELD

NURSTON CL

ST. JOHN'S PL.

WAY

THAN CL

CELTIC

ISMEATON

WHITTON

KENSON CL.

ROAD

Community Cen.

Bowling Grn.

Ten. Cts.

Mariners

WHARTON

BROWNLEY ACRE

MEADE

LINMEAD

GDS

ST. STORS

CHANNEL

VON CEIN

WESLEY

READERS WY

MARLY

SPEEDWELL DR.

MILBURN

MARINERS PK

AV

6

Pleasant Harbour

Railway Houses

FONTYGARY ROAD

P

Caravan Park

SC

66

Andrew's Pant

Tidal Ponds

04

Nature Reserve

A

Fontygary Bay CARAVAN PARK

B

Fontygari Cave

05

Font-y-gari

C

D

Tidal Pond

Watch House Beach

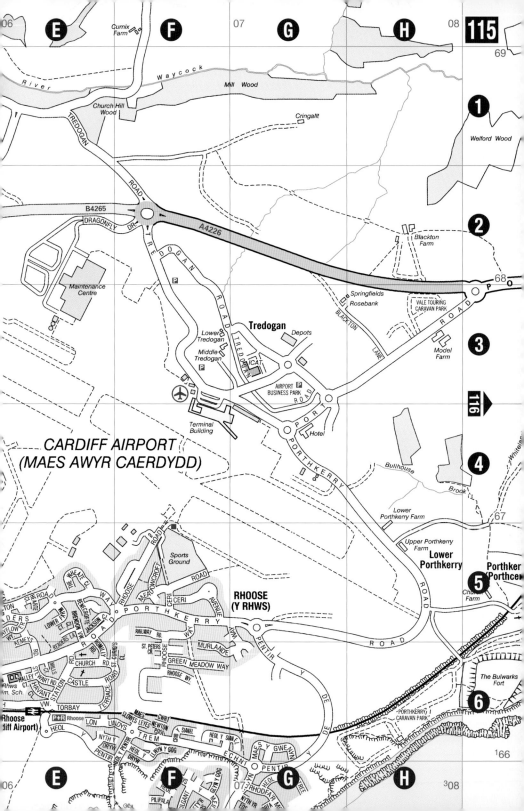

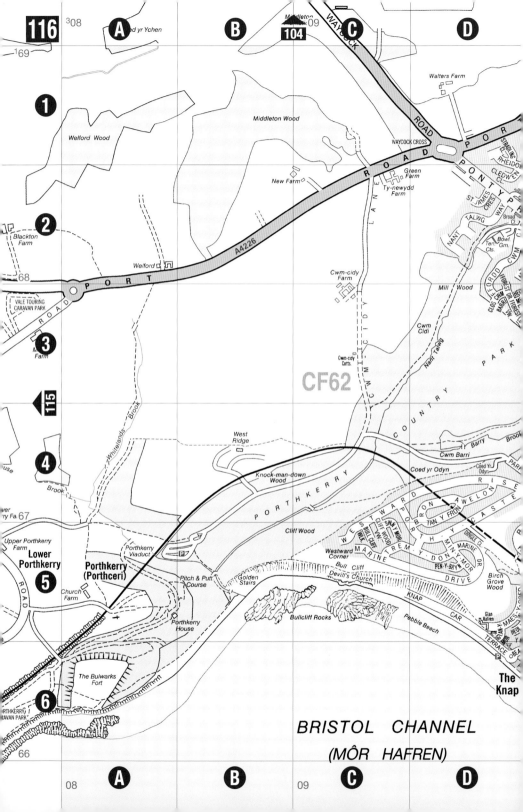

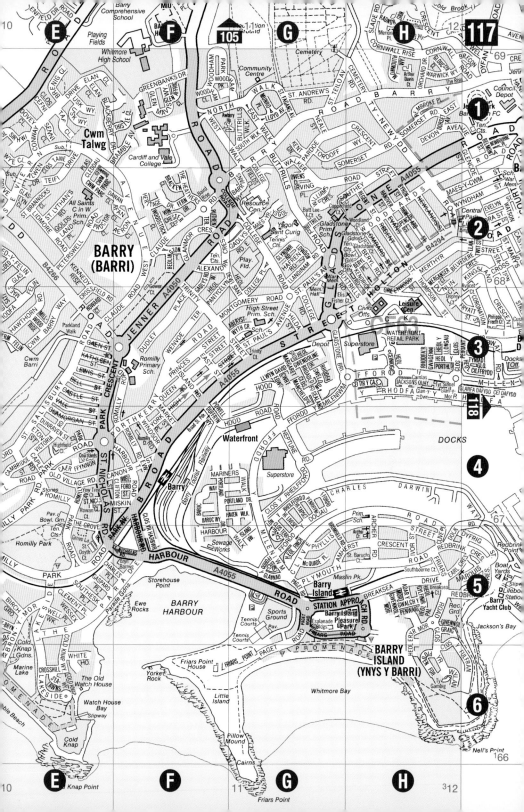

Sully Moors

Cog Moors

Wks.

CF64

Sully Moors

Cog Farm

1

Depot

VERLON
ESTATE
VIEW

Works

NORTH ROAD
BICESTER RD
BRYANSTON RD
ELEVEN
WEST RD
CENTRAL RD
BREON RD
FURNACE ST.
COLUMN ST
TOWER WY.
HORTON WY.
B4267
MOORS ROAD
ROAD EAST

Sully Brook

The Halt

MEADOW VIEW CT.

ASHBY ROAD

GLASTONBURY RD
BASSETT
DISPENSER
KETTERINGHAM
PORLOCK DR.
ROOKERY WOOD
WESTMINSTER
BRIDGEWATER RD
CANNING
SODA
FORD
DONI...
UPHILL CL.
CONYBEARE RD
SLADE CL.
LYNTON

2

ROAD SOUTH

Hall

Recycling Site

Beechwood College

VALE ENTERPRISE CENTRE

ROAD

MINEHEAD AV.
DUNSTER DR.
MINEHEAD
LYNMOUTH DR.
BURNHAM AV.
Sully Prim. Sch.
B4267
GREENING
COXLEY RD
CROFT
GOSS
DANIEL
STRAEL AVG
DULVER DR
TON CL.
GRIMSON
CLIFTON DR
ELWORTHY CL.
ARLINGTN RD
ARL
DRIVE
Arlington Mews
WIMBORNE CRES.
BREAN CL.
MALVERN CL.
ELM CL.
SINFORD RD
WAVELL CL.
SEA CT.
STONBRIDGE
ROAD

SULLY (SILI)

68

Ty Hafan Children's Hospice

oed-yr-Hayes

SMITHIES

Sports Ground
Bowl. Grn.
Hall
Breaksea Cl.
WESTON AV.
★
OYSTER BEND
CLEVEDON AV.
SOMERST
AVENUE
Lib.
Pavs.
Bowling Grn.
Sports

3

Slipway

Sully Sailing Club

Slipway

120

Sully Bay

4

Courtlands
Headlands

Hayes Point

67

5

B R I S T O L   C H A N N E L

(M Ô R   H A F R E N)

6

166

INDEX

Including Streets, Places & Areas, Hospitals etc., Industrial Estates,
Selected Flats & Walkways, Junction Names & Service Areas, Stations and Selected Places of Interest.

HOW TO USE THIS INDEX

1. Each street name is followed by its Postcode District, then by its Locality abbreviation(s) and then by its map reference; e.g. **Aberporth Rd.** CF14: Llan N..........4D **84** is in the CF14 Postcode District and the Llandaff North Locality and is to be found in square 4D on page **84**. The page number is shown in bold type.

2. A strict alphabetical order is followed in which Av., Rd., St., etc. (though abbreviated) are read in full and as part of the street name; e.g. **Ash Cl.** appears after **Ashchurch Row** but before **Ashcroft Cres.**

3. Streets and a selection of flats and walkways that cannot be shown on the mapping, appear in the index with the thoroughfare to which they are connected shown in brackets; e.g. **Alton Terr.** NP4: P'pool..........2B **6** (off Malthouse La.)

4. Addresses that are in more than one part are referred to as not continuous.

5. Places and areas are shown in the index in BLUE TYPE and the map reference is to the actual map square in which the town centre or area is located and not to the place name shown on the map; e.g. ABERTRIDWR..........2E **27**

6. An example of a selected place of interest is **Caerphilly Castle**..........6D **28**

7. Transport hub examples Aber Station (Rail)..........1B **46**; Caerphilly Park & Ride..........1D **46**

8. Junction Names and Service Areas are shown in the index in **BOLD CAPITAL TYPE**; e.g. **CARDIFF GATE SERVICE AREA**..........3H **73**

9. An example of a Hospital, Hospice or selected Healthcare facility is **BARRY HOSPITAL**..........6F **105**

10. Map references for entries that appear on large scale page **4** & **5** are shown first, with small scale references shown in brackets; e.g. **Adam St.** CF24: Card..........5F **5** (4B **96**)

MYNEGAI

Yn cynnwys Strydoedd, Lleoedd ac Ardaloedd, Ysbytai ac ati., Stadau Diwydiannol,
Fflatiau a Llwybrau Troed dethol, Ardaloedd Gwasanaeth, Gorsafoedd a Detholiad o Fannau Diddorol.

SUD I DDEFNYDDIOR'R MYNEGAI HWN

1. Dilynir pob enw stryd gan ei Ardal Cod Post, wedyn gan fyrfodd(au) ei Leoliad ac wedyn gan ei gyfeirnod map; e.e. mae **Aberporth Rd.** CF14: Llan N..........4D **84** yn Ardal Cod Post CF14 a Lleoliad Llandaff North Locality a gellir dod o hyd iddi yn sgwâr 4D ar dudalen **84**. Dangosir Rhif y Dudalen mewn teip trwm.

2. Glynir yn gaeth wrth drefn y wyddor, gyda Av., Rd., St., ayb (er eu bod wedi eu talfyrru) yn cael eu darllen yn llawn ac fel rhan o enw'r stryd; e.e. mae **Ash Cl.** yn ymddangos ar ôl **Ashchurch Row** ond cyn **Ashcroft Cres.**

3. Mae strydoedd a rhai fflatiau a llwybrau na ellir eu dangos ar y mapiau yn ymddangos yn y mynegai, gyda'r dramwyfa sy'n gysylltiedig â nhw wedi eu nodi mewn cromfachau; e.e. **Alton Terr.** NP4: P'pool..........2B **6** (off Malthouse La.)

4. Cyfeirir at gyfeiriadau sydd mewn mwy nag un rhan fel cyfeiriadau nan ydynt yn barhaus.

5. Dangosir ardaloedd a lleoedd yn y mynegai mewn TEIP GLAS ac mae'r cyfeirnod map yn cyfeirio at y sgwâr ar y map lle mae lleoliad canol y dref neu'r ardal ac nid at yr enw lle a ddangosir ar y map; e.e. ABERTRIDWR..........2E **27**

6. Enghraifft o fan diddorol dethol yw **Caerphilly Castle**..........6D **28**

7. Enghreifftiau canolbwynt cludiant: Aber Station (Rail)..........1B **46**; Caerphilly Park & Ride..........1D **46**

8. Dangosir enw cyffyrdd a Ardaloedd Gwasanaeth yn y mynegai mewn **PRIFLYTHYRENNAU TEIP BRAS**; e.e. **CARDIFF GATE SERVICE AREA**..........3H **73**

9. Enghraifft o Ysbyty, Hosbis neu gyfleuster gofal iechyd dethol yw **BARRY HOSPITAL**..........6F **105**

10. Mae cyfeirnodau map ar gyfer cofnodion sy'n ymddangos ar dudalennau ar raddfa fawr **4** & **5** yn cael eu dangos gyntaf, gyda chyfeirnodau map ar raddfa fechan yn cael eu dangos mewn cromfachau; e.e. **Adam St.** CF24: Card..........5F **5** (4B **96**)

GENERAL ABBREVIATIONS *Talfyriadau Cyffredinol*

App. : Approach	**Dr.** : Drive	**La.** : Lane	**Rdbt.** : Roundabout
Arc. : Arcade	**E.** : East	**Lit.** : Little	**Shop.** : Shopping
Av. : Avenue	**Ent.** : Enterprise	**Lwr.** : Lower	**Sth.** : South
Blvd. : Boulevard	**Est.** : Estate	**Mnr.** : Manor	**Sq.** : Square
Bri. : Bridge	**Fld.** : Field	**Mkt.** : Market	**St.** : Street
Bldgs. : Buildings	**Flds.** : Fields	**Mdw.** : Meadow	**Ter.** : Terrace
Bus. : Business	**Gdn.** : Garden	**Mdws.** : Meadows	**Trad.** : Trading
Cvn. : Caravan	**Gdns.** : Gardens	**M.** : Mews	**Up.** : Upper
Cen. : Centre	**Gth.** : Garth	**Mt.** : Mount	**Vw.** : View
Circ. : Circle	**Ga.** : Gate	**Mus.** : Museum	**Vs.** : Villas
Cl. : Close	**Gt.** : Great	**Nth.** : North	**Vis.** : Visitors
Cnr. : Corner	**Grn.** : Green	**Pde.** : Parade	**Wlk.** : Walk
Cott. : Cottage	**Gro.** : Grove	**Pk.** : Park	**W.** : West
Cotts. : Cottages	**Hgts.** : Heights	**Pas.** : Passage	**Yd.** : Yard
Ct. : Court	**Ho.** : House	**Pl.** : Place	
Cres. : Crescent	**Ind.** : Industrial	**Ri.** : Rise	
Cft. : Croft	**Info.** : Information	**Rd.** : Road	

LOCALITY ABBREVIATIONS *Byrfoddau Lleoliadau*

Aberthin: CF71 ....A'thin	**Caldicot**: NP26..............Cald	**Crick**: NP26..............Crick	**Flemingston**: CF62..............F'ton
Abertridwr: CF83..............A'tdwr	**Capel Llanilltern**: CF5..............Cap L	**Croesyceiliog**: NP44 ....Croes	**Fonmon**: CF62..............Fon
Barry: CF62, CF63, CF64..............Barry	**Cardiff**: CF5, CF10, CF11,	**Cross Inn**: CF38, CF72..............Cross I	**Gileston**: CF62..............Gile
Bassaleg: NP10..............Bass	CF14, CF23, CF24..............Card	**Cross Keys**: NP11..............Cross K	**Glascoed**: NP4..............Glas
Beachley: NP16..............Beach	**Castleton**: CF3..............Cast	**Culverhouse Cross**: CF5..............Cul C	**Glyncoch**: CF37..............Glync
Beddau: CF38..............Bed	**Cat's Ash**: NP18..............Cat A	**Cwmbran**: NP44..............Cwm'bn	**Glyntaff**: CF37..............Glynt
Bedwas: CF83..............Bed'ws	**Cefn Mably**: CF3..............Cefn M	**Cwmcarn**: NP11..............C'carn	**Goldcliff**: NP18..............Gold
Bettws: NP20, NP44..............Bet	**Chepstow**: NP16..............Chep	**Cyncoed**: CF14, CF23..............Cyn	**Greenmeadow**: NP44..............G'mdw
Boverton: CF61, CF62..............Bov	**Christchurch**: NP18..............Chri	**Dinas Powys**: CF63, CF64..............Din P	**Griffithstown**: NP4..............Grif
Brynglas: NP20..............Bryng	**Church Village**: CF38..............Chu V	**Draethen**: NP10..............Drae	**Groes-faen**: CF72..............Gro-f
Brynsadler: CF72..............Bryns	**Cilfynydd**: CF37..............Cilf'dd	**Duffryn**: NP10..............Duff	**Groes-wen**: CF15..............Gro-w
Brynteg: CF72..............Brynt	**Coed Eva**: NP44..............Coed E	**East Aberthaw**: CF62..............E Abe	**Gwaelod-y-garth**: CF15..............Gwae G
Bulwark: NP16..............Bul	**Coedely**: CF39..............Coed	**Efail Isaf**: CF38..............Ef Is	**Hayes Gate**: NP16..............Hay G
Caerleon: NP18..............Caerl	**Coedkernew**: NP10..............Coedk	**Eglwys-Brewis**: CF62..............Eg Bre	**Heath**: CF14, CF23..............Heath
Caerphilly: CF83..............Caer	**Cowbridge**: CF71..............Cowb	**Ely**: CF5..............Ely	**Henllys**: NP20, NP44..............H'lys
Caerwent: NP26..............Caerw	**Creigiau**: CF5, CF15..............Cre	**Fairwater**: CF5, NP44..............F'wtr	**Hensol**: CF72..............Hens

Hollybush: NP44 .... H'bush
Kemeys Inferior: NP18 .... Kem I
Langstone: NP18 .... Langs
Lavernock: CF64 .... Lave
Leckwith: CF11 .... Leck
Lisvane: CF14 .... L'vne
Little Mill: NP4 .... Lit M
Llanblethian: CF71 .... L'thian
Llanbradach: CF83 .... L'brad
Llandaff North: CF14 .... Llan N
Llandaff: CF5 .... L'dff
Llandegveth: NP18 .... L'veth
Llandevenny: NP26 .... L'nny
Llandough: CF64, CF71 .... L'dgh
Llanedeyrn: CF23 .... L'dyrn
Llanfrechfa: NP44 .... Llanf
Llanharry: CF72 .... L'harry
Llanhennock: NP18 .... L'hen
Llanishen: CF14 .... L'shn
Llanmaes: CF61 .... L'maes
Llanrumney: CF3 .... L'rmy
Llantarnam: NP20, NP44 .... L'tnam
Llantrisant: CF72 .... L'sant
Llantwit Fardre: CF38 .... Llan F
Llantwit Major: CF61 .... Llan M
Llanwern: NP18, NP19 .... L'wrn
Llanyrafon: NP44 .... L'rfn
Machen: CF83 .... Mac
Maendy: CF71 .... Maen
Magor: NP26 .... Magor
Malpas: NP20 .... Malp
Marshfield: CF3 .... M'fld
Mathern: NP16 .... Math
Michaelston-le-Pit: CF64 .... Mic P
Michaelston-y-Fedw: CF3 .... Mic F
Miskin: CF72 .... Mis
Morganstown: CF15 .... Morg
Mwyndy: CF72 .... Mwy
Nantgarw: CF15, CF83 .... N'grw
Nash: NP18 .... Nash
New Inn: NP4 .... New I
Newport: NP10, NP18, NP19, NP20 .... Newp
Oakfield: NP44 .... Oakf
Old St Mellons: CF3 .... Old M
Pen-y-coedcae: CF37 .... Pen-co
Pen-y-lan: CF23, CF24 .... Pen L
Penarth: CF64 .... P'rth
Penmark: CF62 .... P'ark
Pentwyn: CF23 .... Pent
Pentyrch: CF15 .... P'rch
Penygarn: NP4 .... P'garn
Penyrheol: NP4 .... P'rheol
Peterstone Wentlooge: CF3 .... Pet W
Picketston: CF62 .... Pick
Ponthir: NP18 .... P'hir
Pontnewydd: NP44 .... Pnwd
Pontnewynydd: NP4 .... P'nydd
Pontprennau: CF14, CF23 .... Pontp
Pontrhydyrun: NP44 .... Pon'run
Pontyclun: CF72 .... P'clun
Pontypool: NP4 .... P'pool
Pontypridd: CF37 .... P'prdd
Pontywaun: NP11 .... P'waun
Porthkerry: CF62 .... P'ker
Portskewett: NP26 .... Pskwt
Pwllmeyric: NP16 .... Pwllm
Radyr: CF15 .... Rad
Rhiwbina: CF14, CF83 .... R'ina
Rhiwderin: NP10 .... R'drn
Rhiwsaeson: CF72 .... R'son
Rhoose: CF62 .... Rho
Rhydyfelin: CF37 .... R'fln
Risca: NP11 .... Ris
Rogerstone: NP10, NP11, NP20 .... Roger
Rogiet: NP26 .... Rog
Rudry: CF83 .... Rud
Rumney: CF3 .... Rum
Sebastopol: NP4 .... Seba
Sedbury: NP16 .... Sed
Senghenydd: CF83 .... Sen
St Andrews Major: CF64 .... St And
St Athan: CF62 .... St Ath
St Bride's Wentlooge: NP10 .... St Bri W
St Bride's-super-Ely: CF5 .... St Bri E
St Brides Netherwent: NP26 .... St Bri N
St Dials: NP44 .... St Di
St Fagans: CF5 .... St F
St George's: CF5 .... St G
St Hilary: CF71 .... St H
St Mellons: CF3, CF23 .... St Mel
St Nicholas: CF5 .... St N
Sudbrook: NP26 .... Sud
Sully: CF64 .... Sul
Swanbridge: CF64 .... S'dge
Taff's Well: CF15 .... Taff W
Talbot Green: CF72 .... Tallb G
Talygarn: CF72 .... T'garn
Thornhill: CF14, CF83, NP44 .... Thorn
Tongwynlais: CF14, CF15 .... Tong
Tonteg: CF37, CF38 .... Tont
Tonyrefail: CF39 .... T'fail
Tredogan: CF62 .... T'gan
Treforest: CF37 .... T'rest
Trethomas: CF83 .... Tret
Trevethin: NP4 .... Treve
Tutshill: NP16 .... Tut
Two Locks: NP44 .... Two L
Twyn-yr-odyn: CF5 .... Twyn
Ty Canol: NP44 .... Ty Ca
Ty Coch: NP44 .... T Coch
Tyle-garw: CF72 .... Tyle
Underwood: NP18 .... Under
Undy: NP26 .... Undy
Upper Boat: CF37 .... Up Bo
Upper Church Village: CF38 .... Up Chu
Upper Cwmbran: NP44 .... Up Cwm
Upper Race: NP4 .... Up R
Welsh St Donats: CF71 .... Wel
Wenvoe: CF5 .... Wen
West Aberthaw: CF62 .... W Abe
Whitchurch: CF14 .... Whit
Whitson: NP18 .... W'son
Wilcrick: NP26 .... Wilc
Ynysmaerdy: CF72 .... Y'erdy
Ynysybwl: CF37 .... Y'bwl

1

28 East Retail Pk. 3B **54**

A

Abberley Hall Rd. NP20: Newp 1A **54**
Abbey Cl. CF15: Taff W 1F **69**
Abbey Ct. CF38: Chu V 2E **43**
Abbey Farm La. NP44: L'tnam 6B **12**
Abbey Grn. NP44: Oakf 5H **11**
Abbey Gro. NP44: L'tnam 1B **20**
Abbey Rd. NP19: Newp 3B **38**
Abbey Rd. NP44: Cwm'bn 3G **11**
Abbot Cl. NP18: Caerl 5E **21**
Abbots M. NP20: Newp 6B **36**
Aberaeron Cl. CF62: Barry 5A **106**
Aberbran Rd. CF14: Llan N 5E **85**
Aberconway Hall CF10: Card 1H **95**
Abercynon St. CF11: Card 1A **102**
Aberdare Hall CF10: Card 2H **95**
Aberdaron Rd. CF3: Rum 2B **88**
Aberdore Rd. CF14: Llan N 5E **85**
Aberdovey Cl. CF64: Din P 2A **108**
Aberdovey St. CF24: Card 4E **97**
Aberdulais Cres. CF14: Llan N 5D **84**
Aberdulais Rd. CF14: Llan N 5D **84**
Aberfawr Rd. CF83: A'tdwr 2E **27**
Aberfawr Ter. CF83: A'tdwr 2E **27**
Abergele Cl. CF3: Rum 1C **88**
Abergele Rd. CF3: Rum 2B **88**
Abernethy Cl. CF3: St Mel 6E **75**
Aberporth Rd. CF14: Llan N 4D **84**
Aber Station (Rail) 1B 46
Aber St. CF11: Card 1A **102**
Aberteifi Cl. CF14: Llan N 5E **85**
Aberteifi Cres. CF14: Llan N 5E **85**
Aberthaw Av. NP19: Newp 5B **38**
Aberthaw Circ. NP19: Newp 5H **37**
Aberthaw Cl. NP19: Newp 4A **38**
Aberthaw Ct. NP19: Newp 5B **38**
Aberthaw Dr. NP19: Newp 5H **37**
Aberthaw Pl. NP19: Newp 5B **38**
Aberthaw Ri. NP19: Newp 5B **38**
Aberthaw Rd. CF5: Ely 4G **93**
Aberthaw Rd. NP19: Newp 4H **37**
ABERTHIN 2F 91
Aberthin La. CF71: A'thin 4F **91**
Aberthin La. CF71: Cowb 4F **91**
Aberthin Rd. CF71: A'thin 4D **90**
Aberthin Rd. CF71: Cowb 4D **90**
ABERTRIDWR 2E 27
Aberystwyth Cres. CF62: Barry 3G **117**
Aberystwyth St. CF24: Card 4E **97**
Abingdon St. CF63: Barry 6B **106**
Acacia Av. NP19: Newp 4H **37**
Acacia Av. NP26: Undy 3E **59**
Acacia Sq. NP19: Newp 4H **37**
Acacia St. CF37: R'fln 4G **25**
Academic Av. CF14: Heath 4G **85**
Acer Av. CF38: Llan F 6C **42**
Acer Way NP10: Roger 3A **34**
Acorn Cvn. & Camping Pk. CF61: Llan M 5C **110**
Acorn Cl. CF72: Mis 6F **65**
Acorn Cl. NP10: Roger 2B **34**
Acorn Gro. CF23: Pontp 4G **73**
Acorn Gro. CF38: Chu V 3E **43**
Acorn Pl. CF3: Cast 3G **75**
Acorns, The CF14: Thorn 2G **71**
Acre Cl. CF83: Caer 5D **28**
Active Living Cen. 6H 19
Adams Ct. CF24: Card 4G **5** (4C **96**)
Adamscroft Pl. CF10: Card 4G **5** (4C **96**)
ADAMSDOWN 4H 5 (4C 96)
Adamsdown La. CF24: Card 4H **5** (4C **96**)
Adamsdown Pl. CF24: Card 4H **5** (4D **96**)
Adamsdown Sq. CF24: Card 4H **5** (4C **96**)
Adam St. CF24: Card 5F **5** (4B **96**)
Adar y Mor CF62: Barry 5H **117**
Addicott Cl. CF5: Ely 4A **94**
Addison Av. CF72: L'harry 5A **78**
Addison Cres. CF5: Ely 4G **93**
Addison Way CF83: Mac 3B **30**
Addison Way CF83: Tret 3B **30**
Adelaide Pl. CF10: Card 1B **102**
Adelaide St. CF10: Card 1B **102**
Adelaide St. NP20: Newp 2C **36**
Adeline St. CF24: Card 3D **96**
Adeline St. NP20: Newp 1C **54**
Adenfield Way CF62: Rho 5B **114**
Adit Wlk. NP44: Pnwd 6C **8**
.... (not continuous)
Admiral Ho. CF24: Card 2G **5** (3C **96**)
.... *(off Newport Rd.)*
Adrian Boult Grn. NP19: Newp 5A **38**
Adventurer's Quay CF10: Card 1D **102**
Aelfryn CF72: L'harry 5A **78**
Ael-y-Bryn CF15: P'rch 5H **67**
Ael-y-Bryn CF15: Rad 6F **69**
Ael-y-Bryn CF23: L'dyrn 3D **86**
Ael-y-Bryn CF38: Bed 4A **42**
Ael-y-Bryn CF83: Caer 4A **28**
Ael-y-Bryn CF83: Tret 3H **29**
Aelybryn CF37: P'prdd 5A **14**
Ael-y-Coed CF62: Barry 2D **116**
Aeron Cl. CF62: Barry 2F **117**
Afal Sur CF63: Barry 4B **106**
Afan Cl. CF62: Barry 2F **117**
Afon Cl. CF3: Old M 1B **74**
Afon Cl. NP4: New I 6G **7**
Afon Ebbw Rd. NP10: Roger 2G **33**
Afon Gdns. NP18: P'hir 2G **21**
Afon Lwyd Cl. NP18: Caerl 4A **22**
Afon Mead NP10: Roger 3H **33**
Afon Ter. NP44: Pon'run 6F **9**
Africa Gdns. CF14: Card 5G **85**
Agate St. CF24: Card 3D **96**
Agincourt Rd. CF23: Pen L 1D **96**
Agincourt St. NP20: Newp 2B **36**
Agnes St. CF64: P'rth 6G **101**
Ailesbury St. NP20: Newp 2C **36**
Ainon Ct. CF24: Card 4E **97**
Aintree Dr. CF5: Ely 4B **94**
Airport Bus. Pk. CF62: T'gan 3G **115**
Alanbrooke Av. NP20: Malp 3A **20**
Alan Cl. NP10: Roger 5D **34**
Albany Ct. CF64: P'rth 1F **109**
Albany Ind. Est. NP20: Newp 2C **36**
Albany Rd. CF24: Card 1B **96**
Albany St. NP20: Newp 2C **36**
Albany Trad. Est. NP20: Newp 2C **36**
Alberta Pl. CF64: P'rth 3E **109**
Alberta Rd. CF64: P'rth 3F **109**
Albert Av. NP19: Newp 4E **37**
Albert Ct. NP19: Newp 4E **37**
Albert Cres. CF64: P'rth 1F **109**
Albert Rd. CF37: P'prdd 1B **24**
Albert Rd. CF64: P'rth 1F **109**
Albert St. CF11: Card Delta St. 4F **95**
Albert St. CF11: Card Wellington St. 4F **95**
Albert St. CF63: Barry 1C **118**
Albert St. NP20: Newp 6C **36**
Albert St. La. CF11: Card 4F **95**
Albert Ter. NP20: Newp 5B **36**
Albert Wlk. CF11: Card 4F **95**
Albion Cl. NP20: Newp 1D **54**
Albion Ct. CF37: Cilf'dd 4F **15**
Albion Ct. NP20: Newp 1C **54**
Albion Ho. NP26: Cald 5C **60**
Albion Ind. Est. CF37: Cilf'dd 1F **15**
Albion Pl. NP4: P'nydd 1A **6**
Albion Rd. NP4: P'pool 4B **6**
Albion Sq. NP16: Chep 2E **63**
Albion Way NP26: Magor 4C **58**
Alcan Gro. NP10: Roger 4B **34**
Alcock Cl. NP19: Newp 6G **37**
Alcove Wood NP16: Chep 2C **62**
Alderbrook CF23: Cyn 4D **72**
Alder Cl. NP4: New I 4H **7**
Alder Gro. CF38: Llan F 6C **42**
Alder Gro. NP20: Malp 5B **20**
Alderney Ho. CF11: Card 4A **102**
Alderney St. NP20: Newp 2C **36**
Alder Rd. CF23: Card 5B **86**
Alder Rd. CF72: L'harry 5A **78**
Alders, The NP44: L'rfn 4B **12**
Alderwood Cl. CF3: St Mel 6C **74**
Aldsworth Rd. CF5: Card 2B **94**
Aldsworth Rd. CF5: F'wtr 2B **94**
Aldwych Cl. CF14: Thorn 3G **71**
Aled Way CF62: St Ath 2C **112**
Alexander Ct. CF83: Caer 6E **29**
Alexander St. CF24: Card 1A **96**
Alexandra Ct. CF5: Card 3D **94**
Alexandra Ct. CF64: P'rth 2F **109**
Alexandra Ct. NP20: Newp 1D **54**
.... *(off Alexandra Rd.)*
Alexandra Cres. CF62: Barry 2F **117**
Alexandra Docks NP20: Newp 4D **54**
Alexandra Ga. CF24: Card 1G **97**

122 A-Z Cardiff

Alexandra Ind. Est.
CF3: Rum 4B **88**
Alexandra La. NP20: Newp.... 2C **54**
Alexandra Rd. CF37: T'rest ... 1D **24**
Alexandra Rd. CF5: Card 4E **95**
Alexandra Rd. NP16: Bul......4F **63**
Alexandra Rd. NP20: Newp 2C **54**
Alexandra Rd. NP4: Seba 2E **9**
Alexandra Ter. CF38: Llan F .. 5C **42**
Alexandria CF11: Card.........5H **101**
Alexon Way CF37: R'fln........5G **25**
Alfreda Rd. CF14: Whit 3B **84**
Alfred St. CF24: Card...........6B **86**
Alfred St. NP19: Newp..........3D **36**
Alfred Ter. CF15: Taff W........2E **69**
Alianore Rd. NP26: Cald 6C **60**
Alice Cres. NP16: Bul..........6G **63**
Alice St. CF10: Card............1B **102**
Alice St. NP20: Newp..........2C **54**
Alicia Cl. NP20: Newp..........6E **37**
Alicia Cres. NP20: Newp...... 6E **37**
Alicia Way NP20: Newp.........6E **37**
Allan Durst Cl. CF5: L'dff......4H **83**
Allen Cl. CF3: Old M............5C **74**
Allen Cl. NP20: Bet.............6E **37**
Allen Ct. CF61: Bov............3D **110**
Allensbank Cres.
CF14: Card 5H **85**
Allensbank Rd. CF14: Card...5H **85**
Allensbank Rd.
CF14: Heath...................5H **85**
Allens Cl. CF23: Cyn..........1C **86**
Allerton St.
CF11: Card 6A **4** (5G **95**)
Allied Ind. Pk. CF24: Card....4F **97**
Yr Allt CF72: L'sant............2F **65**
Alltmawr Rd. CF23: Cyn......1C **86**
Allt Wen CF14: R'ina...........5B **70**
Allt-yr-yn NP20: Newp.........2G **35**
..........................(not continuous)
ALLT-YR-YN 4H **35**
Allt-yr-yn Av. NP20: Newp...4G **35**
Allt-yr-yn Cl. NP20: Newp ... 3A **36**
Allt-yr-yn Cl. NP20: Newp ... 3A **36**
Allt-yr-yn Cres.
NP20: Newp 2A **36**
Allt-yr-yn Hgts.
NP20: Newp 3H **35**
Allt-yr-yn Nature Reserve ... 3H **35**
Allt-yr-yn Rd. NP20: Newp ...3H **35**
Allt-yr-yn Vw. NP20: Newp ... 4G **35**
Allt-yr-yn Way NP20: Newp... 2A **36**
Allt y Wennol CF23: Pontp....4F **73**
Allt y Wiwer CF38: Chu V 3E **43**
Alma Cl. NP20: Newp..........6C **36**
Alma Dr. NP16: Bul............6G **63**
Alma Pl. NP4: Seba............2E **9**
Alma Rd. CF23: Pen L.........6C **86**
Alma St. CF83: Mac...........2G **31**
Alma St. NP20: Newp..........6C **36**
Alma Ter. CF38: Chu V.........3F **43**
Almond Av. NP11: Ris.........5F **17**
Almond Cl. CF38: Llan F......5C **42**
Almond Dr. NP20: Malp.......4A **20**
Alpha Pl. CF37: P'prdd.........5D **14**
Alpha Rd. NP16: Bul...........4F **63**
Alpha St. CF37: P'prdd........5D **14**
Alps Quarry Rd. CF5: Wen....3E **99**
Altair Ho. CF10: Card.........1C **102**
Althorp Dr. CF64: P'rth.......6E **109**
Altolusso CF10: Card....5E **5** (4B **96**)
Alton Ter. NP4: P'pool..........2B **6**
..................(off Malthouse La.)
ALWAY 5B **38**
Alway Cl. NP19: Newp..........4B **38**

Alway Cres. NP19: Newp........4A **38**
Alwen Dr. CF14: Thorn..........2H **71**
Alwen Dr. CF62: Barry 2E **117**
Alwyn Cl. NP10: Roger.........2C **34**
Alwyn Ct. CF24: Card ...1E **5** (2B **96**)
Amalfi Ho. CF10: Card..........6C **96**
....................(off Ffordd Garthorne)
Amber Cl. CF23: Pent...........4F **73**
Amber Cl. NP19: Newp..........4D **36**
Ambergate Dr. CF23: Pent......5F **73**
Amberheart Dr.
CF14: Thorn....................1H **71**
Amberley Cl. CF23: Pent.......5F **73**
Amberwood Cl. CF23: Pent....4F **73**
Amblecote Cl. CF23: Pent......4F **73**
Ambleside Av. CF23: Cyn 5A **86**
Ambrooke Cl. CF23: Pent 4F **73**
Ambrose Way NP4: New I......5G **7**
Ambryn Rd. NP4: New I.........5H **7**
Amelia Av. NP19: Newp.........6F **37**
Amelia Cl. NP19: Newp.........6F **37**
Amelia Gro. NP19: Newp.......6F **37**
Amelia Way NP19: Newp........6F **37**
American Vs. NP11: Ris.........4D **16**
Amesbury Rd. CF23: Pen L....6D **86**
Amethyst Cl. CF5: F'wtr........6H **83**
Amherst Cres. CF62: Barry....5G **117**
Amherst St. CF11: Card.........1H **101**
Amity Ct. CF10: Card............6C **96**
Amroth Ct. CF62: Barry 6H **105**
Amroth Rd. CF5: Ely............5A **94**
Amroth Wlk. NP44: St Di........3E **11**
Amy Johnson Cl.
NP19: Newp 6G **37**
Anchorage, The
CF64: P'rth.....................5H **101**
Anchor Ct.
CF10: Card 6F **5** (5B **96**)
Anchor Ind. Est.
CF10: Card 6B **96**
Anchor Rd. CF64: P'rth........5A **102**
Anchor St. CF15: Taff W........2E **69**
Anderson Cl. NP20: Newp 6A **36**
Anderson Gro. NP19: Newp...1F **55**
Anderson Pl. CF24: Card......3D **96**
Anderson Pl. NP20: Malp.....3A **20**
Andover Cl. CF62: Barry 6D **104**
Andrew Rd. CF64: P'rth........6F **101**
Andrews Ct. CF61: Llan M.....3C **110**
Andrew's Cl. CF14: Llan N....5B **84**
Aneurin Bevan Ct.
NP10: Duff......................4G **53**
Aneurin Bevan Ct.
NP4: P'pool....................3C **6**
Aneurin Bevan Dr.
CF38: Chu V 3D **42**
Aneurin Rd. CF63: Barry......1A **118**
Angelica Way CF14: Thorn.....2F **71**
Angelina St. CF10: Card........6B **96**
Angiddy Cl. NP26: Cald 4D **60**
Angle Cl. CF62: Barry 5H **105**
Angle Pl. CF14: L'shn..........4F **71**
Anglesey Cl. CF38: Tont 1G **43**
Anglesey Cl. CF61: Bov........2D **110**
Anglesey Cl. NP18: Caerl......4F **21**
Anglesey M. CF5: Card.........3E **95**
Anglesey St. CF5: Card.........3E **95**
Angus St. CF24: Card...........6C **86**
Anisa M. NP20: Newp..........5C **36**
Annesley Rd. NP19: Newp.....3E **37**
Anne St. CF11: Card............4F **95**
Ann St. CF37: Cilf'dd............2F **15**
Ansari Ct. CF72: Y'erdy........6D **40**
Anson Ct. CF10: Card....6G **5** (5C **96**)
..................(off Atlantic Wharf Cl.)
Anson Grn. NP19: Newp.......2C **38**

Anstee Ct. CF11: Card.........4F **95**
Anthony Dr. NP18: Caerl.......4F **21**
Anton Ct. CF14: Whit 2C **84**
Anwyll Cl. NP18: Caerl.........3G **21**
Apollo Cl. CF14: Thorn.........3G **71**
Apple Av. NP26: Undy..........4F **59**
Appledore Rd. CF14: Llan N... 4E **85**
Appletree Cl. CF72: L'harry ... 5A **78**
Applewood Cl.
CF24: Card 5H **5** (4D **96**)
Apprentice Cl. NP16: Beach...6H **63**
Aprilia Ho. CF10: Card.........6C **96**
Aqueduct Cl. NP18: Caerl......3H **21**
Aquila Ho. CF10: Card.........1D **102**
Aquilla St. CF11: Card..........2F **95**
Arabella St. CF24: Card........6B **86**
Aragon Ho. NP20: Newp........4A **36**
Aragon St. NP20: Newp........2C **36**
Aran Ct. NP44: Thorn............6B **8**
Arbroath Ct. CF24: Card........2E **97**
Arcade, The
NP44: Cwm'bn 2H **11**
Archer Ct. CF62: Barry.........5H **117**
Archer Cres. CF5: Ely..........3H **93**
Archer Pl. CF5: Ely.............3G **93**
Archer Rd. CF5: Ely.............3F **93**
Archer Rd. CF62: Barry........4H **117**
Archer Rd. CF64: P'rth.........2D **108**
Archer Ter. CF5: Ely............3G **93**
Archer Ter. CF64: P'rth........3E **109**
Arch Hill NP11: P'waun.......1A **16**
Archibald St. NP19: Newp......4E **37**
Arcot Cl. CF64: P'rth...........1E **109**
Arcot La. Nth. CF64: P'rth.....6A **102**
Arcot St. CF64: P'rth...........6A **102**
ARD Bus. Pk. NP4: New I......5F **7**
Arden Way CF63: Barry........6C **106**
Ardwyn CF14: R'ina.............5B **70**
Ardwyn Wlk. CF64: Din P......1H **107**
Arfonfab Cres. CF37: R'fln.....5H **25**
Argae La. CF63: Barry..........5D **106**
Argae La. CF64: St And.........2C **106**
Yr Arglawdd CF14: Heath.......2H **85**
Argosy Cl. NP19: Newp.........6E **37**
Argosy Wlk. NP19: Newp.......6F **37**
Argosy Way NP19: Newp........5E **37**
Argyle Cl. CF15: Rad............6F **69**
Argyle St. NP20: Newp..........2C **36**
Argyle Way CF5: Ely............5A **94**
Ariel Cl. NP20: Newp...........1E **55**
Ariel Reach NP20: Newp.......1E **55**
Ariel Wlk. NP20: Newp.........1E **55**
Arles Rd. CF5: Ely..............4A **94**
Arlington Cl. NP20: Newp......3A **20**
Arlington Cl. NP26: Undy.......4F **59**
Arlington Cres. CF3: L'rmy.....1A **88**
Arlington Grange Cl.
NP20: Newp 1B **54**
Arlington M. CF64: Sul.........2H **119**
Arlington Rd. CF64: Sul........2H **119**
Armoury Dr. CF14: Heath......1F **85**
Armstrong Cl. NP19: Newp....5H **37**
Arne Cl. NP19: Newp...........4C **38**
Arnold Av. CF3: L'rmy..........5A **74**
Arnold Cl. NP20: Newp........1H **53**
Arno Rd. CF63: Barry..........1C **118**
Arnside Rd. CF23: Pen L.......5C **86**
Arran Cl. CF37: Pen-co........3B **24**
Arran Cl. NP11: Ris............6G **17**
Arran Pl. CF24: Card...........1C **96**
Arran St. CF24: Card...........2B **96**
..........................(not continuous)
Arrol St. CF24: Card...........4D **96**
Arrow Cl. NP20: Newp.........2B **54**

Arthur Bliss Rd.
NP19: Newp 5A **38**
Arthur Cl. NP20: Newp 1C **54**
Arthur Davis Ct.
CF62: Barry 1H **117**
Arthurs Ct. NP26: Pskwt.......5F **61**
Arthur St. CF24: Card 2E **97**
Arthur St. CF63: Barry 1D **118**
Arthur St. NP18: Caerl.........5A **22**
Arthur St. NP20: Newp 1C **54**
Arudur Hen CF15: Rad..........2H **83**
Arundel Cl. NP44: G'mdw......2C **10**
Arundel Pl. CF11: Card.........1F **101**
Arundel Rd. NP19: Newp.......4F **37**
Ar-y-Nant CF63: Barry 5A **106**
Ascot Cl. CF5: Ely..............4A **94**
Asgog St. CF24: Card 4D **96**
Ashbourn Way CF14: L'shn....6F **71**
Ashburton Av. CF3: L'rmy......6A **74**
Ashby Rd. CF64: Sul............1G **119**
Ashchurch Cl. CF14: Whit 2C **84**
Ashchurch Row CF14: Whit ...2C **84**
Ash Cl. NP16: Bul...............5E **63**
Ashcroft Cres. CF5: F'wtr......6F **83**
Ashdene Cl. CF5: L'shn.........5H **83**
Ashdown Cl. CF3: St Mel......6D **74**
Ashdown Ct. CF37: Cilf'dd.....3F **15**
Ashfield Ct. CF3: St Mel.......6C **74**
Ashford Cl. CF37: Glync.......2C **14**
Ashford Cl. NP44: Croes.......6H **9**
Ashford Cl. Nth. NP44: Croes .. 6H **9**
Ashford Cl. Sth.
NP44: Croes 1B **12**
Ash Grn. NP44: Oakf...........5H **11**
Ash Gro. CF14: Whit 1C **84**
Ash Gro. CF5: Cul C............1E **99**
Ash Gro. CF63: Barry 6C **106**
Ash Gro. CF64: L'dgh..........5G **101**
Ash Gro. CF72: L'harry.........5A **78**
Ash Gro. CF72: Tyle............5B **64**
Ash Gro. CF83: Tret............3H **29**
Ash Gro. NP26: Cald 4C **60**
Ash Gro. NP4: Treve...........1D **6**
Ashgrove CF37: Glync.........1D **14**
Ashgrove CF61: Llan M.........3B **110**
Ashgrove CF64: Din P..........3H **107**
Ashgrove Cl. NP4: Seba 2D **8**
Ash La. CF62: Eg Bre..........2B **112**
Ashleigh Cl. NP44: H'lys.......4B **10**
Ashley Rd. NP19: Newp........4H **37**
Ashman Cl. CF83: Caer........2H **45**
Ash Pl. CF5: F'wtr..............1H **93**
Ash Sq. CF37: R'fln............4G **25**
Ash Tree Cl. CF15: Rad........1E **83**
Ash Tree Cl. CF23: Pontp.....2G **73**
Ash Tree Vw. NP20: Newp....4H **35**
Ash Wlk. CF72: Tallb G........3E **65**
Ashwell CF18: Caerl............1A **38**
Ashwood Cl.
CF24: Card 1H **5** (2C **96**)
Aspen Cl. CF3: St Mel.........6C **74**
Aspen Way CF38: Llan F.......6C **42**
Aspen Way NP20: Malp........4A **20**
..........................(not continuous)
Aspire Fitness 4D **94**
Asquith St. NP4: Grif..........6E **7**
Assembly Sq. CF10: Card.....2C **102**
Aster Cl. CF3: St Mel..........6E **75**
Aster Cl. NP11: Ris............5F **17**
Aston Cres. NP20: Bryng......1B **36**
Aston Pl. CF3: St Mel.........2E **89**
Astoria Cl. CF14: Thorn........3G **71**
Athelstan Rd. CF14: Whit 3B **84**
Atlantic Cres. CF63: Barry....4B **118**
Atlantic Pl. CF63: Barry 6C **106**
Atlantic Trad. Est.
CF63: Barry 4C **118**

Atlantic Way – Beaufort Pl.

Atlantic Way CF63: Barry 4A **118**
...............................(not continuous)
ATLANTIC WHARF 6G 5 (5C 96)
Atlantic Wharf Cl.
CF10: Card 6G **5** (5C **96**)
Atlas Ho. CF10: Card 1D **102**
Atlas Pl. CF5: Card.................. 4F **95**
Atlas Rd. CF5: Card 4F **95**
Attfield Cl. CF23: Pen L 6E **87**
Attlee Ct. CF83: Caer 6E **29**
Aubrey Av. CF5: Card............. 2C **94**
Aubrey Hames Cl.
NP20: Newp 1A **54**
Aubrey Ter. CF71: Cowb 4D **90**
Auckland Rd. NP20: Newp 6F **35**
Augusta Cres. CF64: P'rth 4E **109**
Augustan Cl. NP18: Caerl 4F **21**
Augustan Dr. NP18: Caerl........ 4F **21**
Augustan Way NP18: Caerl 4F **21**
Augusta Rd. CF64: P'rth 4E **109**
Augusta St.
CF24: Card 3H **5** (3C **96**)
Augustus John Cl.
NP19: Newp 1G **37**
Aust Cres. NP16: Bul 5E **63**
Austen Cl. CF3: L'rmy............. 5B **74**
Austin Friars NP20: Newp 4C **36**
Austin Rd. CF83: Caer 1E **47**
.....................*(shown as Heol Awstin)*
Austin Rd. NP4: Seba 2E **9**
Australia Rd. CF14: Card........ 5G **85**
...............................(not continuous)
Avalon Ct. NP4: P'pool 3B **6**
Avalon Dr. NP19: Newp........... 2F **37**
Avalon Pl. NP4: P'pool 3A **6**
Aveling Ho. CF10: Card.......... 6B **96**
Avenue, The CF14: Whit 3B **84**
Avenue, The CF3: Rum 5A **88**
Avenue, The CF37: P'prdd 6D **14**
Avenue, The CF5: L'dff 6C **84**
Avenue, The CF83: Tret 3A **30**
Avenue, The NP10: Coedk 4E **53**
Avenue, The NP20: Newp 6C **36**
...............................*(off Clytha Sq.)*
Avenue, The NP26: Cald 6B **60**
Avenue, The NP4: Grif.............. 1E **9**
Avenue, The NP4: New I 4F **7**
Avenue, The Ind. Est.
CF23: Pent............................. 5G **73**
Avenue Retail Pk..................... 6G **87**
Avoca Pl. CF11: Card 6G **95**
Avocet Ct. CF63: Barry 2A **118**
Avon Cl. CF63: Barry............ 6C **106**
Avon Cl. NP20: Bet 5G **19**
Avon Cl. NP26: Cald............... 4C **60**
Avondale Bus. Pk.
NP44: Pon'run 5E **9**
Avondale Cl. NP44: Pon'run....... 5F **9**
Avondale Cres.
CF11: Card 1A **102**
Avondale Cres.
NP44: Pon'run 4F **9**
Avondale Gdns.
CF11: Card 1A **102**
Avondale Gdns. Sth.
CF11: Card 1A **102**
Avondale Rd. CF11: Card...... 1A **102**
Avondale Rd. NP4: Seba........... 3F **9**
Avondale Rd. NP44: Pon'run 3F **9**
Avondale Way NP44: Pon'run 4F **9**
Avonmuir Rd. CF24: Card........ 1F **97**
Avon Pl. NP44: L'rfn............... 2A **12**
Avonridge CF14: Thorn........... 3F **71**
Awbery Ho. CF62: Barry 1F **117**
Awelfryn CF37: Pen-co........... 6A **24**
Awel Mor CF23: L'dyrn 4D **86**
Axbridge Cres. CF3: L'rmy 1B **88**
Axminster Rd. CF23: Pen L 1E **97**
Ayur Ct. CF23: Pen L.............. 6E **87**
Azalea Cl. CF23: Pent 6D **72**
Azalea Rd. NP10: Roger.......... 2G **33**

B

Baber Cl. CF23: Pen L............ 6E **87**
Back, The NP16: Chep............ 1F **63**
...............................(not continuous)
Backhall St. NP18: Caerl 5A **22**
Bacon Pl. NP20: Malp 4A **20**
Bacton Ct. CF14: Llan N 5D **84**
Bacton Rd. CF14: Llan N 5D **84**
Baden Rd. CF24: Card 3G **97**
Bader Cl. CF14: L'shn 1H **85**
Badgers Dene NP16: Chep 2D **62**
Badgers Mdw. NP16: Pwllm ... 4B **62**
Badgers Mdw. NP18: P'hir 6F **13**
Badgers Mede
NP44: G'mdw 2D **10**
Badgers Wlk. NP26: Undy 4E **59**
Badgers Wood Cl.
NP10: Bass........................... 1B **52**
Badham Cl. CF83: Caer 2H **45**
Badminton Rd. NP19: Newp.... 1F **37**
Badminton Vs. NP16: Chep 1F **63**
Bagley Ct. NP44: Thorn 6B **8**
Bailey Cl. CF5: F'wtr 2A **94**
Bailey Cres. NP18: Langs 1E **39**
Bailey's Ct.
CF24: Card 4G **5** (4C **96**)
Bailey's Hay NP16: Math 6B **62**
Baileys Ter. NP4: P'nydd 1A **6**
...............................*(off Hanbury Rd.)*
Bailey St. NP20: Newp........... 4B **36**
Bainite Gro. NP19: Newp........ 1C **56**
Baird Cl. NP20: Malp 4H **19**
Baird Ri. CF62: Barry 2F **117**
Bakers Ct. CF3: M'fld 5A **76**
Bakers Ct. CF5: Card 2D **94**
Baker's La. CF61: Llan M 3A **110**
Bakers Row
CF10: Card 4D **4** (4A **96**)
Bakers Wharf CF37: P'prdd.... 5D **14**
Bakery La. CF3: Cast.............. 2H **75**
Balaclava Rd. CF23: Pen L 6C **86**
Bala Dr. NP10: Roger 2C **34**
Bala Rd. CF14: Llan N............. 5C **84**
Baldwin Cl. CF5: L'dff.............. 3H **83**
Baldwin Cl. NP20: Newp.......... 1C **54**
Baldwin Dr. NP19: Newp 1C **56**
Baldwin St. NP20: Newp 1C **54**
Balfe Rd. NP19: Newp 5B **38**
Ball Cl. CF3: L'rmy 6H **73**
Ball La. CF3: L'rmy 1G **87**
Ball Rd. CF3: L'rmy.................. 1H **87**
Balmond Ter. NP4: P'pool 1B **6**
Balmoral Cl. CF14: L'vne.......... 3B **72**
Balmoral Cl. CF37: Pen-co 3B **24**
Balmoral Ct. CF62: Barry...... 5E **105**
Balmoral La. NP19: Newp 5G **37**
Balmoral Quays
CF64: P'rth 2F **109**
Balmoral Rd. NP19: Newp...... 5G **37**
Baltic Ter. NP44: T Coch 6G **11**
Baltimore Cl. CF23: Pontp 3G **73**
Bampton Rd. CF3: L'rmy 6A **74**
Banastre Av. CF14: Card 5G **85**
Banc yr Afon CF15: Gwae G ... 2E **69**
Bandmaster Ct.
NP19: Newp 1G **55**
Baneswell Ctyd.
NP20: Newp 5B **36**
Baneswell Rd. NP20: Newp.... 4B **36**
Bangor Ct. CF24: Card........... 6C **86**
...............................*(off Bangor La.)*
Bangor La. CF24: Card 6C **86**
Bangor St. CF24: Card............ 6C **86**
Bank La. NP19: Newp............. 1E **37**
Bankside NP19: Newp............ 5D **36**
Bankside Cl. CF14: Thorn....... 2H **71**
Bank Sq. NP16: Chep 2E **63**
Bank St. NP16: Chep 2E **63**
Bank St. NP19: Newp 1D **36**
Bannatyne Health Club
Cardiff 6G **71**
Bannatyne Health Club
Newport.............................. 6D **36**
Bantock Cl. NP19: Newp 4C **38**
Banwell Ct. NP44: Thorn 6B **8**
Banwell Pl. CF3: L'rmy 1A **88**
Barberry Ri. CF64: P'rth 6G **101**
Barbirolli Grn. NP19: Newp 5B **38**
Barbrook Cl. CF14: L'vne 3A **72**
Bardsey Cres. CF14: L'shn 4F **71**
Bardsey Island Way
CF83: Caer 1H **45**
Bardsy Cl. NP19: Newp 2F **37**
Barecroft Comn.
NP26: Magor 5A **58**
Bareland St. NP26: L'nny 5A **58**
Barfleur Cres. NP20: Newp 1A **54**
Bargoed St. CF11: Card.......... 6A **96**
Barletta Ho. CF10: Card.......... 6B **96**
.... *(off Vellacott Cl.)*
Barmouth Rd. CF3: Rum......... 4H **87**
Barnard Av. CF5: Ely............... 3A **94**
Barnard St. NP19: Newp......... 3D **36**
Barnard Way CF38: Chu V...... 3D **42**
Barnets NP44: G'mdw 2D **10**
Barnets Wood NP16: Chep 2C **62**
Barnfield NP18: P'hir 2F **21**
Barnfield Cl. CF23: Pontp 4H **73**
Barnfield Dr. CF15: Morg........ 5E **69**
Barnfield Pl. NP44: Pnwd 5C **8**
Barnstaple Ct. NP20: Newp.... 1A **54**
Barnstaple Rd. CF3: L'rmy 1A **88**
Barnwood Cres. CF5: Ely........ 5D **92**
Baron Cl. CF64: P'rth 2D **108**
Baroness Pl. CF64: P'rth 2D **108**
Baron La. CF64: P'rth 1D **108**
Baron Rd. CF64: P'rth........... 2D **108**
Baron's Cl. CF61: Llan M...... 3B **110**
Barons Ct. NP26: Undy 4F **59**
Baron's Ct. Rd. CF23: Pen L ... 5D **86**
Baroque Ct. NP19: Newp........ 4C **36**
Barquentine Pl. CF10: Card.... 6C **96**
Barrack Hill NP20: Newp........ 2A **36**
BARRACK HILL 2B 36
Barrack La.
CF10: Card 4E **5** (4B **96**)
Barrage South (Waterbus)... 5B 102
Barren Hill CF62: P'ark......... 1C **114**
BARRI 3F 117
Barrians Way CF62: Barry 2G **117**
Barrie Gdns. NP20: Newp....... 1G **53**
Barrington Rd. CF14: Whit 3D **84**
BARRY 3F 117
BARRY DOCK 1A 118
Barry Docks Link Rd.
CF63: Barry 3B **106**
Barry Docks Station (Rail)... 3A 118
BARRY HOSPITAL 6F 105
BARRY ISLAND 5G 117
Barry Island Pleasure Pk..... 5G **117**
Barry Island Quasar............ 5H **117**
.........................*(off Station App. Rd.)*
Barry Island Station (Rail)... 5G 117
Barry La. CF10: Card 5D **4** (4A **96**)
Barry Leisure Cen. 3H **117**
Barry Rd. CF37: P'prdd........... 6A **14**
Barry Rd. CF62: Barry........... 1G **117**
Barry Rd. CF63: Barry........... 1A **118**
Barry Rd. CF64: L'dgh 6F **101**
Barry Station (Rail)............... 4F 117
Barry Tourist Railway
Waterfront Station 4G **117**
Barry Wlk. NP10: Roger.......... 3C **34**
Barry Yacht Club.................. 5A **118**
Barthropp St. NP19: Newp 6G **37**
Bartlett St. CF83: Caer 1D **46**
Bartley Wilson Way
CF11: Card 5F **95**
Baruc Way CF62: Barry 4F **117**
BASALEG 1D 52
Basil Pl. CF24: Card............... 1A **96**
BASSALEG 1D 52
Bassaleg Cl. CF3: St Mel 6E **75**
Bassaleg Rd. NP20: Newp...... 6E **35**
Bassett Rd. CF64: Sul........... 2G **119**
Bassetts Fld. CF14: R'ina 2E **71**
Bassetts Fld. CF14: Thorn 2E **71**
Bassett St. CF37: P'prdd 5D **14**
Bassett St. CF5: Card 4E **95**
Bassett St. CF63: Barry 1B **118**
Bastian Cl. CF63: Barry 6B **106**
Batchelor Rd. CF14: Card........ 5F **85**
Batchelor Rd. NP19: Newp...... 4F **37**
Bates Ct. CF15: Rad................ 2H **83**
Bath Grn. NP44: Llanf 3B **12**
Bathstone M. NP19: Newp 4C **36**
Bath St. NP19: Newp 3D **36**
Batten Way CF37: Cilf'dd......... 4F **15**
Bay Cvn. Pk., The
CF64: S'dge......................... 3D **120**
Baydon Manor Ct.
NP20: Newp 2B **54**
Bayfield Wood Cl.
NP16: Chep 2C **62**
Baylis Ct. CF5: Ely 3A **94**
Baynton Cl. CF5: L'dff............. 5A **84**
Bayside Rd. CF24: Card.......... 4D **96**
Bay Tree Cl. NP18: Caerl......... 5E **21**
BBC Cymru Wales
Broadcasting House 6B **84**
BBC Cymru Wales
New Broadcasting
House 6C **4** (5A **96**)
BBC Cymru Wales
Roath Lock Studios 2D **102**
Beach La. CF64: P'rth............ 1F **109**
BEACHLEY 6H 63
Beachley Rd. NP16: Beach..... 4H **63**
Beachley Rd. NP16: Tut........... 1F **63**
Beach Rd. CF64: P'rth 1F **109**
Beach Rd. CF64: S'dge.......... 3A **120**
Beach Rd. NP10: St Bri W....... 4H **77**
Beachway CF62: Barry 6D **116**
Beacon Bus. Pk.
NP26: Pskwt.......................... 5F **61**
Beacons Cl. NP10: Roger........ 2C **34**
Beacon St. CF11: Card 2E **95**
Beading Cl. NP19: Newp 1C **56**
Beale Cl. CF5: L'dff 4A **84**
Beatrice Rd. CF14: Whit 3D **84**
Beatrice Rd. CF63: Barry...... 1B **118**
Beatrix CF11: Card 5H **101**
Beatty Av. CF23: Cyn 2A **86**
Beatty Cl. CF62: Barry 4A **106**
Beatty Ct. CF10: Card ...6G **5** (5C **96**)
Beatty Rd. NP19: Newp 2D **38**
Beauchamp St.
CF11: Card 5A **4** (4H **95**)
Beaufort Cl. NP44: F'wtr......... 4E **11**
Beaufort Ct.
CF10: Card 6G **5** (5C **96**)
Beaufort Ct. CF72: Cross I 3G **65**
Beaufort Pk. NP16: Bul............ 6F **63**
Beaufort Pk. Way NP16: Bul.... 6F **63**
Beaufort Pl. NP16: Chep.......... 2E **63**

124 A-Z Cardiff

Beaufort Pl. – Blackbirds Cl.

Beaufort Pl. NP19: Newp.........1F **37**
Beaufort Rd. NP19: Newp........1F **37**
Beaufort Sq. CF24: Card..........6F **87**
Beaufort Sq. NP16: Chep........ 2E **63**
Beaufort Ter. NP20: Newp 5B **36**
Beaufort Way CF62: Rho 5C **114**
Beaumaris Cl. CF38: Tont........1F **43**
Beaumaris Cl. NP10: R'drn..... 6A **34**
Beaumaris Dr. NP44: L'rfn...... 3A **12**
Beaumaris Rd. CF3: Rum 4H **87**
Beaumont Cl. CF62: Barry.... 6D **104**
Beaumont Ct. CF64: P'rth..... 2D **108**
Beauville La. CF64: Din P 6H **99**
Beavers Wlk. NP10: Roger 5D **34**
Beck Ct. CF23: Pontp............. 3H **73**
Beckgrove Cl. CF24: Card 1G **97**
Beda Rd. CF5: Card 4E **95**
Bedavere Cl. CF14: Thorn....... 3G **71**
BEDDAU 4H 41
Beddau Way CF83: Caer......... 2H **45**
Beddick NP44: G'mdw............ 2C **10**
Bedford Cl. NP44: G'mdw....... 2C **10**
Bedford Pl.
CF24: Card 1G **5** (2C **96**)
Bedford Ri. CF61: Bov 3C **110**
Bedford Rd. NP19: Newp....... 4D **36**
Bedford St. CF24: Card........... 2B **96**
Bedlington Ter.
CF62: Barry 2F **117**
BEDWAS 3G 29
Bedwas Bus. Cen.
CF83: Bed'ws..........................3F **29**
Bedwas Cl. CF3: St Mel 6E **75**
Bedwas Conifers Cvn. Pk.
CF83: Bed'ws..........................3F **29**
Bedwas Ho. Ind. Est.
CF83: Bed'ws.......................... 3E **29**
..................................(not continuous)
Bedwas Leisure Cen.............. **3G 29**
Bedwas Pl. CF64: P'rth......... 1D **108**
Bedwas RFC................................**4F 29**
Bedwas Rd. CF83: Caer.......... 6D **28**
..................................(not continuous)
Bedwas St. CF11: Card........... 6G **95**
Bedw Rd. CF37: Cilf'dd............3F **15**
Beecham St. NP19: Newp 4B **38**
Beech Av. CF61: Llan M........ 5C **110**
Beech Cl. CF83: Caer............. 2H **45**
Beech Cl. NP44: Pnwd..............5D **8**
Beech Ct. CF15: Tong............. 3H **69**
Beechcroft Rd. NP19: Newp... 3G **37**
Beechdale Rd. NP19: Newp.... 4G **37**
Beecher Av. CF11: Card........ 2H **101**
Beecher Ter. NP11: Cross K.... 2A **16**
Beeches, The CF14: L'vne 2A **72**
Beeches, The NP20: Newp 6H **35**
Beeches, The
NP44: Cwm'bn 3F **11**
Beeches Cvn. Pk.
NP26: Magor 3D **58**
Beeches Ind. Est.
CF72: P'clun............................ 4C **64**
Beechfield Av. NP19: Newp.... 3G **37**
Beech Gro. CF83: Caer............ 4E **29**
Beech Gro. NP10: Duff............ 3H **53**
Beech Gro. NP16: Bul 3D **62**
Beech Ho. CF14: Whit............. 6A **70**
Beeching Way CF38: Chu V.... 1E **43**
.............................*(off Brecon Way)*
Beechlea Cl. CF72: Mis 1F **79**
Beechleigh Cl.
NP44: G'mdw 2B **10**
Beechley Dr. CF5: F'wtr...........6F **83**
Beech Rd. CF5: F'wtr...............1F **93**
Beech Rd. CF72: L'harry.......... 5A **78**
Beech Rd. NP26: Cald............. 4B **60**
Beech Rd. NP4: Seba.................2D **8**
Beech Tree Av. CF83: Caer..... 2B **46**
Beech Tree Cl. CF15: Rad....... 1E **83**
Beech Tree Ter. NP4: P'nydd..... 1A **6**
Beech Tree Vw. CF83: Caer.... 2B **46**
Beech Vs. CF37: P'prdd 6B **14**
Beech Wood NP16: Chep........ 2C **62**
BEECHWOOD................................ 4G 37
Beechwood Cres.
NP19: Newp 4G **37**
Beechwood Dr.
CF38: Llan F........................... 5C **42**
Beechwood Dr.
CF64: P'rth 3C **108**
Beechwood Hgts.
CF38: Llan F........................... 5C **42**
Beechwood Rd.
CF15: Taff W 1F **69**
Beechwood Rd.
NP19: Newp 4G **37**
Beechwood St. CF37: R'fln..... 4H **25**
Beetle Cl. NP19: Newp............ 6C **38**
BEGAN 2B 74
Began Rd. CF3: Old M 6C **50**
BEGGARS POUND 4C 112
Beidr Iorwg CF63: Barry....... 5C **106**
Beignon Cl. CF24: Card 5D **96**
Beili Bach CF3: Rum............... 4G **87**
Belfry, The NP16: Sed............ 3H **63**
Belgrave Cl. CF14: Thorn........ 2G **71**
Belgrave Ct.
CF11: Card 4A **4** (4H **95**)
.......................*(off Cowbridge Rd. E.)*
Belgrave Ct. NP4: P'nydd.......... 1A **6**
Belgrave Ter. CF37: P'prdd..... 4E **15**
Belle Vw. Ct. NP4: P'nydd 1A **6**
Belle Vw. Ter. CF63: Barry 6C **106**
Belle Vue Cl. CF64: P'rth 6B **102**
Bellevue Cl. NP44: Cwm'bn.... 3G **11**
Belle Vue Cres.
CF14: Llan N........................... 4B **84**
Belle Vue La. NP20: Newp...... 6B **36**
Belle Vue La. NP44: Up Cwm.... 6A **8**
Belle Vue Pl. NP16: Chep........ 2E **63**
Bellevue Rd. NP44: Cwm'bn... 4G **11**
Belle Vue Ter. CF37: T'rest 2E **25**
Belle Vue Ter. CF64: P'rth..... 6B **102**
Belle Vue Ter. NP20: Newp..... 1C **54**
Belle Vue Ter. NP44: H'lys 4B **10**
Bellin Cl. NP18: Caerl 4G **21**
Bell St. CF62: Barry 3E **117**
Belmont Hill NP18: Chri........... 1A **38**
Belmont St. CF63: Barry........ 1A **118**
Belmont Wlk. CF10: Card 6B **96**
Belvedere Cres.
CF63: Barry 2H **117**
Belvedere Ter. NP11: Ris 4D **16**
Belvedere Ter. NP20: Newp.... 2B **36**
Belvoir Ct. CF72: Cross I......... 3G **65**
Benbow Rd. NP19: Newp 2C **38**
Bencroft La. NP26: Rog 1F **59**
Bencroft La. NP26: Undy 1F **59**
Bendrick Rd. CF63: Barry..... 3C **118**
Benecrofte CF62: Rho 5E **115**
Benjamin Hall CF72: Hens.......5F **79**
Ben Jonson Way
NP20: Newp 1G **53**
Bennetts Ter. CF83: Caer........ 5E **29**
Benson Av. NP10: Roger......... 4D **34**
..................................(not continuous)
Bentley Cl. NP10: Roger 2C **34**
Beresford Ct. CF24: Card........ 1E **97**
Beresford Rd. CF24: Card....... 1E **97**
Beresford Rd. NP19: Newp..... 4D **36**
Beresford Rd. La.
CF24: Card 1E **97**
Berkeley Ct. NP44: Thorn 6B **8**
Berkeley Cres. NP4: Seba 3E **9**
Berkeley Sq. CF5: Cul C 1E **99**
Berkerolles Rd.
NP10: Roger 5C **34**
Berkley Cl. NP10: Bass........... 6B **34**
Berkley Dr. CF64: P'rth 2F **109**
Berkley Rd. NP10: Bass........... 6B **34**
Berkrolles Av.
CF62: St Ath 5D **112**
BERLLAN-GOLLEN..................... 1D 48
Bernard Av. CF5: Card 3C **94**
Berry Ct. CF61: Bov 3D **110**
Berrymead Rd. CF23: Cyn...... 6B **72**
Berry Pl. CF5: F'wtr 5H **83**
Bertha St. CF37: T'rest 4E **25**
Berthin NP44: G'mdw.............. 2D **10**
Berthlwyd CF15: P'rch............ 4A **68**
Berthwin St. CF11: Card..........2F **95**
Bertram St. CF24: Card 2D **96**
Berw Rd. CF37: P'prdd 5C **14**
Beryl Pl. CF62: Barry 2H **117**
Beryl Rd. CF62: Barry 2H **117**
Bessant Cl. CF71: Cowb 4D **90**
Bessant Cl. CF71: L'thian 4D **90**
Bessborough Dr.
CF11: Card 6G **95**
Bessemer Cl. CF11: Card...... 1E **101**
Bessemer Cl. NP20: Malp....... 3H **19**
Bessemer Dr. NP19: Newp 1C **56**
Bessemer Rd. CF11: Card 1F **101**
Bethania Row CF3: Old M 1B **88**
Bethel La. NP44: Up Cwm 5B **8**
Bethel Pl. CF14: L'shn 4F **71**
Bethel St. CF37: P'prdd 1B **24**
Bethesda Cl. NP10: Roger 3C **34**
Bethesda Pl. NP10: Roger 3B **34**
Bethesda Ri. NP10: Roger 3C **34**
Betjeman Av. NP26: Cald........ 6B **60**
BETTWS.. 5F 19
Bettws Cl. NP20: Bet 6H **19**
Bettws Hill NP20: Bet 6E **19**
Bettws La. NP20: Bet 6H **19**
Bettws La. NP20: Malp 6H **19**
Bettws Shop. Cen.................... **5F 19**
Bettws-y-Coed Rd.
CF23: Cyn............................... 6B **72**
Betwyns NP44: F'wtr................ 4E **11**
.............................*(off Henllys Way)*
Beulah Rd. CF14: R'ina............ 6E **71**
Bevan Cl. CF83: Tret............... 3H **29**
Bevan Ct. CF24: Card....1G **5** (2C **96**)
................................*(off Cowper Pl.)*
Bevan Pl. CF14: Card..............5F **85**
Bevan Ri. CF83: Tret............... 3H **29**
Bevans' La. NP44: Pnwd 3D **8**
Beverley Cl. CF14: L'shn 4A **72**
Beverley St. CF63: Barry....... 6B **106**
Beyron Clos CF37: R'fln.......... 3G **25**
Bicester Rd. CF64: Sul 1E **119**
Bideford Cl. NP20: Newp........ 2A **54**
Bideford Rd. CF3: L'rmy 2A **88**
Bideford Rd. NP20: Newp........ 2H **53**
Bighams Row NP4: P'pool........ 5B **6**
Bigstone Cl. NP16: Tut 1G **63**
Bigstone Gro. NP16: Tut.......... 1G **63**
Bigstone Mdw. NP16: Tut........ 1G **63**
Billet Cl. NP19: Newp 1C **56**
Bilston St. NP19: Newp 5F **37**
Bingle La. CF62: St Ath......... 3D **112**
Birbeck Rd. NP26: Cald 5B **60**
Birch Cl. NP26: Undy 4E **59**
Birch Ct. CF14: Heath 2F **85**
Birch Ct. CF15: Tong 3H **69**
Birch Cres. CF38: Llan F......... 6C **42**
Birches, The NP44: Pnwd 6C **8**
Birchfield Cl. CF38: Tont 2G **43**
Birchfield Cres. CF5: Card...... 2B **94**
Birch Gro. CF38: Chu V...........2F **43**
Birch Gro. CF62: Barry.......... 5E **117**
Birch Gro. CF72: L'harry......... 5A **78**
Birch Gro. CF83: Caer............. 4E **29**
Birch Gro. NP10: Roger........... 3B **34**
Birch Gro. NP11: Ris............... 5E **17**
Birch Gro. NP44: H'lys 5C **10**
BIRCHGROVE 1F 85
Birchgrove CF37: P'prdd 1C **24**
Birchgrove CF83: Tret 3H **29**
Birchgrove Cl. NP20: Malp 5B **20**
Birchgrove Rd. CF14: Heath....3F **85**
Birchgrove Rd. CF14: Whit......3F **85**
Birchgrove Station (Rail)........**1F 85**
Birch Hill CF15: Tong.............. 4G **69**
Birch Hill NP20: Malp 4B **20**
Birch La. CF64: P'rth 4E **109**
Birchley Cl. CF37: T'rest......... 3D **24**
Birch Rd. CF5: F'wtr 1H **93**
Birch Trees NP10: Bass 1D **52**
Birch Wlk. CF5: F'wtr 1H **93**
Birchwood Av. CF37: T'rest.... 4E **25**
Birchwood Gdns.
CF14: Whit............................. 4E **85**
Birchwood Gdns.
CF83: Bed'ws 3F **29**
Birchwood La. CF23: Pen L..... 4B **86**
Birchwood Rd. CF23: Pen L ... 4B **86**
Birdsfield Cotts.
CF37: P'prdd 1B **24**
...................................*(off Grover St.)*
Birds Ind. Est. NP11: Ris 1E **33**
Birds La. CF71: Cowb 3D **90**
Birdwood Gdns.
NP16: Math 6C **62**
Birkdale Cl. CF3: St Mel 5E **75**
Bishop Cl. NP26: Caerw........... 1B **60**
Bishop Hannon Dr.
CF5: F'wtr................................6F **83**
Bishops Av. CF5: L'dff 1B **94**
Bishops Cl. CF14: Whit............ 3C **84**
Bishops Cl. CF5: L'dff.............. 1B **94**
Bishops Cl. NP16: Bul...............6F **63**
Bishops Ct. CF14: Whit............ 3C **84**
Bishops Ga. CF14: Whit........... 3C **84**
Bishops Mead NP16: Math...... 6B **62**
Bishops Palace **1D 94**
Bishops Pl. CF14: Whit............ 3C **84**
Bishops Pl. CF5: L'dff.............. 1B **94**
Bishops Rd. CF14: Whit............ 3C **84**
Bishopston Rd. CF5: Ely......... 5H **93**
Bishop St. CF11: Card 6G **95**
Bishop St. NP19: Newp 3D **36**
Bishops Wlk. CF5: L'dff........... 1B **94**
BISHPOOL 4B 38
Bishpool Av. NP19: Newp....... 3B **38**
Bishpool Cl. NP19: Newp........ 3B **38**
Bishpool Ct. NP19: Newp 3B **38**
Bishpool Gdns. NP19: Newp... 3B **38**
Bishpool Gro. NP19: Newp 3B **38**
Bishpool La. NP19: Newp 3B **38**
Bishpool Pl. NP19: Newp........ 3B **38**
Bishpool Ri. NP19: Newp........ 3B **38**
Bishpool Vw. NP19: Newp...... 3B **38**
Bishpool Way NP19: Newp...... 3B **38**
Bishton Rd. NP18: L'wrn 4F **39**
Bishton St. NP19: Newp 4E **37**
Bisley Cl. CF24: Card 2H **97**
Bittern Way CF64: P'rth........ 5E **109**
Blackberry Dr.
CF62: Barry 1E **117**
Blackberry Way
CF23: Pontp........................... 4G **73**
Black Bird Cl. NP10: Roger 6E **35**
Blackbird Rd. CF62: St Ath....3F **111**
Blackbird Rd. NP26: Cald....... 6D **60**
Blackbirds Cl.
NP44: L'tnam 2A **20**

Blackbirds Way
CF3: Old M 5B **74**
Blackbrook CF83: Caer 2H **45**
Blackett Av. NP20: Malp.....4A **20**
Black Horse La.
NP19: Newp 6G **37**
Blackmoor Pl. CF3: L'rmy 1A **88**
Black Oak Ct. CF23: Cyn......4C **72**
Blackoak Rd. CF23: Cyn........5C **72**
Black Prince Rd.
CF83: Caer 1H **45**
Black Rd. CF37: Pen-co.........4B **24**
Black Rd. CF38: Up Chu 6C **24**
Black Rock Rd.
NP26: Pskwt..........................5H **61**
Blacksmiths Way
NP10: Coedk.........................5C **52**
Blackstone St. CF11: Card 4G **95**
Blackthorn Ct.
CF72: L'harry 5A **78**
Blackthorn Gro.
NP18: Caerl 5E **21**
Blackton La. CF62: P'ark......3G **115**
BLACKTOWN 5H **75**
Blacktown Gdns.
CF3: M'fld..............................5A **76**
Blackvein Mountain Rd.
NP11: Cross K 5A **16**
Blackvein Rd.
NP11: Cross K 4B **16**
Black Wall NP26: Magor.......6C **58**
BLACKWATER 1G **95**
Blackwater Cl. NP20: Bet.......5F **19**
Blackweir Cotts.
CF10: Card 1G **95**
Blackweir Ter. CF10: Card.....1H **95**
Blackwell Cl. CF63: Barry 1B **118**
Blaenavon Cl. CF3: St Mel.....6E **75**
Blaen Bran Cl. NP44: Pon'run....6F **9**
Blaenclydach Pl.
CF11: Card 6H **95**
Blaenclydach St.
CF11: Card 6H **95**
Blaendare Rd. NP4: P'pool 5B **6**
..................................(not continuous)
Blaendare Rd. NP4: Up R 5B **6**
..................................(not continuous)
Blaen Ifor CF83: Caer 3A **28**
Blaenwern NP44: Pon'run........5F **9**
Blaen-y-Coed CF14: R'ina......5E **71**
Blaen-y-Coed CF15: Rad 1E **83**
Blaen-y-Cwm Vw.
NP44: H'lys...........................4B **10**
Blaen-y-Pant Av.
NP20: Malp...........................1A **36**
Blaen-y-Pant Cres.
NP20: Malp...........................6A **20**
Blaen-y-Pant Pl.
NP20: Malp...........................1A **36**
Blagdon Cl. CF3: L'rmy.........2H **87**
Blaina Cl. CF3: St Mel...........6D **74**
Blaina Ct. NP20: Newp 6E **37**
Blaise Pl. CF11: Card...........1G **101**
Blake Ct. CF10: Card 6G **5** (5C **96**)
.....................(off Atlantic Wharf Cl.)
Blake Rd. NP19: Newp 6H **37**
Blanche Cl. NP10: Duff 5H **53**
Blanche St. CF24: Card 2E **97**
Blanche St. CF37: P'prdd......5C **14**
Blanche Ter. CF37: P'prdd......5C **14**
Blandings Ct. CF23: Cyn........1C **86**
Blandon Way CF14: Whit........3C **84**
Blanthorn Ct. CF14: Whit.......1B **84**
Blenheim Av. NP26: Magor.....4C **58**
Blenheim Cl. CF62: Barry 6E **105**
Blenheim Cl. NP26: Magor 4C **58**
Blenheim Ct. NP26: Magor 4C **58**

Blenheim Ct. NP44: St Di........3E **11**
Blenheim Dr. NP26: Magor 4C **58**
Blenheim Gdns.
NP26: Magor 4C **58**
Blenheim Pk. NP26: Magor 4C **58**
Blenheim Rd. CF23: Pen L.....1C **96**
Blenheim Rd. NP19: Newp 4G **37**
Blenheim Rd. NP44: St Di......3E **11**
Bleriot Cl. NP19: Newp 6G **37**
Blethin Cl. CF5: L'dff 4A **84**
Blewitt St. NP20: Newp 5B **36**
Blodwen Rd. NP4: New I 5G **7**
Blodwen Way NP4: New I 5G **7**
Blodyn y Gog CF63: Barry 5C **106**
Bloomery Circ. NP19: Newp....1C **56**
Bloomfield Cl. NP19: Newp 3B **38**
Bloom St. CF11: Card 2E **95**
Blosse Rd. CF14: Llan N 5C **84**
Blossom Cl. NP18: Langs 1F **39**
Blossom Dr. CF14: L'vne 1A **72**
Blossom Gro. NP18: Langs.....1F **39**
Bluebell Cl. NP44: Ty Ca 3B **10**
Bluebell Dr. CF3: Old M 5B **74**
Bluebell Dr. NP16: Bul 5F **63**
Bluebell Way NP10: Roger......2H **33**
Blue Ho. Rd. CF14: L'shn.......4G **71**
Blyth Cl. CF62: Barry 4A **106**
Boddington Ter.
NP18: Caerl 5A **22**
..................................(off Cross St.)
Bodnant Cl. CF3: St Mel 1D **88**
Bodwenarth Rd.
CF37: Cilf'dd...........................3F **15**
Boleyn Wlk. CF37: Pen L 5C **86**
Bolt Cl. NP20: Newp 6D **36**
Bolton Rd. NP20: Newp 5A **36**
Bolton St. NP20: Newp 3B **36**
Bolts Row NP19: Newp..........4H **37**
Bolt St. NP20: Newp 6D **36**
Boncath Rd. CF14: Llan N.......5C **84**
Bond St. NP19: Newp 3C **36**
Y BONT-FAEN 3D **90**
Bonvilston Rd.
CF37: P'prdd..........................5D **14**
Bonvilston Ter.
CF37: P'prdd..........................5D **14**
Boon Cl. CF63: Barry 6A **106**
Borage Cl. CF23: Pontp........4E **73**
Borough Av. CF62: Barry 5F **105**
Borough Cl. CF71: Cowb 4D **90**
Borrowdale Cl. CF23: Pen L ...5C **86**
Borth Rd. CF3: Rum.............2B **88**
Boswell Cl. CF3: L'rmy 5H **73**
Boswell Cl. NP20: Newp 1H **53**
Bosworth Dr. NP20: Newp 2A **36**
Boulders Climbing Cen. 1F **97**
Boulevard, The CF11: Card....3B **94**
Boulevard de Nantes
CF10: Card 2C **4** (3A **96**)
BOVERTON 4E **111**
Boverton Brook CF61: Bov....4D **110**
Boverton Brook Shops
CF61: Bov...............................4E **111**
...............................(off Boverton Rd.)
Boverton Ct. CF61: Bov 3D **110**
Boverton Pk. CF61: Bov 4E **111**
Boverton Pk. Dr.
CF61: Bov...............................4E **111**
Boverton Rd. CF61: Bov 3C **110**
Boverton Rd. CF61: Llan M....3C **110**
Boverton St. CF23: Card........6B **86**
Bovil Vw. CF83: Mac............2G **31**
Bowen Pl. NP20: Newp..........6G **36**
...................................(off Francis Dr.)
Bowleaze NP44: G'mdw 2D **10**
Bowley Ct. CF24: Card...........4E **97**

Bowlplex Nantgarw 2D **44**
Bowls Cl. CF83: Caer.............4H **27**
Bowls La. CF83: Caer 2H **27**
..................................(not continuous)
Bowls Ter. CF83: Caer 4A **28**
Bowman's Way
CF71: Cowb...........................3B **90**
Bowman's Well
CF71: Cowb...........................3B **90**
Bowsher Ct. NP16: Bul 5E **63**
Bow St. CF5: Cul C 1E **99**
Boxer Ind. Est. NP18: Caerl ...3G **21**
Boxtree Cl. NP18: Caerl 5E **21**
Boyce Way CF3: Old M 4A **74**
Boyle Cl. NP20: Malp 5H **19**
Brachdy Cl. CF3: Rum 5H **87**
Brachdy La. CF3: Rum 5H **87**
Brachdy Rd. CF3: Rum 5H **87**
Bracken Cl. CF5: F'wtr...........6H **83**
Bradenham Pl. CF64: P'rth 1E **109**
Brades, The NP18: Caerl........4H **21**
Bradford Cl. CF64: P'rth........1F **109**
Bradford St. CF11: Card 1H **101**
Bradford St. CF83: Caer 1C **46**
Bradley St. CF24: Card 2E **97**
Braeval St. CF24: Card 1B **96**
Brain Cl. NP19: Newp 3E **39**
Bramble Av. CF62: Barry 1F **117**
Bramble Cl. CF5: F'wtr...........6F **83**
Bramble Ri. CF64: P'rth........6G **101**
Brambles, The
CF72: Cross I.........................3G **65**
Bramblewood Cl.
CF14: Thorn 3H **71**
Brambling Dr. CF14: Thorn......2G **71**
Bramley Cl. NP18: Langs 1G **39**
Bramshill Dr. CF23: Pontp 4H **73**
Branden Ho. CF72: Hens 5F **79**
Brandreth Gdns.
CF23: Pen L 5C **86**
Brandreth Rd. CF23: Pen L....4B **86**
Brangwyn Av.
NP44: L'tnam 5H **11**
Brangwyn Cl. CF64: P'rth......6H **101**
Brangwyn Cres.
NP19: Newp 2F **37**
Branksome Ho.
CF10: Card 4B **4** (4A **96**)
...............................(off Westgate St.)
Branwen Cl. CF5: Ely.............6E **93**
Brassknocker St.
NP26: Magor 4D **58**
Braunton Av. CF3: L'rmy 1H **87**
Braunton Cres. CF3: L'rmy 1H **87**
Brayford Pl. CF3: L'rmy.........5A **74**
Breaksea Cl. CF64: Sul.........3H **119**
Breaksea Cl. CF62: Barry 5H **117**
Breaksea Dr. CF62: Barry 5H **117**
Breakwater Ho.
CF11: Card 4A **102**
Brean Cl. CF64: Sul 2A **120**
Brechfa Cl. NP18: P'hir.........6E **13**
Brecon Ct. NP18: Caerl.........4F **21**
Brecon Ho. CF64: P'rth 3D **108**
Brecon Rd. NP19: Newp 2F **37**
Brecon St. CF5: Card 3E **95**
Brecon St. CF61: Bov............2D **110**
Brecon Wlk.
NP44: Cwm'bn 2G **11**
..................................(not continuous)
Brecon Way CF38: Tont 1E **43**
Bredon Cl. NP11: Ris 6G **17**
Brendon Cl. CF3: L'rmy 1A **88**
Brendon Ct. CF83: Caer 1E **47**
Brendon Vw. Cl.
CF62: Rho.............................5E **115**

Brenig Cl. CF14: Thorn 2H **71**
Brenig Cl. CF62: Barry 1E **117**
Brentwood Cl. CF14: L'shn 4G **71**
Breon Rd. CF64: Sul 1E **119**
Brian Clark Way
CF11: Card 5E **95**
Brianne Dr. CF14: Thorn 2H **71**
Briar Cl. CF5: F'wtr...............1G **93**
Briar Cl. NP26: Undy 4D **58**
Briarmeadow Dr.
CF14: Thorn 2G **71**
Briars, The NP26: Magor 4C **58**
Briartree Mnr. CF24: Card 2E **97**
...............................(off Newport Rd.)
Briar Way CF38: Tont 2G **43**
Briarwood Dr. CF23: Cyn........6C **72**
Brickyard Bus. Pk.
CF14: Card 5F **85**
Brickyard La. NP20: Newp 5F **35**
Bridewell Gdns. NP26: Undy ...5F **59**
Bridge Cl. CF11: Card 4C **94**
Bridge Ct. NP16: Bul 4E **63**
Bridgefield, The........................4F **29**
Bridgefield St. CF83: A'tdwr...1E **27**
Bridgeman Ct. CF64: P'rth......2F **109**
Bridgeman Rd. CF64: P'rth......2F **109**
Bridge Rd. CF14: Llan N 5B **84**
Bridge Rd. CF3: Old M..........2H **73**
..................................(not continuous)
Bridge Rd. CF37: T'rest 1B **44**
Bridge Rd. CF5: L'dff 6B **84**
Bridge Rd. CF71: L'thian........5B **90**
Bridge Sq. NP20: Newp 5C **36**
...............................(off Kingsway Cen.)
Bridge St. CF10: Card....4E **5** (4B **96**)
Bridge St. CF37: P'prdd 6C **14**
Bridge St. CF37: T'rest 2E **25**
Bridge St. CF5: L'dff 6C **84**
Bridge St. CF63: Barry 6B **106**
Bridge St. CF64: P'rth 6H **101**
Bridge St. NP11: Ris 5D **16**
Bridge St. NP16: Chep...........1E **63**
Bridge St. NP20: Newp 4B **36**
Bridge St. NP4: Grif 6E **7**
Bridge St. Arc.
CF10: Card 5E **5** (4B **96**)
...........................(within St David's Cen.)
Bri. St. Exchange
CF10: Card 4E **5** (4B **96**)
Bridget Dr. NP16: Sed............3G **63**
Bridge Ter. CF3: Mic F 4E **51**
Bridgewater Rd. CF64: Sul...1H **119**
Bridgwater Rd. CF3: L'rmy 1A **88**
Bridling Cres. NP19: Newp......1C **56**
Brierley Cl. NP11: Ris 6G **17**
Briers Ga. NP44: H'lys 5A **10**
Brigantine Cl. NP10: Duff 5H **53**
Brigantine Dr. NP10: Duff........5H **53**
Brigantine Gro. NP10: Duff......5H **53**
Brigantine Pl.
CF10: Card 6F **5** (5B **96**)
Brigantine Way NP10: Duff 5H **53**
Brigham Ct. CF83: Caer..........5G **27**
Bright St. NP11: Cross K 3A **16**
Brindley Rd. CF11: Card 2F **101**
..................................(not continuous)
Brinell Sq. NP19: Newp 1C **56**
Bristol Packet Wharf
NP20: Newp 4C **36**
Bristol St. NP19: Newp 3D **36**
Bristol Ter. CF15: Gwae G......1D **68**
Bristol Vw. Cl.
NP44: G'mdw 1C **10**
Britannia Cl. NP11: Ris............6E **17**
Britannia Quay
CF10: Card 2C **102**
Brithdir St. CF24: Card 6H **85**

British Legion Dr.
CF3: Rum 3H **87**
Briton Cl. NP16: Bul.............. 6G **63**
Britten Cl. NP19: Newp........... 5B **38**
Britten Rd. CF64: P'rth 4D **108**
Britway Ct. CF64: Din P........ 2G **107**
Britway Rd. CF64: Din P 2G **107**
Broaching Cl. NP19: Newp...... 1C **56**
Broadacres CF11: Card 4E **95**
Broadacres CF38: Chu V 3F **43**
Broad Cl. CF62: Barry 2D **116**
Broadcommon Cl.
NP19: Newp 6A **38**
Broadfield Ct. CF5: Ely 5H **93**
Broadhaven CF11: Card 5E **95**
Broadlands Ct. CF3: St Mel 6C **74**
Broadlands Ct. NP26: Undy 4E **59**
Broadlands Ho. CF3: St Mel .. 6C **74**
Broadleaf Way
NP20: Newp 4H **35**
Broadmead Pk.
NP19: Newp 6A **38**
Broad Pl. CF11: Card 4E **95**
Broad Quay Rd.
NP19: Newp 3E **55**
Broad Shoard, The
CF71: Cowb 3C **90**
Broadstairs Rd. CF11: Card.... 4E **95**
Broad St. CF11: Card 4D **94**
Broad St. CF62: Barry...........4F **117**
Broad St. NP20: Newp........... 1D **54**
Broad St. NP4: Grif 6E **7**
Broadstreet Comn.
CF3: Pet W 4G **89**
Broadstreet Comn.
NP18: Nash 4B **56**
Broad St. Pde. CF62: Barry....4F **117**
Broad Vw. NP44: Pnwd.......... 6C **8**
Broadwalk NP18: Caerl 5H **21**
Broadwater Rd.
NP19: Newp 2A **56**
Broadway CF24: Card........... 2D **96**
Broadway CF3: Pet W........... 5B **76**
Broadway CF37: P'prdd......... 1C **24**
Broadway CF37: T'rest.......... 1C **24**
Broadway CF71: Cowb 4C **90**
Broadway CF71: L'thian........ 4C **90**
Broadway NP18: Caerl........... 6H **21**
Broadway NP4: P'pool 2B **6**
Broadweir Rd.
NP44: Cwm'bn 3G **11**
Broadwell Cl. CF3: St Mel 1D **88**
Broadwell Ct. NP18: Caerl..... 5H **21**
Broadwood Cl. NP19: Newp ... 4C **38**
Bro Athro CF3: Rum 3B **83**
Brocastle Rd. CF4: Whit 1D **84**
Brockhampton Rd.
CF3: St Mel 6D **74**
Brockhill Ri. CF64: P'rth...... 5E **109**
Brockhill Way CF64: P'rth.... 5E **109**
Brock St. CF63: Barry 6B **106**
Bro-Dawel Cl. CF72: P'clun ... 1C **78**
Brodeg CF15: P'rch................. 5A **68**
Bro Ger-y-Nant CF83: Caer ... 3D **28**
Bromfield Pl. CF64: P'rth...... 6B **102**
Bromfield Rd. CF62: Barry.... 5G **117**
Bromfield St. CF11: Card...... 1H **101**
Bromley Dr. CF5: Ely 4A **94**
Bromsgrove St.
CF11: Card 1H **101**
Bron Awelon CF62: Barry 4D **116**
Bron Felen CF14: Thorn.........3F **71**
Bron Haul CF15: P'rch 5A **68**
Bronhaul CF72: Tallb G......... 3E **65**
Bronllwyn CF15: P'rch........... 5H **67**
Bronllys Gro. NP10: Duff 6F **53**
Bronllys M. NP10: Duff..........6F **53**

Bronllys Pl. NP44: Croes........ 6G **9**
Bronmynydd CF83: A'tdwr 3E **27**
Bron Rhiw CF83: Mac............2F **31**
Bronrhiw Av. CF83: Caer 2D **46**
Bronrhiw Fach CF83: Caer.... 2D **46**
Bronte Cl. CF3: L'rmy 5A **74**
Bronte Cres. CF3: L'rmy 5A **74**
Bronte Gro. NP20: Newp....... 1G **53**
Bronte Ho. CF24: Card.......... 2D **96**
Bronwydd Av. CF23: Pen L.... 5C **86**
Bronwydd Cl. CF23: Pen L.... 5C **86**
Bron y Gth. NP44: Croes....... 1B **12**
Bron-y-Mor CF62: Barry 5E **117**
Brook Ct. CF5: F'wtr 2B **94**
 .... (off St Fagans Rd.)
Brookdale Ct. CF38: Chu V 3F **43**
Brookfield CF37: Y'bwl 1A **14**
Brookfield Av. CF63: Barry ... 5C **106**
Brookfield Cl. NP19: Newp..... 6H **37**
Brookfield Dr. CF3: St Mel..... 1C **88**
Brookfield Est. CF37: P'prdd .. 4E **15**
Brookfield Pk. Rd.
CF71: Cowb 4D **90**
Brookland Ho. NP44: Pnwd 6E **9**
Brookland Rd. NP11: Ris......... 6E **17**
Brooklands NP11: C'carn 1A **16**
Brooklands Ter. CF5: Cul C.... 1D **98**
Brooklea NP18: Caerl 3G **21**
Brooklea Pk. CF14: L'vne...... 3A **72**
Brooklyn Cl. CF14: R'ina....... 4C **70**
Brook Rd. CF14: Whit 3D **84**
Brook Rd. CF5: F'wtr............. 2B **94**
Brookside CF38: Tont 2G **43**
Brookside CF64: Din P......... 2H **107**
Brookside NP20: Bet 5G **19**
Brookside NP26: Cald............ 3C **60**
Brookside NP44: St Di 3E **11**
Brookside Cl. CF14: Heath 2F **85**
Brookside Cl. CF37: Cilf'dd.....3F **15**
Brookside Cl. CF14: Whit 2D **84**
Brookside Cres. CF83: Caer ... 6E **29**
Brook St. CF11: Card........4A **4** (4H **95**)
Brook St. CF37: T'rest 3E **25**
Brook St. CF63: Barry........... 2A **118**
Brook St. CF83: A'tdwr........... 1E **27**
Brook St. La.
CF11: Card 5A **4** (4H **95**)
Brook Ter. CF38: Chu V..........2F **43**
Brookvale Dr. CF14: Thorn 2G **71**
Brookview Cl. CF14: Thorn..... 3H **71**
Brookview Ct. CF14: L'shn..... 5H **71**
Brookway CF38: Tont............ 2G **43**
Broom Cl. NP10: Roger......... 3A **34**
Broome Path NP44: St Di 3E **11**
Broomfield Cl. CF38: Tont 2G **43**
Broomfield St. CF83: Caer..... 1D **46**
Broom Pl. CF5: F'wtr............. 1H **93**
Broughton Pl. CF63: Barry... 5A **106**
Brown Cl. NP19: Newp.......... 6G **37**
Brown Ct. CF3: St Mel 2D **88**
Browning Cl. CF3: L'rmy 6H **73**
Browning Cl. NP20: Newp 1H **53**
Bro-y-Fan CF83: Caer........... 4E **29**
Bruce Knight Cl. CF5: L'dff... 5A **84**
Bruce St. CF24: Card 6A **86**
Brummell Dr. CF15: Cre......... 1F **81**
Brunel Av. NP10: Roger........ 3D **34**
Brunel Cl. CF63: Barry.......... 5D **106**
Brunel Rd. NP16: Bul............ 4E **63**
Brunel Rd. NP44: F'wtr......... 3C **10**
Brunel St. CF11: Card...5A **4** (4G **95**)

Brunel St. NP20: Newp...........2D **54**
 .... (not continuous)
Brunswick St. CF5: Card....... 3E **95**
Bruton Pl. CF5: L'dff 6C **84**
Bryanston Rd. CF64: Sul 1E **119**
Brydges Pl. CF24: Card 1A **96**
Bryn, The CF23: Tret............ 2H **29**
Bryn, The NP20: Bet 5G **19**
Bryn Aber CF83: A'tdwr........ 1E **27**
Bryn Aber Ter.
CF83: A'tdwr 1E **27**
Bryn Adar CF14: R'ina.......... 5B **70**
Brynamlwg CF72: P'clun....... 5E **65**
BRYNAU 6D **28**
Bryn Aur CF37: Glync 1D **14**
Brynau Rd. CF15: Taff W 1F **69**
Brynau Rd. CF83: Caer......... 6D **28**
Bryn Awel CF37: Glync.......... 1D **14**
Bryn Awel CF83: Bed'ws 3H **29**
Brynawel CF83: Caer............ 3H **27**
Bryn Bach CF14: R'ina.......... 5D **70**
Brynbala Way CF3: Rum....... 2C **88**
Bryn Barrwg CF62: Barry 5F **117**
Bryn Bevan NP20: Bryng...... 6B **20**
Bryn Briallu CF15: Cre..........1F **81**
Bryn Calch CF15: Morg 5E **69**
Bryn Canol CF83: Bed'ws 3G **29**
Bryn Castell CF15: Rad 6F **69**
Bryn Celyn CF23: Pent............6F **73**
Bryn Celyn CF72: L'harry...... 4B **78**
Bryn Celyn Pl. NP44: Pnwd ... 6D **8**
Bryn Celyn Rd. CF23: Pent....1F **87**
Bryn Celyn Rd. NP44: Pnwd ... 6C **8**
Bryn Cl. CF83: Tret 3H **29**
Bryncoch CF15: Taff W......... 1E **69**
Bryncoed CF15: Rad............. 6E **69**
Bryncoed Ter. CF83: A'tdwr.... 1E **27**
Bryn Creigiau CF72: Gro-f..... 6C **66**
Bryncyn CF23: Pent.............5F **73**
Bryn Derw CF38: Bed 4A **42**
Bryn Derwen CF15: Rad........ 6E **69**
Bryn Derwen CF83: Caer....... 3B **28**
Brynderwen CF37: Cilf'dd.......2F **15**
Brynderwen Cl.
CF37: Cilf'dd 2F **15**
Brynderwen Ct.
NP19: Newp 3E **37**
Brynderwen Gro.
NP19: Newp 3E **37**
Brynderwen Rd.
CF37: Cilf'dd 2F **15**
Brynderwen Rd.
NP19: Newp 3E **37**
Bryn Dewi Sant CF72: Mis 5E **65**
Bryn-Dolwen CF83: Bed'ws ... 2G **29**
Bryn Eglwys CF37: P'prdd..... 6A **14**
Bryn Eglwys NP44: Croes...... 6G **9**
Brynfab Rd. CF37: R'fln........ 5H **25**
Brynfedw CF23: L'dyrn 2E **87**
Brynfedw CF83: Bed'ws 2G **29**
Bryn Ffynnon CF83: Bed'ws .. 3H **29**
Bryngaer Pl. NP20: Newp 1H **53**
Bryn Garw NP44: Croes........ 6G **9**
Bryngelli Ter. CF83: A'tdwr.... 1E **27**
Bryn Glas CF14: Thorn.......... 3E **71**
Bryn Glas CF83: Bed'ws 2G **29**
Brynglas CF83: Caer............ 3A **28**
BRYNGLAS 6A **20**
Brynglas NP44: H'bush......... 5E **11**
Brynglas Av. NP20: Bryng..... 6C **20**
Brynglas Cl. NP20: Bryng..... 6B **20**
Brynglas Ct. NP20: Bryng..... 6B **20**
Brynglas Cres. NP20: Bryng.. 1B **36**
Brynglas Dr. NP20: Bryng..... 6B **20**
Brynglas Rd. NP20: Bryng.... 2B **36**

Brynglas Tunnels
NP20: Bryng 1C **36**
Brynglas Tunnels & Malpas Rd.
Relief Rd. NP20: L'tnam 3A **20**
Brynglas Tunnels & Malpas Rd.
Relief Rd. NP20: Malp........... 3A **20**
Bryn Goleu CF83: Bed'ws 2G **29**
Bryngoleu CF83: Rud............ 6B **30**
Bryn Golwg CF15: Rad 6F **69**
Bryn Gomer NP44: Croes....... 5G **9**
Bryngwyn CF83: Caer........... 2B **46**
BRYNGWYN 2C **46**
Bryn-Gwyn Rd. CF23: Cyn..... 6C **72**
Bryngwyn Rd. NP20: Newp ... 5H **35**
Bryngwyn Rd. NP4: P'pool 3B **6**
Bryn-Gwyn St.
CF83: Bed'ws 2F **29**
Brynhafod Rd. CF83: A'tdwr... 1E **27**
Bryn Haidd CF23: Pent...........6F **73**
Brynhedydd NP10: Bass........ 6A **34**
Brynhedydd NP10: R'drn....... 6A **34**
Bryn Henllys Vw.
NP44: H'lys.......................... 5B **10**
Bryn Heol CF83: Bed'ws 3G **29**
Bryn Heulog CF14: Whit 2D **84**
Bryn Heulog CF83: Caer....... 4A **28**
Bryn Heulog NP4: Grif 5D **6**
Bryn Heulog NP4: P'pool 5D **6**
Brynheulog CF23: Pent..........6F **73**
Brynheulog Ct. CF23: Pent.....6F **73**
Bryn Heulog Ter. CF83: Mac...1F **31**
Brynhill CF23: Cyn 1C **86**
Brynhill CF38: Up Chu 1E **43**
Brynhill Golf Course............5F **105**
Brynhyfryd CF15: Rad 6F **69**
Brynhyfryd CF38: Bed 4A **42**
Brynhyfryd CF83: Bed'ws......2F **29**
Brynhyfryd CF83: Caer 4A **28**
Brynhyfryd NP44: Croes........ 5G **9**
Brynhyfryd Av. NP20: Newp ... 5B **36**
Brynhyfryd Pl. CF37: T'rest....2D **24**
Brynhyfryd Rd. NP20: Newp .. 5A **36**
Bryn-Hyfryd Ter. NP11: Ris..... 5D **16**
Brynhyfryd Ter.
CF37: P'prdd 6B **14**
Brynhyfryd Ter. CF83: Mac.....2F **31**
Bryn Ifor CF83: Caer.............4H **27**
Bryn Ilan CF83: Glynt...........1F **25**
Bryn Llus CF37: P'prdd......... 2C **24**
Brynmawr Cl. CF3: St Mel..... 6E **75**
Bryn Mcurig CF72: L'harry.... 5C **78**
Bryn Milwr NP44: H'bush 5E **11**
Bryn Nant CF83: Caer........... 3H **27**
Brynn Rhydd CF72: Tallb G ... 3C **64**
Bryn Olwg CF37: P'prdd....... 5E **15**
Brynonnen Ct. NP44: H'lys.... 5B **10**
Bryn Owain CF83: Caer......... 3A **28**
Bryn Pinwydden CF23: Pent . 5E **73**
Bryn Rhedyn CF37: Glync...... 1D **14**
Bryn Rhedyn CF38: Tont 1F **43**
Bryn Rhedyn NP44: Llanf 5B **12**
Bryn-Rhedyn CF83: Caer.......5F **29**
Bryn Rhosyn CF15: Rad 6E **69**
BRYNSADLER 1B **78**
Bryn Siriol CF15: P'rch......... 5H **67**
Bryn Siriol CF83: Caer..........4H **27**
Bryntail Rd. CF37: P'prdd......1G **25**
Bryntail Rd. CF37: R'fln........1G **25**
Bryn Teg CF83: Caer............ 4A **28**
Brynteg CF14: R'ina.............. 4C **70**
BRYNTEG 6H **41**
Brynteg CF83: Bed'ws 2G **29**
Brynteg Cl. CF23: Cyn 3C **86**
Brynteg Ct. CF38: Bed.......... 6A **42**
Brynteg Grn. CF38: Cross I 1A **66**
Brynteg La. CF38: Bed 6A **42**

Brynteg La. – Cae St Fagans

Brynteg La. CF72: Brynt 6H 41
Bryn Ter. CF38: Llan F 4D 42
Bryn Ter. CF72: Bryns 1B 78
Bryn Ter. NP4: P'nydd 1A 6
Bryntirion CF14: R'ina 5E 71
Bryntirion CF83: Bed'ws 2G 29
Bryntirion CF83: Caer 4A 28
Brynwern NP4: P'pool 3B 6
BRYNWERN 3B 6
Bryn-y-Fran Av. CF83: Tret 3H 29
Bryn-y-Mor CF62: W Abe 6F 113
Bryn-y-Nant CF23: L'dyrn 2F 87
Bryn-yr-Eglwys CF15: P'rch 5A 68
Bryn-yr-Ysgol CF83: Caer 3H 27
Brython Dr. CF3: St Mel 6E 75
Buccaneer Cl. NP10: Duff 5H 53
Buccaneer Gro. NP10: Duff 5G 53
Buccaneer Way NP10: Duff 5H 53
Buchanan Way
NP10: Coedk 5D 52
Buchan Cl. NP20: Newp 1H 53
Buckingham Cl.
CF14: L'vne 3B 72
Buckingham Cres.
NP19: Newp 3F 37
Buckingham Pl.
CF62: Barry 5E 105
Buckingham Pl.
NP19: Newp 3F 37
Buckle Wood NP16: Chep 2C 62
Buckley Cl. CF5: L'dff 4H 83
Budden Cres. NP26: Cald 4C 60
Builth Cl. NP10: Duff 6F 53
Bull Cliff Wlk. CF62: Barry 5C 116
Bullfinch Rd. CF62: St Ath 3G 111
Bull Ring CF72: L'sant 1F 65
Bulmore Rd. NP18: Caerl 1A 38
Bulrush Cl. CF3: St Mel 1F 89
BULWARK 4E 63
Bulwark Av. NP16: Bul 4F 63
Bulwark Business Pk.
NP16: Bul 4E 63
Bulwark Ind. Est. NP16: Bul 4E 63
Bulwark Rd. NP16: Bul 3E 63
Bunyan Cl. CF3: L'rmy 5B 74
Burberry Cl. NP10: Roger 2H 33
Burdons Cl. CF5: Wen 6D 98
Burford Gdns. CF11: Card 4H 101
Burges Cl. CF15: Rad 3G 83
Burges Ho.
CF24: Card 2H 5 (3C 96)
.... (off Newport Rd.)
Burges Pl. CF11: Card 6G 95
Burgesse Cres.
CF72: L'sant 3F 65
Burial La. CF61: Llan M 3B 110
Burleigh Rd. NP20: Newp 5A 36
Burley Pl. CF62: St Ath 1D 112
Burlington St. CF63: Barry 2B 118
Burlington Ter. CF5: Card 2D 94
Burnaby St. CF24: Card 3E 97
Burne Jones Cl. CF5: L'dff 5A 84
Burnfort Rd. NP20: Newp 6G 35
Burnham Av. CF3: L'rmy 6A 74
Burnham Av. CF64: Sul 3H 119
Burnham Ct. CF3: L'rmy 1A 88
Burns Cl. CF83: Mac 3C 30
Burns Cl. NP20: Newp 2G 53
Burns Cres. CF62: Barry 5H 105
Burns Cres. NP26: Cald 6B 60
Burnside Ct. CF5: F'wtr 1F 93
Burns La. NP44: St Di 3F 11
Burn's Way CF37: Pen-co 4B 24
Burnt Barn Rd. NP16: Bul 5E 63
Burreed Cl. CF3: St Mel 1F 89
BURTON 5G 113
Burton Hill CF62: E Abe 5G 113
Burton Homes NP20: Newp 6B 36
Burton Homes NP26: Caerw 1B 60
Burton Rd. NP19: Newp 1F 37
Burtons Pl. NP44: L'tnam 5A 12
Burton Ter. CF62: E Abe 6H 113
Burt Pl. CF10: Card 1B 102
Burt St. CF10: Card 2B 102
Burwell Cl. CF23: Pontp 4H 73
Bush La. NP4: P'pool 3B 6
.... (not continuous)
Bushy Pk. NP4: P'pool 2A 6
Bute Cres. CF10: Card 1C 102
Bute Esplanade
CF10: Card 2B 102
Bute La. CF64: P'rth 1E 109
Bute Pl. CF10: Card 1C 102
Bute St. CF10: Card 6E 5 (5B 96)
.... (not continuous)
Bute St. CF15: Tong 4G 69
Bute Ter. CF10: Card 5E 5 (4B 96)
BUTETOWN 6B 96
Butetown History &
Arts Cen. 1C 102
Butetown Link CF10: Card 3A 102
Butetown Link CF11: Card 3A 102
Butleigh Av. CF5: Card 2C 94
Butterbur Pl. CF5: Ely 4E 93
Buttercup Cl. NP10: Roger 2H 33
Buttercup Ct. NP44: Ty Ca 4B 10
Butterfield Dr. CF23: Pontp 4E 73
Butterfly Cl. CF38: Chu V 3F 43
Buttermere Way
NP19: Newp 1F 37
Butterworth Cl.
NP19: Newp 4C 38
Buttington Hill NP16: Beach 3H 63
Buttington Hill NP16: Sed 3H 63
Buttington Rd. NP16: Sed 3G 63
Buttington Ter.
NP16: Beach 4H 63
Butt Lee Ct. CF62: Barry 2G 117
Buttrills Cl. CF62: Barry 2G 117
Buttrills Rd. CF62: Barry 1G 117
Buttrills Wlk. CF62: Barry 1G 117
Butts, The CF71: Cowb 3C 90
Buxton Cl. NP20: Newp 2H 53
Buxton Ct. CF83: Caer 6E 29
Bwlch Rd. CF5: F'wtr 2H 93
Byrd Cres. CF64: P'rth 4C 108
Byrde Cl. NP19: Newp 4A 38
Byron Av. CF38: Bed 6A 42
Byron Ct. CF61: Llan M 4D 110
Byron Ct. CF64: P'rth 6H 101
Byron Pl. CF64: P'rth 1D 108
Byron Pl. NP26: Cald 6B 60
Byron Pl. NP44: St Di 3F 11
Byron Rd. NP20: Newp 6H 35
Byron St. CF24: Card 1G 5 (2C 96)
Byron St. CF62: Barry 2H 117
Byways NP44: G'mdw 2D 10

C

Caban Cl. NP10: Roger 2D 34
Cader Idris Cl. NP11: Ris 6G 17
Cadman Cl. CF24: Card 2G 97
Cadnant Cl. CF14: L'shn 4F 71
Cadoc Cl. NP26: Caerw 1B 60
Cadoc Cres. CF63: Barry 1D 118
Cadoc Pl. CF5: L'dff 4A 84
Cadoc Rd. NP44: Pnwd 5C 8
Cadogan Ho. CF10: Card 1C 102
.... (off W. Bute St.)
Cadoxton Station (Rail) 1C 118
Cadvan Rd. CF5: Ely 3F 93
Cadwal Ct. CF38: Llan F 5C 42
Cadwgan Pl. CF5: F'wtr 2A 94
Cae Bach CF83: Mac 2E 31
Caebach Cl. CF5: Ely 6D 92
Cae Bedw CF83: Caer 2B 28
Cae Brandi CF3: M'fld 5A 76
Cae-Bryn CF83: A'tdwr 1E 27
Cae Brynton Rd.
NP20: Newp 1H 53
Cae Cadno CF38: Chu V 2D 42
Cae Calch CF83: Caer 3A 28
Cae Canol CF64: P'rth 4C 108
Cae Caradog CF83: Caer 3G 27
Cae Croes Heol CF83: Caer 2H 45
Caedelyn Ct. CF14: Thorn 1H 71
Caedelyn Rd. CF14: Whit 1C 84
Cae Derwen NP44: Two L 4F 11
Cae Du Mawr CF83: Caer 3A 28
Cae Fardre CF38: Chu V 1F 43
Cae Fardre CF38: Tont 1F 43
Cae Ffynnon CF38: Chu V 1E 43
Cae Ffynnon CF71: L'thian 4A 90
Cae Ffynnon CF83: Caer 3A 28
Cae Garw CF14: Thorn 3F 71
Cae Garw CF38: Llan F 6B 42
Cae Garw CF64: Din P 3G 107
Cae Garw Bach CF5: St F 3C 82
Cae Gethin CF83: Caer 2A 28
Cae Glas CF63: Barry 6B 106
Cae Glas CF83: Caer 4A 28
Caeglas Av. CF3: Rum 4H 87
Cae Glas Rd. CF3: Rum 4H 87
Cae Gwyn CF64: P'rth 3C 108
Caegwyn Rd. CF14: Heath 3E 85
Caegwyn Rd. CF14: Whit 3E 85
Cae Gwyrdd CF15: Tong 5A 70
Cae Leon CF62: Barry 4H 105
Cae Lewis CF15: Tong 4H 69
Cae Llwyd CF83: Caer 4D 28
Cae Maen CF14: Heath 3F 85
Cae Marchog CF83: Caer 3B 28
Cae Mawr Av. NP26: Cald 5C 60
Cae Mawr Gro. NP26: Cald 5C 60
Cae Mawr Rd. CF14: R'ina 6E 71
Cae Mawr Rd. NP26: Cald 5C 60
Cae Meillion CF83: Caer 2A 46
Caenant CF37: R'fln 3F 25
Cae Nant Gledyr CF83: Caer 6H 27
Cae Nant Goch CF83: Caer 2H 45
Caenant Rd. CF83: Caer 5C 28
Caenewydd Cl. CF5: Ely 6D 92
Caepalish NP4: P'nydd 1A 6
.... (off Pentrepiod Rd.)
Caepalish Pl. NP4: P'nydd 1A 6
.... (off Pentrepiod Rd.)
Cae Pandy CF83: Caer 4D 28
Cae Pant CF83: Caer 3B 28
Cae Pantglas CF72: Y'erdy 4A 40
Cae Pella CF71: L'thian 4A 90
Cae Pen-y-Graig
CF83: Caer 2A 28
Cae Perllan Rd.
NP20: Newp 1A 54
CAERAU 5G 93
Caerau Ct. CF5: Ely 5G 93
Caerau Ct. CF72: Cross I 2H 65
Caerau Ct. Rd. CF5: Ely 5G 93
Caerau Cres. NP20: Newp 5A 36
Caerau La. CF15: P'rch 5B 68
Caerau La. CF5: Ely 3E 99
Caerau La. CF5: Ely 6F 93
Caerau La. CF5: Wen 3E 99
Caerau Pk. Cres. CF5: Ely 5G 93
Caerau Pk. Pl. CF5: Ely 5G 93
Caerau Pk. Rd. CF5: Ely 5G 93
Caerau Rd. CF5: Ely 5G 93
Caerau Rd. NP20: Newp 5A 36
Caerbragdy CF83: Caer 6D 28
Caer Cady Cl. CF23: Cyn 3C 86
Caer Castell Pl. CF3: Rum 2A 88
Caer Ceffyl CF5: St F 2C 82
CAERDYDD 4D 4 (4A 96)
Caer Efail CF5: St F 3C 82
Cae Rex CF71: L'thian 4C 90
Cae'r Fferm CF83: Caer 6A 28
CAERFFILI 1D 46
Caer Ffynnon CF62: Barry 4E 117
Cae'r Gerddi CF38: Chu V 2E 43
Caer Graig CF15: Rad 6E 69
Cae Rhedyn NP44: Croes 1B 12
Cae Rhos CF83: Caer 4D 28
Caer Idwen CF15: Morg 5E 69
CAERLAN 2G 65
CAERLEON 5H 21
Caerleon Cl. CF3: St Mel 6E 75
Caerleon Ct. CF83: Caer 5G 27
Caerleon Golf Course 6H 21
Caerleon Rd. CF14: Card 5F 85
Caerleon Rd. CF64: Din P 2A 108
Caerleon Rd. NP18: Caerl 1H 37
Caerleon Rd. NP18: P'hir 1F 21
Caerleon Rd. NP19: Newp 3D 36
Caerleon Rd. NP44: Llanf 3B 12
.... (not continuous)
Caerleon Roman Fortress
& Baths 5A 22
Caerleon Way NP16: Bul 5F 63
CAERLLION 5H 21
Caer Mead Cl. CF61: Bov 3D 110
Caernarvon Cl.
CF64: Din P 2A 108
Caernarvon Cl. NP44: L'rfn 2A 12
Caernarvon Ct. CF83: Caer 5H 27
Caernarvon Cres.
NP44: L'rfn 2A 12
Caernarvon Dr. NP10: R'drn 6A 34
Caernarvon Gdns.
CF62: Barry 5G 105
Caernarvon Way CF3: Rum 2B 88
Cae'r Odyn CF64: Din P 3G 107
CAERPHILLY 1D 46
Caerphilly Bus. Pk.
CF83: Caer 1E 47
Caerphilly By-Pass
CF83: Caer 2H 45
Caerphilly Castle 6D 28
Caerphilly Cl. CF64: Din P 1A 108
Caerphilly Cl. NP10: R'drn 6A 34
Caerphilly Golf Course 2D 46
Caerphilly Indoor Mkt. 1C 46
.... (off Pentrebane St.)
Caerphilly Leisure Cen. 5D 28
CAERPHILLY PARC ESTATE 4D 28
Caerphilly Park & Ride 1D 46
Caerphilly Rd. CF14: Heath 6F 71
Caerphilly Rd. CF14: L'shn 6F 71
Caerphilly Rd. CF15: N'grw 4E 45
Caerphilly Rd. NP10: Bass 6A 34
.... (not continuous)
Caerphilly Rd. NP10: R'drn 6A 34
.... (not continuous)
Caerphilly Station (Rail) 1D 46
Caerphilly Visitor Cen. 1D 46
Caer ty Clwyd
CF61: Llan M 2B 110
Caer Wenallt CF14: R'ina 5B 70
CAERWENT 1A 60
CAERWENT BROOK 2B 60
Caerwent Gdns.
NP26: Caerw 1B 60
Caerwent La. NP16: Bul 6F 63
Caerwent Rd. CF5: Ely 4E 93
Caerwent Rd. NP44: Croes 4F 9
Caer Worgan
CF61: Llan M 1B 110
Cae St Fagans CF5: St F 6E 83

Cae Samson CF5: Ely 5G 93
Caesar Cres. NP18: Caerl 4G 21
Cae Stumpie CF71: Cowb....... 4D 90
Cae Syr Dafydd CF11: Card.... 2E 95
Cae Tymawr CF14: Whit 3A 84
Cae Uwchllyn CF83: Caer 2A 46
Caewal Rd. CF5: L'dff............ 1C 94
Cae Wyndham CF71: Cowb 3A 90
Cae Yorath CF14: Whit........... 2D 84
Cae-yr-Ebol NP44: Pnwd......... 6E 9
Caird St. NP16: Chep 3E 63
Cairnmuir Rd. CF24: Card 2F 97
Calais Ho. CF10: Card........... 1B 102
.... (off Penstone Ct.)
Calderton Rd. CF38: Bed 5A 42
Caldey Island Ho.
  CF11: Card 4A 102
Caldey Island Way
  CF83: Caer 1H 45
CALDICOT 5D 60
Caldicot By-Pass
  NP26: Cald 6C 60
Caldicot Castle........................4E 61
Caldicot Castle Country Pk. ..4E 61
Caldicot Leisure Cen............. 5D 60
Caldicot Rd. CF5: Ely............ 5H 93
Caldicot Rd. NP26: Caerw 2B 60
Caldicot Rd. NP26: Crick....... 5E 61
Caldicot Rd. NP26: Pskwt..... 5E 61
Caldicot Rd. NP26: Rog......... 3H 59
Caldicot Station (Rail) 6B 60
Caldicot St. NP19: Newp 5F 37
Caldicott Cl. CF38: Bed 6A 42
Caldicot Way NP44: Pon'run.....5F 9
Caldwell Cl. CF38: Bed 6A 42
Caldy Cl. CF62: Barry............ 6H 105
Caldy Cl. NP19: Newp............2F 37
Caldy Ct. CF14: Llan N......... 4C 84
Caldy Rd. CF14: Llan N......... 4C 84
Caledfryn Way CF83: Caer 3H 27
Callaghan Ct. CF24: Card 3E 97
Callaghan Sq.
  CF10: Card 6E 5 (5B 96)
Cambourne Av. CF14: Whit..... 2B 84
Cambourne Cl.
  CF62: Barry 6E 105
Cambria Cl. CF3: M'fld 5H 101
Cambria Cl. NP18: Caerl....... 5A 22
Cambria Ho. NP19: Newp 5D 36
Cambrian Av.
  CF61: Llan M 4B 110
Cambrian Cen. 4B 36
Cambrian Cl. CF3: M'fld 4A 76
Cambrian Cres. CF3: M'fld 4A 76
.... (off Cambrian Way)
Cambrian Dr. CF3: M'fld 4A 76
Cambrian Gdns. CF3: M'fld 4A 76
Cambrian Gro. CF3: M'fld...... 4A 76
Cambrian Ind. Est. East Side
  CF72: P'clun 5C 64
Cambrian Ind. Est. West Side
  CF72: P'clun 4B 64
Cambrian Pl. CF37: T'rest 2E 25
Cambrian Res. Pk.
  CF5: Cul C 1E 99
Cambrian Rd. NP20: Newp..... 4B 36
Cambrian Way CF3: M'fld...... 4A 76
Cambria Rd. CF5: Ely............6F 93
Cambria St. NP4: Grif 1E 9
Cambridge Ct. NP18: Caerl.... 3E 21
Cambridge Rd. NP19: Newp....4D 36
Cambridge St. CF11: Card..... 1A 102
Cambridge St. CF62: Barry.... 4E 117
Cam Ct. NP44: Thorn 6A 8
Camellia Av. NP10: Roger...... 2H 33

Camellia Ct. CF5: F'wtr.......... 5H 83
Camelot Ct. NP18: Caerl........ 5A 22
Camelot Pl. NP19: Newp 3D 36
Camelot Way CF14: Thorn.......3F 71
Cameron St. CF24: Card......... 2E 97
Camm's Cnr. CF64: Din P 2A 108
Campanula Dr.
  NP10: Roger 2H 33
Campbell Dr. CF11: Card 3H 101
Campbell St. NP4: P'pool......... 2A 6
Camperdown Rd.
  NP19: Newp 6G 37
Camperly Cl. CF38: Bed 6A 42
Campion Cl. NP20: Newp 3A 36
Campion Cl. NP44: H'lys....... 5C 10
Campion Pl. CF5: F'wtr......... 5H 83
Camp Rd. NP16: Bul 4F 63
Camp Rd. NP26: Sud............ 6H 61
Campton Pl. CF38: Bed 6B 42
Camrose Ct. CF62: Barry 5H 105
Camrose Rd. CF5: Ely............ 5H 93
Camrose Wlk. NP44: St Di..... 3E 11
Canada Rd. CF14: Card......... 6G 85
.... (not continuous)
Canal Bank NP20: Malp......... 4H 35
Canal Cl. NP4: Grif 1E 9
Canal Cotts. CF37: P'prdd 5D 14
Canal Pde. NP20: Newp
  Cross La. 5C 36
Canal Pde. CF10: Card........... 5B 96
Canal Pde. NP20: Newp........ 5D 36
.... (off Granville La.)
Canal Pk. Ind. Est.
  CF10: Card 6B 96
Canal St. NP20: Newp 2B 36
Canal Ter. NP20: Newp 6D 36
Canaston Pl. CF5: Ely............ 5H 93
Canberra Cl. NP44: Cwm'bn....3F 11
Canberra Cl. NP44: G'mdw.....3F 11
Canberra Cres. NP20: Newp....5F 35
Candwr La. NP18: P'hir......... 5G 13
Candwr Pk. NP18: P'hir.........6F 13
Candwr Rd. NP18: P'hir....... 1G 21
Cannes Ho. CF10: Card........ 1B 102
Cannington Av. CF3: L'rmy.... 2A 88
Cannington Cl. CF64: Sul 2H 119
Canon La. NP26: Caerw........ 1B 60
Canon St. CF62: Barry 4F 117
Canon St. NP19: Newp 3D 36
Canon Wlk. CF64: L'dgh 4F 101
Canopus Cl. CF3: St Mel....... 1B 88
Canterbury Cl. NP20: Newp.... 3C 36
Canterbury Way
  NP26: Pskwt.................... 5G 61
CANTON 3E 95
Canton Cl. CF11: Card 4F 95
Cantref Cl. CF14: Thorn........ 2H 71
Cantref Cl. NP10: Roger....... 2C 34
Capel Ct. NP4: P'nydd 1A 6
Capel Cres. NP20: Newp....... 6B 36
Capel Dewi Hall Rd.
  NP20: Newp 1A 54
Capel Edeyrn CF23: Pontp.... 5H 73
Capel Grange NP20: Newp 1C 54
Capel Gwilym Rd.
  CF14: Thorn..................... 1E 71
Capella Ho. CF10: Card........ 1D 102
Capel St. NP4: P'pool........... 3C 6
Capital Bus. Pk. CF3: Rum 5E 88
Capital Point CF3: Rum........ 5B 88
Capital Quarter
  CF10: Card 6F 5 (4B 96)
Capital Shop. Pk. 6E 95
Capitol Shop. Cen. 3E 5 (3B 96)
Caple Rd. CF62: Barry 4E 117

Captain's Wlk. CF3: L'rmy
  Braunston Crescent 1H 87
Captain's Wlk. CF3: L'rmy
  Clevedon Road..................... 1A 88
Caradoc Av. CF63: Barry....... 6H 105
Caradoc Cl. CF3: St Mel....... 6E 75
Caradoc Cl. NP18: Caerl....... 4G 21
Caradoc Rd. NP44: Cwm'bn .. 1G 11
Caraway Cl. CF3: St Mel....... 5E 75
CARDIFF 4D 4 (4A 96)
Cardiff Airport.......................3F 115
Cardiff Arms Pk. 4B 4 (4H 95)
CARDIFF BAY........................ 1C 102
Cardiff Bay Bus. Cen.
  CF24: Card 5D 96
CARDIFF BAY HOSPITAL.. 4G 101
Cardiff Bay Retail Pk. 3H 101
Cardiff Bay Station (Rail) ... 1C 102
Cardiff Bay Water
  Activity Cen. 2H 101
Cardiff Bay Wetlands
  Reserve 2B 102
Cardiff Bay Yacht Club 5A 102
Cardiff Blues RUFC 4B 4 (4H 95)
Cardiff Bus. Pk.
  CF14: L'shn 6H 71
Cardiff Bus. Technology Cen.
  CF10: Card 2A 96
Cardiff Bus Station 6D 4 (5A 96)
Cardiff Cvn. Pk. CF11: Card.....2F 95
Cardiff Castle 3C 4 (3A 96)
Cardiff Castle Grounds 2G 95
Cardiff Castle Interpretation
  Cen. 3C 4 (3A 96)
.... (off Castle St.)
Cardiff Castle Tourist
  Info. Cen. 3C 4 (3A 96)
Cardiff Castle
  (Waterbus) 3B 4 (3H 95)
Cardiff Central Sports
  & Community Cen............ 5D 96
Cardiff Central Station
  (Rail) 6C 4 (5A 96)
Cardiff City FC 5E 95
Cardiff City House of Sport 6F 95
Cardiff City Stadium 5E 95
Cardiff East Park & Ride 1G 87
Cardiff Ga. Bus. Pk.
  CF23: Pontp....................... 3G 73
Cardiff Ga. Retail Pk. 3H 73
CARDIFF GATE
  SERVICE AREA................ 3H 73
Cardiff Golf Course 6D 72
Cardiff Heliport 1G 103
Cardiff Indoor Bowls
  Club 2A 4 (3G 95)
Cardiff Ind. Pk. CF14: L'shn ... 6G 71
Cardiff International Pool 4A 102
Cardiff International
  Sports Stadium 5D 94
Cardiff International
  Sports Village................. 4H 101
Cardiff International
  White Water 5H 101
Cardiff Marina
  CF11: Card 5H 101
Cardiff Metropolitan Cathedral
  of St David 4E 5 (4B 96)
Cardiff Metropolitan University
  Cyncoed Campus............. 3C 86
Cardiff Metropolitan University
  Llandaff Campus.............. 6D 84
Cardiff Queen Street
  Station (Rail) 3F 5 (3B 96)
Cardiff RFC 4B 4 (4H 95)
Cardiff Riding School 6E 85
Cardiff Rd. CF15: Cre 6E 67

Cardiff Rd. CF15: N'grw........ 3D 44
Cardiff Rd. CF15: Taff W....... 3D 44
Cardiff Rd. CF37: R'fln.......... 2E 25
Cardiff Rd. CF37: T'rest........ 2E 25
Cardiff Rd. CF5: L'dff........... 6C 84
Cardiff Rd. CF5: St F............ 2E 93
Cardiff Rd. CF63: Barry......... 1C 118
Cardiff Rd. CF63: Din P 1C 118
Cardiff Rd. CF64: Din P 2G 107
Cardiff Rd. CF64: P'rth 2G 107
Cardiff Rd. CF71: Cowb 4D 90
Cardiff Rd. CF72: L'sant 2F 65
Cardiff Rd. CF72: Mwy 5G 65
Cardiff Rd. CF83: Caer.......... 1D 46
Cardiff Rd. NP10: Coedk....... 5E 53
Cardiff Rd. NP20: Newp........3F 53
Cardiff Rd. Bus. Pk.
  CF63: Barry 1C 118
Cardiff Road West Urban La.
  CF83: Caer 1D 46
.... (off Clive Street)
CARDIFF ROYAL
  INFIRMARY 3C 96
Cardiff Ski & Snowboarding
  Cen. 1A 94
Cardiff South Park & Ride 6C 96
Cardiff Story Mus. ... 4D 4 (4A 96)
.... (off Trinity St.)
Cardiff Tourist Info.
  Cen. 4D 4 (4A 96)
Cardiff University
  College Rd............ 1C 4 (2A 96)
Cardiff University
  Colum Dr. 1H 95
Cardiff University
  Colum Pl. 1H 95
Cardiff University
  Heath Pk. Campus........... 4H 85
Cardiff University
  King Edward VII Av. 2H 95
Cardiff University
  Newport Rd. 2F 5 (3B 96)
Cardiff University
  Park Pl. 1C 4 (2A 96)
Cardiff University
  School of Nursing &
  Midwifery Carleon 4G 21
Cardiff University
  Sports Training Village 6F 85
Cardiff West Park & Ride........5F 95
CARDIFF WEST
  SERVICE AREA................. 3G 81
Cardiff Yacht Club.............. 2B 102
Cardigan Cl. CF38: Tont 2F 43
Cardigan Cl. CF64: Din P 2A 108
Cardigan Cl. NP44: Croes......5F 9
Cardigan Ct. NP18: Caerl......4F 21
Cardigan Cres. CF61: Bov..... 3E 111
Cardigan Cres. NP44: Croes.....5F 9
Cardigan Ho. CF64: P'rth...... 2D 108
Cardigan Pl. NP19: Newp......3F 37
Cardigan St. CF64: Din P..... 2A 108
Cardigan St. CF5: Card........ 3E 95
Cardinal Dr. CF14: L'vne...... 1A 72
Carew Cl. CF62: Barry 6H 105
Carey Rd. NP19: Newp 4G 37
Carfax Path NP44: F'wtr........ 4D 10
Cargill Cl. CF38: Bed 6B 42
Cargo Rd. CF10: Card........... 3C 102
Carisbrooke Rd.
  NP19: Newp 4F 37
Carisbrooke Way
  CF23: Pen L...................... 4C 86
Carling Pl. CF5: Ely.............. 6E 93
Carlisle St. CF24: Card 3E 97
Carlisle St. NP20: Newp 1D 54
Carlotta Way CF10: Card 1B 102

Carlton Cl. CF14: Thorn 2G **71**
Carlton Ct. NP4: P'nydd 1A **6**
Carlton Cres. CF38: Bed 6A **42**
Carlton Pl. NP11: Cross K 2A **16**
Carlton Rd. NP19: Newp 2E **37**
Carlton Ter. NP11: Cross K 2A **16**
Carlton Ter. NP18: Caerl 6A **22**
Carmarthanshire Dr.
  NP19: Newp 1C **56**
Carmarthen Cl. CF61: Bov.... 3D **110**
Carmarthen Cl.
  CF62: Barry 6H **105**
Carmarthen Ct. CF23: Pen L 5C **86**
Carmarthen Ct. CF5: Card 3F **95**
Carmarthen Ct. CF83: Caer 5H **27**
Carmarthen Ct. CF38: Tont......1F **43**
Carmarthen Ho.
  CF64: P'rth 3D **108**
Carmarthen Rd.
  CF64: Din P 2A **108**
Carmel Cl. CF23: Pen L 5C **86**
Carn Celyn CF38: Bed 6A **42**
Carne Ct. CF61: Bov 3D **110**
Carnegie Cl. NP10: Roger 4B **34**
Carnegie Dr. CF23: Cyn 2B **86**
Carn-yr-Ebol CF63: Barry 4B **106**
Caroline Rd. NP4: New I.......... 5G **7**
Caroline St.
  CF10: Card 5D **4** (4A **96**)
Caroline St. NP20: Newp 5C **36**
Caroline Way NP4: New I.......... 5G **7**
Carpenters Arms La.
  NP20: Newp 4C **36**
Ca'r Pwll CF64: Din P 3G **107**
Carreg Arwyn CF72: L'harry .. 5A **78**
Carshalton Rd. CF38: Bed 6A **42**
Carswell Pl. CF38: Bed 5B **42**
Carter Pl. CF5: F'wtr 6H **83**
Cartref Melus NP19: Newp.... 6G **37**
Cartwright Ct. CF24: Card 6B **86**
Cartwright Grn. NP20: Malp .. 5A **20**
Cartwright La. CF5: F'wtr 2H **93**
Carys Cl. CF5: Ely 1E **99**
Carys Cl. CF64: P'rth 4C **108**
CAS-BACH 2G **75**
CAS-GWENT........................ 2E **63**
CASNEWYDD 4C **36**
Caspian Cl. CF3: St Mel.......... 1D **88**
Caspian Point CF10: Card 1D **102**
Caspian Way CF10: Card..... 1C **102**
Castan Rd. CF72: P'clun 6D **64**
Castellau Rd. CF38: Bed........ 3G **41**
Castell Coch 3G **69**
Castell Coch Dr.
  NP10: Duff 6G **53**
Castell Coch Golf Course .. 4G **69**
Castell Coch Vw.
  CF15: Tong 4G **69**
Castell Heights
  Golf Course 6H **45**
Castell Meredydd
  CF83: Caer 4E **29**
Castell Morgraig
  CF83: Caer 4E **29**
CASTELL-Y-BWCH 2C **18**
Castell-y-Fan CF83: Caer 4E **29**
Castell y Mwnns
  CF72: L'harry 1A **78**
Castell-y-Mynach Rd.
  CF38: Bed............................ 4H **41**
Castertown Pill NP26: Cald 6E **61**
Castle Arc.
  CF10: Card 4C **4** (4A **96**)
Castle Arc. Balcony
  CF10: Card 4C **4** (4A **96**)
  .... (off Castle St.)
Castle Av. CF3: Rum 5F **87**

Castle Av. CF64: P'rth..........4D **108**
Castle Av. CF83: Caer............ 4C **28**
Castle Bingo Canton............ 4G **95**
Castle Bingo Newport.......... 5D **36**
Castle Bingo Newport Road ..6F **87**
Castle Cl. CF15: Cre.............. 5E **67**
Castle Cl. CF61: Bov 4E **111**
Castle Cl. CF64: Din P............ 2A **108**
Castle Cl. NP10: Roger 5D **34**
  .... (not continuous)
Castle Cl. NP11: P'waun 1A **16**
Castle Cl. NP26: Pskwt
  Castertown Pill 6E **61**
Castle Ct. NP26: Pskwt
  Gray Hill Vw........................5F **61**
Castle Ct. CF38: Chu V............2F **43**
Castle Ct. CF61: Llan M 3B **110**
Castle Ct. CF71: L'dgh............ 6C **90**
Castle Ct. NP11: P'waun........ 1A **16**
Castle Ct. NP44: H'lys............ 5B **10**
Castle Ct. Shop. Cen. 6D **28**
Castle Cres. CF3: Rum...........5F **87**
Castle Dr. CF64: Din P 2A **108**
Castlefield Pl. CF14: Card 5G **85**
Castleford Cl. CF38: Bed 5A **42**
Castle Gdns. NP16: Chep...... 1D **62**
Castle Gdns. NP26: Cald...... 4C **60**
Castlegate Bus. Pk.
  NP26: Pskwt........................5F **61**
Castle Grn. CF5: St G 3A **92**
Castle Hill CF15: Tong............ 3H **69**
Castle Hill CF5: St F................ 2D **92**
Castle Ivor St. CF37: P'prdd .. 6A **14**
Castleland St. CF63: Barry .. 2A **118**
Castle La. CF24: Card....1G **5** (2C **96**)
Castle La. NP11: P'waun 1A **16**
Castle La. NP18: Caerl............ 5A **22**
Castle Lea NP26: Cald 5D **60**
Castle Lodge Cl. NP26: Cald... 5E **61**
Castle Lodge Cres.
  NP26: Cald 5E **61**
Castle M. CF71: L'thian 5C **90**
  .... (off Broadway)
Castle M. CF83: Caer............ 6D **28**
Castle M. NP18: Caerl............ 5A **22**
Castle Mound 5A **22**
CASTLE PARK 6D **28**
Castle Pk. Cl. NP20: Newp 6F **35**
Castle Pk. Rd. NP20: Newp 6F **35**
Castle Pct. CF71: L'dgh..........6D **90**
Castle Ri. CF3: Rum................ 5E **87**
Castle Rd. CF15: Tong 4G **69**
Castle Rd. CF62: Fon 6H **113**
Castle Rd. CF62: Rho............ 6E **115**
Castle St. CF10: Card ...4B **4** (4H **95**)
Castle St. CF15: Taff W.......... 2E **69**
Castle St. CF37: T'rest............ 2E **25**
Castle St. CF61: Llan M 2B **110**
Castle St. CF62: Barry 3E **117**
Castle St. CF72: L'sant 2A **65**
Castle St. CF83: Caer............ 6D **28**
Castle St. NP18: Caerl............ 6A **22**
Castle St. NP20: Newp.......... 1D **54**
Castleton 2G **75**
Castleton Ct. CF3: St Mel...... 5G **75**
Castleton Gdns. CF3: Cast.... 2G **75**
Castleton Pk. CF62: St Ath 4E **113**
Castleton Ri. CF3: Cast.......... 2G **75**
Castleton Rd. CF62: St Ath.... 4D **112**
Castle Vw. CF15: Tong 5H **69**
Castle Vw. CF83: Caer............ 3B **28**
Castle Vw. NP16: Tut.............. 1G **63**
Castle View Shop. Cen. 1A **46**
Castle Way NP10: Roger........ 5D **34**
Castle Way NP26: Pskwt 5E **61**
Castle Wood NP16: Chep....... 2C **62**

Castlewood Cotts.
  CF64: Din P 2G **107**
Cas Troggi NP26: Cald.......... 4C **60**
Caswell Rd. CF3: Rum............ 4H **87**
Caswell Way NP19: Newp 3G **55**
Catalpa Cl. NP20: Malp.......... 4B **20**
CATHAYS 6A **86**
CATHAYS PARK.......... 1C **4** (3A **96**)
Cathays Station
  (Rail)........................ 1C **4** (2A **96**)
Cathays Ter. CF24: Card 6A **86**
Cath Cob Cl. CF3: St Mel 1C **88**
Cathedral Cl. CF5: L'dff.......... 6D **84**
Cathedral Cl. CF5: L'dff.......... 6C **84**
Cathedral Ct. NP20: Newp.... 5B **36**
Cathedral Grn., The
  CF5: L'dff............................ 6C **84**
Cathedral Rd. CF11: Card.......2F **95**
Cathedral Vw. CF14: Llan N .. 5D **84**
Cathedral Wlk.
  CF10: Card 3D **4** (3A **96**)
Catherine Cl. NP10: Duff 6H **53**
Catherine Dr. CF15: Tong 3H **69**
Catherine Dr. CF3: M'fld 5A **76**
Catherine Meazy Flats
  CF64: P'rth.......................... 6B **102**
Catherine St. CF24: Card 1A **96**
Catherine St. CF37: P'prdd 6C **14**
Catkin Dr. CF64: P'rth............ 6G **101**
Catrine CF11: Card 5H **101**
CAT'S ASH 5G **23**
Catsash Rd. NP18: Cat A 2B **38**
Catsash Rd. NP18: Chri.......... 2B **38**
Catsash Rd. NP18: Langs...... 2B **38**
Cat's La. CF83: Bed'ws.......... 2G **29**
Cattwg Cl. CF61: Llan M........ 2B **110**
Causeway, The
  CF71: L'thian 5B **90**
Causeway, The NP26: Undy....5F **59**
Causeway Hill CF71: L'thian.. 5B **90**
Cavendish Cl. CF14: Thorn 3G **71**
Cavendish Pl. CF38: Bed 5A **42**
Cawley Pl. CF63: Barry.......... 6B **106**
Cawnpore St. CF64: P'rth...... 6G **101**
CAXDOXTON 6B **106**
Caxton Pl. CF23: Pent............ 5G **73**
Caxton Pl. NP20: Newp.......... 4B **36**
Caynham Av. CF64: P'rth...... 5E **109**
CC4 Mus. of Welsh Cricket.... 2G **95**
Cecil Cl. CF24: Card.............. 2D **96**
Cecil La. NP10: Roger 5D **34**
Cecil Sharp Rd.
  NP19: Newp 4D **38**
Cecil St. CF24: Card.............. 2D **96**
Cedar Cl. CF14: L'shn............ 5H **71**
Cedar Cres. CF38: Tont 2G **43**
Cedar Gdns. NP10: Duff........5F **53**
Cedar Gro. CF5: F'wtr 6G **83**
Cedar Ho. CF14: Whit 1A **84**
Cedar La. CF37: R'fin............ 4H **25**
Cedar Rd. CF62: Eg Bre 2B **112**
Cedar Rd. NP19: Newp 4D **36**
Cedar Wlk. NP44: Up Cwm.... 6B **8**
Cedar Way CF64: P'rth 2C **108**
Cedar Wood Cl.
  NP10: Roger 2H **33**
Cedar Wood Dr.
  NP10: Roger 2H **33**
Cefn Adda Cl. NP20: Newp.... 2A **54**
Cefn Adda Ct. NP20: Newp.... 2A **54**
Cefn Bychan CF15: P'rch........ 4A **68**
Cefn Carnau La. CF83: Caer.... 5E **47**
Cefn Carnau La.
  CF83: Thorn 5E **47**
Cefn Carnau Rd.
  CF14: Heath........................ 1H **85**

CEFN CARNAU UCHAF 5E **47**
Cefn Cl. CF37: Glync 1C **14**
Cefn Cl. NP10: Roger 4D **34**
Cefn Cl. NP44: Croes 5G **9**
Cefn Coch CF15: Rad.............. 6E **69**
Cefn Coed CF15: N'grw 3D **44**
Cefn Coed Av. CF23: Cyn 3B **86**
Cefn Coed Cres. CF23: Cyn ... 4C **86**
Cefn Coed Gdns. CF23: Cyn .. 4B **86**
Cefn Coed Rd. CF23: Cyn 4B **86**
Cefn Ct. NP10: Roger 4D **34**
Cefn Ct. NP20: Newp 6A **36**
Cefn Dr. NP10: Roger 4D **34**
Cefn Graig CF14: R'ina 5D **70**
Cefn Ilan CF83: A'tdwr............ 2D **26**
Cefn La. CF37: Glync 2B **14**
Cefn Llan CF15: P'rch............ 5A **68**
Cefn Mably Farm 6C **50**
Cefn Mably Lakes 5B **50**
Cefn Mably Pk.
  CF3: Cefn M 1A **74**
Cefn Mably Rd. CF14: L'vne.... 2C **72**
Cefn Milwr NP44: H'bush........5F **11**
Cefn Nt. CF64: Din P 2G **107**
Cefn Nant CF14: R'ina............ 4D **70**
Cefn Onn Ct. CF14: L'shn........ 4H **71**
Cefn Onn Mdws.
  CF14: Thorn........................ 1H **71**
Cefn Penuel CF15: P'rch........ 5H **67**
Cefn-Porth Rd. CF14: L'vne.... 4E **49**
Cefn Ri. NP10: Roger 3C **34**
Cefn Rd. CF14: Llan N 4E **85**
Cefn Rd. NP10: Roger 3B **34**
Cefn Rd. NP10: Roger 4D **34**
Cefn-y-Lon CF83: Caer.......... 3H **27**
CEFNYRHENDY 5E **65**
Cei Dafydd CF63: Barry 3A **118**
Ceiriog Cl. CF63: Barry 5A **106**
Ceiriog Cres. CF37: R'fin........3F **25**
Ceiriog Dr. CF14: R'ina 5C **70**
Ceiriog Dr. CF83: Caer 5C **28**
Cei Tir y Castell
  CF63: Barry 3H **117**
Celandine Ct. NP16: Bul........5F **63**
Celandine Ct. NP44: Ty Ca 3B **10**
Celandine Rd. CF5: Ely 4E **93**
Celerity Dr. CF10: Card 5B **96**
Celtic Bus. Pk. NP19: Newp ...2F **57**
Celtic Cl. NP26: Undy............ 4E **59**
Celtic Gateway Bus. Pk.
  CF11: Card 4H **101**
Celtic Grn. CF64: Din P.......... 1H **107**
CELTIC LAKES 5E **53**
Celtic Manor Roman Road
  Golf Course 6D **22**
Celtic Manor The Montgomerie
  Golf Course 4D **22**
Celtic Manor The Twenty Ten
  Course 3E **23**
Celtic Manor Resort, The...... 1D **38**
Celtic Rd. CF14: Whit..............4F **85**
Celtic Springs NP10: Coedk ... 5E **53**
  .... (not continuous)
Celtic Way CF62: Rho............ 6C **114**
Celtic Way CF83: Bed'ws...... 3G **29**
Celtic Way NP10: Coedk........ 5D **52**
Celyn Av. CF23: Cyn.............. 2B **86**
Celyn Av. CF83: Caer............ 5C **28**
Celyn Cl. CF62: St Ath.......... 2C **112**
Celyn Ct. NP44: Pnwd............ 5C **8**
Celynen Gro. NP20: Newp 3H **53**
Celyn Gro. CF23: Cyn............ 6C **72**
Celyn Gro. CF83: Caer 5C **28**
Cemaes Cres. CF3: Rum........ 2C **88**
Cemetery La. NP20: Newp.... 5B **36**
Cemetery Rd. CF15: Taff W 2F **69**

Cemetery Rd. CF37: Glynt 2F 25
Cemetery Rd. CF62: Barry... 1H 117
Cenfedd St. NP19: Newp 2D 36
Cennin Pedr CF63: Barry 4B 106
Centenary Ct. CF38: Bed 5B 42
Central Av. CF5: Cul C 1E 99
Central Av. NP19: Newp 1B 56
Central Bldgs. CF83: Tret....... 3A 30
................................(off Newport Rd.)
Central Ct. CF24: Card............2D 96
Central Link
  CF10: Card 5G 5 (4C 96)
Central Mkt.
  CF10: Card 4D 4 (4A 96)
Central Pk. 2F 43
Central Sq.
  CF10: Card 6C 4 (5A 96)
Central Sq. CF37: P'prdd 5D 14
................................(off Ralph St.)
Central St. CF83: Caer 2B 28
Central St. CF83: L'brad 2B 28
Central Way CF14: Heath...... 4H 85
Central Way CF64: Sul......... 1E 119
Central Way NP44: Pnwd......... 6C 8
Centre Ct. CF37: T'rest 3C 44
Centurion Cl. CF5: Ely............6H 93
Centurion Ga. NP18: Caerl...... 5A 22
Centurions Ct.
  NP26: Caerw 1C 60
Century Ct.
  CF11: Card 6B 4 (5H 95)
Cerdin Av. CF72: P'clun 6D 64
Ceredig Ct. NP44: L'rfn........... 3B 12
Ceri Av. CF62: Rho................5F 115
Ceridwen Ter. CF37: P'prdd.... 6C 14
................................(off Bridge St.)
Ceridwen Ter. CF72: L'sant......2F 65
................................(off Heol-y-Beila)
Y Cerigos CF62: Barry 5D 116
Ceri Rd. CF62: Rho................5F 115
Chadwick Cl. NP20: Malp....... 5A 20
Chaffinch Way NP10: Duff.....4H 53
Chalfont Cl. CF38: Bed 5B 42
Chalvington Cl. CF38: Bed 5A 42
Chamberlain Rd.
  CF14: Llan N........................ 4B 84
Chamberlain Row
  CF64: Din P 1A 108
Chamomile Cl. CF23: Pontp.... 4E 73
Chancery La. CF11: Card..........4F 95
Chandlers Reach
  CF38: Llan F 6C 42
Chandlers Way
  CF64: P'rth 5A 102
Chandlery Way
  CF10: Card 1B 102
Channel Cl. CF62: Rho........... 6D 114
Channel Vw. CF3: Cast...........2F 75
Channel Vw. CF37: P'rth........4F 109
Channel Vw. NP10: Bass......... 6B 34
Channel Vw. NP11: Ris...........6F 17
Channel Vw. NP16: Bul........... 4E 63
Channel Vw. NP4: P'garn......... 1D 6
Channel Vw. NP44: Pnwd........ 6C 8
Channel View Cen................2A 102
Channel Vw. Flats
  CF11: Card 3H 101
Channel Vw. Rd.
  CF11: Card 2H 101
Channel View (Waterbus)...2A 102
Chantry, The CF5: L'dff...........4B 72
Chantry Ri. CF64: P'rth.........4E 109
Chapel Cl. CF62: St Ath 5D 112
Chapel Cl. CF64: Din P 1A 108
Chapel Cl. CF71: A'thin...........2F 91
Chapel Cl. NP16: Pwllm........ 5B 62
Chapel Cl. NP20: Newp...........6C 36

Chapel Cl. CF83: Tret 2A 30
Chapel La. CF64: P'rth......... 6A 102
Chapel La. NP16: Math........... 6B 62
Chapel La. NP16: Pwllm......... 6B 62
Chapel La. NP44: Croes............4F 9
Chapel La. NP44: Pnwd............4F 9
Chapel M. CF15: Tong 4G 69
................................(off Railway Ter.)
Chapel M. CF5: L'dff.............. 1C 94
................................(off High St.)
Chapel Rd. CF15: Morg............5F 69
Chapel Rd. NP18: Gold 4E 57
Chapel Row CF3: Old M............ 6B 74
Chapel Row CF64: Din P 1A 108
Chapel Row La. CF3: Old M.... 6B 74
Chapel St. CF37: P'prdd........... 6C 14
Chapel St. CF37: R'fln.............4F 25
Chapel St. CF5: L'dff.............. 1C 94
Chapel St. NP44: Pnwd........... 1G 11
Chapel Ter. CF5: Twyn 3D 98
Chapel Ter. NP10: R'drn.......... 6A 34
Chapel Ter. NP26: Magor 5D 58
Chapel Ter. NP4: P'nydd 1A 6
Chapel Wlk. NP4: P'garn 2C 6
Chapel Wood CF23: L'dyrn 3E 87
Chapman Cl. NP20: Malp........ 4A 20
Chapman Ct. NP20: Newp 5H 35
Chapter Arts Cen...................3E 95
Chard Av. CF3: L'rmy.............. 2H 87
Chard Ct. CF3: L'rmy 2H 87
Chargot Rd. CF5: L'dff............ 2D 94
Charles Darwin Way
  CF62: Barry 4G 117
Charles Pl. CF62: Barry 5E 117
Charles St.
  CF10: Card 3E 5 (3B 96)
Charles St. CF37: P'prdd 6A 14
Charles St. CF83: Caer 6D 28
Charles St. NP20: Newp 5C 36
................................(not continuous)
Charles St. NP4: Grif................ 6E 7
Charles St. NP4: Pnwd............. 5E 9
Charlesville NP4: P'nydd 1A 6
Charlock Cl. CF14: Thorn 2E 71
Charlotte Grn. NP20: Newp.... 6C 36
Charlotte Pl. CF63: Barry...... 1B 118
Charlotte Sq. CF14: R'ina 6E 71
Charlotte St. CF64: P'rth........ 6H 101
Charlotte St. NP20: Newp...... 6C 36
Charlotte Wlk. NP20: Newp.... 6C 36
................................(off Alma St.)
Charnwood Ct. CF15: N'grw.... 2C 44
Charnwood Dr. CF23: Pontp ...4G 73
Charnwood Pk. CF10: Card....6F 97
Charnwood Rd.
  NP19: Newp 1D 36
Charston NP44: G'mdw 2D 10
Charter Av. CF62: Barry.........5F 105
Charteris Cl. CF64: P'rth........ 5E 109
Charteris Cres. CF5: Ely 3H 93
Chartist Cl. NP11: Ris............6F 17
Chartist Ct. NP20: Newp 2C 44
Chartist Rd. CF72: L'sant 2E 65
Chartists Way NP16: Bul........ 5E 63
Chartist Way NP10: Roger...... 4C 34
Chartley Cl. CF3: St Mel 6E 75
Chartwell Cl. CF15: P'rch 4A 68
Chartwell Dr. CF14: L'vne......4B 72
CHATHAM 2G 31
Chatham Pl. CF83: Mac...........2H 31
................................(off Chatham St.)
Chatham St. CF83: Mac........... 2H 31
Chatsworth Cl. CF5: F'wtr...... 6A 84
Chatterton Sq. CF11: Card 3H 101

Chaucer Cl. CF3: L'rmy........... 5A 74
Chaucer Cl. CF64: P'rth 1D 108
Chaucer Cl. NP26: Cald 6B 60
Chaucer Ct. NP19: Newp 4F 37
Chaucer Rd. CF62: Barry 5H 105
Chaucer Rd. NP19: Newp........4F 37
Cheam Pl. CF14: L'shn 5H 71
Cheddar Cres. CF3: L'rmy 2H 87
Cheeky Monkeys Soft
  Play Cen............................4D 10
Cheeseman's Trad. Est.
  NP26: Rog........................... 5A 60
Chelmer Cl. NP20: Bet............. 6E 19
Chelmer Wlk. NP20: Bet........... 6E 19
Chelston Pl. NP20: Newp........ 2B 36
CHEPSTOW 2E 63
Chepstow Castle 1E 63
Chepstow Castle Grn.
  NP20: Newp 1B 54
Chepstow Cl. CF5: Ely 5H 93
Chepstow Cl. NP44: Croes....... 5G 9
CHEPSTOW COMMUNITY
  HOSPITAL 2D 62
Chepstow Ct. CF83: Caer 5H 27
Chepstow Leisure Cen........... 1D 62
Chepstow Mus........................1F 63
Chepstow Ri. NP44: Croes....... 5G 9
Chepstow Rd. NP18: Langs ... 1E 39
Chepstow Rd. NP19: Newp 4D 36
Chepstow Rd. NP26: Cald 5D 60
Chepstow Station (Rail)........2F 63
Chepstow Tourist
  Info. Cen............................1F 63
Cheriton Dr. CF14: Thorn 3H 71
Cheriton Gro. CF38: Tont....... 2H 43
Cheriton Path NP44: F'wtr...... 3D 10
Cherry Cl. CF5: F'wtr...............6F 83
Cherry Cl. CF64: Din P 3A 108
Cherry Cl. CF64: P'rth........... 5E 109
Cherrydale Rd. CF5: Ely 3A 94
Cherrydown Cl.
  CF14: Thorn........................ 3H 71
Cherry Orchard Rd.
  CF14: L'vne 1G 71
Cherry Orchard Rd.
  CF14: Thorn........................ 1G 71
Cherry Tree Cl. CF14: L'vne.... 2B 72
Cherry Tree Cl.
  CF83: Bed'ws 2E 29
Cherry Tree Cl. NP18: Caerl.... 4H 21
Cherry Tree Cl. NP18: Langs ...1F 39
Cherry Tree Cl. NP20: Malp 4B 20
Cherry Tree Cl. NP44: Croes.... 6H 9
Cherry Tree Wlk.
  CF72: Tallb G........................ 3E 65
Cherrywood Cl.
  CF14: Thorn........................ 2H 71
Chervil Cl. CF3: St Mel........... 5E 75
Cherwell Cl. CF5: F'wtr........... 6H 83
Cherwell Rd. CF64: P'rth 3D 108
Cherwell Wlk. NP20: Bet........ 5E 19
Cheshire Cl. CF3: L'shn 1H 85
Chester Cl. CF3: St Mel.......... 1D 88
Chester Cl. NP4: New I........... 4H 7
Chester Ct. CF83: Caer 4H 27
Chesterfield St.
  CF63: Barry 6A 106
Chester Pl. CF11: Card 6H 95
Chester St. CF11: Card 5H 95
Chesterton Rd. CF3: L'rmy...... 6H 73
Chestnut Av.
  CF62: Eg Bre 2B 112
Chestnut Cl. CF64: Din P 3H 107
Chestnut Cl. CF83: Mac.......... 2G 31
Chestnut Cl. NP26: Magor 4D 58
Chestnut Cl. NP4: New I......... 4H 7
Chestnut Dr. NP26: Rog......... 5A 60

Chestnut Grn.
  NP44: Up Cwm 6B 8
Chestnut Gro. NP18: Caerl..... 5E 21
Chestnut Rd. CF5: F'wtr 1H 93
Chestnuts, The CF72: Mis 1F 79
Chestnut St. CF37: R'fln......... 4G 25
Chestnut Tree Cl.
  CF15: Rad............................ 1E 83
Chestnut Way CF64: P'rth 2D 108
Cheviot Cl. CF14: L'shn 6G 71
Cheviot Cl. NP11: Ris............5G 17
Chichester Cl. NP19: Newp 6F 21
Chichester Way CF5: Ely 3A 94
Chick La. NP20: Newp............ 6H 35
Chilcote St. CF63: Barry 1B 118
CHILDREN'S HOSPITAL
  FOR WALES 4H 85
Chiltern Cl. CF14: L'shn......... 6G 71
Chiltern Cl. NP11: Ris............6H 17
Chiltern Cl. NP19: Newp 3A 38
Chirk Cl. NP10: Duff...............6F 53
Chorley Cl. CF5: F'wtr........... 2G 93
CHRISTCHURCH 2B 38
Christchurch Hill
  NP18: Chri 2B 38
Christchurch Rd.
  NP18: Chri 3A 38
Christchurch Rd.
  NP19: Newp 3E 37
Christina Cres. NP10: Roger... 5E 35
Christina St. CF10: Card......... 6B 96
................................(not continuous)
Chulmleigh Cl. CF3: Rum 3G 87
Church Av. CF64: P'rth 1F 109
Church Cl. CF14: L'vne........... 3C 72
Church Cl. CF38: Llan F 5D 42
Church Cl. CF64: P'rth........... 1C 108
Church Cl. NP10: Newp 5C 34
Church Cl. NP4: New I............ 1G 9
Church Cl. NP44: Croes.......... 6G 9
Church Ct. NP19: Newp.......... 1G 37
Church Cres. CF71: St H......... 6H 91
Church Cres. NP10: Bass 6C 34
Church Cres. NP10: Coedk..... 6C 52
Chu. Farm Cl. NP20: Bet........ 6G 19
Church Farm Gdns.
  NP26: Cald 4D 60
. (shown as Gerddi Fferm Yr Eglwys)
Churchfield Av. NP26: Cald 4C 60
Churchfields CF63: Barry 5B 106
Church Hill Cl.
  NP71: L'thian 5A 90
Church Ho. Pk.
  NP10: St Bri W..................... 4G 77
Churchill Cl. CF14: L'vne....... 1A 72
CHURCHILL PARK 4C 28
Churchill Ter. CF63: Barry..... 1C 118
Churchill Vs.
  CF10: Card 4E 5 (4B 96)
................................(off Churchill Way)
Churchill Way
  CF10: Card 3E 5 (3B 96)
Church La. CF61: Llan M
Church La. CF61: Llan M
  Dimlands Rd........................ 5A 110
Church La. CF15: N'grw 4E 45
Church La. CF3: M'fld............ 4H 75
Church La. CF3: Old M........... 6B 74
Church La. CF62: St Ath 5D 112
................................(not continuous)
Church La. NP10: Coedk........ 1C 76
Church La. NP26: Undy............5F 59
Church La. NP4: New I........... 6H 7
Church La. NP4: Treve............ 1B 6

Churchmead NP10: Bass........1D 52
Church Mdw. CF61: Bov........3F 111
Church M. CF14: Whit...........3C 84
Church Pl.
　CF10: Card 4E 5 (4B 96)
Church Pl. Nth.
　CF64: P'rth 6B 102
Church Pl. Sth.
　CF64: P'rth 6B 102
Church Ri. CF5: Wen 5E 99
Church Ri. NP26: Undy 5G 59
Church Rd. CF14: L'vne........2C 72
Church Rd. CF14: Whit 3B 84
Church Rd. CF15: P'rch 5A 68
Church Rd. CF23: L'dyrn 5G 73
Church Rd. CF23: Pontp 5G 73
Church Rd. CF3: Old M.........3A 74
Church Rd. CF3: Rum 4G 87
Church Rd. CF37: P'prdd.......5D 14
Church Rd. CF38: Tont 1E 43
Church Rd. CF5: Card...........4F 95
Church Rd. CF5: Ely.............6G 93
Church Rd. CF5: St F 2C 82
Church Rd. CF62: Rho 6E 115
Church Rd. CF63: Barry.......6B 106
Church Rd. CF64: P'rth........1F 109
Church Rd. CF71: L'thian.......4A 90
Church Rd. CF83: A'tdwr 2D 26
Church Rd. NP10: Coedk 6C 52
Church Rd. NP10: St Bri W 4G 77
Church Rd. NP11: Ris............4D 16
Church Rd. NP16: Chep.........1F 63
Church Rd. NP18: L'veth 1H 13
Church Rd. NP19: Newp 3D 36
Church Rd. NP26: Cald..........3D 60
Church Rd. NP26: Undy..........4F 59
Church Rd. NP44: Llanf 5D 12
Church Rd. NP44: Pnwd.........6D 8
Church Rd. Ter. NP11: Ris 4D 16
Church Row NP16: Chep........1F 63
Church Row NP26: Sud..........6H 61
Church St.
　CF10: Card 4C 4 (4A 96)
Church St. CF15: Taff W........2E 69
Church St. CF37: P'prdd........6C 14
Church St. CF61: Llan M........3B 110
Church St. CF71: Cowb 3C 90
Church St. CF72: L'sant.........2F 65
Church St. CF83: Bed'ws........3G 29
Church St. CF83: Mac............2G 31
Church St. NP10: Roger..........3B 34
Church St. NP18: Caerl...........5H 21
Church St. NP20: Newp..........1D 54
　..............................(not continuous)
Church Ter. CF23: Pen L........1D 96
Church Ter. CF63: Barry........6C 106
Church Ter. NP4: P'nydd.........1A 6
Church Vw. CF71: L'thian 4A 90
Church Vw. NP10: Bass........1D 52
Church Vw. Cl.
　CF64: L'dgh.....................4F 101
Church Vw. Ho. NP10: Bass....6D 34
CHURCH VILLAGE.................3E 43
Church Village By-Pass
　CF72: Cross I 1B 66
Churchward Dr.
　NP19: Newp 6H 37
Churchwood NP4: Grif............1G 9
Churchwood Cl. NP4: P'garn....2C 6
Church Wood Rd.
　NP44: Pnwd.......................6D 8
Chwarel Dr. NP19: Newp........3F 37
Cidermill Cl. NP16: Bul...........6F 63
Cilfedw CF15: Rad................6F 69
Y Cilffordd CF83: Caer...........5B 28
Cilffordd y Coed CF5: Cap L....2F 81
Cilffordd y Coed CF5: Cre.......2F 81

CILFYNYDD 2F 15
Cilfynydd Rd. CF37: Cilf'dd......3F 15
Y Cilgant CF83: Caer 3A 28
Cilgant Barfleur
　NP20: Newp 1A 54
　..........(shown as Barfleur Crescent)
Cilgant Cienwen
　NP44: Pnwd.........................4E 9
Cilgant Cleeve Grange
　NP20: Newp 1A 54
　.(shown as Cleeve Grange Crescent)
Cilgant Loftus NP19: Newp 5F 37
　...............(shown as Loftus Crescent)
Cilgant Westward Ho.
　NP20: Newp 1A 54
　..........(shown as Westward House
　Crescent)
Cilgerran Ct. NP44: L'rfn 2B 12
Cilgerran Cres. CF14: L'shn 5F 71
Cil Hendy CF72: P'clun 6E 65
Cineworld Cinema
　Cardiff 5E 5 (4B 96)
Cineworld Cinema Newport,
　Gwent............................1B 56
Circle, The NP44: Cwm'bn 4F 11
Circle Way E. CF23: L'dyrn 1E 87
Circle Way W. CF23: L'dyrn 2D 86
City Hall Rd.
　CF10: Card 2C 4 (3A 96)
CITY HOSPICE.......................1A 84
City Link CF24: Card.............1E 97
City Lofts CF24: Card............1B 96
　..................................(off Crwys Rd.)
City Rd. CF24: Card 1B 96
City Wharf CF10:
　Card 6G 5 (5C 96)
Civil & Family Court
　Newport (Gwent)...............3C 36
Civil & Family Justice Cen.
　Cardiff 5C 4 (4A 96)
Claerwen Dr. CF23: Cyn..........2B 86
Clairwain NP4: New I.............6G 7
Clarbeston Rd.
　CF14: Llan N...................5C 84
Clare Drew Way NP44: Croes...6H 9
Clare Dr. CF71: Cowb............4D 90
Clare Gdns.
　CF11: Card 5A 4 (4H 95)
Claremont NP20: Malp 3B 20
Claremont Av. CF3: Rum 3H 87
Claremont Cres. CF3: Rum.....3H 87
Clarence Cnr. NP4: P'pool......3C 6
Clarence Emb. CF10: Card 2A 102
Clarence Embankment
　(Waterbus)........................1B 102
Clarence Pl. CF10: Card 1B 102
Clarence Pl. NP11: Ris..........5D 16
Clarence Pl. NP4: P'pool........4C 6
Clarence Rd. CF10: Card 1B 102
Clarence Rd. CF11: Card 1A 102
Clarence Rd. NP4: P'pool.......4C 6
Clarence St. NP20: Newp 1D 54
Clarence St. NP4: P'pool........3C 6
Clarendon CF23: Cyn............1D 86
Clarendon Cl. NP16: Bul........6G 63
Clarendon Rd. CF23: Pen L 4D 86
Clare Pl. CF11: Card 5A 4 (4H 95)
Clare Rd. CF11: Card 6A 4 (5H 95)
Clare St. CF11: Card 5A 4 (4H 95)
Clark Av. NP44: Pnwd...........5D 8
Clarke Rd. NP19: Newp 1F 55
Clarke St. CF5: Ely...............3B 94
Clas Dyfrig CF14: Whit 4D 84
Clas Gabriel CF14: Whit.........4D 84
Clas Illtyd CF14: Whit............3E 85
Clas Isan CF14: Whit 3E 85

Clas Odyn CF14: Whit............2D 84
Clas Teilo CF14: Whit............4D 84
Clas-ty-Gelli CF37: Glync 1D 14
Clas Tynewydd CF14: Whit.....3D 84
Clas Ty'n-y-Cae
　CF14: R'ina.......................1E 85
Clas Tywern CF14: Heath 1E 85
Clas Yorath CF14: Whit..........2D 84
Claude Pl. CF24: Card............1C 96
Claude Rd. CF24: Card 1C 96
Claude Rd. CF62: Barry 2F 117
Claude Rd. CF83: Caer 1C 46
Claude Rd. W. CF62: Barry.... 3E 117
Claverton Cl. CF38: Bed 5B 42
Claverton Way CF23: Pontp.... 4E 73
Claymore Pl. CF11: Card 3A 102
Claypool Way CF62: St Ath 4G 111
Clayton Cres. CF37: Glync 2C 14
Clayton St. NP19: Newp 3D 36
Clearwater Falls CF23: Cyn.....2B 86
Clearwater Rd.
　NP19: Newp 3B 56
Clearwater Way CF23: Cyn 2B 86
Clearwell Ct. NP10: Bass........6A 34
Cleddau Cl. CF3: St Mel..........6F 75
Cledwen Cl. CF62: Barry........2D 116
Cleeve Dr. CF14: L'shn...........6G 71
Cleeve Grange Cres.
　NP20: Newp 1A 54
Clement Attlee Dr.
　NP19: Newp 3B 38
Clement Pl. CF62: Barry 5E 117
Cleppa Pk. NP10: Coedk........4E 53
Cleppa Pk. Ind. Est.
　NP10: Coedk......................4E 53
Clevedon Av. CF64: Sul 3H 119
Clevedon Ho. NP19: Newp......3G 37
Clevedon Rd. CF3: L'rmy 1H 87
Clevedon Rd. NP19: Newp......4F 37
Cleveland Dr. NP11: Ris..........6G 17
Clewer Ct. NP20: Newp 5H 35
Clewer Ct. M. NP20: Newp 5H 35
Cliff Cl. NP20: Card.................1C 102
Cliff Hill CF64: P'rth................3F 109
Cliff Pde. CF64: P'rth...............3F 109
Cliff Pl. CF5: Card 3D 94
Cliff Rd. CF64: P'rth................3F 109
Cliffside CF64: P'rth................4F 109
Cliff St. CF64: P'rth.................6B 102
Cliff Ter. CF37: T'rest..............1D 24
Cliff Vw. NP16: Sed 3H 63
Cliff Wlk. CF64: P'rth...............6F 109
　..................................(not continuous)
Cliff Wood Vw.
　CF62: Barry 5C 116
Clifton Ho. CF24: Card............2D 96
Clifton Pl. NP20: Newp 5B 36
Clifton Rd. NP20: Newp..........5B 36
Clifton Sq. NP4: Grif...............6E 7
Clifton St.
　CF24: Card 1H 5 (2D 96)
Clifton St. CF62: Barry...........4F 117
Clifton St. CF83: Caer.............1D 46
Clifton St. NP10: Roger...........1H 33
Clinton Rd. CF64: P'rth...........2E 109
Clipper Cl. NP19: Newp 6F 21
Clipper Rd. CF10: Card...........6F 97
Clisson Cl. CF71: Cowb 3A 90
Clist Rd. NP20: Bet.................5E 19
Clist Wlk. NP20: Bet...............5E 19
Clive Ct. CF5: Card................3D 94
Clive Cres. CF64: P'rth............1F 109
Clive Hall Ct. CF5: Card 2D 94
　..................................(off Clive Rd.)
Clive La. CF11: Card 1G 101
Clive La. CF64: P'rth 6H 101
Clive M. CF5: Card 3D 94

Clive Pl. CF24: Card.......1G 5 (2C 96)
Clive Pl. CF62: Barry............5H 117
Clive Pl. CF64: P'rth..............1F 109
Clive Rd. CF5: Card................2D 94
Clive Rd. CF62: Barry 5G 117
Clive Rd. CF62: St Ath...........3D 112
Clive St. CF11: Card................6H 95
Clive St. CF83: Caer...............1C 46
Clodien Av. CF14: Card..........5H 85
Cloister Ct. CF5: Ely..............5A 94
Cloisters, The NP16: Chep.......1D 62
Clomendy Rd. NP44: Cwm'bn
　Commercial St......................3G 11
Clomendy Rd. NP44: Cwm'bn
　Woodland St. 1E 11
Clonakilty Way CF23: Pontp ... 3G 73
Clos Afon Llwyd NP4: P'pool....2C 6
Clos Aled NP26: Cald............4D 60
Clos Aluminium
　NP10: Roger 4B 34
　............(shown as Aluminium Close)
Clos Alwen NP26: Cald...........3D 60
Clos Alyn CF23: Pontp 4F 73
Clos Aneurin CF37: R'fln 5H 25
Clos Arlington Grange
　NP20: Newp 1B 54
　.. (shown as Arlington Grange Close)
Clos Avro CF24: Card.............2H 97
Clos Berriew CF14: Llan N 4D 84
Clos Brenin CF72: Bryns.........6C 64
Clos Briallen CF5: Ely............6G 93
Clos Bron Iestyn
　CF37: P'prdd 6A 14
Clos Brynderi CF14: R'ina.......6E 71
Clos Bryn Melyn CF15: Rad 1F 83
Clos Cadwgan CF38: Bed........6H 41
Clos Cae Nant
　NP44: Cwm'bn....................2G 11
Clos Cae'r Wern CF83: Caer....3A 46
Clos Cae Wal CF15: Tong........4G 69
Clos Caewal CF15: P'rch.........4A 68
Clos Camlas CF37: P'prdd......5D 14
Clos Caradog CF38: Llan F......3D 42
Clos Carnegie NP10: Roger.....4B 34
　............(shown as Carnegie Close)
Clos Carno NP20: Bet.............6H 19
Clos Cas Bach CF3: St Mel......1E 89
Clos Cefn Bychan
　CF15: P'rch.........................4B 68
Clos Cefn Glas
　CF38: Llan F 6B 42
Clos Cefni CF62: Barry...........1E 117
Clos Ceirios CF5: Ely.............4H 93
Clos Celyn CF63: Barry...........4B 106
Clos Cemaes CF14: Llan N 4D 84
Clos Chappell CF3: St Mel......2D 88
Clos Coed Hir CF14: Whit 1B 84
Clos Coed-y-Dafarn
　CF14: L'vne.........................3B 72
Clos Collwyn CF38: Llan F......6B 42
Clos Cope NP10: Roger...........4B 34
　................(shown as Copper Grove)
Clos Cornel CF14: Whit...........3D 84
Clos Corris CF14: Llan N 4D 84
Clos Cradog CF64: P'rth.........4C 108
　..................................(not continuous)
Clos Creyr CF38: Llan F..........2D 42
Clos Cromwell CF14: R'ina......4E 71
Clos Culver CF5: Ely...............6F 93
Clos Cwm Barri
　CF62: Barry 3D 116
Clos Cwm Creunant
　CF23: Pontp.........................4F 73
Clos Cwm Du CF23: Pontp 4F 73
Clos Cwm Garw CF83: Caer....6H 27
Clos Cyncoed CF83: Caer 3H 27
Clos Darren Las CF15: Cre......6E 67

Clos Ddyfan CF3: St Mel......... 5E **75**
Clos Derwen CF23: Pen L....... 5B **86**
Clos Derwen CF64: Din P 3G **107**
Clos Dewi Sant CF11: Card 3G **95**
Clos Dinas Wen CF83: Tret..... 2A **30**
............(shown as White City Close)
Clos Dol Heulog
  CF23: Pontp........................4F **73**
Clos Dwyerw CF83: Caer........ 2A **46**
Clos Dyfnaint CF3: St Mel 1E **89**
Clos Dyfodwg CF38: Llan F..... 6B **42**
Clos Dyfrbont NP18: Caerl...... 3H **21**
............(shown as Aqueduct Close)
Close, The CF14: L'shn 5H **71**
Close, The NP26: Cald 5B **60**
Close, The NP26: Pskwt........5F **61**
Close, The NP44: Oakf......... 5H **11**
Clos Edno CF23: Cyn 4C **86**
Clos Eiddiw CF5: Ely............. 4A **94**
Clos Elphan CF3: St Mel 5E **75**
Clos Enfys CF83: Caer 2A **46**
Clos Ennig NP20: Bet............. 6H **19**
Clos Fach CF14: R'ina........... 5E **71**
Clos Gedrych CF11: Card 4D **94**
Clos Glanaber CF3: St Mel 1E **89**
Clos Glanhowny CF10: Card.... 6C **96**
.... (off Lloyd George Av.)
Clos Glas Llwch
  CF3: St Mel..........................2D **88**
Clos Goch CF15: P'rch 4A **68**
Clos Guto CF83: Caer 5F **29**
Clos Gwasg NP10: Roger........ 5B **34**
............(shown as Cold Bay Close)
Clos Gwastir CF83: Caer 2A **46**
Clos Gwaun Gledyr
  CF83: Caer 6H **27**
Clos Gwenddwr Grange
  NP20: Newp 1B **54**
  (shown as Gwenddwr Grange Close)
Clos Gwent CF38: Bed............6H **41**
Clos Gwernen CF72: L'harry... 5C **78**
Clos Gwernydd CF83: Caer 5H **27**
Clos Gwlad yr Haf
  CF3: St Mel.......................... 1E **89**
Clos Gwy CF23: Pontp 4F **73**
Clos Gwynedd CF38: Bed....... 6H **41**
Clos Gwynle CF83: Caer........ 2H **45**
Clos Gwyn y Mor
  CF3: St Mel..........................1D **88**
Clos Hafodyrynys
  CF3: St Mel.......................... 1D **88**
Clos Hafren CF3: St Mel 1E **89**
Clos Halket CF14: Card 4D **94**
Clos Harry NP4: P'garn........... 1C **6**
Clos Harry Cnr. CF15: Rad.... 3G **83**
Clos Hector CF24: Card 2H **97**
Clos Hendre CF14: R'ina........5F **71**
Clos Hendre Gadno
  CF3: St Mel.......................... 6C **74**
Clos Hereford CF72: L'sant.....2F **65**
Clos Heulwen CF15: Taff W.... 5E **45**
Clos Honddu NP20: Bet.......... 6H **19**
Clos King Pellimore
  NP20: Newp 1A **54**
  .... (shown as King Pellinore Close)
Clos Lady Magaret Hall
  NP20: Newp 2A **54**
  (shown as Lady Margaret Hall Close)
Clos Lancaster
  CF72: L'sant..........................3F **65**
Clos Leland CF72: L'sant........3F **65**
Clos Lindsay CF5: Ely............6F **93**
Clos Llanfair CF5: Wen........... 5E **99**
Clos Llangefni CF38: Bed....... 5H **41**
Clos Llanvair Grange
  NP20: Newp 1B **54**
  .... (shown as Llanvair Grange Close)

Clos Llawhaden
  CF62: Barry 5A **106**
Clos Llewellyn CF15: Cre 1E **81**
Clos Llewellyn
  CF15: Taff W 6E **45**
Clos Llynfi NP26: Cald
  Heol Trothy..........................3D **60**
Clos Llynfi NP26: Cald
  Newport Rd. 6C **60**
Clos Llysfaen CF14: L'vne 2H **71**
Clos Mabon CF14: R'ina........ 5D **70**
Clos Maedref CF15: Rad......... 2H **83**
Clos Maerun CF3: St Mel........ 1D **88**
Clos Maes Brag CF83: Caer ... 6D **28**
Clos Maes Dyfan
  CF63: Barry 6A **106**
Clos Maes Mawr
  CF83: Caer 3B **28**
Clos Maes y Mor
  CF3: St Mel..........................2D **88**
Clos Mair CF23: Pen L........... 4B **86**
Clos Mancheldowne
  CF62: Barry 3G **117**
Clos Manmoel CF3: St Mel 1D **88**
Clos Marion CF10: Card 6F **97**
Clos Marteg NP20: Bet........... 6H **19**
Clos Medwy CF3: St Mel 5E **75**
Clos Meifod CF14: Llan N...... 4D **84**
Clos Melin Ddwr
  CF14: L'vne 3A **72**
Clos Menter CF14: Card 5F **85**
Clos Morgan Gruffydd
  CF83: A'tdwr 2D **26**
Clos Myddlyn CF38: Bed........ 6H **41**
Clos Nant Coslech
  CF23: Pontp.........................4E **73**
Clos Nanteos CF23: Pontp...... 5H **73**
Clos Nant Glaswg
  CF23: Pontp.........................4E **73**
Clos Nant Mwlan
  CF23: Pontp.........................3F **73**
Clos Nant y Cor
  CF23: Pontp.........................4F **73**
Clos Nant y Cwm
  CF23: Pontp.........................4F **73**
Clos Nant yr Aber
  CF83: Caer 5B **28**
Clos Newydd CF14: Whit...... 3B **84**
Clos Oestrwydd
  CF72: Tallb G.......................3C **64**
Clos Ogney CF61: Llan M 2B **110**
Clos Onnen CF62: Barry........ 5G **117**
Clos Padrig CF3: St Mel......... 5E **75**
Clos Pandy CF83: Bed'ws......3F **29**
Clos Pantglas CF83: Tret....... 3H **29**
Clos Pantycosyn
  CF3: St Mel.......................... 1D **88**
Clos Parc Morgannwg
  CF11: Card 6F **95**
Clos Parc Radur CF15: Rad....3F **83**
Clos Peiriant CF63: Barry 3H **117**
Clos Pen y Clawdd
  CF3: St Mel.......................... 1D **88**
Clos Pinwydden
  CF72: L'harry.......................5C **78**
Clos Pupren CF72: L'harry..... 5C **78**
Clos Powys CF38: Bed........... 5H **41**
Clos Rhedyn CF5: Ely............ 4A **94**
Clos Rheidol NP26: Cald.........3D **60**
Clos Rhiannon
  CF14: Thorn.........................3F **71**
Clos Rhos Hir CF83: Caer.....5D **28**
............(shown as Long Heath Close)
Clos Rhosyn CF72: L'harry 5C **78**
Clos Rhys Meurug
  CF5: Cap L..........................2F **81**

Clos Rhys Meurug
  CF5: Cre 2F **81**
Clos Saber NP10: Duff............5F **53**
............................(shown as Sabre Close)
Clos St Catwg CF5: St F........ 2C **82**
Clos Springfield
  CF72: Tallb G.......................3D **64**
Clos Synod CF14: Llan N....... 4D **84**
Clos Taf CF5: L'dff 5B **84**
Clos Tamar Valley
  NP20: Newp 1B **54**
  .... (shown as Clos Tamar Valley)
Clos Tan y Ffarm CF5: Ely 6E **93**
Clos Tawe CF62: Barry 1E **117**
Clos Tear CF62: Barry 4G **117**
Clos Tecwyn CF23: Pen L....... 4B **86**
Clos Thomas CF3: Old M....... 3A **74**
Clos Tir Maes CF83: Caer....... 5E **29**
........(shown as Meadowland Close)
Clos Ton Mawr CF14: R'ina.... 4E **71**
Clos Trefeddyg CF83: Mac 3F **31**
Clos Tregare CF3: St Mel........ 1D **88**
Clos Trem y Gerddi
  NP11: P'waun........................ 1A **16**
  ....(shown as Garden View Close)
Clos Treoda CF14: Whit..........2D **84**
Clos ty Bronna CF5: F'wtr 2G **93**
Clos Tyclyd CF14: Whit.......... 3A **84**
Clos Tyla Bach CF3: St Mel ... 6E **75**
Clos Tylaway CF15: Rad......... 2H **83**
Clos ty-Melin CF37: R'fln 3F **25**
Clos Tyniad Glo
  CF63: Barry 3H **117**
Clos Tyrywen CF83: Bed'ws... 3E **29**
Clos Waun Fach CF83: Caer...1H **45**
............................(off Heol Tyddyn)
Clos William CF14: R'ina........ 4E **71**
Clos William Price
  CF37: Glynt..........................1F **25**
Clos y Berllan CF3: St Mel..... 1E **89**
Clos-y-Betws CF3: St Mel 1D **88**
Clos-y-Blaidd CF14: Thorn......2F **71**
Clos-y-Broch CF14: Thorn..... 2G **71**
Clos y Cadno CF64: P'rth...... 3B **108**
Clos-y-Carlwm CF14: Thorn....2F **71**
Clos-y-Carw CF38: Llan F 5B **42**
Clos-y-Cedr CF83: Caer......... 3C **28**
Clos-y-Ceinach CF14: Thorn . 2G **71**
Clos y Coed CF38: Chu V....... 3E **43**
Clos y Culfor CF3: St Mel 1D **88**
Clos y Cwarra CF5: Ely.......... 4C **92**
Clos y Dolydd CF38: Bed........ 6A **42**
Clos-y-Draenog CF14: Thorn..2G **71**
Clos y Dryw CF14: Thorn........ 2G **71**
Clos-y-Dyfrgi CF14: Thorn......2F **71**
Clos y Faenor CF5: L'dff........ 5G **83**
Clos-y-Felin NP4: New I.......... 1G **9**
Clos y Ffynnon CF23: Pent 4F **73**
Clos y Fran CF14: Thorn 1G **71**
Clos y Fulfran CF62: Barry ... 6H **117**
Clos y Gamlas CF14: Whit 1A **84**
Clos y Gedlyn CF23: Pent 6F **73**
Clos-y-Gof CF5: Ely............... 4D **92**
Clos y Graig CF14: R'ina........ 4D **70**
Clos y Gwadd CF14: Thorn......2F **71**
Clos y Gwalch CF14: Thorn 1G **71**
Clos y Gwyddfid
  CF15: Morg..........................5E **69**
Clos y Hebog CF14: Thorn...... 1G **71**
Clos y Mynydd CF15: Morg.... 6E **69**
Clos y Nant CF64: Din P 1A **108**
Clos y-Nant CF5: F'wtr.......... 1H **93**
Clos Ynysddu CF72: P'clun ... 5C **64**
Clos-y-Pant CF83: Caer......... 3A **46**
Clos yr Aer CF14: R'ina 5E **71**
Clos yr Alarch CF14: Thorn.... 1G **71**
Clos yr Arad CF83: Caer........ 2H **45**

Clos yr Ardd CF14: R'ina........ 6D **70**
Clos-yr-Bryn CF14: R'ina........ 4C **70**
Clos yr Eos CF14: Thorn......... 1G **71**
Clos yr Erw CF64: P'rth 4C **108**
Clos yr Erw CF83: Caer 5D **28**
.... (shown as Acre Close)
Clos yr Gornant CF3: St Mel... 1E **89**
Clos yr Hafod CF14: R'ina 5E **71**
Clos yr Harbwr CF62: Barry...5F **117**
Clos y Rheillffordd
  CF62: Barry 4G **117**
Clos y Rhiw CF5: Ely 6F **93**
Clos yr Onnen CF3: St Mel 1E **89**
Clos yr Onnen CF5: Cap L 3F **81**
Clos yr Onnen CF5: Cre 3F **81**
Clos-yr-Onnen
  CF61: Llan M 4C **110**
Clos yr Wenallt CF14: R'ina.... 4C **70**
Clos yr Wylan CF62: Barry.....5H **117**
Clos Ysbyty CF83: Caer.......... 2B **46**
Clos Ysgallen CF15: Morg...... 5E **69**
Clos Ystum Taf CF14: Whit 3A **84**
Clos Ystwyth NP26: Cald........3D **60**
Clos y Twmp NP11: P'waun.... 1A **16**
............................(off Silver St.)
Clos y Wern CF14: R'ina........ 5E **71**
Clos-y-Wiwer CF14: Thorn 2G **71**
Clos-y-Wiwer
  CF61: Llan M 2C **110**
Clovelly Cres. CF3: L'rmy 2G **87**
Clover Ct. NP44: Ty Ca 4B **10**
Clover Gro. CF5: F'wtr 6G **83**
Club 3000 Bingo Cardiff 5E **85**
Club Rd. NP4: P'pool.............. 3A **6**
Club Av. CF72: P'clun............ 5D **64**
Clun Cres. CF72: P'clun 5D **64**
Clun Ter. CF24: Card 5A **86**
Clwyd CF64: P'rth 6C **102**
Clwyd Way CF62: St Ath........ 2D **112**
Clydach Cl. CF37: Glync 2D **14**
Clydach Cl. NP20: Bet........... 6G **19**
Clydach Ct. CF37: Glync 1D **14**
Clydach St. CF11: Card........... 6H **95**
Clydesmuir Ind. Est.
  CF24: Card 1F **97**
Clydesmuir Rd. CF24: Card 2F **97**
Clyde St. CF24: Card......4H **5 (4C 96)**
Clyde St. NP11: Ris................ 6E **17**
Clyffard Cres. NP20: Newp 5A **36**
Clyffes NP44: G'mdw............. 2D **10**
Clyro Pl. CF14: Llan N........... 4C **84**
Clytha Cres. NP20: Newp 6C **36**
CLYTHA PARK 5A **36**
Clytha Pk. Rd. NP20: Newp ... 4A **36**
Clytha Sq. NP20: Newp......... 6C **36**
Coal Pit La. CF3: Cast........... 6E **51**
Coal Pit La. CF3: Mic F......... 6E **51**
Coal Pit La. CF3: Old M 6E **51**
Coates Pl. CF3: L'rmy 6B **73**
Coates Rd. CF64: P'rth 4D **108**
Cobb Cres. NP26: Cald 6C **60**
Cobden Pl. NP11: Cross K...... 3A **16**
Cobden St. NP11: Cross K 3A **16**
Cobol Rd. CF3: St Mel............5F **75**
Coburn St. CF24: Card............ 1B **96**
Cocker Av. NP44: Cwm'bn......4F **11**
Coc-y-North La.
  NP10: R'drn.........................2H **51**
Coed Arhyd CF5: Ely............. 5C **92**
Coed Arian CF14: Whit 4D **84**
Coed Bach CF62: Barry.......... 6E **105**
Coed Briwnant CF14: R'ina 4E **71**
Coed Cae CF83: Caer............. 5E **29**
Coed Cae La. CF72: P'clun.... 5B **64**
Coedcae La. CF72: Tyle......... 5B **64**

Coedcae La. Ind. Est.
CF72: P'clun 4B **64**
Coedcae Pl. NP4: P'pool 3B **6**
Coedcae Rd. CF83: A'tdwr...... 2E **27**
Coedcae St. CF11: Card............ 6H **95**
Coedcae Ter. NP4: P'pool......... 3B **6**
Coed Camlas NP4: New I.........4F **7**
Coed Ceirios CF14: R'ina........ 6D **70**
COEDCERNYW 4F **53**
Coed Cochwyn Av.
CF14: L'shn.......................... 4G **71**
Coed Ct. CF37: T'rest.............. 1A **44**
Coed Criafol CF63: Barry 4B **106**
Coed Edeyrn CF23: L'dyrn...... 3D **86**
COED-ELAI................................. 3A **40**
COEDELY 5D **10**
Coed Eva Mill NP44: Coed E.... 5E **11**
Coed Garw NP44: Croes 5G **9**
Coed Gethin CF83: Caer 3B **28**
Coed Glas NP44: Two L 4F **11**
Coed Glas Rd. CF14: L'shn 5F **71**
Coed Isaf Rd. CF37: P'prdd 1A **24**
COEDKERNEW 4F **53**
Coedlan Syr Briggs
NP10: Duff.........................5F **53**
.... (shown as Sir Briggs Avenue)
Coedlan y Trenshys
CF5: St F 3D **82**
Coed Leddyn CF83: Caer...... 3B **28**
Coed Lee NP44: Coed E 4E **11**
Coed Llwynrhyddid Nature
Reserve 6D **78**
Coed Main CF83: Caer.......... 5F **29**
Coed Mawr CF62: Barry 6E **105**
Coed Mieri CF72: Tyle 5C **64**
COED-PEN-MAEN 5C **14**
Coedpenmaen Cl.
CF37: P'prdd 6D **14**
Coedpenmaen Rd.
CF37: P'prdd 5D **14**
Coed Pwll CF83: Caer............ 5E **29**
Coedriglan Dr. CF5: Ely.......... 5C **92**
Coed Trecastle CF72: Tyle 5B **64**
Coed-y-Brain Ct.
CF83: L'brad........................ 1B **28**
Coed-y-Brain Rd.
CF83: L'brad........................ 1B **28**
Coed y Broch CF38: Chu V 3E **43**
Coed-y-Dyffryn CF38: Chu V.. 3E **43**
Coed-y-Felin CF62: Barry 2E **117**
Coed-y-Felin NP4: New I 1G **9**
Coed-y-Gores CF23: L'dyrn ... 1E **87**
.... (not continuous)
Coed y Gric Rd. NP4: Grif 5E **7**
Coed-y-Lan Rd.
CF37: Glync 2D **14**
Coed-y-Llinos CF83: Caer..... 6A **28**
Coed-y-Llyn CF15: Rad 1E **83**
Coed-y-Llyn CF23: Cyn.......... 3B **86**
Coed y Pandy CF83: Bed'ws...3F **29**
Coed-y-Pica CF83: A'tdwr...... 3E **27**
Coed-yr-Eos CF83: Caer 6A **28**
Coed yr Esgob CF72: L'sant ... 1E **65**
Coed-yr-Odyn CF62: Barry 4D **116**
Coed yr Ynn CF14: R'ina........ 5E **71**

Coed y Wenallt CF14: R'ina.... 4D **70**
Coed-y-Wennol CF83: Caer..... 1A **46**
COGAN 6H **101**
Cogan Ct. CF64: L'dgh........ 5G **101**
Cogan Hill CF64: P'rth 5G **101**
Cogan Ho. CF11: Card 5H **101**
Cogan Pill Rd. CF64: L'dgh....4F **101**
.... (not continuous)
Cogan Spur CF11: Card...... 5G **101**
Cogan Station (Rail) 5G **101**
Cogan Ter. CF24: Card 2A **96**
Coggins Cl. CF83: Caer........... 2H **45**
Coigne Ter. CF63: Barry 2B **118**
Coity Cl. CF3: St Mel............ 6E **75**
Colborne Wlk. CF11: Card......4F **95**
Colbourne Rd. CF38: Bed 5A **42**
Colchester Av. CF23: Pen L..... 6D **86**
Colchester Av. Ind. Est.
CF23: Pen L 6E **87**
Colchester Ct. CF23: Pen L ... 6D **86**
COLCOT.....................................5F **105**
Colcot Rd. CF62: Barry 5F **105**
Colcot Sports Cen. 6F **105**
Cold Bath Rd. NP18: Caerl..... 5H **21**
Cold Bay Cl. NP10: Roger 5B **34**
Coldbrook Cl. CF63: Barry 5C **106**
Coldbrook Rd. E.
CF63: Barry 6C **106**
Coldbrook Rd. W.
CF63: Barry 6B **106**
Cold Knap Roman Bldg.
CF62: Barry 5D **116**
.... (off Knap Car Ter.)
Cold Knap Way
CF62: Barry 5E **117**
.... (not continuous)
Cold Mill Rd. NP19: Newp 1C **56**
COLDRA 2D **38**
Coldra, The NP18: Newp........ 2C **38**
Coldra Rd. NP20: Newp........ 6A **36**
Coldra Woods NP18: Newp 1D **38**
Coldra Woods Dr.
NP18: Newp 1C **38**
Coldstores Rd. CF10: Card.... 2E **103**
Coldstream Cl. NP44: Croes..... 6G **9**
Coldstream Ter.
CF11: Card 4A **4** (4H **95**)
Cole Ct. CF83: Caer................5F **29**
Coleford Dr. CF3: St Mel......... 1D **88**
Coleford Path NP44: St Di 2E **11**
Coleridge Av. CF64: P'rth...... 1D **108**
Coleridge Cres.
CF62: Barry 5G **105**
Coleridge Gdns. CF83: Mac..... 3C **30**
Coleridge Grn. NP44: St Di 3E **11**
Coleridge Rd. CF11: Card 2F **101**
Coleridge Rd. NP19: Newp..... 4G **37**
Colhugh Cl. CF61: Llan M...... 3B **110**
Colhugh Pk. CF61: Llan M..... 4B **110**
Colhugh St. CF61: Llan M...... 3B **110**
Collard Cres. CF62: Barry...... 6H **105**
College Cl. CF14: Whit........... 3D **84**
College Cl. CF37: R'fln...........4F **25**
.... (off Chapel St.)
College Cres. NP18: Caerl 5H **21**
College Flds. Cl.
CF62: Barry 2G **117**
College Gdns.
CF61: Llan M 3B **110**
College Glade NP18: Caerl...... 3G **21**
College Pl. CF62: Barry.......... 3G **117**
College Rd.
CF10: Card 1B **4** (2H **95**)
College Rd. CF14: Llan N....... 5C **84**
College Rd. CF14: Whit.......... 3D **84**

College Rd. CF14: Whit........... 5C **84**
College Rd. CF62: Barry........2F **117**
.... (not continuous)
College Rd. NP18: Caerl 4H **21**
College Rd. NP4: P'garn 2C **6**
College St. CF61: Llan M 3B **110**
College Ter. CF61: Llan M..... 3B **110**
College Way CF37: R'fln 4F **25**
Collier St. NP19: Newp 3D **36**
Colliery Rd. CF83: Bed'ws 2G **29**
Colliery Rd. CF83: Tret 2G **29**
Collingwood Av.
NP19: Newp 5G **37**
Collingwood Cl. NP16: Bul 5G **63**
Collingwood Cl.
NP19: Newp 5G **37**
Collingwood Cres.
NP19: Newp 5G **37**
Collingwood Rd.
NP19: Newp 5G **37**
Collins Cl. NP20: Newp......... 1G **53**
Collins Ter. CF37: T'rest......... 3E **25**
Collivaud Pl. CF24: Card........ 5D **96**
Collwyn St. CF39: Coed 3A **40**
Colne St. NP19: Newp 4D **36**
Colston Av. NP19: Newp........6F **37**
Colston Cl. NP19: Newp 6G **37**
Colston Pl. NP19: Newp 6G **37**
Colts Foot Cl. NP20: Newp 4A **36**
Columbus Cl. CF62: Barry 5A **106**
Columbus Ho. NP18: Langs..... 1E **39**
Columbus Wlk.
CF10: Card 6F **5** (5B **96**)
Colum Dr. CF10: Card 1H **95**
Colum Hall CF10: Card 1H **95**
Column St. CF64: Sul 1E **119**
Colum Pl. CF10: Card 1H **95**
Colum Rd. CF10: Card 1H **95**
Colum Ter. CF10: Card......... 2H **95**
Colverson Ct.
CF24: Card 1G **5** (2C **96**)
.... (off Cowper Pl.)
Colwill Rd. CF14: Llan N........ 5D **84**
Colwinstone Cl.
CF14: Llan N....................... 4C **84**
Colwinstone St.
CF14: Llan N....................... 4C **84**
Colwyn Rd. CF3: Rum............ 3H **87**
Comet St. CF24: Card ...3H **5** (3C **96**)
Comfrey Cl. CF3: St Mel 5E **75**
Comfrey Cl. NP20: Newp 3A **36**
Commercial La. NP11: Ris....... 6E **17**
Commercial Rd. CF83: Mac
Dranllwyn La. 2F **31**
Commercial Rd. CF83: Mac
Royal Oak 3H **31**
Commercial Rd.
CF63: Barry 1A **118**
Commercial Rd.
NP20: Newp 6C **36**
Commercial St. CF38: Bed 4A **42**
Commercial St.
CF61: Llan M 3B **110**
Commercial St. CF72: L'sant...2F **65**
Commercial St. NP11: Ris...... 6D **16**
Commercial St.
NP20: Newp 4C **36**
.... (not continuous)
Commercial St. NP4: Grif 6E **7**
Commercial St. NP4: P'pool ... 2C **6**
Commercial St.
NP44: Cwm'bn 3G **11**
Commercial St. NP44: Pnwd ... 6E **9**
Commercial Wharf
NP20: Newp 1E **55**
Commodore La. NP44: L'rfn..... 3B **12**

Common, The CF14: Whit....... 3D **84**
COMMON, THE 6E **15**
Common, The CF64: Din P.....3F **107**
Common App. CF38: Bed 5A **42**
Common Rd. CF37: P'prdd 6D **14**
.... (not continuous)
COMMON-Y-COED 1E **59**
Compass Bus. Pk.
CF24: Card 4F **97**
Compass Rd. CF10: Card...... 2D **102**
Compton Cl. NP10: Roger 3D **34**
Compton St. CF11: Card 5G **95**
Congress Theatre
Cwmbran 2G **11**
Conifer Cl. NP18: Caerl 5E **21**
Conifer Ct. CF5: F'wtr 1F **93**
Coniston Cl. NP19: Newp 1E **37**
Connaught Rd. CF24: Card..... 1C **96**
Constable Dr. NP19: Newp 1E **37**
Constables Cl. NP20: Newp.... 1D **54**
Constance St. NP19: Newp 2D **36**
Constant Cl. CF11: Card 3A **102**
Constant Row NP11: Ris 5E **17**
Constellation St.
CF24: Card 3H **5** (3C **96**)
Constitution Hill
CF71: Cowb 4C **90**
Conway Cl. CF37: Glync 2C **14**
Conway Cl. CF64: Din P........ 2A **108**
Conway Cl. NP44: Cwm'bn..... 1G **11**
Conway Ct. CF83: Caer......... 5H **27**
Conway Ct. NP19: Newp 5G **37**
Conway Cres. CF38: Tont........1F **43**
Conway Cft. NP19: Newp 5G **37**
Conway Dr. CF62: Barry........ 1E **117**
Conway Gro. NP10: Duff........6F **53**
Conway M. CF11: Card 2E **95**
Conway Rd. CF11: Card......... 2E **95**
Conway Rd. NP19: Newp........4F **37**
Conway Rd. NP4: P'pool 2B **6**
Conway Sac NP19: Newp...... 5G **37**
Conway Ter. NP44: Croes 6F **9**
Conybeare Rd. CF5: Card 2D **94**
Conybeare Rd. CF64: Sul 1H **119**
Cook Ct. CF24: Card 5F **97**
Cook Rd. CF62: Barry 4A **106**
Coolgreany Cl. NP20: Malp..... 6A **20**
Coolgreany Cres.
NP20: Malp......................... 6A **20**
Coomassie St. NP20: Newp.... 2D **54**
Coopers Ct.
CF10: Card 5D **4** (4A **96**)
.... (off Caroline St.)
Coopers La. CF71: Cowb 3C **90**
Coopers Pl. CF83: Caer.......... 2H **45**
Coopers Way CF72: Cross I..... 2H **65**
Coopers Yd. CF10: Card 5A **96**
Copleston Rd. CF14: Llan N.... 5C **84**
Copper Beech Cl.
NP18: Caerl 5E **21**
Copper Dome M.
NP19: Newp 4C **36**
Copperfield Ct.
CF62: Barry 2G **117**
Copperfield Dr. CF14: Thorn... 3H **71**
Copper Gro. NP10: Roger....... 4B **34**
Copper St. CF24: Card 3D **96**
Coppice, The CF38: Tont 1G **43**
Coppice, The CF72: Mis.........5F **65**
Coppice Rd. CF23: Pontp....... 3H **73**
Coppins, The CF14: L'vne...... 2B **72**
Coppins, The NP20: Malp 4B **20**
Copse Wlk. CF23: Pontp 3G **73**
Copthorne Way CF5: Cul C..... 1C **98**
Cora St. CF63: Barry 2A **118**
Corbett Cres. CF83: Caer....... 2D **46**
Corbett Gro. CF83: Caer 2A **46**

Corbett Rd.
CF10: Card 1B **4** (2H **95**)
Corbett Rd. CF64: P'rth..........5F **101**
Corbetts La. CF83: Caer 3C **28**
Corelli St. NP19: Newp 3D **36**
Coriander Cl. NP20: Newp....3A **36**
Corinthian Cl. CF64: L'dgh 4F **101**
Cork Dr. CF23: Pontp 3G **73**
Cormorant Cl. CF3: St Mel.....5D **74**
Cormorant Way NP10: Duff....5H **53**
Cornbrook Rd. NP20: Bet.......4F **19**
Cornelly Cl. CF14: Llan N......4C **84**
Cornelly St. CF14: Llan N 4C **84**
Corner Ho. CF24: Card..........1A **96**
Cornerswell La.
CF64: P'rth 2D **108**
Cornerswell Pl.
CF64: P'rth 1C **108**
Cornerswell Rd.
CF64: P'rth 2D **108**
Cornfield Cl. CF14: L'shn.........4F **71**
Cornfield Ri. CF83: Bed'ws.....3F **29**
Cornflower Cl. CF14: L'vne......1A **72**
Cornflower Cl. NP10: Roger.....3A **34**
Corn Glas CF83: Barry 5C **106**
Cornish Cl. CF11: Card 1A **102**
Corn Stairs Hill
CF37: P'prdd 6D **14**
Corn St. NP20: Newp 4C **36**
Cornwall Ri. CF62: Barry 6H **105**
Cornwall Rd. CF62: Barry 1H **117**
Cornwall Rd. NP19: Newp 3E **37**
Cornwall St. CF11: Card 6G **95**
Cornwood Cl. CF5: F'wtr 6F **83**
Coronation Pl.
NP11: P'waun 1A **16**
Coronation Rd. CF14: Heath....3F **85**
Coronation St. CF63: Barry ..3A **118**
Coronation St. CF83: Tret 3A **30**
Coronation St. NP11: Ris 6E **17**
Coronation Ter.
CF37: P'prdd 4E **15**
Coronation Ter.
CF64: P'rth 6A **102**
Coronation Ter. NP4: P'nydd 1A **6**
.............................(off Hanbury Rd.)
Corpa Ho. NP19: Newp........6F **37**
Corporation Rd. CF11: Card ..6H **95**
Corporation Rd.
NP19: Newp 4D **36**
Corris NP44: Croes 5F **9**
Corsham Rd. CF23: Cyn 4C **86**
Corvette Ct. CF10: Card.........6C **96**
Corwen Cres. CF14: Llan N 4C **84**
Cory Pk. NP44: L'tnam 1B **20**
Cory Pl. CF11: Card 3A **102**
CORYTON 6B **70**
Coryton Cl. CF14: Whit 6B **70**
Coryton Cres. CF14: Whit 6A **70**
Coryton Dr. CF14: Whit 6A **70**
CORYTON INTERCHANGE 5A **70**
Coryton Ri. CF14: Whit 6A **70**
Coryton Station (Rail) 1B **84**
Cory Way CF63: Barry.........3A **118**
Cosheston Rd. CF5: F'wtr......5H **83**
COSMESTON 5E **109**
Cosmeston Dr. CF64: P'rth ..6E **109**
Cosmeston Lakes Country
Pk. 5C **108**
Cosmeston Lakes Country
Pk. Vis. Cen. 6D **108**
Cosmeston Medieval
Village 6D **108**
Cosmeston St. CF24: Card 6H **85**
Cosslett Pl. CF11: Card.........1A **102**
Cot Farm Circ.
NP19: Newp 3D **38**

Cot Farm Cl. NP19: Newp 3D **38**
Cot Farm Gdns.
NP19: Newp 3D **38**
Cot Farm Wlk. NP19: Newp....3D **38**
Cot Hill NP18: L'wrn 3E **39**
Cotman Cl. NP19: Newp 2G **37**
Cotswold Av. CF14: L'vne......2B **72**
Cotswold Cl. NP19: Newp.......3A **38**
Cotswold Ri. CF63: Barry 1B **118**
Cotswold Way NP11: Ris.......6G **17**
Cotswold Way NP19: Newp....3A **38**
Cottage Cl. CF14: Thorn 3H **71**
Cottage Row CF5: Twyn.........3D **98**
Cottesmore Way
CF72: Cross I 3G **65**
Cottingham Dr. CF23: Pontp...4G **73**
Cottrell Rd. CF14: Whit..........3D **84**
Cottrell Rd. CF24: Card...........1C **96**
Cottrell Sq. CF63: Barry.......6A **106**
Coulson Cl. NP20: Newp.........6C **36**
Countess Pl. CF64: P'rth 2D **108**
Countisbury Av. CF3: L'rmy.....1A **88**
Country Vw. CF37: R'fln 5A **26**
County Court Pontypridd........1B **24**
COUNTY HOSPITAL 5E **7**
Court, The CF14: L'vne 1B **72**
Court, The CF24: Card 1D **96**
Court Cl. CF14: Whit 4E **85**
Court Cl. CF61: Llan M.........2B **110**
Court Cl. CF71: A'thin 2G **91**
Court Cres. NP10: Bass 1D **52**
Courtenay Cl. CF3: Old M 6B **74**
Courtenay Rd. CF24: Card......3E **97**
Courtenay Rd. CF63: Barry ...1B **118**
Court Farm Cl.
NP44: L'tnam 5A **12**
Court Farm Rd.
NP44: L'tnam 5A **12**
Courtfield Cl. NP10: Roger......3A **34**
Court Gdns. NP10: Roger........3A **34**
Court Ho. NP26: Cald.............5D **60**
Court Ho. Cl. NP26: Cald.........5D **60**
Court Ho. St. CF37: P'prdd.......1C **24**
Courtis Rd. CF5: Ely..............4F **93**
Courtlands CF62: Barry 4E **117**
Courtlands CF64: Sul............3E **119**
Courtlands, The
NP44: G'mdw 2D **10**
Court Mdw. NP18: Langs........1G **39**
Court Newton CF63: Barry.....1A **118**
Courtney St. NP19: Newp......3D **36**
Court Rd. CF11: Card....6A **4** (5G **95**)
Court Rd. CF14: Whit 4E **85**
Court Rd. CF63: Barry 1B **118**
Court Rd. CF83: Caer..............4B **28**
................................(not continuous)
Court Rd. NP44: Cwm'bn.......4H **11**
Court Rd. NP44: Oakf............4H **11**
Court Rd. Ind. Est.
NP44: Cwm'bn 4H **11**
Court Vw. NP18: Langs 1G **39**
Courtyard, The
NP10: Coedk 5F **53**
Courtyard, The
NP20: Newp 1C **54**
Courtybella Gdns.
NP20: Newp 1B **54**
Courtybella Ter.
NP20: Newp 1C **54**
Covejack Rd. NP19: Newp....5D **36**
Coveny St. CF24: Card...........3E **97**
Coverack Rd. NP19: Newp 5E **37**
Covert Wlk. NP44: F'wtr 4D **10**
COWBRIDGE 3D **90**
Cowbridge By-Pass
CF71: Cowb 2A **90**

Cowbridge Leisure Cen. 3C **90**
Cowbridge Physic Gdn. 3C **90**
Cowbridge Rd.
CF61: Llan M.....................1B **110**
Cowbridge Rd.
CF62: St Ath 2C **112**
Cowbridge Rd.
CF72: Tallb G 4D **64**
...........................(not continuous)
Cowbridge Rd. E.
CF10: Card 4B **4** (4H **95**)
Cowbridge Rd. E.
CF11: Card 4G **95**
Cowbridge Rd. E. CF5: Card...3B **94**
Cowbridge Rd. W.
CF5: Cul C 6E **93**
Cowbridge Rd. W. CF5: Ely.....6E **93**
Cowbridge St. CF63: Barry...6B **106**
Cowbridge St. NP10: Duff 5F **53**
Cowleaze NP26: Magor 4D **58**
Cowper Cl. CF64: P'rth 1D **108**
Cowper Cl. NP20: Newp 1G **53**
Cowper Ct.
CF24: Card 1G **5** (2C **96**)
...........................(off Cowper Pl.)
Cowper Pl.
CF24: Card 1G **5** (2C **96**)
Cowrt Careg Caerfaddon
NP19: Newp 4C **36**
...........(shown as Bathstone Mews)
Cowrt Cromen Gopr
NP19: Newp 4C **36**
......(shown as Copper Dome Mews)
Cowrt Diocletian
NP19: Newp 4C **36**
.................(shown as Diocletian Mews)
Cowrt Dorig NP19: Newp........4C **36**
..................(shown as Doric Mews)
Cowrt Edwardaidd
NP19: Newp 4C **36**
...........(shown as Edwardian Mews)
Cowshed La. NP10: Bass........1C **52**
Cowslip Cl. CF23: Pontp 4G **73**
Cowslip Dr. CF14: P'rth 6G **101**
Coychurch Ri. CF63: Barry ...5A **106**
Craddock St. CF11: Card 4G **95**
Cradoc Rd. CF14: Whit 3E **85**
Cragside Cl. CF3: St Mel........1D **88**
Craig Castell CF15: Rad 1F **83**
Craig-Ceiliog La.
NP10: Roger 5C **18**
Craig-Ceiliog La.
NP20: H'lys 5C **18**
Craig-Ceiliog La.
NP20: Roger 5C **18**
Craig-Ceiliog La.
NP44: H'lys 3C **18**
Craig Hir CF15: Rad...............6F **69**
Craiglee Dr.
CF10: Card 6F **5** (5B **96**)
CRAIGYFEDW 2F **27**
Craig yr Afon NP16: Chep 3E **63**
Craig-yr-Allt CF14: R'ina 4D **70**
Craig yr Haul Ct. CF3: Cast ...2G **75**
Craig-yr-Haul Dr. CF3: Cast ...2G **75**
Craig-yr-Haul La. CF3: Cast ...2G **75**
Cranbourne Way
CF23: Pontp 4E **73**
Cranbrook St.
CF24: Card 1E **5** (2B **96**)
Crane St. NP4: P'pool 3C **6**
Cranleigh Ri. CF3: Rum 3G **87**
Cranmer Ct. CF5: L'dff............1C **94**
Cranwell Cl. CF11: Card 5A **84**
Craven Wlk. CF64: P'rth 5E **109**
Crawford Cl. CF38: Bed 5B **42**

Crawford Dr. CF23: Pontp......4G **73**
Crawford St. NP19: Newp 3D **36**
Crawford Trad. Est.
NP19: Newp 2D **36**
Crawley Cl. CF14: Thorn.........2G **71**
Crawshay Ct.
CF61: Llan M.....................2D **110**
Crawshay Dr. CF61: Bov........3C **110**
Crawshay Ho. CF72: Hens......5F **79**
Crawshay St. CF10: Card 5A **96**
Crediton Rd. CF3: L'rmy 1A **88**
CREIGIAU 6E **67**
Creigiau Golf Course................5D **66**
Crescent, The CF11: Card.......2E **95**
Crescent, The CF5: F'wtr 2H **93**
Crescent, The CF5: L'dff..........1D **94**
Crescent, The CF62: Barry....2D **116**
Crescent, The
CF83: Bed'ws 3G **29**
Crescent, The CF83: Caer........6A **28**
Crescent, The CF83: Mac 3F **31**
Crescent, The
NP44: Cwm'bn 4F **11**
Crescent Cl. CF71: Cowb........5D **90**
Crescent Ct. NP19: Newp 3F **37**
Crescent Rd. CF83: Caer 6C **28**
Crescent Rd. NP11: Ris 4C **16**
Crescent Rd. NP19: Newp.......3F **37**
Cressfield Dr. CF23: Pontp......4H **73**
Cresswell Cl. CF3: St Mel........5E **75**
Cresswell Ct. CF62: Barry......5H **105**
Cresswell Wlk. NP44: St Di 2E **11**
Cressy Rd. CF23: Pen L..........6C **86**
Cresta Gro. CF5: Ely 4D **92**
Crib y Lan CF15: Gwae G......3C **44**
Crib y Sianel CF62: Rho 6F **115**
Criccieth Cl. NP10: Duff.........6G **53**
Criccieth Ct. CF64: Din P 1B **108**
Criccieth Rd. CF3: Rum 3A **88**
CRICK 1E **61**
Crickhowell Rd.
CF3: St Mel.........................6D **74**
Crickhowell Wlk.
CF3: St Mel.........................6D **74**
Crick Rd. NP26: Crick 1E **61**
Crick Rd. NP26: Pskwt..........1E **61**
Crick Rd. NP26: Pskwt..........5G **61**
CRINDAU 1B **36**
Crindau Rd. NP20: Newp.......1B **36**
Crockett's Pl. CF37: P'prdd 5A **14**
Crockherbtown La.
CF10: Card 3D **4** (3A **96**)
Crocus Cl. NP10: Roger 3A **34**
Croescadarn Cl. CF23: Pent....4G **73**
Croescadarn Rd. CF23: Pent....4F **73**
Croescadarn Rd.
CF23: Pontp 3F **73**
...........................(not continuous)
Croescade La. CF38: Llan F....3C **42**
Croescade Rd. CF38: Llan F ...4B **42**
Croesllanfro Gdns.
NP10: Roger 2C **34**
Croeswen NP44: Oakf...........5H **11**
CROESYCEILIOG 1A **12**
Croesyceiliog By-Pass
NP44: Croes 5H **9**
CROES-Y-MWYALCH 2A **20**
Croffta CF64: Din P 3G **107**
Croffta La. CF72: Gro-f 1A **80**
Crofft-y-Genau Rd.
CF15: St F 3C **82**
Crofta CF14: L'vne 4B **72**
Croft Gdns. CF64: Sul 2G **119**
Croft John CF62: P'ark 1D **114**
Crofton Mede NP44: F'wtr......4D **10**
Crofts Cnr. NP44: G'mdw........2D **10**

Croft St. CF24: Card......1G **5** (2C **96**)
Croft St. CF71: Cowb 4D **90**
Croft Ter. CF71: Cowb 4D **90**
Cromwell Pl. NP44: Cwm'bn 6E **9**
Cromwell Rd. CF14: Heath 3F **85**
Cromwell Rd. NP11: Ris 3B **16**
Cromwell Rd. NP16: Bul........ 5E **63**
Cromwell Rd. NP19: Newp 5F **37**
Cromwell Rd. Bungs.
  NP11: Ris 3B **16**
Cross, The NP26: Cald............. 5D **60**
Crossbrook St.
  CF37: P'prdd 6C **14**
Cross Comn. Rd.
  CF64: Din P 3H **107**
Cross Comn. Rd.
  CF64: P'rth 3H **107**
Crossfield Rd. CF62: Barry ... 3E **117**
Crosshill CF62: Barry............. 6E **117**
CROSS INN 3G **65**
Cross Inn Rd. CF72: L'sant......2F **65**
CROSSKEYS 3A **16**
Cross Keys, The
  CF61: Llan M 3B **110**
  ....(off Colhugh St.)
Crosskeys Station (Rail) 3A **16**
Cross La. NP20: Newp............. 5C **36**
Cross Pl. CF14: Card............... 6G **85**
Cross Roads CF38: Bed........... 4H **41**
Cross St. CF15: Tong.............. 4G **69**
Cross St. CF37: Cilf'dd...........2F **15**
Cross St. CF63: Barry 2A **118**
Cross St. CF83: A'tdwr............ 2E **27**
Cross St. CF83: Bed'ws 3G **29**
Cross St. NP18: Caerl 5A **22**
CROSSWAY GREEN 1D **62**
Crossways Cl. NP26: Undy......5F **59**
Crossways Pk. CF83: Caer..... 4E **29**
Crossways Rd. CF5: Ely 4G **93**
Crossways St. CF63: Barry .. 2A **118**
Crosswells Way CF5: Ely....... 4E **93**
Crouch Cl. NP20: Bet............6F **19**
Crown Arc. NP20: Newp 4C **36**
  ....(off High St.)
Crown Cl. NP18: Caerl 5A **22**
Crown Cl. NP44: Pnwd............5D **8**
Crown Court Cardiff........2C **4** (3A **96**)
Crown Court
  Newport (South Wales) 4A **36**
Crown Hill CF38: Llan F.......... 5C **42**
Crown Hill Dr. CF38: Llan F 5C **42**
Crown La. NP19: Newp............ 4E **37**
Crown Pl. CF10: Card ...2E **5** (3A **96**)
Crown Ri. NP44: Llanf 3B **12**
Crown Rd. NP44: Llanf 5B **12**
Crown St. NP19: Newp 3E **37**
Crown Wlk. CF83: Mac...........2H **31**
Crown Way CF14: Card............ 6G **85**
Croyde Av. CF3: L'rmy 1A **88**
Croydon Cl. NP19: Newp 1E **37**
Croydon Cl. NP19: Newp 1E **37**
Crumlin Dr. CF3: St Mel 6D **74**
Crumlin St. NP4: P'pool 3B **6**
Crundale Cres. CF14: L'shn......5H **71**
Crwys Ct. CF24: Card 1B **96**
Crwys La. CF63: Barry 5B **106**
Crwys M. CF24: Card 1A **96**
Crwys Pl. CF24: Card 1B **96**
Crwys Rd. CF24: Card 6A **86**
Crynant Cl. CF62: St Ath........2D **112**
Crystal Av. CF23: Heath 1A **86**
Crystal Ct. CF11: Card............ 6D **95**
Crystal Glen CF14: L'shn........ 1H **85**
Crystal Ri. CF14: Heath 1H **85**
Crystal Wood Dr. CF72: Mis ... 5E **65**

Crystal Wood Rd.
  CF14: Heath........................... 1H **85**
Cube, The CF11: Card.............4F **95**
  ....(off Cowbridge Rd. E.)
Cuckoofield Cl. CF15: Morg.... 5E **69**
Cudd y Coed CF63: Barry 5C **106**
Cules Ter. CF15: Taff W 6D **44**
Culver Cl. CF64: P'rth 4C **108**
CULVERHOUSE CROSS............... 1E **99**
Cumberland Rd.
  NP19: Newp 1E **37**
Cumberland St. CF5: Card...... 4E **95**
Cumnock Pl.
  CF24: Card 4H **5** (4D **96**)
Cumnock Ter.
  CF24: Card 4H **5** (4D **96**)
Cumrae St. CF24: Card............4D **96**
Cunningham Cl. CF23: Cyn 3A **86**
Cunningham Rd.
  NP19: Newp 2C **38**
Curie Cl. NP20: Malp............... 4A **20**
Curlew Av. NP26: Cald............ 6D **60**
Curlew Cl. CF14: Whit............. 1C **84**
Curlew Cl. NP19: Newp 2C **56**
Curlew Cres. CF62: St Ath 3F **111**
Curll Av. CF14: Card............... 4G **85**
Curran Emb. CF10: Card....... 6A **96**
Curran Rd. CF10: Card........... 5A **96**
Custom Ho. CF63: Barry 3A **118**
Custom Ho. Pl. CF64: P'rth ... 5B **102**
Custom Ho. St.
  CF10: Card 6D **4** (5A **96**)
Cutter Cl. NP19: Newp............6F **21**
Cwarrau Mawr Farm La.
  CF83: Caer 2A **28**
Cwlwm Cariad
  CF63: Barry 4B **106**
Cwm Barry Way
  CF62: Barry 3E **117**
CWMBRAN 1G **11**
CWMBRÁN 1G **11**
Cwmbran Bus Station............... 1G **11**
Cwmbran Dr.
  NP44: Cwm'bn 1G **11**
Cwmbran Dr. NP44: Oakf....... 1G **11**
Cwmbran Dr. NP44: Pnwd 1G **11**
Cwmbran Retail Pk. 2F **11**
Cwmbran Shop. Cen. 2G **11**
Cwmbran Stadium 4G **11**
Cwmbran Station (Rail) 1H **11**
Cwmcarn Cl. CF3: St Mel 6D **74**
Cwmcarn Forest Dr.
  NP11: C'carn 1A **16**
Cwmcarn Forest Dr.
  NP11: P'waun 1A **16**
Cwmcarn Forest Dr.
  NP44: H'lys............................ 1E **17**
Cwm-Cidy Cotts.
  CF62: Barry 3C **116**
Cwm-Cidy La.
  CF62: Barry 3C **116**
Cwm Col-huw Nature
  Reserve 5A **110**
Cwm Cwddy Dr.
  NP10: Bass............................ 6A **34**
Cwm Cwddy Dr.
  NP10: R'drn 6A **34**
Cwm Cwddy La.
  NP10: Bass............................ 1A **52**
Cwmdare St. CF24: Card.......... 6H **85**
Cwm Dr. CF64: Din P 1G **107**
Cwm Dylan Cl. NP10: Bass...... 1A **52**
Cwm Farm La. NP4: P'pool....... 4C **6**
Cwm Fedw CF83: Mac.............. 1G **31**
CWM FIELDS.................................. 4C **6**
Cwm Gwynlais CF15: Tong 5H **69**
Cwm La. NP10: Roger............. 2D **34**

Cwmnant Vs.
  NP44: Cwm'bn 3F **11**
Cwm Nofydd CF14: R'ina...... 5D **70**
Cwmnofydd La. CF83: Mac 3E **31**
Cwm Parc CF62: Barry 2E **117**
Cwmsor Cl. NP4: New I 5H **7**
CWM TALWG................................. 1E **117**
Cwm-y-Nant NP11: Ris 1E **33**
Cwm-y-Nant Flds.
  NP44: Cwm'bn 3F **11**
Cwmynyscoy Rd.
  NP4: P'pool............................. 5C **6**
Cwrdy Cl. NP4: Grif................. 1D **8**
Cwrdy La. NP4: Grif................ 1C **8**
Cwrdy La. NP4: P'rheol............ 1C **8**
Cwrdy Rd. NP4: Grif............... 1D **8**
Cwrdy Wlk. NP4: Grif.............. 1D **8**
Cwrt Aethen CF63: Barry...... 4B **106**
Cwrt Bala CF3: Rum 2C **88**
Cwrt Barnstaple
  NP20: Newp 1A **54**
  .... (shown as Barnstaple Court)
Cwrt Baydon Mnr.
  NP20: Newp 2B **54**
  ...... (shown as Baydon Manor Court)
Cwrt Bessemer CF11: Card......6F **95**
Cwrt Bleddyn NP44: Two L 4F **11**
Cwrt Bleddyn La.
  NP44: Cwm'bn 4F **11**
Cwrt Boston CF24: Card........ 6G **87**
Cwrt Brynteg CF15: Rad........ 2G **83**
Cwrt Camlas NP10: Roger...... 4E **35**
Cwrt Castellau CF38: Bed 4H **41**
Cwrt Cefn CF14: L'vne............. 3A **72**
Cwrt Celyn NP44: Cwm'bn 2E **11**
Cwrt Coed Fardre
  CF38: Llan F 4B **42**
Cwrt Coed-y-Brenin
  CF38: Chu V 3E **43**
Cwrt Coles CF24: Card 6G **87**
Cwrt Deri CF14: R'ina............ 5D **70**
Cwrt Dowlais
  NP44: T Coch 5G **11**
Cwrt Draw Llyn CF83: Caer.... 3B **46**
Cwrt Dyfed CF63: Barry....... 5C **106**
Cwrt Edward CF62: Barry..... 3G **117**
Cwrt Eglwys Newydd
  CF14: Whit............................ 2C **84**
Cwrt Eirlys CF63: Barry 4A **106**
Cwrt Ellen
  CF11: Card 6A **4** (5H **95**)
Cwrt Faenor CF38: Bed 6H **41**
Cwrt Glas CF14: L'shn........... 5G **71**
Cwrt Glas NP44: Croes......... 1A **12**
Cwrt Glyndwr CF37: T'rest.... 3D **24**
Cwrt Golwg Sianel
  NP11: Ris 6F **17**
Cwrt Griffin CF83: Rud........... 1C **48**
Cwrt Gwenllian
  CF63: Barry 1D **118**
Cwrt Heledd CF24: Card........ 6B **86**
Cwrt Hortop CF63: Barry...... 6B **106**
Cwrt Illtyd CF72: Cross I........ 3G **65**
Cwrt Isaf CF38: Ef Is............. 6D **42**
Cwrt Jubilee CF64: P'rth 2E **109**
Cwrt Leubren CF63: Barry.... 4A **106**
Cwrt Llandough
  CF64: L'dgh 5F **101**
Cwrt Llanfabon CF83: Caer.... 4B **28**
Cwrt Llanfleiddan
  CF71: L'thian 5B **90**
Cwrt Llechau CF72: L'harry.... 4C **78**
Cwrt Maes y Llyn
  NP20: Newp 5A **36**
Cwrt Morgan NP26: Caerw..... 1C **60**
Cwrt Nant y Felin
  CF83: Caer 2H **45**

Cwrt Nant-y-Mynydd
  CF83: A'tdwr 2D **26**
Cwrt Newton Pool
  CF62: Rho..............................6F **115**
Cwrt Pegasus CF5: L'dff....... 1C **94**
Cwrt Pencoedtre
  CF62: Barry 5A **106**
Cwrt Penhill CF11: Card 2E **95**
Cwrt Pensarn CF3: Rum 2C **88**
Cwrt Pentre Bach
  CF3: St Mel............................. 5E **75**
Cwrt Pentwyn CF38: Llan F.... 4B **42**
Cwrt Pen y Bryn
  CF14: Card 5G **85**
Cwrt Polar Star
  NP20: Newp 1A **54**
  ....(shown as Polar Star Court)
Cwrt Roberts CF5: Ely 6E **93**
Cwrt St Cyres CF64: P'rth 1C **108**
Cwrt Severn NP26: Cald......... 6B **60**
Cwrt Sophia CF11: Card......... 3G **95**
Cwrt Stan Richards
  CF5: Ely 3B **94**
Cwrt Syr Dafydd
  CF61: Llan M 2B **110**
Cwrt Treganna CF5: Card 3E **95**
  ....(off Cowbridge Rd. E.)
Cwrt-ty-Fferm CF83: L'brad.... 1B **28**
Cwrt ty Mawr CF64: P'rth..... 3C **108**
Cwrt ty Mawr CF83: Caer......1F **47**
Cwrt ty-Mynydd CF15: Rad.....1F **83**
Cwrt Wessex CF5: Card......... 3D **94**
Cwrt y Berllan CF10: Card..... 1B **102**
Cwrt y Bragdy CF5: Card....... 3E **95**
Cwrt y Cadno CF5: Ely............ 4D **92**
Cwrt-y-Cadno
  CF61: Llan M 2C **110**
Cwrt y Castell CF83: Caer..... 6D **28**
Cwrt y Ffoundri
  CF37: T'rest........................... 2E **25**
Cwrt y Gamlas CF37: R'fln 4G **25**
Cwrt y Gth. CF38: Bed........... 6A **42**
Cwrt-y-Goedwig
  CF38: Llan F 4B **42**
Cwrt y Melin CF11: Card 4F **95**
  ....(off Leckwith Pl.)
Cwrt-yr-Ala Av. CF5: Ely........6F **93**
Cwrt-yr-Ala Rd. CF5: Ely........6F **93**
Cwrt yr Ardal CF3: Rum 2C **88**
Cwrt yr Efail CF38: Chu V......3F **43**
Cwrt yr Eglwys
  CF64: Din P 2G **107**
Cwrt yr Hen Felin
  NP20: Bet 5G **19**
  ....(shown as Old Mill Court)
Cwrt-yr-Lolo CF62: F'ton...... 1C **112**
Cwrt yr Ysgol NP11: Ris 4D **15**
Cwrt yr Ysgol NP4: P'pool 4D **6**
Cwrt-y-Vil Rd. CF64: P'rth... 2E **109**
Cwrt y Waun CF38: Bed 6A **42**
Cwrt Ywen CF72: L'harry...... 5C **78**
Cyfarthfa St. CF24: Card........ 2C **96**
Cymmer St. CF11: Card 6H **95**
Cymric Bldgs. CF10: Card..... 1C **102**
Cymric Cl. CF5: Ely................ 4H **93**
Cynan Cl. CF38: Bed.............. 5A **42**
Cynan Cl. CF63: Barry......... 5B **106**
CYNCOED 1C **86**
Cyncoed Av. CF23: Cyn........... 1C **86**
Cyncoed Cres. CF23: Cyn...... 1D **86**
Cyncoed Flats CF23: Cyn 3C **86**
Cyncoed Gdns. CF23: Pen L ... 4C **86**
Cyncoed Pl. CF23: Cyn........... 1C **86**
Cyncoed Ri. CF23: Cyn........... 1C **86**
Cyncoed Rd. CF23: Cyn.......... 5C **72**
Cyncoed Rd. CF23: Pen L...... 5C **72**

Cynon Vw. CF37: Cilf'dd 4F **15**
Cyntwell Av. CF5: Ely...............6F **93**
Cyntwell Cres. CF5: Ely.............6F **93**
Cyntwell Pl. CF5: Ely 5F **93**
Cypress Cl. NP18: Caerl............5E **21**
Cypress Cres. CF3: St Mel....... 4E **75**
Cypress Dr. CF3: St Mel.........5D **74**
Cypress Pl. CF5: F'wtr 6H **83**
Cypress St. CF37: R'fln..............4G **25**
Cyprian Ho. CF24: Card 6A **86**
Cyrch-y-Gwas Rd.
  CF37: T'rest........................2E **25**
Cyril Cres. CF24: Card 2D **96**
Cyril St. CF63: Barry 2B **118**
Cyril St. NP19: Newp 5D **36**

D

Daffodil Ct. NP44: Ty Ca.........3B **10**
Daffodil La. NP10: Roger 2H **33**
Dairy, The CF72: Cross I 2H **65**
Dairy La. CF37: P'prdd...........6A **14**
  .... (off Jenkins Street)
Daisy St. CF5: Card..................3D **94**
Daisy Vw. NP4: P'pool 4D **6**
Dalcross St. CF24: Card 6B **86**
Dale Av. CF14: Heath 2F **85**
Dale Ct. CF62: Barry 5H **105**
Dale Path NP44: F'wtr 3D **10**
Dale Rd. NP19: Newp 3B **38**
Dalmuir Rd. CF24: Card............2F **97**
Dalton St. CF24: Card 1A **96**
Damson Pl. CF23: Pontp........2H **73**
Dan Caerlan CF72: L'sant........1G **65**
Dancarga Dr. NP26: Cald....... 5C **60**
Dancing Cl. NP26: Undy 3D **58**
Dancing Hill NP26: Undy 4D **58**
Dan Donovan Way
  CF11: Card 5A **102**
Danes Cl. NP16: Chep.............2D **62**
Danescourt Station (Rail) 5A **84**
Danescourt Way
  CF5: L'dff.............................5H **83**
Danes Hill NP16: Sed...............3H **63**
Daniel Hopkin Cl.
  CF61: Llan M 4B **110**
Daniell Cl. CF64: Sul...............2G **119**
Daniel Pl. NP20: Newp ....GC **36**
Daniel St. CF24: Card 6A **86**
Daniel St. CF63: Barry 6A **106**
Daniel St. NP20: Newp 6C **36**
Dannog y Coed
  CF63: Barry 4B **106**
Dan-y-Bank Cotts.
  CF15: Tong...........................4F **69**
Danybryn CF72: Bryns............1B **78**
Dan-y-Bryn Av. CF15: Rad 1E **83**
Dan-y-Bryn Cl. CF15: Rad 1E **83**
Dan-y-Bryn Rd.
  CF37: T'rest.........................2D **24**
Danybryn Vs. CF37: T'rest......2D **24**
Dan y Coed NP10: Drae 6A **32**
Danycoed CF83: Caer.............2D **46**
Dan-y-Coedcae Rd.
  CF37: P'prdd.......................2B **24**
Dan-y-Coed Cl. CF23: Cyn...... 1B **86**
Dan-y-Coed Ri. CF23: Cyn......1B **86**
Dan-y-Coed Rd. CF23: Cyn 6B **72**
Dan-y-Der CF83: Bed'ws........2E **29**
Dan-y-Felin CF72: L'sant........2E **65**
Dan y Graig CF83: A'tdwr.......2E **27**
Dan y Graig NP11: Ris.............5D **16**
Dan-y-Graig CF14: R'ina 5B **70**
Danygraig CF83: Mac.............3B **30**
Danygraig 5D **16**
Danygraig NP44: Croes 4G **9**

Dan y Graig Bungs.
  NP11: Ris 6C **16**
Danygraig Cres.
  CF72: Tallb G........................ 2E **65**
Danygraig Dr. CF72: Tallb G 2E **65**
Dan y Graig Hgts.
  CF72: Tallb G........................ 2E **65**
Dan-y-Graig Rd. NP11: Ris.....5D **16**
Danygraig St. CF37: P'prdd.... 2B **24**
Danylan Rd. CF72: P'prdd 6A **14**
Dan-y-Meio CF83: A'tdwr........2D **26**
Dan y Mynydd CF14: Thorn..... 2E **71**
Dan-yr-Allt Cl. CF37: R'fln...... 4H **25**
Dan yr Ardd CF83: Caer 2A **46**
Dan-yr-Heol CF23: Cyn...........1A **86**
Darby Cl. NP10: Roger...........3D **34**
Darby Rd. CF24: Card 5G **97**
Darent Cl. NP20: Bet.............. 6E **19**
Darent Rd. NP20: Bet.............. 6E **19**
Darent Wlk. NP20: Bet............. 6E **19**
Darlington Ct. NP19: Newp 1D **36**
Darran Rd. NP11: Cross K 2D **16**
Darran Rd. NP11: Ris...............2D **16**
Darran St. CF24: Card 1H **95**
Darren Cl. CF71: Cowb 3A **90**
Darren Cl. CF83: Caer............4F **29**
Darren Ddu Rd.
  CF37: P'prdd........................1A **14**
Darren Ddu Rd. CF37: Y'bwl....1A **14**
Darren Farm CF71: Cowb 3A **90**
Darren Hill CF71: Cowb 3B **90**
Darren Pk. CF37: P'prdd........4D **14**
Darren Vw. Ct.
  CF37: P'prdd........................ 4E **15**
Dartington Dr. CF23: Pontp.... 4E **73**
Dart Rd. NP20: Bet.................. 6G **19**
Darwin Dr. NP20: Malp 5A **20**
Darwyn Las CF83: Bed'ws...... 2E **29**
Davaar Ho. CF11: Card 4A **102**
David Broome Event Centre &
  Showground, The..................4F **61**
David Cl. NP20: Newp............. 2C **54**
David Davies Rd.
  CF63: Barry 3B **118**
David Lloyd Leisure Cardiff....5F **87**
David Morgan Apts.
  CF10: Card 5D **4** (4A **96**)
  ....(off Barry La.)
David's Ct. CF72: P'clun 5D **64**
David St. CF10: Card 4E **5** (4B **96**)
David St. CF63: Barry 5C **106**
David Wlk. NP10: Roger 5D **34**
  ....(off Ebenezer Dr.)
Davies Dr. CF83: Caer............ 3B **28**
Davies Pl. CF5: F'wtr 2B **94**
Davies Sq. NP20: Newp 6C **36**
  ....(off Charlotte Dr.)
Davies St. CF63: Barry........... 1A **118**
Daviot Ct. CF24: Card 6B **86**
Daviot St. CF24: Card 6B **86**
Davis Cl. NP4: P'pool 2B **6**
Davis Cl. NP16: Chep.............. 1E **63**
  ....(off Up. Church St.)
Davis's Ter. CF14: Whit...........2D **84**
Davnic Cl. CF63: Barry........... 1B **118**
Davy Cl. NP20: Malp 4A **20**
Dawan Cl. CF62: Barry 2E **117**
Dawson Cl. NP19: Newp..........3D **38**
Dderwen Deg CF14: L'vne......2C **72**
Dean Cl. NP44: H'lys...............5B **10**
Deanery Gdns. NP20: Newp.... 5B **36**
Dean Ho. CF24: Card 2D **96**
Deans Cl. CF37: R'fln.............. 3F **25**
Deans Cl. CF5: L'dff...............1D **94**
Deans Gdns. NP16: Chep........2D **62**
Deans Hill NP16: Chep............2D **62**

Dean St. NP19: Newp 3D **36**
De Barri St. CF37: R'fln 5F **25**
De Bawdrip Rd. CF24: Card 1F **97**
De Braose Cl. CF5: L'dff 4H **83**
De Burgh Pl.
  CF11: Card 4A **4** (4G **95**)
De Burgh St. CF11: Card 4G **95**
De Clare Ct. CF61: Bov 3D **110**
De Clare Ct. CF83: Caer..........4C **28**
De Clare Dr. CF15: Rad 2H **83**
Decoypool La. NP18: Nash 4E **57**
Decoypool Rd. NP19: Newp.....2F **57**
De Croche Pl. CF11: Card........5G **95**
Deemuir Rd. CF24: Card..........2F **97**
Deemuir Sq. CF24: Card 1F **97**
Deepdale Cl. CF23: Pen L....... 4B **86**
Deepdene Cl. CF5: Ely............4D **92**
Deepfield Cl. CF5: Ely.............4D **92**
Deepweir NP26: Cald.............. 6E **61**
DEEPWEIR 6E **61**
Deepweir Dr. NP26: Cald........5E **61**
Deepweir Gdns. NP26: Cald....6E **61**
Deepwood Cl. CF5: Ely............4D **92**
Deere Cl. CF5: Ely...................5F **93**
Deere Pl. CF5: Ely...................5F **93**
Deere Rd. CF38: Llan F...........5C **42**
Deere Rd. CF5: Ely..................5E **93**
Deer Pk. La. NP10: Bass..........6E **35**
Deganwy Cl. CF14: L'shn 4G **71**
DEGAR 6A **78**
De Haia Rd. NP10: Roger........4A **34**
De Havilland Rd.
  CF24: Card 2G **97**
Dehewydd La. CF38: Llan F.... 4D **42**
Delfryn CF72: Mis................... 6E **65**
Delius Cl. NP10: Roger 3C **34**
Delius Cl. NP19: Newp............. 4A **38**
Dell, The CF3: Old M...............5B **74**
Dell, The CF38: Tont...............6F **25**
Dell Vw. NP16: Chep...............2E **63**
Delphinium Rd.
  NP10: Roger 2H **33**
Delta St. CF11: Card................4F **95**
Denbigh Cl. CF38: Tont...........1F **43**
Denbigh Ct. CF64: P'rth..........2D **108**
Denbigh Ct. CF83: Caer..........5G **27**
Denbigh Dr. CF61: Bov 3E **111**
Denbigh Ho. NP16: Bul............5G **63**
Denbigh Rd. CF64: Din P........1A **108**
Denbigh Rd. NP19: Newp .....,. 1E **37**
Denbigh St. CF11: Card 2F **95**
Denbigh Way CF62: Barry......6H **105**
Dene Ct. NP4: P'nydd............. 1A **6**
Denison Way CF5: Ely.............4D **92**
Denmark St. NP16: Sed...........3H **63**
Denny Vw. NP26: Cald............ 6E **61**
DENSCOMBE 1B **46**
Denstone Ct. CF23: Pen L...... 4C **86**
Denton Rd. CF5: Card.............4F **95**
Dents Cl. NP19: Newp............. 4B **38**
Dents Hill NP19: Newp 4B **38**
Denys Cl. CF64: Din P.............1H **107**
Derby Gro. NP19: Newp........... 1H **55**
Y Deri CF38: Llan F................. 5C **42**
Deri Cl. CF23: Pen L............... 6E **87**
Dering Rd. CF23: Pontp 4H **73**
Deri Rd. CF23: Pen L 1D **96**
Derwen Ct. CF23: Cyn 6C **72**
Derwendeg Av. CF37: Glync....2D **14**
Derwen Rd. CF23: Cyn 5C **72**
Derwen Rd. CF72: P'clun........6D **64**
Derwent Cl. CF14: Thorn 3G **71**
Derwent Ct. NP20: Bet........... 6E **19**
Deryn Ct. CF23: Pent 5F **73**
Despenser Av. CF72: L'sant....3F **65**

Despenser Gdns.
  CF11: Card 5A **4** (4H **95**)
Despenser Pl.
  CF11: Card 5A **4** (4H **95**)
Despenser Rd. CF64: Sul........2G **119**
Despenser St.
  CF11: Card 5A **4** (4H **95**)
Dessmuir Rd. CF24: Card........2F **97**
Devon Av. CF63: Barry 1H **117**
Devon Ct. NP18: Caerl............4H **21**
Devon Pl. CF11: Card..............6G **95**
Devon Pl. NP20: Newp............4B **36**
Devon St. CF11: Card..............6G **95**
Dewberry Gro. NP10: Roger ... 1H **33**
Dew Cres. CF5: Ely 5A **94**
Dewi Cl. CF5: L'dff..................1C **94**
De Winton Ter.
  CF83: L'brad........................1B **28**
DEWI SANT HOSPITAL 1C **24**
Dewi St. CF37: P'prdd............. 4E **15**
Dewsland Pk. Rd.
  NP20: Newp 5B **36**
Dewstow Cl. NP26: Cald.........5B **60**
Dewstow Gdns. NP26: Cald....5B **60**
Dewstow Rd. NP26: Caerw 3A **60**
Dewstow Rd. NP26: Cald.........3A **60**
Dewstow St. NP19: Newp.......5F **37**
DIABETIC RETINOPATHY
  SCREENING SERVICE FOR
  WALES (DRSSW) 6A **26**
Diamond Cl. CF83: Caer 5B **28**
Diamond St. CF24: Card..........3D **96**
  ....(not continuous)
Diana Gro. NP18: Caerl...........3H **21**
Diana La. CF24: Card............... 6B **86**
Diana St. CF24: Card............... 6B **86**
Dibdin Cl. NP19: Newp 4D **38**
Dickens Av. CF3: L'rmy 6H **73**
Dickens Ct. CF83: Mac............3C **30**
Dickens Dr. NP20: Newp 1G **53**
  ....(not continuous)
Digby Cl. CF5: L'dff.................5A **84**
Digby Ho. CF62: Barry 2A **118**
Digby St. CF11: Card...............6H **95**
Dinas Path NP44: F'wtr 3D **10**
Dinas Pl. CF11: Card...............6H **95**
Dinas Powys Golf Course 1G **107**
DINAS POWYS 2G **107**
Dinas Powys Castle 1G **107**
Dinas Powys Station
  (Rail) 3G **107**
Dinas Rd. CF64: P'rth 3C **108**
Dinas St. CF11: Card......6B **4** (5H **95**)
Dinch Hill NP26: Undy 4D **58**
Dingle, The CF64: P'rth...........2F **109**
Dingle Cl. CF62: Barry 5D **116**
Dingle Dell CF64: P'rth...........6A **102**
Dingle La. CF64: P'rth............. 1E **109**
Dingle La. NP44: Pnwd...........5C **8**
Dingle Rd. CF64: P'rth............ 1E **109**
Dingle Rd. NP4: P'pool...........4D **6**
Dingle Road Station (Rail) 1E **109**
Diocletian Wik. NP19: Newp....4C **36**
Discovery Pk. NP20: Newp......3B **36**
Distillery Rd. La.
  CF37: P'prdd 5A **14**
  ....(off Margaret St.)
District Shop. Cen.
  St Mellons 6C **74**
District Shop. Cen.
  Thornhill 3G **71**
Ditchling Ct. CF64: P'rth........3E **109**
Diwedd Camlas
  NP10: Roger 4E **35**
Dixon's Pl. NP11: Ris..............5D **16**
Dobbins Rd. CF63: Barry 5D **106**
Dochdwy Rd. CF64: L'dgh.......5F **101**
Dock Rd. CF62: Barry 5H **117**

Dock St. CF64: P'rth 6H **101**
Docks Way NP20: Newp 3G **53**
Dock Vw. Rd. CF63: Barry 3H **117**
Dockwell Ter. NP18: L'wrn 5F **39**
Dr William Price Bus. Cen.
CF37: T'rest......................3E **25**
Doddington Pl.
CF37: P'prdd 5E **15**
Doe Cl. CF23: Pen L..............6E **87**
Dogfield St. CF24: Card 6A **86**
Dogo St. CF11: Card 2F **95**
Dol Fran CF83: Caer 5F **29**
Dolgellau Av. CF38: Tont 1F **43**
Dol Glaswg CF5: Cap L...........2F **81**
Dol Glaswg CF5: Cre 2F **81**
Dolgoch Cl. CF3: Rum 2B **88**
Dol Gwartheg CF64: P'rth.......3C **108**
Dolman Theatre 5C **36**
Dolphin Ct. NP20: Newp 6C **36**
..................................(off Commercial Rd.)
Dolphin St. NP20: Newp 6D **36**
..................................(not continuous)
Dolwen Rd. CF14: Llan N........5C **84**
Y Dolydd CF83: Caer...............2B **46**
Dol y Felin CF83: Bed'ws........2E **29**
Dol-y-Felin CF15: Cre 6D **66**
Dol-y-Felin St. CF83: Caer 6C **28**
Dol-y-Llan CF72: Mis..............5F **65**
Dol y Pandy CF83: Bed'ws......2E **29**
Dol-y-Paun CF83: Caer...........1A **46**
Dol-yr-Eos CF83: Caer 5E **29**
Dombey Cl. CF14: Thorn..........3H **71**
Dominions Arc.
CF10: Card 3D **4** (3A **96**)
Dominion Way CF24: Card 1E **97**
Dominion Way Ind. Est.
CF24: Card 1E **97**
Donald St. CF24: Card 6B **86**
Don Cl. NP20: Bet 6F **19**
Doniford Cl. CF64: Sul 1H **119**
Donnington Rd. CF64: Sul..... 1E **119**
Dorallt Cl. NP44: H'lys 4A **10**
Dorallt Way NP44: H'lys 5A **10**
Dorchester Av. CF23: Pen L....5D **86**
Doric M. NP19: Newp 4C **36**
Dorleigh Ct. NP44: Thorn.........6B **8**
Dorothy Av. CF62: Barry 5G **105**
Dorothy Cl. CF62: Barry...........5G **105**
Dorothy Lewis Ct.
CF11: Card 4F **95**
Dorothy St. CF37: P'prdd........5D **14**
Dorset Av. CF63: Barry 1H **117**
Dorset Cl. NP19: Newp 1H **55**
Dorset Cres. NP19: Newp 1H **55**
Dorset St. CF11: Card 6G **95**
Dorstone Wlk. NP44: L'rfn 2A **12**
Dos Rd. NP20: Newp 2B **36**
Douglas Cl. CF5: L'dff.............5A **84**
Douglas Ho. CF11: Card 4A **102**
Dovedale Cl. CF23: Pen L 4B **86**
Dovedale St. CF63: Barry 1B **118**
Dovercourt Ho.
CF11: Card 4A **102**
Dovey Cl. CF3: Rum 3B **88**
Dovey Cl. CF62: Barry.............1E **117**
Dowlais Arc. CF10: Card 1B **102**
Dowlais Rd. CF24: Card...........5D **96**
Dowland Cl. NP19: Newp 4B **38**
Dowland Rd. CF64: P'rth 4C **108**
Downcross Ct.
CF61: Llan M 2B **110**
Downfield Cl. CF64: L'dgh.......5G **101**
Downing St. NP19: Newp 6G **37**
Downlands Way CF3: Rum.......5G **87**
DOWNS, THE 1B **98**
Down's Vw. CF71: A'thin 2F **91**

Down's Vw. Cl. CF71: A'thin 2F **91**
Downton Grange CF3: Rum..... 5A **88**
Downton Hall Cl.
NP20: Newp 1A **54**
Downton Ri. CF3: Rum 5H **87**
Downton Rd. CF3: Rum 5H **87**
Doyle Av. CF5: F'wtr................1A **94**
Doyle Ct. CF5: F'wtr................1A **94**
DRAETHEN 6A **32**
Dragonfly Dr. CF62: Rho..........2E **115**
Drake Cl. CF62: St Ath............2D **112**
Drake Cl. NP19: Newp 3C **38**
Drake Wlk.
CF10: Card 6F **5** (5B **96**)
Drangway CF61: Llan M 3B **110**
Dranllwyn Cl. CF83: Mac.........2F **31**
Dranllwyn La. CF83: Mac.........2F **31**
Drawbridge Ct. CF83: Caer...... 1A **46**
Drawlings Cl. CF3: Old M 5B **74**
Dray Ct. CF10: Card 5D **4** (4A **96**)
Drayton Ct. NP44: St Di 2E **11**
Drinkwater Cl. NP20: Newp 1H **53**
Drinkwater Gdns.
NP20: Newp 1H **53**
Drinkwater Ri. NP20: Newp 1H **53**
Drinkwater Vw.
NP20: Newp 1H **53**
Drive, The CF5: F'wtr...............2H **93**
Drive, The CF64: Din P...........2A **108**
Drive, The CF72: Mis 1F **79**
DROPE 5B **92**
Drope Rd. CF5: Ely 5C **92**
Drope Ter. CF5: St G 5C **92**
Dros Col CF72: L'harry.............4E **51**
Dros y Mor CF64: P'rth............3F **109**
Dros-y-Morfa CF3: Rum 5A **88**
Drovers M. NP20: Newp 6C **36**
Drovers Way CF15: Rad............2F **83**
Druids Cl. CF83: Caer 1A **46**
Druids Grn. CF71: Cowb 3D **90**
Druidstone Rd. CF3: Old M 4C **74**
Drum Twr. Vw. CF83: Caer...... 1H **45**
Drury Cl. CF14: Thorn..............3G **71**
Drybrook Cl. CF3: St Mel..........1D **88**
Drybrook Cl. NP44: Cwm'bn...2H **11**
Dryburgh Av. CF14: Heath 2F **85**
Dryden Cl. CF3: L'rmy..............6H **73**
Dryden Rd. CF64: P'rth...........1D **108**
Dryden Ter. CF62: Barry..........5H **105**
Drylla CF64: Din P 3G **107**
Drysgol Rd. CF15: Rad 1F **83**
Duckpool Rd. NP19: Newp 3E **37**
Dudley Cl. CF10: Card 2B **102**
Dudley Pl. CF62: Barry.............3F **117**
Dudley St. CF10: Card 2B **102**
Dudley St. NP19: Newp 5E **37**
DUFFRYN 4G **53**
Duffryn Av. CF23: Cyn 2B **86**
Duffryn Bach Ter.
CF38: Chu V 4F **43**
Duffryn Cl. CF23: Cyn...............1A **86**
Duffryn Cl. NP10: Bass............6C **34**
Duffryn Dr. NP10: Duff.............4G **53**
Duffryn Est. NP10: Duff............3G **53**
Duffryn Ffrwd CF15: N'grw 4F **45**
Duffryn La. NP10: Coedk 6E **53**
Duffryn Rd. CF23: Cyn..............1C **86**
Duffryn Ter. CF38: Chu V 3F **43**
..................................(off Main Rd.)
Duffryn Way NP10: Duff 5G **53**
Dugdale Wlk. CF11: Card 4F **95**
Duke St. CF10: Card 4C **4** (4A **96**)
Duke St. CF37: T'rest.............3D **24**
Duke St. NP20: Newp 6D **36**
Duke St. Arc.
CF10: Card 4C **4** (4A **96**)
Dulas Island Cl. CF83: Caer ... 1H **45**

Dulverton Av. CF3: L'rmy.........6A **74**
Dulverton Dr. CF64: Sul 2H **119**
Dulwich Gdns. CF5: Card 2D **94**
Dumballs Rd. CF10: Card 5A **96**
Dumfries Pl.
CF10: Card 2E **5** (3B **96**)
Dumfries Pl. NP20: Newp....... 5C **36**
Dummer Cl. CF3: St Mel.........1D **88**
Dunbar Cl. CF23: Pontp 4G **73**
Duncan Cl. CF3: St Mel...........1B **88**
Duncansby Ho.
CF11: Card 4A **102**
Dungarvan Dr. CF23: Pontp.... 4G **73**
Dunkery Cl. CF3: L'rmy 2H **87**
Dunleavy Dr. CF11: Card 3G **101**
Dunlin Av. NP26: Cald..............6C **60**
Dunlin Ct. CF63: Barry 3H **117**
Dunnet Gdns. NP4: New I........6H **7**
Dunn Sq. NP20: Newp 6C **36**
..................................(off Francis Dr.)
Dunraven Cl. CF64: Din P........2A **108**
Dunraven Cl. CF71: Cowb........3A **90**
Dunraven Ct. CF83: Caer.........5G **27**
Dunraven Cres.
CF72: Tallb G..........................3C **64**
Dunraven Dr. NP10: Duff.........6F **53**
Dunraven Ho.
CF10: Card 4B **4** (4H **95**)
Dunraven Rd. CF11: Card........5F **95**
Dunraven Rd. NP44: L'rfn........3B **12**
Dunraven St. CF62: Barry........4E **117**
Dunsmuir Rd. CF24: Card........3F **97**
Dunstable Rd.
NP19: Newp 4C **38**
Dunster Dr. CF64: Sul 2G **119**
Dunster Rd. CF3: L'rmy 1B **88**
Durand Rd. NP26: Cald............6C **60**
Durell St. CF61: Llan M............3B **110**
Durham La. NP19: Newp 2D **36**
..................................(not continuous)
Durham Rd. NP19: Newp 2D **36**
Durham St. CF11: Card............6H **95**
Durleigh Cl. CF3: L'rmy 6A **74**
Durlston Cl. CF14: Llan N........5A **84**
Duxford Cl. CF5: L'dff..............5H **83**
DW Fitness Cardiff 6E **95**
DW Fitness Newport 2B **54**
Dyfan Rd. CF63: Barry 1A **118**
Dyfed CF64: P'rth....................6C **102**
Dyfed Dr. CF83: Caer 4D **28**
Dyfrig Cl. CF5: Ely 3B **94**
Dyfrig Cl. CF61: Llan M...........2D **110**
Dyfrig Rd. CF5: Ely 3B **94**
Dyfrig St. CF11: Card 2G **95**
Dyfrig St. CF62: Barry 5A **118**
Dyhewydd Isaf
CF38: Llan F............................4D **42**
Dylan Av. CF38: Bed 6A **42**
Dylan Cl. CF64: L'dgh..............5G **101**
Dylan Cres. CF63: Barry 5B **106**
Dylan Dr. CF83: Caer 4H **27**
Dylan Pl. CF24: Card.....1G **5** (2C **96**)
Dynea CF37: R'fln 5A **26**
Dynea Cvn. Site CF37: R'fln....4H **25**
Dynea Cl. CF37: R'fln...............4H **25**
Dynea Rd. CF37: R'fln..............4H **25**
Dynea Rd. CF37: Up Bo 4H **25**

Dynevor Cl. NP44: L'rfn 2B **12**
Dynevor Rd. CF23: Pen L........4D **86**
Dyserth Rd. CF64: P'rth..........2D **108**

E

Eagle Cl. NP26: Cald...............6D **60**
Eagle La. CF71: Cowb..............3C **90**
Eagle Rd. CF62: St Ath 3F **111**
Eagleswell Rd.
CF61: Bov..............................2D **110**
Eagle Ter. CF62: St Ath 3G **111**
Earl Cres. CF62: Barry 5H **117**
Earl Cunningham Ct.
CF10: Card 6G **5** (5C **96**)
..................................(off Atlantic Wharf Cl.)
Earle Pl. CF5: Card..................4F **95**
Earl La. CF11: Card.................2H **101**
Earl's Ct. Pl. CF23: Pen L........6D **86**
Earl's Ct. Rd. CF23: Pen L........5D **86**
Earlsmede NP44: G'mdw.........2D **10**
Earl St. CF11: Card..................2H **101**
Earlswood Rd. CF14: L'shn 6G **71**
East Av. CF83: Bed'ws............3G **29**
East Av. CF83: Caer 5B **28**
East Av. NP4: Grif....................2E **9**
East Bank Rd. NP19: Newp 3E **55**
East Bay Cl.
CF10: Card 5G **5** (4C **96**)
Eastbourne Ct.
CF63: Barry 5C **106**
EASTBROOK 1H **107**
Eastbrook Cl. CF64: Din P 1H **107**
Eastbrook Rd. CF64: P'rth.......6F **101**
Eastbrook Station (Rail) 1A **108**
East Bute St. CF10: Card 1C **102**
East Dock Cl. NP20: Newp 6E **37**
East Dock Rd. NP20: Newp 6D **36**
..................................(not continuous)
Eastern Av. CF14: Card............5F **85**
Eastern Av. CF14: Cyn.............5F **85**
Eastern Av. CF14: Llan N.........5F **85**
Eastern Av. CF23: L'dyrn 5D **86**
Eastern Av. CF23: Pent............6G **73**
Eastern Av. CF3: Old M...........5H **73**
Eastern Bus. Pk., The
CF3: Old M 5C **74**
Eastern Cl. CF3: Old M 5B **74**
Eastern Dry Dock
NP19: Newp 4G **55**
Eastern Leisure Cen...............3H **87**
Eastfield Cl. CF71: Cowb 3A **90**
Eastfield Cl. NP18: Caerl.........3G **21**
Eastfield Cl. CF72: L'sant........3G **65**
Eastfield Dr. NP18: Caerl.........3G **21**
Eastfield M. NP18: Caerl..........3G **21**
Eastfield Rd. NP18: Caerl........3G **21**
Eastfield Ter. NP18: Caerl........3G **21**
Eastfield Vw. NP18: Caerl........3G **21**
Eastfield Way NP18: Caerl.......3G **21**
Eastgate CF71: Cowb 3D **90**
Eastgate Bus. Pk.
CF3: Rum 6A **88**
Eastgate Cres.
NP26: Caerw 1B **60**
Eastgate M. CF71: Cowb 4D **90**
..................................(off Croft Ter.)
East Gro. CF24: Card 2G **5** (3B **96**)
East Gro. La.
CF24: Card 2G **5** (3C **96**)
East Gro. Rd. NP19: Newp.......4H **37**
East Lynne Gdns.
NP18: Caerl 4A **22**
East Mkt. St. NP20: Newp 6D **36**
..................................(not continuous)
Eastmoor Rd. NP19: Newp 6A **38**

East Moors Bus. Pk.
CF24: Card 6H **5** (5D **96**)
East Moors Ind. Est.
CF24: Card 5H **5** (4D **96**)
East Moors Rd. CF10: Card 6D **96**
East Moors Rd.
CF24: Card 5H **5** (4C **96**)
East Point CF3: Rum.............. 5A **88**
East Ri. CF14: L'shn 5A **72**
East Rd. CF64: Sul...............1F **119**
East Rd. NP44: Oakf 5H **11**
East Roedin NP44: Coed E....... 5E **11**
Eastside Quarter
CF23: L'dyrn 3E **87**
East St. CF37: P'prdd...........5D **14**
East St. CF61: Llan M 3B **110**
East St. CF62: Barry...............3F **117**
East St. NP20: Newp.............. 4B **36**
East Tyndall St.
CF24: Card 5H **5** (4D **96**)
East Usk Rd. NP19: Newp 3C **36**
East Vw. CF83: Caer.............. 1D **46**
East Vw. NP4: Grif.................... 1E **9**
East Vw. NP4: P'pool 3B **6**
East Vw. Ter. CF62: Barry 4F **117**
EAST VILLAGE 4C **90**
East Wlk. CF62: Barry........... 1G **117**
Eastway Rd. NP20: Newp........2D **54**
Ebbw Cl. CF62: St Ath.......... 2C **112**
Ebbw Cl. NP10: Roger............ 4A **34**
Ebbw Cl. NP11: Cross K.......... 3A **16**
Ebbw Rd. NP26: Cald............. 4C **60**
Ebbw St. NP11: Ris................5D **16**
Ebbw Vale Cl. NP19: Newp...... 1B **56**
Ebenezer Dr. NP10: Roger...... 5C **34**
Ebenezer St. CF37: R'fln.........3F **25**
Ebenezer Ter. NP20: Newp...... 5C **36**
Ebley Gdns. NP26: Cald.......... 6E **61**
Ebwy Ct. CF5: Ely 5H **93**
Eckley Rd. CF64: Sul............2G **119**
Eclipse CF24: Card 3G **5** (3C **96**)
Eclipse St.
CF24: Card 3H **5** (3C **96**)
Eddystone Cl. CF11: Card........ 6G **95**
Eddystone Ho. CF11: Card....... 3A **102**
Edgecourt NP44: F'wtr 4D **10**
Edgehill NP44: Llanf 4B **12**
Edgehill Av. CF14: L'shn 4E **71**
Edinburgh Cl. NP44: G'mdw.....2C **10**
Edinburgh Ct. CF11: Card......... 4G **95**
Edington Av. CF14: Card.......... 5H **85**
Edison Ridge NP20: Malp........ 4A **20**
Edith Rd. CF64: Din P 2H **107**
Edlogan Sq. NP44: Croes........ 5G **9**
Edlogan Way NP44: Croes....... 1H **11**
Edlogan Way
NP44: Cwm'bn 1H **11**
Edmond Locard Ct.
NP16: Chep 1C **62**
Edmonds Ct. CF24: Card 6B **86**
Edmonton Ct. NP4: P'pool 2C **6**
.... (off Forge La.)
Edmund Pl. CF63: Barry 1D **118**
Edmundsbury Rd.
NP10: Duff..............................5F **53**
Edmunds Rd. NP16: Sed 2H **63**
Edney Vw. NP10: Duff............ 4H **53**
Edward VII Av. NP20: Newp 5H **35**
Edward VII Cres.
NP20: Newp 4A **36**
Edward VII La. NP20: Newp ... 4H **35**
Edward Clarke Cl.
CF5: L'dff..............................5A **84**
Edward England Wharf
CF10: Card 6F **5** (5B **96**)
Edward German Cres.
NP19: Newp 4C **38**

Edward Ho.
CF11: Card 5A **4** (4H **95**)
.... (off Plantagenet St.)
Edwardian M. NP19: Newp..... 4C **36**
Edwardian Way CF72: Mis......6F **65**
Edward La. NP20: Newp........ 5B **36**
.... (not continuous)
Edward Nicholl Ct.
CF23: Pen L.......................... 5D **86**
Edward St.
CF10: Card 3E **5** (3B **96**)
Edward St. CF63: Barry 6B **106**
Edward St. NP4: Grif................. 6E **7**
Edward Ter. CF83: A'tdwr 1E **27**
Edward Thomas Cl.
CF83: Rud 5B **30**
Edwin Ind. Est. NP20: Newp.....2B **36**
Edwin St. NP20: Newp............ 2C **36**
EFAIL ISAF 6E **43**
Efail Isaf Rd. CF15: P'rch.......2G **67**
Egerton M. CF5: Card 3E **95**
Egerton St. CF5: Card.............. 3E **95**
Egham St. CF5: Card 3E **95**
Eglwys Av. CF37: R'fln.............. 4G **25**
EGLWYS-BREWIS 2A **112**
Eglwys Brewis Cl.
CF62: Eg Bre 2A **112**
Eglwysilan Rd. CF15: Gro-w...6D **26**
Eglwysilan Rd.
CF37: P'prdd 5G **15**
Eglwysilan Rd. CF37: R'fln......5G **15**
Eglwysilan Rd.
CF83: A'tdwr 2B **26**
Eglwysilan Rd. CF83: N'grw.....2B **26**
Eglwysilan Way
CF83: A'tdwr 2D **26**
YR EGLWYS NEWYDD 3D **84**
EGLWYS Y DRINDOD 2B **38**
Egremont Rd. CF23: Pen L 4B **86**
Egypt St. CF37: T'rest............. 1D **24**
Eider Cl. CF3: St Mel............... 5C **74**
Eifion Cl. CF63: Barry........... 5A **106**
Eisteddfod Wlk.
NP19: Newp 3B **38**
Eithinen Ber CF63: Barry 4B **106**
Elaine Cl. CF14: Thorn 3G **71**
Elaine Cres. NP19: Newp.........2F **37**
Elan Cl. CF62: Barry............... 1E **117**
Elan Cl. NP20: Bet.................. 6G **19**
Elan Rd. CF14: L'shn 5A **72**
Elan Wlk. NP44: St Di 3E **11**
Elan Way NP26: Cald............. 4D **60**
Elderberry Rd. CF5: F'wtr.......6A **84**
Elder Cl. NP18: Caerl................5F **21**
Elder Wood Cl. CF23: Pen L..... 4E **87**
Eldon Ct. CF11: Card 5G **95**
Eleanor Pl. CF10: Card.........2B **102**
Electra Ho. CF10: Card 1D **102**
Eleven St. CF64: Sul 1E **119**
Elfed Av. CF64: P'rth.............. 2C **108**
Elfed Grn. CF5: F'wtr 6A **84**
Elfed Way CF63: Barry.......... 5B **106**
Elford Rd. CF5: Ely.................. 4G **93**
Elgar Av. NP19: Newp............ 4A **38**
Elgar Circ. NP19: Newp 4B **38**
Elgar Cl. NP19: Newp 4B **38**
Elgar Cres. CF3: L'rmy............ 6B **74**
Elgar Rd. CF64: P'rth............. 4D **108**
Elizabethan Ct.
CF64: P'rth 5G **101**
Elizabeth Av. CF62: Barry 5G **105**
Elled Rd. NP4: P'nydd 1A **6**
Elled Rd. NP4: P'pool 1A **6**
Ellen St. CF10: Card.......5F **5** (4B **96**)
Ellesmere Cl. CF3: St Mel....... 1B **88**
Ellipse, The NP4: Grif............ 2D **8**
Ellis CF72: Y'erdy 6C **40**

Ellis Fisher Ct.
CF62: Barry 3G **117**
Ellwood Cl. CF3: St Mel 1D **88**
Elm Av. NP26: Undy 5E **59**
Elm Cl. CF64: Sul 3A **120**
Elmdale NP26: Chep 1E **63**
Elm Dr. NP11: Ris................... 5E **17**
Elmfield Cl. CF3: St Mel......... 1C **88**
Elm Gro. CF62: Eg Bre 2B **112**
Elm Gro. CF63: Barry 5C **106**
Elm Gro. CF83: Caer 4E **29**
Elm Gro. NP20: Malp.............. 5B **20**
Elm Gro. NP4: Seba 2E **9**
Elm Gro. La. CF64: Din P 2G **107**
Elm Gro. Pl. CF64: Din P 2H **107**
Elm Gro. Rd. CF64: Din P 2G **107**
Elmgrove Rd. CF14: Whit....... 3A **84**
Elm Ho. CF14: Whit 1A **84**
Elm Rd. CF72: L'harry 5A **78**
Elm Rd. NP26: Cald.............. 4B **60**
Elms, The NP26: Undy 4F **59**
Elms Hill NP26: Undy.............4F **59**
Elms Pk. CF72: Mis................1F **79**
Elm St. CF24: Card.........1H **5** (2C **96**)
Elm St. CF37: R'fln................ 4G **25**
Elm St. La.
CF24: Card.................1H **5** (2C **96**)
Elmwood Ct.
CF24: Card 1H **5** (2C **96**)
Elmwood Path NP44: St Di.....3D **10**
Elrich Cl. CF11: Card 3F **95**
.... (off Llandaff Rd.)
Elworthy Cl. CF64: Sul.......... 2H **119**
Elwyn St. CF39: Coed 3A **40**
ELY 4H **93**
Ely Brewery Workshops
CF5: Ely 3B **94**
.... (off Wroughton Pl.)
Ely Bridge Ind. Est. CF5: Ely....2A **94**
Ely Distribution Cen.
CF5: Ely 5A **94**
Ely Rd. CF5: F'wtr 2B **94**
Ely Rd. CF5: L'dff 2B **94**
Elysia St. NP19: Newp 2D **36**
Ely St. CF72: P'clun.............. 5D **64**
Ely Valley Bus. Pk.
CF72: P'clun........................... 6C **64**
Ely Valley Ind. Est.
CF72: P'clun 5C **64**
Ely Valley Rd. CF39:
Coed Elwyn St. 3A **40**
Ely Valley Rd. CF72: Tallb G ... 4A **40**
Ely Valley Rd. CF72: Y'erdy 4A **40**
Emanuel Cl. CF83: Caer.......... 2H **45**
Emblem Cl. CF5: Ely 5A **94**
Emerald St. CF24: Card 3D **96**
Emerson Dr. CF5: Ely 1F **99**
Emlyn Dr. CF83: Caer............ 5C **28**
Emlyn Sq. NP20: Newp........... 5C **36**
Emlyn St. NP20: Newp............ 5C **36**
Emlyn Wlk. NP20: Newp.......... 5C **36**
Empire Ho. CF10: Card 1B **102**
Empire Way CF11: Card........ 5A **102**
Emsworth Ct. CF23: Cyn 1C **86**
Enbourne Dr. CF23: Pontp 4F **73**
Endeavour Ho. NP20: Newp.....5D **36**
Endyngs NP44: F'wtr 4D **10**
ENERGLYN 4B **28**
Energlyn & Churchill Park
Station (Rail) 4B **28**
Energlyn Cl. CF83: Caer.......... 5B **28**
Energlyn Ct. CF83: Caer.......... 5B **28**
.... (off Energlyn Cl.)
Energlyn Cres. CF83: Caer 4B **28**
Energlyn Row CF83: Caer........ 3B **28**

Energlyn Ter. CF83: Caer 4A **28**
Enfield Dr. CF62: Barry 6E **105**
Ennerdale Cl. CF23: Pen L.... 5B **86**
Ennerdale Ct. NP19: Newp 1F **37**
Enterprise Pk. Ind. Est.
NP20: Newp 6D **36**
Enterprise Way
NP20: Newp 6D **36**
Enville Cl. NP20: Newp 5G **35**
Enville Rd. NP20: Newp.......... 5G **35**
Eppynt Cl. NP11: Ris............... 5G **17**
Epsom Cl. CF5: Ely 4B **94**
Epstein Cl. CF5: L'dff............. 5H **83**
Eric Coates Cl. NP19: Newp ... 5B **38**
Eric Coates Wlk.
NP19: Newp 5B **38**
.... (off Eric Coates Cl.)
Erris Cl. CF37: P'prdd 4D **14**
Erskine Ct. CF24: Card 2E **97**
Erw Fach CF38: Llan F............. 2D **42**
Erw Hir CF5: St F 2C **82**
Erw Hir CF72: L'sant...............2F **65**
Erw Las CF14: Whit 3C **84**
Erw'r Delyn Cl. CF64: P'rth... 1B **108**
Erw Wen CF14: R'ina............. 5D **70**
Erw Wen Cotts. CF15: P'rch ... 4A **68**
Eschol Cl. NP19: Newp 6H **37**
Eschol Ct. NP19: Newp 6H **37**
Esgid Mair CF63: Barry.......... 4C **106**
Eskdale Cl. CF23: Pen L 4B **86**
Esperanto Way NP19: Newp...2E **55**
Esplanade, The CF64: P'rth ...2F **109**
Esplanade Bldgs.
CF62: Barry 5G **117**
Essex Ct. NP18: Caerl............ 4G **21**
Essex St. NP19: Newp 5E **37**
Essich St. CF24: Card 6C **86**
Estuary Rd. NP19: Newp 2A **56**
Estuary Vw. NP26: Cald.......... 6E **61**
Ethel St. CF5: Card 3D **94**
Eton Ct. CF14: Heath.............. 1G **85**
Eton Pl. CF5: Card.................4F **95**
Eton Rd. NP19: Newp 4D **36**
Eton St. CF62: Barry 4E **117**
Eugene Cl. CF3: St Mel 5E **75**
Eurgan Cl. CF61: Llan M 4B **110**
Eurwg Cres. CF3: Old M 5B **74**
Evans Bus. Cen. CF83: Caer ... 2A **46**
Evansfield Rd.
CF14: Llan N.......................... 4B **84**
Evans Sq. CF37: P'prdd 4E **15**
Evans St. CF62: Barry 2H **117**
Evans St. NP20: Newp 3C **36**
Evelyn St. CF63: Barry 2A **118**
Evenlode Av. CF64: P'rth 3D **108**
Evenwood Cl. CF23: Pontp 4F **73**
Everard Cl. CF63: Barry 1B **118**
Everard Way CF23: Cyn 3B **86**
Everest Av. CF14: L'shn........ 4H **71**
Everest Wlk. CF14: L'shn 4H **71**
Everswell Av. CF5: F'wtr........ 2H **93**
Everswell Rd. CF5: F'wtr 2H **93**
Everwood Cl. CF5: Ely 3G **93**
Evesham St. NP20: Newp 2A **36**
Eve's Well Ct. NP19: Newp 4F **37**
Eveswell La. NP19: Newp.........4F **37**
Eveswell Pk. Rd.
NP19: Newp 3F **37**
Eveswell St. NP19: Newp 4F **37**
Evtol Ind. Est. NP20: Newp...... 1D **54**
.... (off Frederick St.)
Ewbank Cl. CF63: Barry 5C **106**
Ewenny Cl. CF63: Barry 5A **106**
Ewenny Rd. CF14: L'shn....... 6A **72**
Excalibur Dr. CF14: Thorn....... 3F **71**
Excalibur Dr. NP20: Newp 1A **54**
Excelsior Cl. NP19: Newp 5E **37**

Excelsior Ind. Est.
CF14: Card 5E **85**
Excelsior Rd. CF14: Card......... 5E **85**
Exchange Ct. NP11: Ris............ 4D **16**
Exchange Rd. NP11: Ris........ 4D **16**
Exe Rd. NP20: Bet...................5F **19**
Exeter Cl. NP44: G'mdw 2C **10**
Exeter Rd. NP19: Newp 4E **37**
Exeter St. NP19: Newp 4E **37**
Exford Cres. CF3: L'rmy 2G **87**
Eyre St. CF24: Card................ 3E **97**
Ezel Ct. CF10: Card.............. 1B **102**

F

Faber Way CF11: Card.............6F **95**
Factory Cotts. NP11: Ris 6F **17**
Factory La. CF37: P'prdd........ 1B **24**
Factory Rd. CF71: L'thian 5B **90**
Factory Rd. NP20: Newp 3B **36**
Fairacre Cl. CF14: Thorn.......... 3G **71**
Fairbrook Cl. CF14: R'ina 5D **70**
Fairfax Cl. NP19: Newp............5G **37**
Fairfax Rd. CF14: Heath..........1F **85**
Fairfax Rd. NP19: Newp 5G **37**
Fairfield Av. CF5: Card............ 3C **94**
Fairfield Bus. Pk.
CF15: Gwae G.......................3F **69**
Fairfield Cl. CF37: R'fln...........5G **25**
Fairfield Cl. CF5: Card 2B **94**
Fairfield Cl. CF61: Llan M 3C **110**
Fairfield Cl. NP18: Caerl 4F **21**
Fairfield Cl. NP26: Cald 5B **60**
Fairfield Cres.
CF61: Llan M 3C **110**
Fairfield Ind. Est.
CF15: Gwae G.......................3E **69**
Fairfield La. CF37: R'fln...........5G **25**
Fairfield Ri. CF61: Llan M 2C **110**
Fairfield Rd. CF37: P'rth 1D **108**
Fairfield Rd. NP16: Bul 4E **63**
Fairfield Rd. NP18: Caerl 4F **21**
Fairfield Ter. NP4: P'pool 2A **6**
Fairford St. CF63: Barry......... 6B **106**
Fairhaven Cl. CF3: St Mel 5E **75**
Fairhill NP44: F'wtr 3D **10**
Fairhill NP44: G'mdw 3D **10**
Fairhill Dr. CF38: Tont............. 2G **43**
Fairhill Wlk. NP44: Coed E..... 3C **10**
Fairhill Wlk. NP44: F'wtr......... 3D **10**
....................................(not continuous)
Fairland Cl. CF72: L'sant 2G **65**
Fairleigh Cl. CF64: Mic P 4B **100**
Fairleigh Ct. CF11: Card 1F **95**
Fairleigh Rd. CF11: Card 1F **95**
Fairmead Ct. CF5: F'wtr.......... 2H **93**
Fairmound Pl. CF38: Tont....... 2G **43**
Fairoak Av. NP19: Newp 3E **37**
Fairoak Ct. CF23: Pen L......... 5B **86**
Fairoak Ct. NP19: Newp 3E **37**
Fairoak Gro. NP10: Bass........ 1B **52**
Fairoak La. NP44: Croes 1A **12**
Fairoak M. CF24: Card............ 5A **86**
Fairoak M. NP19: Newp........... 3E **37**
Fairoak Rd. CF23: Card 5B **86**
Fairoak Rd. CF24: Card 6A **86**
Fairoaks CF64: Din P 2H **107**
Fairoak Ter. NP19: Newp 4E **37**
Fairthorn Cl. CF14: Thorn........ 2G **71**
Fair Vw. NP16: Bul.................. 3D **62**
Fairview Av. NP11: Ris 5E **17**
Fair Vw. Cl. CF72: P'clun 6D **64**
Fairview Ct. CF3: St Mel 5E **75**
Fairview Ct. CF23: Pent.......... 6D **72**
Fairview Ct. NP4: P'nydd......... 1A **6**

FAIRWATER............................... 6H **83**
FAIRWATER................................4D **10**
Fairwater Av. CF5: F'wtr....... 2B **94**
Fairwater Cl. CF3: Mic F........ 6E **51**
Fairwater Cl. NP44: F'wtr 3D **10**
Fairwater Grn. CF5: F'wtr 2H **93**
Fairwater Gro. t CF5: L'dff...... 1B **94**
Fairwater Gro. W. CF5: L'dff ... 1B **94**
Fairwater Leisure Cen. Fairwater,
Ty Gwyn Way......................... 3C **10**
Fairwater Leisure Cen. Fairwater,
Waterhall Rd. 5G **83**
Fairwater Rd. CF5: F'wtr 1H **93**
Fairwater Rd. CF5: L'dff 1B **94**
Fairwater Sq. NP44: F'wtr ... 3C **10**
Fairwater Station (Rail) 1A **94**
Fairwater Workshops
CF5: F'wtr............................. 2A **94**
Fairway, The CF23: Cyn........ 5C **72**
Fairway, The NP4: New I 5H **7**
Fairway Cl. NP10: Roger........ 2C **34**
Fairway Ct. CF37: T'rest........ 6A **26**
Fairway Dr. CF83: Caer........ 3B **28**
Fairways Cres. CF5: F'wtr 2G **93**
Fairways Vw. CF72: Tallb G.... 2C **64**
Fairwood Cl. CF5: F'wtr........ 6A **84**
Fairwood Rd. CF5: F'wtr........ 6A **84**
Falcon Cl. NP26: Cald 6D **60**
Falcon Dr. CF10: Card........... 1D **102**
Falcon Gro. CF64: P'rth 6E **109**
Falcon Rd. CF63: Barry........6D **106**
Falconwood Dr. CF5: Ely 5D **92**
Falfield Cl. CF14: L'vne........... 3A **72**
Fallowfield NP44: F'wtr 4D **10**
Fallowfield Dr. NP19: Newp.... 6A **38**
Fan Heulog CF37: Glync 1D **14**
Fanheulog CF72: Tallb G........ 3D **64**
Fanny St. CF24: Card.............. 1A **96**
Fardre Ct. CF38: Chu V 1E **43**
Fardre Cres. CF38: Chu V 2F **43**
Farlays NP44: Coed E 4C **10**
Farlow Wlk. NP44: St Di 3E **11**
Farm Cl. CF83: A'tdwr............. 2E **27**
Farm Dr. CF23: Cyn............... 3B **86**
Farm Hill NP4: Treve.............. 1B **6**
Farmhouse Way CF5: Ely.......6F **93**
Farm La. NP19: Newp............ 2E **37**
Farm La. NP44: Cwm'bn........ 1H **11**
Farmleigh CF3: Rum............... 4H **87**
Farm Rd. CF83: Caer............. 6E **29**
Farm Rd. NP4: P'pool............. 4C **6**
Farmville Rd. CF24: Card........ 3E **97**
Farmwood Cl. NP19: Newp.... 4H **37**
Farnaby Cl. NP19: Newp........ 4B **38**
Farriers Ga. NP10: Bass 1D **52**
Farthings, The CF23: Pent.......4F **73**
Faulkner Rd. NP20: Newp 4B **36**
Fay Ct. CF37: P'prdd............... 1B **24**
Fedw Wood NP16: Chep........ 2C **62**
Feering St. NP19: Newp......... 5E **37**
Felbridge Cl. CF10: Card........ 5C **96**
Felbrigg Cres. CF23: Pontp.... 4E **73**
Felin Fach CF14: Whit........... 4D **84**
Felinfach CF83: Bed'ws........ 2G **29**
Y Felin Ffrwd CF83: Caer 5A **28**
Felnex Ind. Est.
NP19: Newp 3E **55**
Felsted Cl. CF23: Pontp 4F **73**
Fennel Cl. CF3: St Mel 5E **75**
Fennel Cl. CF64: P'rth............6G **101**
Fenner Brockway Cl.
NP19: Newp 2B **38**
Fen Violet Cl. CF3: St Mel......1F **89**
Fernbank NP44: F'wtr............. 3D **10**

Fern Cl. CF37: R'fln................ 4H **25**
Fern Ct. NP16: Bul 5F **63**
Ferndale St. CF11: Card 6H **95**
Fern Dr. CF62: Barry 2F **117**
Ferney Cres. NP26: Cald........ 5A **60**
Ferneycross NP26: Cald 5B **60**
Fernlea NP11: Ris 4E **17**
FERNLEA.................................4D **16**
Fernleigh Rd. NP26: Cald 5B **60**
Fern Pl. CF5: F'wtr 1H **93**
Fern Ri. NP20: Malp................ 4B **20**
Fernside NP19: Newp 6H **37**
Fern St. CF5: Card 3D **94**
Ferntree Dr. CF3: St Mel 6C **74**
Ferny Ct. CF23: Pen L............ 5D **86**
Ferrier Av. CF5: F'wtr............. 1H **93**
Ferriers Ct. CF24: Card 2D **96**
Ferry Ct. CF11: Card 4A **102**
Ferry La. CF64: P'rth.............. 6B **102**
Ferry Rd. CF11: Card 2H **101**
......................................(not continuous)
FERRY RD. INTERCHANGE... 4H **101**
Ferry Way NP16: Beach 6H **63**
Fescue Pl. CF5: Ely 4E **93**
Festiniog Rd. CF14: Llan N.... 5C **84**
Festival Cres. NP4: New I 5H **7**
Fetty Pl. NP44: Two L 4F **11**
Fferm-y-Graig CF62: St Ath.. 5D **112**
....................................(off Rock Rd.)
FFONT-Y-GARI........................ 5C **114**
Ffordd Abberley Hall
NP20: Newp 1A **54**
........(shown as Abberley Hall Road)
Ffordd Bevan NP44: Pnwd...... 3E **9**
Ffordd Bleddyn
CF15: Taff W 1E **69**
Ffordd Bodlyn CF23: Cyn 4C **86**
Ffordd Brynhyfryd
CF3: Old M 5C **74**
Ffordd Camlas
NP10: Roger 4E **35**
Ffordd Capel Dewi Hall
NP20: Newp 1A **54**
.....(shown as Capel Dewi Hall Road)
Ffordd Catraeth
CF37: Cilf'dd...........................4F **15**
Ffordd Cefn yr Hendy
CF72: Mis 5E **65**
Ffordd Celyn CF14: Whit........ 3D **84**
Ffordd Crabtree CF3: Old M .. 4A **74**
Ffordd Cwellyn CF23: Pen L... 4B **86**
Ffordd Cwm Cidi
CF62: Barry 3D **116**
Ffordd Daniel Lewis
CF3: St Mel........................... 2D **88**
Ffordd Deg CF83: Caer......... 2D **46**
Ffordd De Haia
NP10: Roger 4A **34**
...................(shown as De Haia Road)
Ffordd Dinefwr CF15: Cre 6D **66**
Ffordd Elin CF63: Barry 6D **106**
Ffordd Erw CF83: Caer 3A **46**
Ffordd Ewart Parkinson
CF10: Card 1D **102**
Ffordd Eynon Evans
CF83: Caer 3H **27**
Ffordd Ffagan CF3: St Mel 5E **75**
Ffordd Garthorne
CF10: Card 6C **96**
Ffordd Gerdinan CF38: Tont... 1G **43**
Ffordd Glas y Dorlan
CF38: Llan F 6B **42**
Ffordd Gower Davies
CF37: Y'bwl 1A **14**
Ffordd Gwern CF5: St F.......... 2C **82**
Ffordd Gwynedd
CF63: Barry 5C **106**

Ffordd Gwynno
CF38: Llan F 6B **42**
Ffordd Hann CF72: Tallb G 3C **64**
Ffordd Helygen
CF72: L'harry 5C **78**
Ffordd James McGhan
CF11: Card 2H **101**
Ffordd John Jobbins
NP4: P'garn 1C **6**
.........(shown as John Jobbins Way)
Ffordd Las CF15: Rad............ 1E **83**
Ffordd Las CF83: A'tdwr......... 1E **27**
Ffordd Magnolia
CF72: L'harry 5C **78**
Ffordd Mograig CF14: L'shn....6F **71**
Ffordd Morgannwg
CF14: Whit............................. 1A **84**
Ffordd Nowell CF23: Pen L.... 6E **87**
Ffordd Ottoway
CF24: Card 4H **5** (4C **96**)
Ffordd Pengam CF24: Card.... 1G **97**
Ffordd Penrhos CF83: Caer ... 6H **27**
Ffordd Penrhyn
CF62: Barry 4G **117**
Ffordd Prichard
CF72: L'sant 5E **41**
Ffordd Radcliffe
CF10: Card 1B **102**
Ffordd Sealand
CF62: Barry 3G **117**
Ffordd Seymour
NP26: Magor 4B **58**
.................(shown as Seymour Way)
Ffordd Taliesin CF37: Cilf'dd ...3F **15**
Ffordd Talygarn
CF72: P'clun 6D **64**
Ffordd Tir Brychiad
NP44: Pnwd........................... 4E **9**
Ffordd Traws Cwm
CF83: Caer 2H **45**
Ffordd Trecastell
CF72: L'harry 4C **78**
Ffordd Treforgan
CF15: Morg............................ 5E **69**
Ffordd Tryweryn
CF37: Cilf'dd..........................4F **15**
Ffordd ty Unnos
CF14: Heath...........................1F **85**
Ffordd Williamson
CF3: Old M 4A **74**
Ffordd-y-Barcer CF5: Ely 4D **92**
Ffordd y Bedol CF37: Glync.... 1D **14**
Ffordd y Berllan
CF15: Morg............................ 6E **69**
Ffordd y Brenin
CF10: Card 3C **4** (3A **96**)
Ffordd-y-Capel CF38: Ef Is.....6F **43**
Ffordd y Dociau
CF62: Barry 5G **117**
Ffordd y Draenog
NP10: Roger 4B **34**
............(shown as Hedgehog Road)
Ffordd y Glannau
CF62: Barry 5G **117**
Ffordd-y-Gollen CF38: Tont.....1F **43**
Ffordd y Maes CF83: Caer...... 1H **45**
Ffordd y Mileniwm
CF62: Barry 4G **117**
Ffordd y Mileniwm
CF63: Barry 3H **117**
Ffordd yr Afon
CF15: Gwae G....................... 2E **69**
Ffordd yr Arfau CF11: Card 4C **94**
Ffordd yr Hen-Dai
CF11: Card 4C **94**
Ffordd-yr-Ywen
CF38: Tont............................. 1G **43**

Fford Fred Keenor
CF11: Card 5E **95**
Fford Tadia NP18: Caerl...... 3H **21**
..................(shown as Tadia Way)
Fford Windsor Castle
NP20: Newp 1B **54**
......(shown as Windsor Castle Road)
Fforest Dr. CF62: Barry 3D **116**
Fforest Glade NP19: Newp 3F **37**
Fforest Rd. CF72: L'harry...... 6B **78**
Fforest Uchaf Horse &
Pony Cen. 4C **24**
Fforest Vw. CF62: Barry...... 3D **116**
Ffos-y-Fran NP10: Bass 1B **52**
Ffos-y-Fran Cl. NP10: Bass... 1B **52**
FFWL-Y-MWN 3B **114**
Ffwrwm Arts & Craft Cen. .. 6A **22**
.... (off High St.)
Ffwrwm Rd. CF83: Mac.......2F **31**
Ffynnonbwla Rd.
CF15: Gro-w.................. 6C **26**
Ffynnonbwla Rd.
CF37: Up Bo 4C **26**
FFYNNON TAF 1E **69**
Fidlas Av. CF14: L'shn 6A **72**
Fidlas Rd. CF14: Cyn 5H **71**
Fidlas Rd. CF14: L'shn 5H **71**
Fieldfare CF3: St Mel 1E **89**
Fielding Cl. CF3: L'rmy 6H **73**
Fieldings NP44: F'wtr 4D **10**
.... (off Fairwater Way)
Fields Av. NP44: Pnwd...........5D **8**
Fields Pk. Av. NP20: Newp ... 4H **35**
Fields Pk. Ct. NP20: Newp...... 4A **36**
Fields Pk. Cres.
NP20: Newp 4A **36**
Fields Pk. Gdns.
NP20: Newp 4H **35**
Fields Pk. La. NP20: Newp ... 4H **35**
Fields Pk. Rd. CF11: Card.....1F **95**
Fields Pk. Rd. NP20: Newp... 5H **35**
Fields Pk. Ter.
NP11: Cross K 2A **16**
Fields Rd. NP11: Ris 1F **33**
Fields Rd. NP20: Newp 4A **36**
Fields Rd. NP44: Oakf........... 4G **11**
Field Ter. CF15: P'rch............. 4A **28**
Fieldview Cl. CF64: P'rth 6G **101**
Field Vw. Gro. CF63: Barry... 6A **106**
Field Vw. Rd. CF63: Barry... 6A **106**
Field Vw. Rd. NP44: Croes...... 6G **9**
Field Way CF14: Heath 1G **85**
Fifth St. NP19: Newp 4G **55**
Filey Rd. NP19: Newp 2D **36**
Finchley Rd. CF5: F'wtr 2A **94**
Finnimore Ct. CF14: Llan N ... 4B **84**
Firbank Av. NP19: Newp....... 3G **37**
Firbank Cres. NP19: Newp ... 3G **37**
Firbank Dale Social Cen. 2E **37**
Firbanks Way
CF72: Tallb G........................ 2C **64**
Firing Line - Cardiff Castle
Mus. of the
Welsh Soldier............. 3C **4** (3A **96**)
Firs, The NP20: Malp 5C **20**
Firs Av. CF5: F'wtr 1F **93**
Firs Rd. NP26: Cald.............. 4B **60**
First Av. CF83: Caer 6A **28**
Firstbrook Cl. CF23: Pen L 6E **87**
First St. NP19: Newp 3G **55**
Fir Tree Cl. NP18: Caerl 5E **21**
Firtree Cl. CF5: F'wtr 1G **93**
Firwood Cl. CF14: Whit......... 3B **84**
Fisher Cl. NP19: Newp 2D **38**
Fisher Hill Way CF15: Rad...... 2H **83**
Fishguard Cl. CF14: L'shn 6A **72**

Fishguard Rd. CF14: L'shn..... 6H **71**
Fish La. CF37: P'prdd
High St. 1C **24**
Fish La. CF37: P'prdd 6C **14**
.... (off Bridge St.)
Fishpond Rd. CF3: L'rmy 1H **87**
Fit4less Cardiff...................... 4H **101**
Fitness Factory Cardiff 6B **96**
Fitness First Cardiff East...... 1G **97**
Fitzalan Ct.
CF24: Card 3F **5** (3B **96**)
Fitzalan Pl.
CF24: Card 3G **5** (3B **96**)
Fitzalan Rd.
CF24: Card 3F **5** (3B **96**)
.... (not continuous)
Fitzhamon Av.
CF11: Card 5B **4** (4H **95**)
Fitzhamon Emb.
CF11: Card 5B **4** (4H **95**)
Fitzhamon La.
CF11: Card 5B **4** (4H **95**)
Fitzhamon Pl. NP10: Roger..... 5C **34**
Fitzosborn Cl. NP16: Chep...... 3D **62**
Fitzroy St. CF24: Card............. 1A **96**
.... (not continuous)
Fitzwalter Rd. NP26: Cald 6C **60**
Fitzwilliam Cl.
CF72: Cross I 3G **65**
Five Ho's. NP4: Up R................. 5B **6**
FIVE LOCKS 5C **8**
Five Locks Cl. NP44: Pnwd...... 4D **8**
Five Locks Rd. NP44: Pnwd 5D **8**
Five Oaks La. NP44: Croes...... 6G **9**
Flanders Mdw.
CF61: Llan M 4B **110**
Flanders Rd. CF61: Llan M... 4B **110**
Flatholm Ho. CF11: Card 4A **102**
Flavius Cl. NP18: Caerl 4F **21**
Flax Ct. CF64: P'rth.............. 6G **101**
Flaxland Av. CF14: Card 4G **85**
Fleet Way CF11: Card 1G **101**
Fleetwood Cl. NP19: Newp......5F **37**
Fleming Cl. NP20: Malp 5A **20**
FLEMINGSTON 1D **112**
Flemingston Rd.
CF62: St Ath 2C **112**
Fleming Wlk. CF38: Chu V.......3D **42**
Flindo Cres. CF11: Card........... 4D **94**
Flint Av. CF61: Bov 2D **110**
Flint Cl. NP19: Newp 2G **37**
Flint Ct. NP18: Caerl 4G **21**
.... (off Roman Way)
Flint St. CF14: Card 6G **85**
Flora St. CF24: Card 1A **96**
Florence Av. CF62: Barry...... 5G **105**
Florence Gro. CF83: Caer 1C **46**
Florence Pl. NP4: Grif 1E **9**
Florence St. CF24: Card 2E **97**
Florentia St. CF24: Card 6A **86**
Flush Mdw. CF61: Llan M...... 4B **110**
Foel Vw. Cl. CF38: Llan F....... 4B **42**
Folly La. NP4: P'pool.............. 1C **6**
.... (not continuous)
Folly La. NP4: Treve............... 1C **6**
.... (not continuous)
Folly Rd. NP4: P'pool 1C **6**
Folly Rd. NP4: Treve 1C **6**
Folly Vw. NP4: P'garn 2D **6**
FONMON 3B **114**
Fonmon Castle 2B **114**
Fonmon Cres. CF5: Ely 4H **93**
Fonmon Pk. Rd.
CF62: Rho............................. 5B **114**
Fonmon Rd. CF62: Fon 4B **114**
Fonmon Rd. CF62: Rho.......... 4B **114**
Fonthill Pl. CF11: Card........... 1G **101**

Fontigary Rd. CF3: Rum 4A **88**
FONT-Y-GARY 5C **114**
Fontygary Bay Cvn. Pk.
CF62: Rho............................. 6B **114**
Fontygary Rd. CF62: Rho 6C **114**
Ford Rd. CF37: P'prdd 6A **14**
Ford Rd. CF37: T'rest............ 1B **44**
Ford St. NP20: Newp 4B **36**
Fordwell CF5: L'dff................ 6C **84**
Foreland Rd. CF14: Whit........ 2C **84**
Foreshore Rd. CF10: Card 6F **97**
Forest Cl. NP19: Newp 3F **37**
Forest Cl. NP44: Coed E........ 5D **10**
Forest Ct. CF11: Card 2F **95**
Forest Ct. CF37: T'rest............ 2E **25**
Forester Way CF23: Pontp...... 3G **73**
Forest Farm Conservation
Cen. 1H **83**
Forest Farm Country Pk. 6H **69**
Forest Farm Ind. Est.
CF14: Whit............................. 1G **83**
Forest Farm Rd. CF14: Whit ... 1H **83**
Forest Glade CF14: Whit........ 1A **84**
Forest Gro. CF37: T'rest 4E **25**
Forest Hills Dr.
CF72: Tallb G........................ 3C **64**
Forest Jump Celtic Manor..... 1D **38**
Forest Oak Cl. CF23: Cyn 4C **72**
Forest Rd. CF15: Taff W.........1F **69**
Forest Rd. CF15: Tong........... 3H **69**
Forest Rd. CF37: T'rest............ 3E **25**
Forest Rd. CF38: Bed............. 5A **42**
Forest Vw. CF5: F'wtr 2G **93**
Forest Vw. CF72: Tallb G 3E **65**
Forest Vw. NP44: H'lys 5A **10**
Forest Vw. Bus. Pk.
CF72: Y'erdy 5C **40**
Forest Wlk. CF72: Tallb G....... 3C **64**
Forge Cl. NP18: Caerl 4H **21**
FORGE HAMMER 1F **11**
Forgehammer Ind. Est.
NP44: Cwm'bn 1F **11**
Forge La. NP10: Bass 1D **52**
Forge La. NP4: P'pool 2C **6**
Forge M. NP10: Bass 6D **34**
Forge Pl. CF5: Ely 5F **93**
Forge Rd. NP10: Bass........... 1D **52**
Forge Rd. NP10: Coedk......... 1D **52**
Forge Row NP4: P'nydd......... 1A **6**
.................................(off Hanbury Rd.)
Forgeside NP44: Cwm'bn 1G **11**
Forgeside Cl. CF24: Card....... 4D **96**
Forio Ho. CF10: Card 1C **102**
.... (off Ffordd Garthorne)
Forrest Rd. CF5: Card 3D **94**
Forrest Rd. CF64: P'rth 4E **109**
Forrest St. CF11: Card 1H **101**
Forster St. CF63: Barry 1B **118**
Forsythia Cl. NP11: Ris.......... 6G **17**
Forsythia Dr. CF23: Pent........ 6D **72**
Fortlee NP20: Newp 6G **35**
.... (off Gaer Rd.)
Fortran Rd. CF3: St Mel.........5F **75**
Fort Rd. CF64: Lave 1D **120**
Fort St. CF24: Card 2E **97**
Fort Vw. NP10: Bass 6C **34**
Fosse Cl. NP19: Newp 1A **56**
Fosse La. NP18: Caerl.......... 5H **21**
Fosse Rd. NP19: Newp 6A **38**
Foster Dr. CF23: Pen L......... 6E **87**
Fothergill Ho. CF72: Hens.......5F **79**
Fothergill St. CF37: T'rest 2E **25**
Foundry Cl. CF5: Caerd.........4F **95**
Foundry Pl. CF37: P'prdd....... 5D **14**
Foundry Rd. CF37: P'prdd 6A **14**
Foundry Rd. NP11: Ris 6E **17**

Fountain La. CF3: St Mel.........5F **75**
Fountain Rd. NP4: P'pool....... 4E **7**
Fountain Way NP16: Bul.........6F **63**
Four Acre CF61: Llan M........ 2C **110**
Fouracres Cl. CF63: Barry 6C **106**
Four Elms Ct.
CF24: Card 2H **5** (3C **96**)
Four Elms Rd.
CF24: Card 1H **5** (2D **96**)
FOURTEEN LOCKS 3D **34**
Fourteen Locks Canal Cen. ... 3D **34**
Fourth St. NP19: Newp 3G **55**
Fowler St. NP4: P'pool 1A **6**
Foxberry Cl. CF23: Pontp........ 4H **73**
Foxglove Cl. CF5: Ely.............5F **93**
Foxglove Ri. CF64: P'rth.......6F **101**
FOX HILL 4G **33**
Fox La. CF24: Card 2D **96**
Fox Russell Cl.
CF14: Llan N............................. 4C **84**
Fox St. CF24: Card 2E **97**
Foxwood Cl. NP10: Bass 6B **34**
Foxwood Ct. NP10: Bass 6B **34**
FRAMPTON 1C **110**
Frampton La.
CF61: Llan M 2D **110**
Francis Cl. NP20: Newp.......... 6C **36**
.... (off Francis St.)
Francis Dr. NP20: Newp.......... 6C **36**
Francis Rd. CF62: Barry........ 4A **106**
Francis St. CF11: Card........... 5A **102**
Francis St. CF37: R'fln.......... 5G **25**
Francis St. CF83: A'tdwr........ 2D **26**
Francis St. NP11: Ris............. 6E **17**
Francis St. NP20: Newp......... 6C **36**
Francis Ter. CF37: P'prdd 4E **15**
Franklen Rd. CF14: Whit........ 3E **85**
Franklen St. CF11: Card 6H **95**
Frank Rd. CF5: Ely 3G **93**
Frank St. NP19: Newp 3C **36**
Fraternal Pde. CF37: P'prdd 6C **14**
.... (off Taff St.)
Fred Edwards Cl.
NP19: Newp 4D **38**
Frederick M. NP20: Newp 6D **36**
Frederick St.
CF10: Card 3D **4** (3A **96**)
Frederick St. NP20: Newp 1D **54**
Freedom Leisure Sedbury 2G **63**
Freemans Parc CF11: Card ...2F **101**
Fremington Pl. CF3: L'rmy 2A **88**
Freshmoor Rd. CF24: Card 4E **97**
Freshwater Rd.
NP19: Newp 2B **56**
Frewer Av. CF5: F'wtr 6H **83**
Friars Cl. NP20: Newp 6B **36**
Friars Cres. NP20: Newp 5B **36**
Friars Fld. NP20: Newp........... 6B **36**
Friars Gdn. NP44: L'rfn............ 4B **12**
Friars Point CF62: Barry 6G **117**
Friars Rd. CF62: Barry
Paget Rd. 5G **117**
Friars Rd. CF62: Barry
Redbrink Cres. 5H **117**
Friars Rd. NP20: Newp........... 6B **36**
Friars Rd. NP20: Newp........... 5C **36**
Friars Walk Shop. Cen. 4C **36**
Friary, The
CF10: Card 3D **4** (3A **96**)
Frobisher Rd. NP19: Newp 6H **37**
Frome Wlk. NP20: Bet 5E **19**
Fronheulog CF37: P'prdd........ 5A **14**
Fron Ter. CF37: P'prdd............ 5D **14**
Fryatt St. CF63: Barry 3A **118**
Fryth Wood NP16: Chep 2C **62**
Fulmar Cl. CF3: St Mel........... 5D **74**
Fulmar Cl. CF64: P'rth.......... 6E **109**

Furnace St. – Glan y Nant

Furnace St. CF64: Sul.......... 1E **119**
Furness Cl. CF5: Ely.......... 5E **93**
Fuscia Way NP10: Roger.......... 3H **33**

G

G39 Gallery.......... **2G 5 (3C 96)**
..........*(off Oxford Lane)*
GABALFA.......... 6E 85
Gabalfa Av. CF14: Llan N.......... 5C **84**
GABALFA INTERCHANGE.......... 4F **85**
Gabalfa Rd. CF14: Llan N.......... 5C **84**
Gabalfa Workshops
CF14: Card.......... 5F **85**
Gables, The CF15: N'grw.......... 3E **45**
Gables, The CF64: Din P.......... 3G **107**
Gables, The NP16: Chep.......... 1F **63**
Gadlys Rd. E. CF62: Barry.......... 2G **117**
Gadlys Rd. W. CF62: Barry.......... 3F **117**
Gaen St. CF62: Barry.......... 3E **117**
GAER.......... 2H 53
Gaer La. NP20: Newp.......... 6A **36**
Gaer Pk. Av. NP20: Newp.......... 1G **53**
Gaer Pk. Dr. NP20: Newp.......... 1G **53**
Gaer Pk. Hill NP20: Newp.......... 6G **35**
Gaer Pk. La. NP20: Newp.......... 6G **35**
Gaer Pk. Pde. NP20: Newp.......... 1G **53**
Gaer Pk. Rd. NP20: Newp.......... 1G **53**
Gaer Rd. NP20: Newp.......... 6G **35**
Gaer St. NP20: Newp.......... 1A **54**
Gaer Va. NP20: Newp.......... 2H **53**
Gaerwen Cl. CF14: L'shn.......... 5F **71**
Gainsborough Cl.
NP44: L'tnam.......... 5A **12**
Gainsborough Ct.
CF64: P'rth.......... 6H **101**
Gainsborough Dr.
NP19: Newp.......... 1F **37**
Gainsborough Rd.
CF64: P'rth.......... 6H **101**
Galahad Cl. CF14: Thorn.......... 4E **71**
Galdames Pl. CF24: Card.......... 5D **96**
Gallagher Retail Pk.
Bedwas.......... **3E 29**
Gallamuir Rd. CF24: Card.......... 2F **97**
Galleon Way CF10: Card.......... 6C **96**
Galston St.
CF24: Card.......... 3H **5** (3D **96**)
Garden City Way
NP16: Chep.......... 2E **63**
Gardenia Cl. CF23: Pent.......... 6D **72**
Gardens, The NP26: Magor.......... 4C **58**
Garden Suburbs
NP11: P'waun.......... 1A **16**
Gardens Vw. Cl.
NP11: P'waun.......... 1A **16**
Garden View Cl.
NP11: P'waun.......... 1A **16**
Garden Village CF83: Caer.......... 5D **28**
Gardner Cl. CF37: Glync.......... 2D **14**
Garesfield St.
CF24: Card.......... 4H **5** (4C **96**)
Gareth Cl. CF14: Thorn.......... 3F **71**
Garrick Dr. CF14: Thorn.......... 3G **71**
GARTH.......... 6B 34
Garth, The CF83: A'tdwr.......... 2C **26**
Garthalan Dr. NP26: Cald.......... 6B **60**
Garth Av. CF37: Glync.......... 2C **14**
Garth Cl. CF15: Morg.......... 5F **69**
Garth Cl. CF83: Rud.......... 6B **30**
Garth Cl. NP10: Bass.......... 6C **34**
Garthfields Cotts.
NP10: Bass.......... 6B **34**
Garth Hill CF15: Gwae G.......... 3H **67**
Garth Hill CF15: P'rch.......... 3H **67**
Garth Hill NP10: Bass.......... 6B **34**
Garth Isaf CF15: Rad.......... 3G **83**
Garth Isha CF15: Morg.......... 5E **69**
Garth La. CF83: Rud.......... 6B **30**
Garth Lwyd CF83: Caer.......... 4F **29**
Garth Maelwg
CF72: Tallb G.......... 3D **64**
Garth Newydd
CF15: Gwae G.......... 2E **69**
Garth Olwg CF15: Gwae G.......... 6D **44**
Garth Pl. CF14: Llan N.......... 5F **85**
GARTH PLACE.......... 6B 30
Garth Ri. CF5: St F.......... 2C **82**
Garth Rd. NP44: T Coch.......... 4F **11**
Garth St. CF15: Taff W.......... 2E **69**
Garth St. CF39: Coed.......... 3A **40**
Garth Ter. NP10: Bass.......... 1B **52**
Garth Vw. CF15: N'grw.......... 3E **45**
Garth Vw. CF15: Taff W.......... 6D **44**
Garth Vw. CF38: Bed.......... 5A **42**
Garth Vw. CF38: Chu V.......... 3F **43**
..........*(off Main Rd.)*
Garth Vw. CF83: Bed'ws.......... 2F **29**
Garth Vs. CF83: A'tdwr.......... 2D **26**
Garvey Cl. NP16: Bul.......... 6F **63**
Garw, The NP44: Croes.......... 6H **9**
Garw Row NP44: Croes.......... 6H **9**
Garw Wood Dr. NP44: Croes.......... 5G **9**
Gaskell Cl. CF61: Bov.......... 3E **111**
Gaskell St. NP19: Newp.......... 6F **37**
Gaspard Pl. CF62: Barry.......... 5E **117**
Gas Rd. CF37: P'prdd.......... 6C **14**
Gateholm Cl. CF62: Barry.......... 5H **105**
Gateside Cl. CF23: Pontp.......... 3G **73**
Gateway, The CF14: Heath.......... 4G **85**
GATLAS.......... 1A 22
Gatlas La. NP18: Caerl.......... 5H **13**
Gatlas La. NP18: P'hir.......... 5H **13**
Gaudi Wlk. NP10: Roger.......... 3C **34**
Gaulden Gro. CF23: Pontp.......... 4E **73**
Gawain Cl. CF14: Thorn.......... 3F **71**
Gaynors NP44: F'wtr.......... 4D **10**
..........*(off Pace Rd.)*
Gelli Av. NP11: Ris.......... 6E **17**
Gelli Cl. NP11: Ris.......... 5E **17**
Gelli Cres. NP11: Ris.......... 5E **17**
Gelli Dawel CF83: Caer.......... 5B **28**
Gellidawel Rd. CF37: R'fln.......... 3G **25**
Gelli Ddaear Goch
CF72: L'harry.......... 5B **78**
Gelli Deg CF14: R'ina.......... 5D **70**
Gelli Deg CF37: R'fln.......... 5H **25**
Gelli Deg CF83: Caer.......... 4B **28**
Gellideg Rd. CF37: P'prdd.......... 1A **24**
Gelli Diana NP18: Caerl.......... 3H **21**
..........*(shown as Diana Grove)*
Gelli Est. CF72: L'harry.......... 5B **78**
Gelli Fawr Ct. NP44: H'lys.......... 5B **10**
Gelli Frongoch CF23: Pontp.......... 4F **73**
Gelligaer Gdns. CF24: Card.......... 6H **85**
Gelligaer La. CF14: Card.......... 6H **85**
Gelligaer St. CF24: Card.......... 6H **85**
Gelli Heath Abbey
NP20: Newp.......... 1B **54**
..........*(shown as Neath Abbey Grove)*
Gellihirion Cl. CF37: R'fln.......... 5A **26**
Gelli Hirion Ind. Est.
CF37: R'fln.......... 5A **26**
Gelli Pendragon
NP20: Newp.......... 1B **54**
..........*(shown as Pendragon Grove)*
Gelli'r Felin CF83: Caer.......... 5B **28**
Gelli Rd. CF72: L'harry.......... 5B **78**
Gellir Sinter NP19: Newp.......... 6C **38**
..........*(shown as Sinter Grove)*
Gelli Somerset
NP26: Magor.......... 4B **58**
..........*(shown as Somerset Grove)*
Gelli Ter. CF83: Sen.......... 1E **27**
Gelli-Unig Pl. NP11: P'waun.......... 1A **16**
Gelli-Unig Rd.
NP11: P'waun.......... 1A **16**
Gelli-Unig Ter.
NP11: P'waun.......... 1A **16**
Gelliwastad Gro.
CF37: P'prdd.......... 6C **14**
Gelliwastad Rd.
CF37: P'prdd.......... 6C **14**
Gelliwasted Ct.
CF37: P'prdd.......... 6C **14**
..........*(off Library Rd.)*
Gelliwion Woods
CF37: P'prdd.......... 1A **24**
Gelynis Ter. CF15: Morg.......... 5F **69**
Gelynis Ter. Nth.
CF15: Morg.......... 5F **69**
Gelynog Ct. CF38: Bed.......... 3H **41**
Gelyn-y-Cler CF63: Barry.......... 4B **106**
General Rees Sq.
NP44: Cwm'bn.......... 1G **11**
Geneva Ho. CF10: Card.......... 1B **102**
Geoffrey Ashe Ct.
CF71: Cowb.......... 4E **91**
George Cl. CF15: Gwae G.......... 2E **69**
George Lansbury Dr.
NP19: Newp.......... 2C **38**
Georges Row CF64: Din P.......... 1A **108**
George St. CF10: Card.......... 1C **102**
George St. CF63: Barry.......... 2A **118**
George St. CF72: L'sant.......... 2F **65**
George St. NP19: Newp.......... 5D **36**
George St. NP20: Newp.......... 6C **36**
George St. NP4: P'nydd.......... 1A **6**
George St. NP4: P'pool.......... 2B **6**
..........(not continuous)
George St. NP44: Pnwd.......... 1G **11**
Georgetown CF15: Gwae G.......... 2D **68**
Georgian Cl. CF61: Llan M.......... 2D **110**
Georgian Way CF14: L'shn.......... 5H **71**
Georgian Way CF72: Mis.......... 6F **65**
Geraint Cl. CF14: Thorn.......... 3F **71**
Geraint Pl. CF63: Barry.......... 6A **106**
Geraint's Cl. CF71: Cowb.......... 4B **90**
Geraint's Way CF71: Cowb.......... 3B **90**
Geraint Thomas Nat.
Velodrome of Wales.......... **1H 55**
Gerbera Dr. NP10: Roger.......... 2H **33**
Gerddi Fferm yr Eglwys
NP26: Cald.......... 4D **60**
Gerddi Glan Taf CF37: R'fln.......... 3F **25**
Gerddi Margaret
CF62: Barry.......... 3G **117**
Gerddi'r Cedrwydd
NP10: Duff.......... 5F **53**
..........*(shown as Cedar Gardens)*
Gerddi Taf CF5: L'dff.......... 4A **84**
Gerddi ty Celyn CF14: Whit.......... 6B **70**
Gernant CF14: R'ina.......... 6E **71**
Gerrard Ct. CF11: Card.......... 4F **95**
Gerry Galvin Ct. CF24: Card.......... 2E **97**
Ger yr Afon CF37: Glync.......... 1D **14**
Gibbet's Hill CF71: Cowb.......... 2B **90**
GIBBONSDOWN.......... 6A 106
Gibbonsdown Cl.
CF63: Barry.......... 5A **106**
Gibbonsdown Ri.
CF63: Barry.......... 6A **106**
Gibbos Cl. NP19: Newp.......... 5A **38**
Gibbs Rd. NP19: Newp.......... 4G **37**
Gibraltar Way NP16: Beach.......... 6H **63**
Gibson Cl. CF14: L'shn.......... 1H **85**
Gibson Way CF64: P'rth.......... 6H **101**
Gifford Cl. NP44: Two L.......... 4F **11**
Gilbert La. E. CF63: Barry.......... 4C **106**
Gilbert La. W. CF63: Barry.......... 4B **106**
Gilbert Pl. CF14: Llan N.......... 5E **85**
Gilbert St. CF63: Barry.......... 1A **118**
Gildas Cl. CF61: Llan M.......... 2B **110**
GILESTON.......... 6D 112
Gileston Rd. CF11: Card.......... 2F **95**
Gileston Rd. CF62: Gile.......... 5D **112**
Gileston Rd. CF62: St Ath.......... 5D **112**
Gileston Wlk. NP44: St Di.......... 3E **11**
Gilian Rd. CF5: L'dff.......... 6B **84**
Gilwern Cres. CF14: L'shn.......... 4G **71**
Gilwern Farm Cl.
NP18: P'hir.......... 6F **13**
Gilwern Pl. CF14: L'shn.......... 4G **71**
Gilwern Pl. NP44: Pnwd.......... 6D **8**
Glade, The CF14: L'shn.......... 4A **72**
Glade Cl. NP44: Coed E.......... 5C **10**
Glades, The CF64: P'rth.......... 2F **109**
Gladeside Cl. CF14: Thorn.......... 2G **71**
Gladstone Bri. CF62: Barry.......... 3G **117**
Gladstone Ct. CF62: Barry.......... 2H **117**
Gladstone Pl. NP4: Seba.......... 3E **9**
Gladstone Rd. CF62: Barry.......... 3G **117**
Gladstone Rd. CF63: Barry.......... 1A **118**
Gladys St. CF24: Card.......... 1A **96**
Gladys St. CF39: Coed.......... 3A **40**
Glamorgan Archives.......... 6F **95**
Glamorgan Cl. CF61: Bov.......... 2D **110**
Glamorgan County Cricket
Club Swalec Stadium.......... **2G 95**
Glamorgan M. CF5: Card.......... 3E **95**
Glamorganshire Canal
Nature Reserve.......... **6H 69**
Glamorganshire
Golf Course.......... **5E 109**
Glamorgan Sport Pk........... **1C 44**
Glamorgan St. CF5: Card.......... 3E **95**
Glamorgan St. CF62: Barry.......... 4E **117**
Glamorgan St. M.
CF5: Card.......... 3E **95**
Glamorgan Vale Retail Pk........... **3F 65**
Glan Creigiau CF72: Gro-f.......... 6C **66**
Glandovey Gro. CF3: Rum.......... 1C **88**
Glandwr Pl. CF14: Whit.......... 3D **84**
Glan Ely Cl. CF5: F'wtr.......... 2G **93**
Glanfa Dafydd CF63: Barry.......... 3A **118**
Glanfelin Flats CF37: R'fln.......... 5G **25**
Glan Ffrwd CF83: Caer.......... 3H **27**
Glan Hafren CF62: Barry.......... 5D **116**
Glanmor Ct. NP19: Newp.......... 4H **37**
Glanmor Cres. CF62: Barry.......... 2F **117**
Glanmor Cres. NP19: Newp.......... 4H **37**
Glanmor Pk. Av.
NP19: Newp.......... 4H **37**
Glanmuir Rd. CF24: Card.......... 1G **97**
Glan Nant Cl. CF83: Caer.......... 2C **46**
Glan Rhyd CF83: Caer.......... 5B **28**
Glan Rhyd NP44: Coed E.......... 5C **10**
Glanrhyd CF14: R'ina.......... 6E **71**
Glan Rhymni CF24: Card.......... 6G **87**
Glantorvaen Rd. NP4: P'pool.......... 3C **6**
Glanwern Av. NP19: Newp.......... 3A **38**
Glanwern Cl. NP19: Newp.......... 3A **38**
Glanwern Dr. NP19: Newp.......... 3A **38**
Glanwern Gro. NP19: Newp.......... 3A **38**
Glanwern Ho. NP4: P'pool.......... 3B **6**
Glanwern Ri. NP19: Newp.......... 3A **38**
Glanwern Ter. NP4: P'pool.......... 3B **6**
Glan-y-Dwr CF63: Barry.......... 3H **117**
Glan-y-Ffordd CF15: Taff W.......... 5E **45**
Glan y Llyn CF23: Cyn.......... 3B **86**
GLAN-Y-LLYN.......... 6E 45
Glan-y-Llyn Ind. Est.
CF15: Taff W.......... 6E **45**
Glan y Mor CF61: Bov.......... 3E **111**
Glan-y-Mor CF62: Barry.......... 5D **116**
Glan-y-Mor CF63: Barry.......... 3H **117**
Glan-y-Mor Rd. CF3: Rum.......... 2C **88**
Glan y Nant CF37: R'fln.......... 5A **26**

Glanynant NP44: Two L 4F **11**
Glan-y-Nant Cl.
   NP44: T Coch 4F **11**
Glan-y-Nant Rd. CF14: Whit ... 2D **84**
Glan-y-Nant Ter.
   CF14: Whit.............................2D **84**
Glan yr Afon CF72: P'clun 6D **64**
Glan-yr-Afon CF83: Mac...........3F **31**
Glan-yr-Ely CF72: Y'erdy 6C **40**
Glas, The CF11: Card 2F **95**
Glas Canol CF14: Whit.............4D **84**
Glascoed Rd. NP4: New I 5H **7**
Glas Cwm CF37: Glync 1D **14**
Glas Efail CF14: R'ina 6F **71**
Glas Heulog CF14: Whit...........3D **84**
Glas Ifor CF14: Whit................2E **85**
GLASLLWCH 5E **35**
Glasllwch Cres.
   NP10: Newp 5E **35**
Glasllwch Cres.
   NP20: Newp 5E **35**
Glasllwch La. NP20: Newp 6E **35**
Glasllwch Vw. NP20: Newp 6E **35**
Glaslyn Cl. CF62: Barry.........2E **117**
Glaslyn Ct. NP44: Croes............6F **9**
Glass Av. CF24: Card 6E **97**
Glassworks Cotts.
   NP20: Newp 1C **36**
Glastonbury Cl.
   NP20: Newp 3C **36**
Glastonbury Rd. CF64: Sul ... 1H **119**
Glastonbury Ter.
   CF3: L'rmy..............................2H **87**
Glas y Llwyn CF63: Barry ... 4C **106**
Glas-y-Pant CF14: Whit..........1B **84**
Glebe Gdns. NP10: Bass...........1D **52**
Glebeland Pl. CF62: St Ath ... 5C **112**
Glebe Pl. CF14: L'shn 5H **71**
Glebe St. CF63: Barry 6A **106**
Glebe St. CF64: P'rth 6A **102**
Glebe St. CF83: Bed'ws 3G **29**
Glebe St. NP19: Newp...............4E **37**
Glen, The NP18: Langs.............6H **23**
Glen Affric Cl. CF62: Barry ...1F **117**
Glenbrook Cl. CF63: Barry.... 5D **106**
Glenbrook Dr. CF63: Barry.... 5D **106**
Glencoe St. CF63: Barry 1A **118**
Glencourt NP4: Seba 2E **9**
Glendale Av. CF14: L'shn....... 4G **71**
Glendower Ct. CF14: Whit 2B **84**
Glendower Ho.
   CF10: Card 2E **5** (3B **96**)
   .... (off St Andrews Lane)
Glenfields Est. CF83: Caer...... 6A **28**
Glengariff Cl. NP4: Grif..........1D **8**
Glen Mavis Way
   CF62: Barry 1F **117**
Glenmount Way
   CF14: Thorn............................3F **71**
Glenrise Cl. CF3: St Mel.......... 6E **75**
Glenroy NP4: Up R 5D **8**
Glenroy St. CF24: Card 1B **96**
GLENSIDE 4A **16**
Glenside NP44: Pnwd 5D **8**
Glenside Cl. CF23: Pen L........ 5C **86**
Glen Vw. CF14: L'shn..............1H **85**
Glen Vw. NP16: Math 8B **62**
Glen Vw. NP44: Cwm'bn...........2F **11**
Glenwood CF23: L'dyrn 1C **86**
Globe Cen., The 1C **96**
Gloch Wen Cl. NP10: R'drn...... 6A **34**
Glossop Rd.
   CF24: Card 2H **5** (3C **96**)
Glossop Ter.
   CF24: Card 3H **5** (3C **96**)

Gloster Pl. NP19: Newp 3D **36**
Gloster's Pde. NP4: New I 6H **7**
Gloster St. NP19: Newp 3D **36**
Gloucester Cl. CF62: Barry ... 1H **117**
Gloucester Cl. NP44: L'rfn 2B **12**
Gloucester Ct. NP18: Caerl..... 4G **21**
   .... (off Roman Way)
Gloucester St.
   CF11: Card 5A **4** (4G **95**)
Glyn Anwen NP19: Newp......... 1G **37**
Glynbridge Cl. CF62: Barry ... 4H **105**
Glyncoch 2D **14**
Glyncoch Ter. CF37: Glync....... 2E **15**
Glyn Coed Rd. CF23: Pent 6E **73**
Glyn Collen CF23: Pent...........6G **73**
Glyn Derw CF83: Caer 5C **28**
Glyn-Dwr Av. CF37: R'fln..........3F **25**
Glyndwr Av. CF62: St Ath 5C **112**
Glyndwr Rd. CF5: Ely.................3F **93**
Glyndwr Rd. CF62: Barry 2G **117**
Glyndwr Rd. CF64: P'rth 2C **108**
Glyndwr Rd. NP44: Cwm'bn ... 1H **11**
Glyn Eiddew CF23: Pent...........5F **73**
Glyn Glas CF83: Thorn.............5D **46**
Glynne St. CF11: Card 3F **95**
Glynrhondda St.
   CF24: Card 1D **4** (2A **96**)
Glyn Rhosyn CF23: Pent..........5D **72**
Glyn Rhymni CF3: Rum 5A **88**
Glyn Simon Cl. CF5: L'dff 4A **84**
Glynstell Cl. CF11: Card...........1F **101**
Glynstell Ind. Est.
   CF11: Card 1G **101**
GLYNTAFF 2F **25**
Glyntaff Cl. CF37: R'fln............3G **25**
Glyntaff Crematorium 2F **25**
Glyntaff Housing Est.
   CF37: R'fln.............................3G **25**
Glyntaff Rd. CF37: Glynt 1F **25**
Glyntirion NP44: Two L..............4A **6**
Glyn Vw. NP4: P'pool 4A **6**
   .... (off Crumlin Rd.)
Glyn y Gog CF62: Rho............6F **115**
Godfrey Rd. NP20: Newp 4A **36**
Godfrey Rd. NP44: Pnwd 6D **8**
Godwin Cl. CF5: L'dff................3H **83**
Y Goedwig CF14: R'ina 5C **70**
Goetre Fawr CF15: Rad 2H **83**
Golate Ct.
   CF10: Card ,.................5C **4** (4A **96**)
   .... (off Golate St.)
Golate St. CF10: Card 5C **4** (4A **96**)
Goldcliff Ct. NP44: Cwm'bn 2H **11**
Goldcliff Rd. NP18: Gold..........6B **56**
Goldcliff Rd. NP18: Nash..........6B **56**
Goldcrest Dr. CF23: Pent 6D **72**
Goldcroft Comn.
   NP18: Caerl..........................5H **21**
Goldcroft Ct. NP18: Caerl 5H **21**
Golden Mile Vw.
   NP20: Newp 1E **53**
Goldfinch La. NP26: Cadc......... 6C **60**
   .... (not continuous)
Goldsland Pl. CF62: Barry..... 2E **117**
Goldsland Wlk. CF5: Wen........ 6E **99**
Goldsmith Cl. CF3: L'rmy..........6H **73**
Goldsmith Cl. NP20: Newp 1G **53**
Gold St. CF24: Card 2H **5** (3C **96**)
Gold Tops NP20: Newp 4B **36**
Golf Club La. CF62: St Ath 3D **112**
Gol Football Cen. Cardiff 5D **54**
Gol Football Cen. Newport.... 2A **56**
Golf Rd. NP4: New I 5G **7**
Golwg y Coed CF63: Barry... 3A **106**
Golwg y Coed CF83: Caer...... 4H **27**
Golwg-yr-Eglwys
   CF83: Bed'ws 3F **29**

Golygfa'r Eglwys
   CF37: P'prdd 6A **14**
GOLYNOS 6A **18**
Goodrich Av. CF83: Caer.......... 1E **47**
Goodrich Ct. NP44: L'rfn.........3B **12**
Goodrich Cres. NP20: Newp ... 2B **36**
Goodrich Gro. NP10: Duff.........6G **53**
Goodrich La. NP20: Newp 2B **36**
Goodrich St. CF83: Caer 1D **46**
Goodwick Cl. CF62: Barry..... 5H **105**
Goodwick Rd. CF3: Rum 4A **88**
Goodwood Cl. CF5: Ely.............5D **92**
Goossens Cl. NP19: Newp 3D **38**
Gordings NP44: G'mdw 2D **10**
Gordon Hall
   CF24: Card 1F **5** (2B **96**)
Gordon Rd.
   CF24: Card 1E **5** (2B **96**)
Gordon St. NP19: Newp 4E **37**
Gore St. NP19: Newp 2D **36**
Gormans Cl. NP10: Roger........ 5B **34**
Gorsedd Circle 3B **4** (3H **95**)
Gorsedd Gdns. Rd.
   CF10: Card 2D **4** (3A **96**)
Gorse Pl. CF5: F'wtr.................1G **93**
Goscombe Dr. CF64: P'rth ... 6H **101**
Gospel Cl. CF38: Bed................4A **42**
Gough Rd. CF5: Ely...................4G **93**
Gould Cl. CF3: Old M.................6B **74**
Govilon Pl. NP44: Pnwd 6D **8**
Gowan Ct. CF14: Thorn.............2F **71**
Gower Ct. CF62: Barry 2F **117**
Gower Davies Ct.
   CF37: Y'bwl 1A **14**
Gower Grn. NP44: Croes.......... 5G **9**
Gower St. CF24: Card 6A **86**
Goya Cl. NP19: Newp 4F **95**
Gradon Cl. CF63: Barry 1C **118**
Grafton Cl. CF23: Pen L.......... 4D **86**
Grafton Dr. CF72: Cross l....... 3G **65**
Grafton La. NP19: Newp 4D **36**
Grafton Rd. NP19: Newp.......... 4C **36**
Grafton Ter. CF14: R'ina.......... 1E **85**
Graham Bell Cl. NP20: Newp .. 3H **19**
Graham Cl. CF23: Pen L 5E **87**
Graham Ct. CF83: Caer 6E **29**
Grahamstown Gro.
   NP16: Sed 2G **63**
Grahamstown Rd.
   NP16: Sed 2H **63**
Graham St. NP20: Ncwp........... 5B **36**
Graham Wlk. CF11: Card........4F **95**
GRAIG 2B **24**
Yr Graig CF72: L'sant.............. 2E **65**
Graig Av. CF37: P'prdd............. 2B **24**
Graig Cl. NP10: Bass................ 6C **34**
Graig Fach CF37: Glynt............2F **25**
Graig Llwyn Rd.
   CF14: L'vne............................1C **72**
Graig Llwyn Rd.
   CF14: Pontp...........................1C **72**
Graig Lwyd CF15: Rad.............6F **69**
Graig Pk. Av. NP20: Malp........ 5A **20**
Graig Pk. Circ. NP20: Malp..... 6A **20**
Graig Pk. Hill NP20: Malp....... 6B **20**
Graig Pk. La. NP20: Malp........ 6B **20**
Graig Pk. Pde. NP20: Malp...... 6B **20**
Graig Pk. Rd. NP20: Malp........ 6A **20**
Graig Pk. Vs. NP20: Malp........ 6A **20**
Graig Rd. CF14: L'vne.............. 6A **48**
Graig Rd. NP44: G'mdw........... 1C **10**
Graig Rd. NP44: Thorn............. 1C **10**
Graig Rd. NP44: Up Cwm........ 1C **10**
Graigside CF15: N'grw............. 5E **45**
Graig St. CF37: P'prdd.............1C **24**
Graig Ter. CF37: P'prdd............1C **24**
Graig Vw. CF14: L'vne.............. 2B **72**

Graig Vw. CF15: N'grw 3F **45**
Graig Vw. CF83: Mac.............. 2H **31**
Graig Vw. NP11: Ris.................6D **16**
Graig Vw. NP44: Up Cwm 5B **8**
Graig Wen CF15: Morg 5F **69**
Graigwen Cres.
   CF83: A'tdwr 2F **27**
   .... (not continuous)
Graigwen Parc
   CF37: P'prdd 4A **14**
Graigwen Pl. CF37: P'prdd 6B **14**
Graigwen Rd. CF37: P'prdd 4A **14**
Graig Wood Cl. NP20: Malp ... 6A **20**
Graig-y-Fedw CF83: A'tdwr 2F **27**
Graig-y-Fforest
   CF37: T'rest..........................4E **25**
Graig-y-Rhacca CF83: Mac.... 2D **30**
GRAIG-Y-RHACCA 3C **30**
Graig-yr-Helfa Rd.
   CF37: P'prdd 1E **25**
Graig-yr-Helfa Rd.
   CF37: R'fln 1E **25**
Graig yr Hesg Pl.
   CF37: P'prdd 4D **14**
Graig yr Hesg Rd.
   CF37: P'prdd 4D **14**
Graig-yr-Wylan CF83: Caer 1A **46**
Granary, The CF10: Card 6B **96**
   .... (off Magretion Pl.)
Grand, The
   CF10: Card 4B **4** (4A **96**)
   .... (off Westgate St.)
Grand Arc.
   CF10: Card 4D **4** (4B **96**)
   .... (within St David's Cen.)
Grand Av. CF5: Ely.................. 5E **93**
Grange, The CF3: M'fld........... 5A **76**
Grange, The CF38: Llan F 5C **42**
Grange, The CF5: L'dff............ 1C **94**
Grange, The CF64: P'rth 2D **108**
Grange, The CF83: Caer.......... 6B **28**
Grange Av. CF5: Wen............... 5E **99**
Grange Cl. CF5: Wen................ 4E **99**
Grange Cl. CF83: Caer............. 6B **28**
Grange Ct. CF11: Card............1H **101**
Grange Ct. CF83: Caer............ 5A **36**
Grange Ct. NP4: P'nydd 1A **6**
Grange Gdns. CF11: Card 1H **101**
Grange Gdns.
   CF61: Llan M 2C **110**
Grange Ind. Est.
   NP44: Cwm'bn 3H **11**
Grange La. NP44: Cwm'bn 1G **11**
Grangemoor Ct.
   CF11: Card 4G **101**
Grangemoor Ho.
   CF11: Card 5H **101**
Grange Path NP44: Llanf 4B **12**
Grange Pl. CF11: Card 1A **102**
Grange Rd. NP26: Undy 3D **58**
Grange Rd. NP44: Cwm'bn 1H **11**
   .... (not continuous)
GRANGETOWN 1H **101**
Grangetown Link
   CF11: Card 2F **101**
Grangetown Station (Rail) ... 1G **101**
GRANGE UNIVERSITY
HOSPITAL, THE 3C **12**
Grangewood Cl.
   CF23: Pontp..........................4H **73**
Granston Ho. NP44: F'wtr..... 3D **10**
Granston Sq. NP44: F'wtr...... 3D **10**
Grantham Cl. CF5: L'dff.......... 5A **84**
Grant's Fld. CF5: St N............ 1A **98**
Granville Av. CF5: Card.......... 2C **94**
Granville Cl. NP10: Roger 5E **35**

Granville La. NP20: Newp...... 5D 36
Granville Sq. NP20: Newp 5D 36
..............................(off Granville St.)
Granville St. NP20: Newp 5D 36
Granville Ter. NP16: Tut...........1F 63
Grasmere Av. CF23: Cyn.......... 4A 86
Grasmere Way NP16: Bul 6G 63
Grassmere Cl. CF64: L'dgh... 5G 101
Gray Hill Vw. NP26: Pskwt......5F 61
Graylands, The CF14: R'ina 1E 85
Gray La. CF11: Card................3F 95
Grays Gdns. CF83: Mac 3C 30
..............................(not continuous)
Grayson Way NP44: L'tnam..... 5A 12
Gray St. CF11: Card 3F 95
..............................(not continuous)
Grays Wlk. CF71: Cowb 3D 90
Gt. Brynhill La. CF62: Barry...4F 105
Gt. Burnet Cl. CF3: St Mel.......1F 89
Gt. Ho. Farm CF5: Ely 4D 92
Great Ho. Mdws.
   CF61: Llan M 2B 110
Great Ho. Ri. CF5: Ely 4D 92
Gt. Oaks Pk. NP10: Roger....... 2B 34
Gt. Ormes Rd. CF11: Card..... 4A 102
Gt. Thomas Cl. CF62: Rho.....5D 114
Gt. Western Ct. CF5: Card..... 4E 95
Gt. Western La.
   CF10: Card 5D 4 (4A 96)
Greave Cl. CF5: Wen............. 4E 99
Greek Chu. St. CF10: Card...... 5B 96
Green, The CF11: Leck 2D 100
Green, The CF15: Rad...........2G 83
Green, The CF61: Llan M 5C 110
Green, The NP16: Pwllm 5B 62
Grn. Acre CF15: Cre.............. 6E 67
Grn. Acre NP44: Two L 4F 11
Greenacre Dr. CF23: Pontp ... 3H 73
Greenacre Dr. CF83: Bed'ws...2F 29
Greenacre Gdns. CF83: Tret... 3H 29
Greenacres CF63: Barry 6D 106
Greenacres Pk. NP18: Nash... 4D 56
Green Av. NP26: Cald............ 5C 60
Greenbanks Dr.
   CF62: Barry 1F 117
Greenbay Rd. CF24: Card 3G 97
Greenclose Rd. CF14: Whit..... 3E 85
Green Ct. NP26: Cald 5B 60
Green Ct. NP44: Croes..........5G 9
Greencroft Av. CF5: Ely.......... 3B 94
Greendale Pl. CF15: Tong...... 5H 69
Greene Cl. NP19: Newp 4D 38
Grn. Farm Cl. CF5: Ely........... 5E 93
Green Farm Rd. CF5: Ely 5E 93
Greenfield NP18: Caerl..........4F 21
Greenfield NP26: Cald 5C 60
Greenfield Av. CF11: Card 2E 95
Greenfield Av. CF14: Whit...... 2E 85
Greenfield Av. CF37: Glync 2C 14
Greenfield Av.
   CF64: Din P 1G 107
Greenfield Cl. NP44: Pnwd 5D 8
Greenfield Pl. CF83: A'tdwr ... 2C 26
Greenfield Rd. CF14: Whit 2E 85
Greenfield Rd. CF62: Barry....6F 105
Greenfield Rd. NP10: Roger.... 5D 34
Greenfield Stores
   NP10: Roger 5E 35
Greenfield Way
   CF71: L'thian 4B 90
Greenforge Way
   NP44: Cwm'bn 2E 11
Greenhaven Ri.
   CF64: L'dgh 5G 101
Greenhill Cl. NP4: Seba 2E 9
Greenhill Ct. CF3: Rum 5B 88

Greenhill Rd. NP4: Grif 1E 9
Greenhill Rd. NP4: Seba 1E 9
Greenhill Rd.
   NP44: Cwm'bn 1F 11
Greening Dr. CF64: Sul 2H 119
Greenland Cres. CF5: F'wtr ... 1G 93
Greenland Rd. NP4: Treve 1B 6
Greenlands, The
   NP26: Magor 4C 58
Greenlands Rd.
   CF72: L'sant 2G 65
Green La. CF3: Pet W.............6G 75
Green La. CF3: St Mel.............6G 75
Green La. CF63: Barry............5C 106
Green La. CF64: Din P 5G 107
Green La. CF72: Tallb G 3E 65
..............................(off Green Pk.)
Green La. NP10: Coedk.............1F 77
Green La. NP10: St Bri W........1F 77
Green La. NP26: Cald............ 5C 60
Grn. Lawns CF23: Pen L 5C 86
Grn. Lawns CF62: Barry....... 6A 106
Green Mdw. CF72: Tallb G 1D 64
Greenmeadow CF83: Mac 4D 30
GREENMEADOW 2C 10
Greenmeadow Av.
   NP19: Newp 6A 38
Green Mdw. Cl.
   CF62: St Ath 4C 112
Greenmeadow Cl.
   CF37: Glync 2D 14
Greenmeadow Cl.
   CF64: Din P 3H 107
Greenmeadow Cl.
   NP44: Cwm'bn 3F 11
Greenmeadow Community
   Farm 1D 10
Greenmeadow Ct.
   CF72: L'sant 3G 65
Greenmeadow Dr.
   CF15: Tong.......................... 4H 69
Greenmeadow Dr.
   NP11: Cross K 3B 16
Greenmeadow Golf Course...... 4H 9
Greenmeadow Rd.
   NP19: Newp 6A 38
Greenmeadows CF3: Rum...... 2C 88
Greenmeadow Sq.
   NP44: Cwm'bn 3F 11
..............................(off Greenmeadow Cl.)
Greenmeadow Way
   NP44: Cwm'bn 2E 11
Greenmeadow Way
   NP44: G'mdw 2E 11
Grn. Meadow Way
   CF62: Rho...........................6F 115
Green Moor La.
   NP26: Magor 4B 58
..............................(not continuous)
Greenock Rd. CF3: Rum......... 1B 88
Green Pk. CF72: P'clun.......... 4B 64
Green Pk. CF72: Tallb G 3E 65
Green Pl. CF15: Rad.............. 2F 83
Grn. Row CF83: Mac...............3F 31
Greenside CF71: Cowb 4D 90
Green St.
   CF11: Card 4A 4 (4H 95)
Green St. NP16: Chep 3E 63
Greenway CF83: Bed'ws......... 3E 29
Greenway Av. CF3: Rum......... 4A 88
Greenway Cl. CF64: L'dgh 4E 101
Greenway Cl. NP4: Grif...........1D 8
Greenway Ct. CF3: Rum......... 4A 88
Greenway Ct. CF63: Barry 5D 106
Greenway Dr. NP4: Grif...........1D 8
Greenway Rd. CF3: Rum......... 4A 88
Greenway Rd. CF3: St Mel...... 4A 88

Greenways, The
   NP26: Magor 4C 58
Greenway Wlk. NP4: Grif........1D 8
Greenway Workshops
   CF83: Bed'ws 3F 29
Greenwich Rd. CF5: Card...... 2D 94
Greenwich Rd. NP20: Newp ... 2A 54
Grn. Willows NP44: Oakf 5H 11
Greenwood NP19: Newp........1G 37
Greenwood Av. NP44: Pnwd... 5B 8
Greenwood Av.
   NP44: Up Cwm 5B 8
Greenwood Cl. CF23: Pontp... 3H 73
Greenwood Ct. CF83: Caer ... 6E 29
Greenwood Dr.
   CF38: Llan F 4B 42
Greenwood Dr. NP44: H'lys ... 5A 10
Greenwood La. CF5: St F....... 2E 93
Greenwood Rd. CF5: L'dff 6B 84
Greenwood St.
   CF63: Barry 3H 117
Grenadier Dr. NP18: Langs ...1G 39
Grenville Rd. CF23: Pen L 1D 96
Grenville Ter. NP26: Rog....... 6A 60
Gresford Cl. CF3: St Mel....... 1B 88
Greyfriars Pl.
   CF10: Card 3D 4 (3A 96)
Greyfriars Rd.
   CF10: Card 3D 4 (3A 96)
Greyhound La. CF72: L'sant ...2F 65
Grey's Dr. CF61: Bov............. 3D 110
Grey Waters NP44: L'rfn........ 2A 12
Griffin, The NP10: Bass 1C 54
Griffin Cl. CF62: Barry........... 5E 105
Griffin Ct. NP4: P'pool............ 2B 6
..............................(off Osborne Rd.)
Griffin St. NP20: Newp........... 4C 36
GRIFFITHSTOWN 6E 7
Grimson Cl. CF64: Sul 2H 119
Grindle Wlk. NP10: Roger...... 3C 34
Grisedale Cl. CF23: Pen L 5B 86
Y Groes CF14: R'ina.............. 6D 70
Groes Cl. NP10: Roger 2C 34
GROES-FAEN 1C 80
Groes Fawr Cl. CF3: M'fld 4A 76
Groes Lon CF14: R'ina........... 5D 70
Groes Rd. NP10: Roger
   Groes Cl............................. 2C 34
Groes Rd. NP10: Roger
   Little Oaks Vw...................... 3C 34
GROES-WEN 1F 45
Groeswen CF61: Llan M 2B 110
Groeswen Dr. CF83: Caer 5H 27
Groeswen Rd. CF15: Gro-w... 1E 45
Groeswen Rd. CF83: Caer 6G 27
Gron Ffordd CF14: R'ina........ 4D 70
Grongaer Ter. CF37: P'prdd ... 1B 24
Grosmont Pl. NP44: Croes......5G 9
Grosmont Rd. NP4: New I...... 5H 7
Grosmont Way NP10: Duff.....6F 53
Grosvenor Casino Cardiff 1C 102
Grosvenor Ho., The
   CF24: Card 3E 97
Grosvenor Pl. NP44: Seba 2E 9
Grosvenor Rd. NP10: Bass 6B 34
Grosvenor St. CF5: Card........ 4D 94
Grouse St.
   CF24: Card 1H 5 (2C 96)
Grove, The CF14: Heath..........2F 85
Grove, The CF3: Rum............. 4A 88
Grove, The CF37: Glync 1D 14
Grove, The CF62: Barry.......... 4E 117
Grove, The NP20: Newp......... 6C 36
..............................(off Clytha Sq.)
Grove Cl. NP4: P'nydd............ 1A 6
Grove Est. CF83: Tret............. 2A 30

Grove Est. NP4: P'nydd........... 1A 6
Grove Gdns. NP26: Cald 5D 60
Groveland Rd. CF14: Heath 3F 85
Grove La. CF62: Barry............ 5E 117
Grove La. NP20: Newp........... 6C 36
Grove Pk. NP44: Pnwd........... 5E 9
Grove Pk. Av. NP44: Pnwd..... 5E 9
Grove Pk. Dr. NP20: Malp 5B 20
GROVE PARK RDBT............... 6C 20
Grove Pl. CF14: Heath............2F 85
Grove Pl. CF64: P'rth............. 1E 109
Grove Pl. NP4: Grif................ 1E 9
Grove Pl. NP44: Pnwd........... 5E 9
..............................(off Grove Pk.)
Grove Pl. La. CF64: P'rth 1E 109
Grove Rd. NP11: Ris 4C 16
Grove Rd. NP4: P'nydd........... 1A 6
Grovers Cl. CF37: Glync........1D 14
Grover St. CF37: P'prdd......... 1B 24
Groves Rd. NP20: Newp 5E 35
Grove Ter. CF64: P'rth 1E 109
Grove Ter. NP4: P'nydd 1A 6
Grove Way CF3: Rum.............4H 87
Gruffydd Dr. CF83: Caer 4C 29
Guardian Ind. Est.
   CF24: Card 2F 97
Guenever Cl. CF14: Thorn....... 3E 71
Guest Rd. CF24: Card
   Ocean Way 5H 5 (4D 96)
Guest Rd. CF24: Card
   Regents Trade Pk. 5D 96
Guildford Cres.
   CF10: Card 4F 5 (4B 96)
Guildford St.
   CF10: Card 4F 5 (4B 96)
Guildhall Pl.
   CF10: Card 5C 4 (4A 96)
Gulf Ind. Area CF11: Card..... 1G 101
Guthrie St. CF63: Barry......... 2A 118
Guy's Rd. CF63: Barry........... 1B 118
Gwaelod y Foel
   CF38: Llan F 3D 42
GWAELOD-Y-GARTH 1D 68
Gwaelod y Garth Ind. Est.
   CF15: Gwae G......................3F 69
Gwaelod-y-Garth Rd.
   CF37: T'rest 1A 44
Gwalch y Penwaig
   CF62: Barry 5H 117
Gwalia Gro. CF37: R'fln..........3F 25
Gwaun Cl. CF14: Whit............ 3A 84
Gwaun Hyfryd CF83: Caer......5F 29
Gwaun Illtuds
   CF61: Llan M 2C 110
Gwaunmiskin Rd.
   CF38: Bed............................4H 41
Gwaun Newydd CF83: Caer 5F 29
Gwaun Rd. CF37: R'fln 3F 25
Gwaunruperra Cl.
   CF72: L'sant 1F 65
Gwaunruperra Rd.
   CF72: L'sant 1F 65
Gwaun y Cwrt CF83: Caer..... 2H 45
Gwaun y Cwrt NP26: Cald 5B 60
Gwaun-y-Groes
   CF72: Cross I....................... 3H 65
..............................(off Main Rd.)
Gwbert Cl. CF3: Rum 2C 88
Gwenddwr Grange Cl.
   NP20: Newp 1B 54
Gwendoline Pl. CF24: Card.... 4D 96
Gwendoline Rd. NP11: Ris 6D 16
Gwendoline St. CF24: Card ... 4D 96
GWENFÔ 5E 99
Gwenfo Cl. CF5: Wen............. 4E 99
Gwenllian St. CF63: Barry ... 1D 118
Gwenllian Ter. CF37: T'rest 5F 25

Gwennol y Graig	
CF62: Barry	5H 117
Gwennol y Mor	
CF62: Barry	5H 117
Gwennyth St. CF24: Card	6A 86
Gwenog Ct. CF62: Barry	2E 117
Gwent CF64: P'rth	6C 102
Gwent Crematorium	4H 9
Gwentlands Cl. NP16: Bul	3E 63
Gwent Rd. CF37: T'rest	2B 44
Gwent Rd. CF5: Ely	5F 93
Gwent Sq. NP44: Cwm'bn	1G 11
Gwent St. NP4: P'pool	3B 6
Gwern Catherine CF5: Cap L	2F 81
Gwern Catherine CF5: Cre	2F 81
Gwern Cl. CF5: Cul C	2D 98
Gwern Gwynfael CF5: Cap L	2F 81
Gwern Gwynfael CF5: Cre	2F 81
Gwern Hafren CF11: Card	2F 95
Gwern Rhuddi Rd.	
CF23: Cyn	5C 72
(not continuous)	
Gwern-y-Domen Farm La.	
CF83: Caer	1F 47
Gwilym Pl. CF63: Barry	5A 106
Gwilym St. CF37: R'fln	5F 25
GWNDY	4F 59
Gwy Ct. NP16: Chep	1F 63
Gwynant Cres. CF23: Cyn	2B 86
Gwyn Dr. CF83: Caer	5C 28
Gwyndy Rd. NP26: Undy	4E 59
Gwynfryn Ter. CF38: Llan F	4D 42
Gwyn James Ct.	
CF64: P'rth	6G 101
Gwynllyw NP44: Pnwd	5C 8
Gwyn St. CF37: T'rest	4E 25
Gym Cardiff, The	6F 87
Gypsy La. CF15: Gro-w	2G 45

H

Habershon St. CF24: Card	4E 97
Hackerford Rd. CF23: Cyn	5C 72
Haden St. NP4: P'pool	3B 6
Hadfield Cl. CF11: Card	6E 95
Hadfield Rd. CF11: Card	6E 95
Hadley Ho. CF64: P'rth	4D 108
Hadrian Cl. NP18: Caerl	4G 21
Hafan Heulog CF37: Glync	1D 14
Hafan-Werdd CF83: Caer	4F 29
Hafod CF72: Y'erdy	6C 40
Hafod Cl. NP18: P'hir	1F 21
Hafod Ct. Rd. NP44: Thorn	6A 8
Hafod Cwrt NP20: Newp	6A 36
Hafod Gdns. NP18: P'hir	1F 21
Hafod M. NP18: P'hir	1F 21
Hafod Rd. NP18: P'hir	1F 21
Hafod St. CF11: Card	6B 4 (5H 95)
Hafod-y-Bryn NP11: Ris	6E 17
Hafren Ct. CF11: Card	2F 95
Hafren Rd. CF62: Barry	2G 117
Hafren Rd. NP44: Thorn	1C 10
Haig Pl. CF5: Ely	6E 93
Hailey Ct. CF14: Llan N	4B 84
Haines Cl. CF83: Caer	2A 46
Haisbro Av. NP19: Newp	1E 37
Haldane Cl. CF83: Caer	6F 29
Haldane Pl. NP20: Malp	5A 20
Haldens, The NP44: F'wtr	4D 10
Hale Wood NP16: Chep	2C 62
Half Acre Ct. CF83: Caer	5D 28
Halifax Cl. CF24: Card	2G 97
Halle Cl. NP19: Newp	4E 39
Halley Ct. CF62: Rho	6E 115
Halliard Ct. CF10: Card	6C 96

Halls Rd. NP11: Cross K	1A 16
Halls Rd. NP11: P'waun	1A 16
Halls Rd. Ter.	
NP11: Cross K	2A 16
Halsbury Rd. CF5: Card	2D 94
Halstead St. NP19: Newp	5E 37
Halt, The CF64: Sul	2G 119
Halton Cl. CF64: P'rth	5E 109
Hamadryad Ct.	
CF10: Card	2A 102
Hamadryad Rd.	
CF10: Card	2A 102
Hamilton Ct. CF5: Caerl	3E 95
Hamilton St. CF11: Card	3G 95
Hamilton St. CF11: Card	6F 37
Ham La. CF61: Llan M	4C 110
Ham La. Sth. CF61: Llan M	4B 110
Ham Mnr. CF61: Llan M	4C 110
Ham Mnr. Pk.	
CF61: Llan M	5C 110
Ham M. CF61: Llan M	5C 110
Hammond Dr. NP19: Newp	5F 37
Hammond Way CF23: Pen L	6E 87
Hampden Ct. NP19: Newp	6G 37
Hampden Rd. NP19: Newp	6G 37
Hampshire Av.	
NP19: Newp	1H 55
Hampshire Cl. NP19: Newp	1H 55
Hampshire Cres.	
NP19: Newp	1H 55
Hampstead Wlk. CF5: Ely	5D 92
Hampton Cir. Rd.	
CF23: Pen L	5D 86
Hampton Cres. E.	
CF23: Cyn	4D 72
Hampton Cres. W.	
CF23: Cyn	4C 72
Hampton Rd. CF14: Heath	3F 85
Hanbury Cl. CF14: Whit	2A 84
Hanbury Cl. NP18: Caerl	6A 22
Hanbury Cl. NP44: Cwm'bn	1G 11
Hanbury Gdns. NP4: P'nydd	1A 6
Hanbury Gro. NP4: P'pool	2B 6
Hanbury Rd. NP4: P'pool	3C 6
Handel Cl. CF64: P'rth	4D 108
Handel Cl. NP19: Newp	4E 39
Handel Ct. NP19: Newp	4D 38
Hand Farm Rd. NP4: New I	4F 7
Handley Rd. CF24: Card	2G 97
Handsworth St. NP19: Newp	5F 37
Hanfield Pk. NP44: Croes	1A 12
Hanley Path NP44: St Di	3E 11
Hannah Cl. CF14: L'shn	1H 85
Hannah St. CF10: Card	6B 96
Hanover Cl. NP16: Chep	1D 62
Hanover Ct. CF14: Whit	1B 84
Hanover Ct. CF63: Barry	6D 106
Hanover Ct. NP16: Tut	2C 63
Hanover St. CF5: Caerl	4E 95
Hanover St. CF62: Barry	2H 117
Hansen Cl. CF10: Card	1B 102
Hansen St. CF10: Card	5A 96
Hansom Pl. CF11: Card	6G 95
Harbour Dr. CF10: Card	2C 102
Harbour Point CF10: Card	2C 102
(off Stuart St.)	
Harbour Vw. Rd.	
CF64: P'rth	6A 102
Harbour Wlk. CF62: Barry	5F 117
Harding Av. NP20: Malp	4A 20
Harding Cl. CF61: Bov	3E 111
HARDWICK	3E 63
Hardwick Av. NP16: Chep	3A 63
Hardwicke Ct. CF5: L'dff	1C 94
Hardwick Hill NP16: Chep	3D 62

Hardwick Hill La.	
NP16: Chep	3E 63
Hardwick Ter. NP16: Chep	2E 63
(not continuous)	
Hardy Cl. CF62: Barry	5A 106
Hardy Cl. NP20: Newp	2G 53
Hardy Ct. NP4: P'nydd	1A 6
Hardy Pl. CF24: Card	1G 5 (2C 96)
Harefield Cl. CF37: Pontp	4H 73
Harford Cl. CF14: Whit	2A 84
Hargreaves Dr. NP20: Malp	4A 20
Harlech Cl. CF64: Din P	2A 108
Harlech Cl. NP44: Croes	5G 9
Harlech Cl. CF14: Whit	1C 84
Harlech Cl. CF83: Caer	5H 27
Harlech Dr. CF64: Din P	1A 108
Harlech Dr. NP10: R'drn	6A 34
Harlech Gdns. CF62: Barry	5F 105
Harlech Ho. CF15: Rad	1G 83
Harlech Retail Pk.	1A 54
Harlech Rd. CF3: Rum	4A 88
Harlech Rd. CF5: Cul C	2D 98
Harlequin Ct. CF24: Card	1E 97
Harlequin Ct. NP20: Newp	3B 36
Harlequin Ct. NP20: Newp	3B 36
HARLEQUIN RDBT.	3C 36
Harold St. CF24: Card	2E 97
Harold St. NP44: Pnwd	6E 9
Harold Wlk. NP10: Roger	5D 34
(off Ebenezer Dr.)	
Harpur St. CF10: Card	5A 96
Harriet St. CF24: Card	1A 96
Harriet St. CF64: P'rth	6H 101
Harrington Ct. CF5: Ely	6F 93
Harris Av. CF3: Rum	3A 88
Harrismith Rd. CF23: Pen L	6C 86
Harrison Dr. CF3: St Mel	2D 88
Harrison Way CF11: Card	3H 101
Harrogate Rd. NP19: Newp	1E 37
Harrowby La. CF10: Card	2B 102
Harrowby Pl. CF10: Card	2B 102
Harrowby St. CF10: Card	2B 102
Harrow Cl. NP18: Caerl	3F 21
Harrow Rd. NP19: Newp	4D 36
Hart Gdns. NP20: Newp	6C 36
(off Charlotte St.)	
Hartland Ho. CF11: Card	4A 102
Hartland Rd. CF3: L'rmy	2G 87
Hartley Pl. CF11: Card	6F 95
Hart Pl. CF24: Card	1F 97
Hartridge Farm Rd.	
NP18: Newp	5C 38
Hartshorn Ct. CF83: Caer	6F 29
Harvard Rd. CF83: A'tdwr	2D 26
Harvey Cl. NP20: Malp	5A 20
Harvey Pl. CF5: Card	3E 95
Harvey St. CF63: Barry	1B 118
(not continuous)	
Hassocks Lea NP44: F'wtr	4D 10
Hastings Av. CF64: P'rth	1C 108
Hastings Cl. CF64: P'rth	1C 108
Hastings Cres. CF3: Old M	5B 74
Hastings Pl. CF64: P'rth	1C 108
Hathaway Pl. CF63: Barry	5C 106
Hathaway St. NP19: Newp	5F 37
Hatherleigh NP19: Newp	4H 37
Hatherleigh Rd. CF3: Rum	3G 87
Haul Fryn CF14: R'ina	5B 70
Havannah St. CF10: Card	2B 102
Havant Cl. CF62: Rho	6E 115
Havelock Cl. CF11: Card	6H 95
Havelock St.	
CF10: Card	5C 4 (4A 96)
Havelock St. NP20: Newp	5B 36
Haven Wlk. CF62: Barry	4G 117
Havenwood Dr.	
CF14: Thorn	2G 71

Haverford Way CF5: Ely	5H 93
Hawarden Grn. NP44: L'rfn	3B 12
Hawarden Rd. NP19: Newp	4G 37
(not continuous)	
Hawfinch Cl. CF23: Pent	6D 72
Hawke Cl. NP19: Newp	2C 38
Hawker Cl. CF24: Card	2G 97
Hawkes Ridge NP44: Ty Ca	3B 10
Hawkins Cres. NP19: Newp	2C 38
Hawks Moor Cl.	
NP10: Roger	3D 34
Hawksworth Gro.	
NP19: Newp	5H 37
Hawkwood Cl. CF5: F'wtr	6F 83
Hawse La. NP10: Coedk	3D 76
Hawse La. NP10: St Bri W	3D 76
HAWTHORN	5G 25
Hawthorn Av. CF64: P'rth	2C 108
Hawthorn Cl. CF64: Din P	3H 107
Hawthorn Cl. NP16: Bul	6E 63
Hawthorn Cres. CF37: R'fln	5H 25
Hawthorne Av. NP19: Newp	5G 37
Hawthorne Cl. NP26: Undy	3D 58
Hawthorne Fosse	
NP19: Newp	5H 37
Hawthorne Sq. NP19: Newp	5G 37
Hawthorn Gdns.	
NP18: Caerl	4A 22
Hawthorn Leisure Cen.	5G 25
Hawthorn Pl. NP11: P'waun	1A 16
Hawthorn Rd. CF37: R'fln	5H 25
Hawthorn Rd. CF62: Barry	3E 117
Hawthorn Rd. CF72: L'harry	5B 78
Hawthorn Rd. NP4: Seba	2D 8
Hawthorn Rd. E.	
CF14: Llan N	4B 84
Hawthorn Rd. W.	
CF14: Llan N	4B 84
Hawthorns, The CF23: Pent	6E 73
Hawthorns, The	
NP18: Caerl	4A 22
Hawthorns, The	
NP4: Up Cwm	5B 8
Hawthorn Swimming Pool	6H 25
Haxby Ct. CF10: Card	5C 96
Hayes, The	
CF10: Card	4D 4 (4A 96)
Hayes Apts.	
CF10: Card	4D 4 (4A 96)
Haye's Arc.	
CF10: Card	5D 4 (4A 96)
(within St. David's Cen.)	
Hayes Bri. Rd.	
CF10: Card	5D 4 (4A 96)
Hayesgate La. NP16: Hay G	6A 62
Hayes La. CF64: Sul	3D 118
(not continuous)	
Hayes Rd. CF64: Barry	3D 118
Hayes Rd. CF64: Sul	3D 118
Hayling Cl. NP19: Newp	2F 37
Haynes Ct. NP20: Newp	1D 54
Hayswayn NP44: F'wtr	4D 10
Hazel Av. NP26: Cald	4B 60
Hazel Cl. NP4: New I	4H 7
Hazeldene CF72: L'harry	5A 78
Hazeldene Av. CF24: Card	5A 86
Hazel Gro. CF64: Din P	3H 107
Hazel Gro. CF83: Caer	4E 29
Hazel Gro. CF83: Tret	2H 29
Hazelhurst Ct.	
CF14: Llan N	4B 84
Hazelhurst Rd.	
CF14: Llan N	4B 84
Hazell Dr. NP10: Duff	5D 52
Hazel Pl. CF5: F'wtr	6H 83
Hazel Rd. CF64: P'rth	3D 108
Hazel Tree Cl. CF15: Rad	1E 83

Hazel Tree Gro.
NP20: Newp 4A **36**
Hazel Wlk. NP18: Caerl........5F **21**
Hazel Wlk. NP44: Croes............5G **9**
Hazelwood Dr. CF3: St Mel...... 6C **74**
Hazledene Cl. CF63: Barry... 6A **106**
Hazlitt Cl. CF3: L'rmy............5H **73**
Hazlitt Cl. NP20: Newp 2G **53**
Headland, The NP16: Bul...... 6G **63**
Headlands CF64: Sul 4E **119**
Hearte Cl. CF62: Rho 5E **115**
HEATH 2A **86**
Heath Av. CF64: P'rth...........6F **101**
Heathbrook CF14: L'shn....... 6A **72**
Heathcliffe Cl. CF3: Old M 5B **74**
Heath Cl. NP19: Newp 1A **56**
Heath Cres. CF37: P'prdd 6B **14**
Heather Av. CF5: Ely 3B **94**
Heather Cl. NP46: Sul 1H **93**
Heather Ct. NP44: Ty Ca........ 4B **10**
Heather Rd. NP19: Newp....... 1E **37**
Heathers, The CF62: Barry.....2F **117**
Heather Vw. Rd.
CF37: P'prdd 5E **15**
Heather Way CF37: T'rest.... 1H **93**
Heathfield Dr. CF62: Barry.... 6G **105**
Heathfield Pl. CF14: Card...... 5G **85**
Heathfield Rd. CF14: Card...... 5G **85**
Heath Halt Ct. CF23: Heath.... 2A **86**
Heath Halt Rd. CF23: Cyn.... 2A **86**
Heath Halt Rd. CF23: Heath.... 2A **86**
Heath High Level
   Station (Rail) 2A **86**
Heathland Vs. CF37: T'rest.... 2E **25**
Heath Low Level
   Station (Rail) 2A **86**
Heath Mead CF14: Heath....... 3A **86**
HEATH PARK 3F **85**
Heath Pk. Av. CF14: Heath...... 2H **85**
Heath Pk. Ct. CF14: Heath 3A **86**
Heath Pk. Cres.
CF14: Heath 3A **86**
Heath Pk. Dr. CF14: Heath 2A **86**
Heath Pk. La. CF14: Heath......4F **85**
Heath Pk. Way CF14: Heath.... 3G **85**
Heath St. CF11: Card 4G **95**
Heath Ter. CF37: P'prdd 6B **14**
Heathway CF14: Heath 2G **85**
Heathwood Ct.
CF14: Heath 2G **85**
Heathwood Gro.
CF14: Heath 3A **86**
Heathwood Rd. CF14: Heath ...3F **85**
Heathwood Rd. CF14: L'shn.... 1A **86**
Hebbles La. CF63: Barry....... 6C **106**
Heddfan Nth. CF23: Pent........6F **73**
Heddfan Sth. CF23: Pent........6F **73**
Hedel Rd. CF11: Card 3C **94**
Hedgehog Rd. NP10: Roger ... 4B **34**
Heidenheim Dr.
NP20: Newp 2B **36**
Helen Pl. CF24: Card............ 2D **96**
Helen St. CF24: Card 2D **96**
Helford Sq. NP20: Bet............5F **19**
Hellas Dr. CF62: Barry........ 5E **105**
Helpstone Ter. NP4: P'pool 2A **6**
Hemingway Rd.
CF10: Card 1C **102**
Hendre CF83: Caer............... 2A **28**
Yr Hendre CF15: N'grw.......... 3E **45**
Hendre Cl. CF5: L'dff 1C **94**
Hendre Ct. NP44: H'lys 5B **10**
Hendredenny Dr.
CF83: Caer 5G **27**
HENDREDENNY PARK 5H **27**
Hendre Farm Ct.
NP19: Newp 3D **38**

Hendre Farm Dr.
NP19: Newp 3D **38**
Hendre Farm Gdns.
NP19: Newp 4C **38**
Hendre Gdns. CF5: L'dff 1C **94**
Hendre Rd. CF3: Rum 1B **88**
Hendre Rd. CF3: St Mel 1B **88**
Hendre Rd. CF83: A'tdwr 2C **26**
Hendrick Dr. NP16: Sed........ 2G **63**
HENDY 6F **65**
Hendy St. CF23: Card 6B **86**
Henfron CF83: Caer............ 3A **28**
Yr Hen Fuarth CF37: T'rest...... 2D **24**
Hengoed Cl. CF5: Ely 5G **93**
Henke Ct. CF10: Card 6C **96**
HENLLYS 5B **10**
Henllys La. NP10: Roger........ 5C **18**
Henllys La. NP20: Bet............ 6D **18**
Henllys La. NP44: H'lys........ 5A **10**
Henllys Rd. CF23: Cyn 1B **86**
HENLLYS VALE 2D **18**
Henllys Village Rd.
NP44: H'lys 5B **10**
Henllys Way NP44: Coed E 5B **10**
Henllys Way NP44: Cwm'bn 5B **10**
Henllys Way NP44: F'wtr 5B **10**
Henllys Way NP44: H'lys........ 5B **10**
Henry Morgan Cl.
NP10: Duff..........................5H **53**
Henry St. CF10: Card 6B **96**
Henry St. CF37: P'prdd 5A **14**
Henry St. CF63: Barry 1D **118**
Henry Wood Cl.
NP19: Newp 5A **38**
Henry Wood Wlk.
NP19: Newp 5A **38**
HENSOL 5G **79**
HENSOL CASTLE PARK 5F **79**
Hensol Cl. NP10: Roger.........3D **34**
Hensol Cl. NP44: L'rfn 2A **12**
Hensol Golf Academy 5H **79**
Hensol Rd. CF72: Hens 1E **79**
    ....(not continuous)
Hensol Rd. CF72: P'clun 1E **79**
    ....(not continuous)
Hensol Vs. CF72: Hens 4G **79**
Henson St. NP19: Newp..........5F **37**
Henwysg Cl. CF37: P'prdd 5A **14**
Heol Aer CF14: R'ina............ 5E **71**
Heol Amlwch CF14: Llan N.... 4D **84**
Heol Aneurin CF83: Caer...... 3H **27**
Heol Ap Pryce CF38: Bed...... 5A **42**
Heol Aradur CF5: L'dff.......... 4H **83**
Heol Awstin CF83: Caer........ 1E **47**
Heol Barri CF83: Caer............ 4B **28**
Heol Bennett CF3: Old M...... 5H **73**
Heol Berllan CF83: Caer........ 4D **28**
Heol Berry CF15: Gwae G...... 2D **68**
Heol Beulah CF83: L'brad...... 1B **28**
Heol Beuno NP4: New I.......... 4G **7**
Heol Billingsley
CF14: N'grw 3C **44**
Heol Blakemore CF14: Whit ... 2B **84**
Heol Booker CF14: Whit 2A **84**
Heol Booths CF3: Old M 4A **74**
Heol Briwnant CF14: R'ina.... 4D **70**
Heol Broadland
CF62: Barry 3G **117**
Heol Brofiscin CF72: Gro-f 6B **66**
Heol Bro Wen CF83: Caer...... 5D **28**
Heol Bryn Glas
CF38: Llan F....................... 4D **42**
Heol Brynglas CF14: R'ina...... 5C **70**
Heol Bryn Heulog
CF38: Llan F........................3D **42**
Heol Brynhyfryd
CF38: Llan F....................... 4B **42**

Heol Brynmor John
CF38: Chu V 2D **42**
Heol Cae Bach CF83: Caer 3D **28**
Heol Cae Celynnen
CF83: Caer 3D **28**
Heol Cae Fan Heulog
CF83: Caer 4D **28**
Heol Cae Gwyn CF83: Caer 2A **46**
Heol Cae Maen CF83: Caer.... 4D **28**
Heol Cae Rhys CF14: R'ina...... 1E **85**
Heol Caerlan CF38: Bed 5H **41**
Heol Camddwr CF23: Pontp ... 4H **73**
Heol Carnau CF5: Ely............ 6H **93**
Heol Carne CF14: Whit........ 3E **85**
Heol Cattwg CF14: Whit 4D **84**
Heol Cawrdaf CF38: Bed 5A **42**
Heol Cefn Onn CF14: L'vne.... 2A **72**
Heol Cefn yr Hendy
CF72: Mis 6E **65**
Heol Ceiniog CF63: Barry..... 3H **117**
Heol Celyn CF38: Chu V.........2F **43**
Heol Celyn CF38: Tont..........2F **43**
Heol Celynen CF37: Glync 1D **14**
Heol Celynnen
CF72: L'harry 5C **78**
Heol Chappell CF14: Whit....... 2B **84**
Heol Chudleigh CF3: St Mel....2D **88**
Heol Cilffrydd CF63: Barry.... 3A **118**
Heol Clwyddau CF38: Bed...... 6A **42**
Heol Clyd CF83: Caer............. 4H **27**
Heol Coed Cae CF14: Whit.....3D **84**
Heol Collen CF5: Cul C......... 1E **99**
Heol Coroniad CF38: Bed 4A **42**
Heol Corswigen
CF63: Barry 5B **106**
Heol Creigiau CF15: Cre 1D **66**
Heol Creigiau CF38: Ef Is...... 6D **42**
Heol Crochendy
CF15: N'grw 2C **44**
Heol Cwarrel Clark
CF83: Caer 2H **27**
Heol Cwm Ifor CF83: Caer..... 3H **27**
Heol Cynwrig CF5: L'dff........ 4G **83**
Heol Dafydd CF72: P'clun...... 6C **64**
Heol Danyrodyn
CF15: P'rch 4A **68**
Heol Dderwen CF38: Tont...... 1G **43**
Heol Ddeusant CF38: Bed 5H **41**
Heol Ddu CF72: L'sant........... 2C **40**
Heol Deg CF38: Tont............2F **43**
Heol Deiniol NP4: New I....... 4G **7**
Heol Dennant CF5: F'wtr 1A **94**
Heol Derlwyn CF14: R'ina...... 5D **70**
Heol Derwen NP4: New I....... 4G **7**
Heol Deva CF5: Ely 6G **93**
Heol Dewi Sant CF14: Heath ...1F **85**
Heol Dewi Sant
CF62: Barry 2G **117**
Heol Don CF14: Whit........... 2B **84**
Heol Dowlais CF38: Ef Is 6D **42**
    ....(not continuous)
Heol Draenen Wen
CF5: Cul C 1E **99**
Heol Draw CF38: Chu V 2E **43**
Heol Dyfed CF14: Heath........2F **85**
Heol Dyfed CF38: Bed............ 6H **41**
Heol Dyhewydd
CF38: Llan F....................... 4B **42**
Heol Dywyll CF5: Ely............5H **93**
Heol Edmundsbury
NP10: Duff..........................5F **53**
    ....(shown as Edmundsbury Road)
Heol Edwards CF15: N'grw.... 3E **45**
Heol Eglwys CF5: Ely............ 5A **94**
Heol Erwin CF14: R'ina.......... 4E **71**

Heol Erw-y-Rhos
CF83: Caer 4D **28**
Heol Eryr Mor CF62: Barry.... 6H **117**
Heol Esgyn CF23: Cyn 1A **86**
Heol Fach CF15: N'grw 3E **45**
Heol Fach CF83: Caer 5A **28**
Heol Faenor CF38: Bed.......... 6H **41**
Heol Fair CF5: L'dff.............. 1C **94**
Heol Fawr CF83: Caer 3H **27**
Heol Fer CF83: Caer............ 3A **28**
Heol Ffos A Perth
NP10: Duff..........................5F **53**
   .... (shown as Steeplechase Road)
Heol Ffrwd Philip
CF38: Ef Is..........................6F **43**
Heol Ffynnon Wen
CF14: R'ina........................ 5B **70**
Heol Finch CF62: Barry........ 5G **117**
Heol Fioled CF63: Barry 4B **106**
Heol Gabriel CF14: Whit 4D **84**
Heol Gam CF15: P'rch.......... 4H **67**
Heol Ganol CF83: Caer......... 6B **28**
Heol Gelynog CF38: Bed....... 5A **42**
Heol Ger-y-Felin
CF61: Llan M 2C **110**
Heol Glandulais CF23: Pontp...4F **73**
Heol Glan Elai CF72: P'clun.... 1C **78**
Heol Glan Rheidol
CF10: Card 1B **102**
Heol Glaslyn CF23: Pontp 4H **73**
Heol Glaslyn NP26: Cald.........3D **60**
Heol Gledyr CF14: R'ina....... 1C **46**
Heol Glyn CF83: Caer.......... 4B **28**
Heol Goch CF15: Gwae G...... 4A **68**
Heol Goch CF15: P'rch......... 4A **68**
Heol Graig Wen CF83: Caer.... 4H **27**
Heol Groeswen
CF37: Up Bo 6B **26**
Heol Gronfa CF37: Cilf'dd 3F **15**
Heol Gruffydd CF37: R'fln......4F **25**
Heol Gwaun Eli
CF72: Tallb G...................... 1D **64**
Heol Gwaun Rhos
CF83: Caer 4D **28**
Heol Gwendoline
CF62: Barry 3G **117**
Heol Gwent CF14: Heath........2F **85**
Heol Gwern Edyddan
CF5: St F 3E **83**
Heol Gwerthyd
CF83: Caer 4A **106**
Heol Gwilym CF5: F'wtr........ 6H **83**
Heol Gwrgan CF14: Whit 2D **84**
Heol Gwrgan CF38: Bed 5H **41**
Heol Gwyndaf CF14: L'shn 6H **71**
Heol Gwynedd CF14: Heath....2F **85**
Heol Gwynno CF72: L'sant 1F **65**
Heol Gylfinir CF62: Barry...... 5H **117**
Heol Harlech CF5: L'dff 1C **94**
Heol Hendre CF14: R'ina....... 5E **71**
Heol Hendy CF72: P'clun 6E **65**
Heol Hensol CF38: Bed......... 5A **42**
Heol Hir CF14: L'shn............. 6G **47**
    ....(not continuous)
Heol Hir CF14: Thorn........... 6G **47**
    ....(not continuous)
Heol Homfray CF5: Ely.......... 6E **93**
Heol Hurricane NP10: Roger... 4B **34**
    ....(shown as Hurricane Way)
Heol Ida CF38: Bed 4A **42**
Heol Iestyn CF14: Whit 2D **84**
Heol Ifor CF14: Whit 2E **85**
Heol Ifor Bach CF14: R'ina..... 4D **70**
Heol Illtyd CF72: L'sant 1F **65**
Heol Isaf CF14: R'ina........... 4D **70**
Heol Isaf CF15: Rad..............6F **69**
Heol Isaf CF38: Llan F 6B **42**

Heol Isaf NP4: New I.............. 4G 7
Heol Isaf Hendy CF72: Mis 6E 65
Heol Iscoed CF14: R'ina 5E 71
Heol Iscoed CF38: Ef Is........... 6E 43
Heol Ithon NP26: Cald 3D 60
Heol Johnson
  CF72: Tallb G......................... 3D 64
Heol Las CF72: L'sant.............. 1E 65
Heol Las CF83: Caer 2A 28
Heol Layard CF24: Card...........2F 97
Heol Letton CF10: Card 6B 96
  .... (shown as Letton Rd.)
Heol Leubren CF63: Barry 4A 106
Heol Lewis CF14: R'ina........... 4E 71
Heol Lewis CF83: Caer 4F 29
Heol Livesey CF62: Barry........4G 117
Heol Llangan CF14: R'ina........ 1D 84
Heol Llanishen Fach
  CF14: R'ina............................5D 70
Heol Llinos CF14: Thorn 1G 71
Heol Lodwig CF38: Chu V 3E 43
Heol Loftus NP19: Newp.........5F 37
  .... (shown as Loftus Walk)
Heol Mabon CF14: R'ina.........5D 70
Heol Madoc CF14: Whit............ 3E 85
Heol Madoc NP4: New I............ 4G 7
Heol Maerdy CF83: Caer...........5F 29
Heol Maes Eirwg
  CF3: St Mel............................1D 88
Heol Mathew CF14: Whit....... 2B 84
Heol Merioneth CF61: Bov.... 3E 111
Heol Merlin CF14: L'shn 6H 71
Heol Miaren CF63: Barry 5C 106
Heol Miaren CF72: L'harry...... 5C 78
Heol Miles CF72: Tallb G 3D 64
Heol Miskin CF72: Mis 5D 64
Heol Miskin CF72: P'clun 5D 64
Heol Moor CF62: Barry 3D 116
Heol Muston CF5: Ely............. 3H 93
Heol Mwyrdy CF38: Bed.......... 5H 41
Heol Mynydd CF37: Cilf'dd 3F 15
Heol Mynydd CF38: Chu V 2G 43
Heol Mynydd Bychan
  CF14: Heath............................1F 85
Heol Nant CF37: Cilf'dd...........3F 15
Heol Nant CF38: Chu V 2F 43
Heol Nant CF38: Tont...............2F 43
Heol Nant Castan
  CF14: R'ina........................... 4D 70
Heol Nant Glandulas
  CF23: Cyn............................. 4D 72
Heol Nest CF14: Whit.............. 2D 84
Heol Neuadd Cogan
  CF64: P'rth 4C 108
Heol Newydd CF3: Rum........... 3B 88
Heol Newydd NP44: Up Cwm ... 5C 8
Heol Padarn NP4: New I 4G 7
Heol Pal CF62: Barry............. 5H 117
Heol Pant Gwyn
  CF72: L'harry 5A 78
Heol Pantycelyn CF14: Whit ... 1B 84
Heol Pantycelyn
  CF62: Barry 3F 117
Heol Pantyderi CF5: Ely.........5G 93
Heol Pant-y-Gored
  CF15: Cre 6E 67
Heol Pant-y-Gored
  CF15: P'rch............................ 6E 67
Heol Pant y Rhyn
  CF14: Whit.............................. 6B 70
  .... (shown as Park Way)
Heol Parc Trelai CF11: Card ... 3B 94
Heol Pardoe CF15: N'grw.........2D 44
Heol Pearetree CF62: Rho 6G 115
Heol Pencarreg
  CF14: Llan N...........................5D 84

Heol Pendoylan
  CF10: Card 6F 5 (4B 96)
Heol Penlan CF14: Whit.......... 3A 84
Heol Penllwyn CF15: P'rch 4H 67
Heol Penmaen CF72: L'sant ...2F 65
  .... (off Castle St.)
Heol Pennar CF5: Ely.............. 5H 93
Heol Pentre'r Cwrt
  CF61: Llan M 2B 110
Heol Pentre'r Felin
  CF61: Llan M 2C 110
Heol Pentwyn CF14: Whit....... 6B 70
Heol-Pen-y-Bryn
  CF83: Caer 6A 46
Heol Pen y Fai CF14: Whit 3E 85
Heol Pen-y-Foel
  CF37: Glync 1D 14
Heol Pen-y-Parc
  CF37: Glync 1D 14
Heol Pen-y-Parc
  CF72: L'sant 2F 65
Heol Peredur CF14: Thorn 3F 71
Heol Pilipala CF62: Rho........6F 115
Heol Pontprennau
  CF23: Pontp...........................4F 73
  .... (not continuous)
Heol Pont-y-Cwcw
  NP10: St Bri W....................... 6A 54
Heol Pont-y-Goron
  NP4: Seba 2E 9
Heol Porth Teigr
  CF10: Card 2C 102
Heol Powis CF14: Heath 2F 85
Heol Poyston CF5: Ely............6G 93
Heol Pwllypant CF83: Caer..... 4B 28
Heol Pwllyplaca
  CF3: St Mel............................1D 88
Heol Rhayader CF14: Whit...... 3A 84
Heol Rhos CF83: Caer............ 6H 27
Heol Rhosyn CF38: Llan F 6B 42
Heol Roald Dahl CF15: Rad 3G 83
Heol Robart CF72: P'clun........6D 64
  .... (off Ffordd Talygarn)
Heol Rufus CF15: Rad.............. 3G 83
Heol St Denys CF14: L'vne..... 2A 72
Heol Salem CF38: Chu V..........2F 43
Heol Salem CF38: Tont............2F 43
Heol Seddon CF5: L'dff...........5H 83
Heol Senni NP20: Bet 6H 19
Heol Serth CF83: Caer 3H 27
Heol Seward CF38: Bed.......... 6H 41
Heol Sirhowy NP26: Cald........ 3D 60
Heol Solva CF5: Ely................. 5A 94
Heol Spitfire NP10: Roger....... 4B 34
  .... (shown as Spitfire Road)
Heol Staughton CF10: Card..... 6B 96
  .... (off Dumballs Rd.)
Heol Sticil-y-Beddau
  CF72: L'sant 2F 65
Heol Stradling CF14: Whit....... 2D 84
Heol Stradling NP10: Roger.... 5C 34
  .... (shown as Stradling Road)
Heol Swatridge CF3: Old M 3A 74
Heol Syr Lewis CF15: Morg.....5E 68
Heol Tapscott CF62: Barry..... 4G 117
Heol Teifi NP26: Cald.............. 4D 60
Heol Teilo NP4: New I 4G 7
Heol Terrell CF11: Card........... 4D 94
Heol Thomas CF83: Caer........ 1B 46
Heol Tir Bach CF83: Caer 3H 27
Heol Tir Coch CF38: Ef Is........ 6E 43
Heol Tir Gibbon CF83: Caer.... 4A 28
Heol Towy NP26: Cald 3D 60
Heol Trecastell CF83: Caer..... 1B 46
Heol Tredwen CF10: Card..... 1B 102
Heol Treferig CF38: Bed 5A 42

Heol Trefgarne CF5: Ely..........6G 93
Heol Tre Forys CF64: P'rth....... 3C 108
Heol Trelai CF5: Ely.................6F 93
  .... (not continuous)
Heol Trenewydd CF5: Ely........6G 93
Heol Trostre CF3: St Mel.........2D 88
Heol Trothy NP26: Cald............ 3D 60
Heol ty Crwn CF83: Caer.........4D 28
Heol Tyddyn CF83: Caer 2H 45
Heol ty Ffynnon
  CF23: Pontp............................4F 73
Heol ty Maen CF37: Up Bo...... 1B 44
Heol ty Merchant
  CF83: Caer 4D 28
Heol Ty'n-y-Cae
  CF14: R'ina............................1D 84
Heol Ty'n y Coed
  CF14: R'ina............................. 5E 71
Heol Uchaf CF14: R'ina...........4D 70
Heol Undeb CF38: Bed............ 5H 41
Heol Urban CF5: L'dff 5A 84
Heol Waun Fawr
  CF83: Caer 2A 46
Heol Waun Waelod
  CF83: Caer 3B 46
Heol Waun y Nant
  CF14: Whit..............................4D 84
Heol Wen CF14: R'ina.............. 6D 70
Heol Wernlas CF14: Whit......... 3E 85
Heol Wilf Wooller
  CF11: Card 1F 95
Heol Williams CF3: Old M........ 3A 74
Heol y Barcud CF14: Thorn 1G 71
Heol y Beddau CF83: Caer 1B 46
Heol-y-Beddau CF38: Bed....... 4A 42
Heol-y-Beiliau CF72: L'sant ...2F 65
Heol y Berllan CF5: Ely............5G 93
Heol-y-Berth CF83: Caer 3A 46
Heol y Bont CF14: R'ina.......... 6E 71
Heol y Brenin CF64: P'rth....... 3C 108
Heol y Bryn CF15: P'rch.......... 4H 67
Heol-y-Bryn CF14: R'ina.......... 6C 70
Heol-y-Bryn CF37: R'fln 3H 25
Heol-y-Bryn CF62: Barry 5D 116
Heol-y-Bryn CF72: P'clun........ 6E 65
Heol-y-Bwnsi CF15: Gro-w..... 1C 44
Heol-y-Bwnsi CF15: N'grw 1C 44
Heol-y-Bwnsi CF37: Up Bo...... 6B 26
Heol-y-Cadno CF14: Thorn 2F 71
Heol y Carnau CF83: Caer 4D 28
Heol-y-Carw CF14: Thorn....... 2G 71
Heol y Castell CF5: Ely 6G 93
Heol-y-Carwl CF64: Din P....... 2G 107
Heol y Cawl La.
  CF37: T'rest............................ 4E 25
Heol y Cawl La. CF83: Tont 6E 25
Heol y Clun CF38: Bed............ 5H 41
Heol y Coed CF38: Bed........... 5H 41
Heol-y-Coed CF14: R'ina........ 5C 70
Heol-y-Coed CF15: N'grw........ 3E 45
Heol-y-Coed
  CF61: Llan M 4C 110
Heol-y-Coed CF72: P'clun 5D 64
Heol y Cwm CF15: Morg.........6D 68
Heol-y-Cwm CF83: Caer........ 2B 46
Heol-y-Dderwen
  CF15: N'grw 3F 45
Heol-y-Ddol CF83: Caer.......... 4D 28
Heol-y-Delyn CF14: L'vne...... 3B 72
Heol y Deri CF14: R'ina.......... 5D 70
Heol-y-Deri CF37: P'prdd....... 5A 14
Heol-y-Dreflan CF83: Caer..... 4D 28
Heol y Dryw CF62: Rho 6F 115
Heol-y-Fedwen CF38: Tont..... 1G 43
Heol-y-Felin CF14: R'ina......... 5D 70
Heol-y-Felin CF5: Ely............... 3A 94
Heol-y-Felin CF61: Llan M...... 4C 110

Heol-y-Felin CF72: P'clun....... 6C 64
Heol-y-Felin CF83: Caer 6B 28
Heol-y-Fforest CF15: Tong 3H 69
Heol-y-Fforest CF83: Caer 1A 70
Heol-y-Ffynnon CF38: Ef Is 5F 43
Heol-y-Foel CF38: Llan F........ 3D 42
Heol-y-Forlan CF14: Whit........ 1C 84
Heol-y-Frenhines
  CF64: Din P 3G 107
Heol-y-Fro CF38: Chu V.......... 2E 43
Heol-y-Fro CF61: Llan M 2C 110
Heol y Fynachlog
  CF11: Card 4C 94
Heol y Gaer CF5: Ely...............6G 93
Heol-y-Gaer CF62: Barry 5D 116
Heol y Gamlas CF15: N'grw.... 2C 44
Heol y Gth. CF83: Rud 6B 30
Heol y Goedwig
  CF38: Chu V 3E 43
Heol-y-Gogledd CF83: Caer... 3A 28
Heol-y-Gors CF14: Whit.......... 4E 85
Heol-y-Gors CF15: N'grw 3E 45
Heol-y-Gors CF83: Caer......... 4D 28
Heol-y-Graig CF72: L'sant 2F 65
Heol y Groes NP44: Cwm'bn... 4E 11
Heol y Gyfraith
  CF72: Tallb G 3E 65
Heol y Llongau
  CF63: Barry 3H 117
Heol-y-Maes CF38: Llan F...... 4D 42
Heol-y-Nant CF14: R'ina......... 1D 84
Heol-y-Nant CF15: Gwae G.....2D 68
Heol-y-Nant CF63: Barry 6A 106
Heol-y-Nant CF83: Caer......... 6B 28
Heol Ynys Ddu CF83: Caer 2A 46
Heol y Pant CF72: Tallb G....... 4E 65
Heol-y-Parc CF14: Pontp....... 1G 73
Heol-y-Parc CF15: P'rch.........6H 67
Heol-y-Parc CF38: Ef Is..........5F 43
Heol-y-Parc CF83: Caer......... 6B 28
Heol-y-Pavin CF5: L'dff 6C 84
Heol y Pentir CF62: Rho 6E 115
Heol y Pentre CF15: P'rch...... 4A 68
Heol-y-Pia CF83: Caer............ 6A 28
Heol-y-Pistyll CF72: L'sant.....2F 65
Heol y Porthladd
  CF63: Barry 3H 117
Heol y Pwca NP44: Pnwd....... 5C 8
Heol y Pwll CF15: N'grw......... 3D 44
Heol-yr-Efail CF14: R'ina........ 6E 71
Heol-yr-Haul CF72: Gro-f....... 6C 66
Heol yr Odyn CF15: N'grw 3D 44
Heol yr Odyn CF5: Ely.............6F 93
Heol-yr-Onen CF83: Caer 6B 28
Heol yr Onnen
  CF72: L'harry 5C 78
Heol yr Orsaf CF72: P'clun..... 6C 64
Heol-yr-Ynys CF15: Gwae G...3F 69
Heol-yr-Ynys CF15: Tong 3F 69
Heol-yr-Ysbyty CF83: Caer..... 2A 46
Heol yr Ysgol CF83: Tret 3A 30
Heol-yr-Sarn CF72: L'sant...... 1F 65
Heol Ysgawen
  CF72: L'harry 5C 78
Heol Ysgubor CF83: Caer 2A 46
Heol y Sianel CF62: Rho........6F 115
Heol y Twyn CF72: Tallb G...... 3A 64
Heol y Waun CF14: Whit.......... 4D 84
Heol y Wern CF14: R'ina......... 5E 71
Heol y Wern NP83: Caer......... 4D 28
Hepworth Bus. Pk.
  CF72: P'clun........................... 4B 64
Herbert Av. NP11: Ris 1G 33
Herbert Av. NP11: Roger........ 1G 33
Herbert Cl. CF3: M'fld............. 5A 76
Herbert Dr. CF83: Caer 4B 28

Herbert March Cl.
CF5: L'dff..............................4H **83**
Herbert Rd. NP19: Newp.........3D **36**
Herbert Rd. NP26: Cald.........4C **60**
Herbert St.
CF10: Card...................6E **5** (5B **96**)
Herbert St. CF14: Card 6G **85**
Herbert St. CF63: Barry 6A **106**
Herbert St. NP20: Newp........6C **36**
Herbert Ter. CF64: P'rth 1E **109**
Herbert Wlk. NP20: Newp.......6C **36**
Hereford Ct. NP18: Caerl 4G **21**
Hereford St. CF11: Card 5G **95**
Hereford St. NP19: Newp.......4D **36**
Heritage Ct. NP44: L'tnam 6B **12**
Heritage Dr. CF5: Ely 1G **99**
Heritage Dr. CF62: Barry.......2F **117**
Heritage Pk. CF3: St Mel 5D **74**
Hermon Hill CF15: Tong 4G **69**
Herne Pl. CF11: Card 4D **94**
Heron Rd. CF3: Rum............4A **88**
Heron Rd. NP26: Cald..........6D **60**
Heronston Cl. NP26: Undy 4F **59**
Heron Way NP10: Duff.........4H **53**
Herrick Pl. CF83: Mac...........2D **30**
Hertford Pl. NP19: Newp 3F **37**
Heston Cl. CF24: Pskwt........5H **61**
Hewell Ct. CF11: Card..........1H **101**
Hewell St. CF11: Card..........1H **101**
Hewell St. CF64: P'rth.........6H **101**
Hibiscus Cl. CF38: Llan F 6C **42**
Hickman Rd. CF64: P'rth 1E **109**
Hickory Ct.
CF24: Card 4H **5** (4D **96**)
High Bank NP19: Newp 1E **37**
Highbank CF23: Pontp.........3H **73**
High Beech La. NP16: Chep 4D **62**
.................................(not continuous)
Highbridge Cl. CF64: Sul 2A **120**
Highbury Cl. CF5: Ely............5F **93**
Highbury Rd. CF5: Ely 4G **93**
High Cl. NP44: Llanf.............4B **12**
Highcroft Rd. NP20: Newp......3A **36**
Highcroft Wlk. CF3: L'rmy......2H **87**
HIGH CROSS 5D **34**
High Cross Cl. NP10: Roger.....5D **34**
High Cross Dr. NP10: Roger... 4D **34**
High Cross La. NP10: Roger ...6E **35**
.................................(not continuous)
High Cross Rd. NP10: Newp...4D **34**
High Cross Rd. NP10: Roger...4D **34**
Highdale Cl. CF72: L'sant 3G **65**
HIGHER END 4C **112**
Highfield NP26: Caerw..........1B **60**
Highfield Cl. CF38: Tont........2G **43**
Highfield Cl. CF62: Barry 4E **117**
Highfield Cl. CF64: Din P 1A **108**
Highfield Cl. NP11: Ris 5D **16**
Highfield Cl. NP18: Caerl.......3F **21**
Highfield Cl. NP44: Llanf 5B **12**
Highfield Ct. NP10: Bass 6C **34**
Highfield Gdns. NP10: Bass ...6B **34**
Highfield La. NP10: Bass 6B **34**
Highfield Rd. CF14: Heath 3A **86**
Highfield Rd. CF23: Cyn 3A **86**
Highfield Rd. CF5: Cul C 1F **99**
Highfield Rd. CF62: Barry.....6F **105**
Highfield Rd. NP10: Bass 6C **34**
Highfield Rd. NP18: Caerl......4F **21**
Highfield Rd. NP20: Newp......6G **35**
Highfields CF39: T'fail 1A **40**
Highfields CF5: L'dff 2A **93**
Highfield Ter. CF37: P'prdd.....6B **14**
High Fld. Way NP18: Caerl......3F **21**
Highland Gro. NP44: Pnwd.......5E **9**

Highlands CF3: Rum..............5G **87**
Highlight La. CF62: Barry 5D **104**
.................................(not continuous)
High Mdw. CF61: Llan M 4B **110**
Highmead Rd. CF5: Ely..........4H **93**
High St. CF10: Card....4C **4** (4A **96**)
High St. CF37: P'prdd 1C **24**
High St. CF5: L'dff 1C **94**
High St. CF61: Llan M 2B **110**
High St. CF62: Barry 3F **117**
High St. CF64: P'rth 1E **109**
High St. CF71: Cowb............3C **90**
High St. CF72: Bryns............ 1B **78**
High St. CF72: L'sant 2F **65**
.................................(not continuous)
High St. CF83: A'tdwr 1E **27**
High St. CF83: Tret 2A **30**
High St. NP11: Cross K 2A **16**
High St. NP16: Chep 2E **63**
High St. NP18: Caerl 5H **21**
High St. NP20: Newp 4C **36**
High St. NP4: Grif................6E **7**
High St. NP4: P'pool 3B **6**
High St. Arc.
CF10: Card 4C **4** (4A **96**)
High Trees NP11: Ris 5F **17**
High Vw. NP16: Chep 2E **63**
High Vw. Way CF37: Glync 2D **14**
Highwalls Av. CF64: Din P 1F **107**
Highwalls End CF64: Din P .. 1G **107**
Highwalls Rd. CF64: Din P ... 2G **107**
Highway, The NP4: New I 4F **7**
Highway, The NP4: P'pool.......4F **7**
Highway, The NP44: Croes 5H **9**
Highway, The NP44: Oakf 4H **11**
Hilda St. CF37: T'rest............4E **25**
Hilda St. CF62: Barry 3G **117**
Hiles Rd. CF5: Ely 6G **93**
Hilla Rd. NP20: Newp 5A **36**
Hillary Cl. CF14: L'shn...........4H **71**
Hillary Ri. CF63: Barry 1B **118**
Hillary Ri. NP11: P'waun........1A **16**
Hill Barn Vw. NP26: Pskwt 5H **61**
.................................(not continuous)
Hill Cl. NP4: P'pool 3A **6**
Hillcot Cl. CF14: L'vne 3A **72**
Hillcrest NP4: New I.............5H **7**
Hillcrest Cl. CF14: Thorn........2H **71**
Hillcrest Rd. NP4: New I 4H **7**
Hill Dr. CF38: Llan F 4D **42**
Hillfort Cl. CF5: Ely 6H **93**
Hillhead CF61: Llan M 3B **110**
Hillrise CF23: L'dyrn 2D **86**
Hills Ct. CF83: Caer...............3C **28**
Hillside CF83: Caer 2D **46**
Hillside NP11: Ris 6E **17**
.................................(not continuous)
Hillside Av. CF83: A'tdwr 2C **26**
Hillside Cl. CF63: Barry......... 1C **118**
Hillside Cl. CF23: Pen L.........5C **86**
Hillside Cl. CF38: Llan F 5C **42**
Hillside Ct. NP44: Pnwd.........6D **8**
Hillside Cres. NP10: Roger 5D **34**
Hillside Dr. CF71: Cowb........4D **90**
Hillside Dr. NP4: P'pool.........5C **6**
Hillside Pk. Est.
CF15: Taff W 6E **45**
Hillside Rd. NP4: Grif.............6D **6**
Hillside Ter. CF37: P'prdd 5C **14**
Hillside Ter. CF83: Bed'ws 3G **29**
Hillside Vw. CF37: P'prdd 5B **14**
Hillsnook Rd. CF5: Ely...........4G **93**
Hill St. CF10: Card.....4D **4** (4A **96**)
Hill St. CF63: Barry 1B **118**
Hill St. CF64: P'rth 6B **102**

Hill St. NP11: Ris...................6E **17**
Hill St. NP20: Newp 5C **36**
Hill St. NP4: Grif.................6E **7**
Hill St. NP4: P'nydd...............1A **6**
Hill St. NP44: Cwm'bn..........4G **11**
Hill St. Ind. Est.
NP44: Cwm'bn 4G **11**
Hill Ter. CF5: Twyn 3D **98**
Hill Ter. CF64: P'rth 6H **101**
Hill Top NP44: Cwm'bn.........3F **11**
Hilltop CF3: Old M................ 1B **88**
Hilltop NP16: Chep 3D **62**
Hilltop Av. CF37: Cilf'dd 4F **15**
Hilltop Cres. CF37: P'prdd 6E **15**
Hilltop Grn. NP44: Pnwd........6C **8**
Hill Vw. CF38: Bed 5A **42**
Hill Vw. CF5: F'wtr 1G **93**
.................................(not continuous)
Hillview NP20: Newp 6H **35**
Hillview Cres. NP19: Newp......6H **37**
Hilton Pl. CF14: Llan N...........4B **84**
Hinchsliff Av. CF62: Barry.....5F **105**
Hind Cl. CF24: Card 2H **97**
Hinter Path NP44: F'wtr........4D **10**
.................................(off Jule Rd.)
Hinton St. CF24: Card 4E **97**
Hirst Cres. CF5: F'wtr 6H **83**
Hirwain St. CF24: Card..........1H **95**
Hitchen Hollow
NP16: Beach......................6H **63**
HMP Cardiff.........................4F **5** (4B **96**)
Hobart Cl. NP20: Newp..........5G **35**
Hocker Hill St. NP16: Chep..... 1E **63**
Hodges Cl. NP26: Pskwt........5H **61**
Hodges Row CF10: Card........6B **96**
Hodges Sq. CF10: Card.........6B **96**
Hodges Ter. NP44: Cwm'bn 2F **11**
Hogarth Cl. NP19: Newp........2F **37**
Hogarth Cl. NP44: L'tnam 5A **12**
Holbein Rd. NP19: Newp 2G **37**
Holden Rd. CF11: Card 1F **101**
Holdings La. CF5: Cap L........2H **81**
Holgate Cl. CF5: L'dff............3H **83**
Holland Cl. NP10: Roger........2C **34**
Holland Way CF63: Barry......6A **106**
Hollies, The CF3: M'fld...........5A **76**
Hollies, The CF72: Bryns........ 1C **78**
Hollies, The NP10: R'drn........3G **51**
Hollington Dr. CF23: Pontp 4G **73**
Hollins Cl. NP16: Chep...........1F **63**
HOLLYBUSH 5E **11**
Hollybush Av. NP20: Malp 5A **20**
Hollybush Cl. CF38: Chu V......2G **43**
Hollybush Cl. NP20: Malp.......5A **20**
Hollybush Cl. NP44: Cwm'bn...4F **11**
Hollybush Est. CF14: Whit 1A **84**
Hollybush Hgts. CF23: Pent.....6D **72**
Hollybush Ri. CF23: Cyn.........1D **86**
Hollybush Rd. CF23: Cyn 1C **86**
Hollybush Rd. CF23: Pent....... 1E **87**
Hollybush Ter. CF38: Chu V 2G **43**
Hollybush Ter. NP4: P'nydd.....1A **6**
Hollybush Vw. NP44: H'bush 5F **11**
Hollybush Vs. CF38: Chu V......2F **43**
Hollybush Vs. CF38: Tont.......2F **43**
Hollybush Wlk. NP10: Bass 6C **34**
Hollybush Way
NP44: H'bush 5D **10**
Hollybush Way
NP44: T Coch 5D **10**
Holly Cl. NP16: Bul................5E **63**
Holly Cl. CF62: Barry 4E **117**
.................................(off St Nicholas Cl.)
Hollycroft Cl. CF5: Ely............3A **94**
Holly Gro. CF14: L'vne 1A **72**
Hollyhock Cl. NP10: Roger 3A **34**
Holly La. CF37: P'prdd 5E **15**

Holly Lodge Cl. NP44: Croes.....5H **9**
Holly Lodge Gdns.
NP44: Croes 5H **9**
Holly Lodge Grn.
NP44: Croes 5H **9**
Holly Lodge Rd. NP44: Croes ...5G **9**
Holly Rd. CF5: F'wtr.............1H **93**
Holly Rd. CF72: L'harry 5B **78**
Holly Rd. NP11: Ris..............5E **17**
Hollyrood Cl. CF62: Barry 5E **105**
Holly St. CF37: R'fln.............4G **25**
Holly Ter. CF14: Llan N..........5C **84**
Hollywood Bowl Cardiff........ 1C **102**
Hollywood Bowl Cwmbran 1H **11**
Holmdale NP44: G'mdw..........3D **10**
Holmesdale Ct.
CF11: Card 2H **101**
Holmesdale Pl. CF64: P'rth....2F **109**
Holmesdale St.
CF11: Card 2H **101**
Holmeside CF14: L'vne 2A **72**
Holmes St. CF63: Barry 1B **118**
Holmsview Cl. CF3: Rum........3A **88**
Holmview Ct. CF3: Rum..........2A **88**
Holm View Leisure Cen. 5H **105**
Holmwood Cl. CF23: Cyn........3C **86**
Holst Cl. NP19: Newp............3E **39**
Holton Rd. CF63: Barry 3H **117**
Holyhead Cl. CF83: Caer 5G **27**
Holyoake Ter. NP4: P'nydd......1A **6**
Holywell Rd. CF38: Tont 1G **43**
Home Farm Cl. NP18: Caerl 5F **21**
Home Farm Cres.
NP18: Caerl 5F **21**
Home Farm Grn.
NP18: Caerl 5F **21**
Homelands Rd. CF14: Heath... 1E **85**
Homeside Ho. CF64: P'rth 1F **109**
Honddu Cl. NP26: Cald 4C **60**
Honeysuckle Cl.
NP10: Roger 6D **34**
Honeysuckle Gro.
CF5: F'wtr 1G **93**
Honiton Rd. CF3: L'rmy 6A **74**
Hood Rd. CF62: Barry 4G **117**
Hood Rd. NP19: Newp 2D **38**
Hope Cl. CF10: Card 1G **95**
Hopefield NP20: Newp...........2B **36**
Hopefield Ct. NP20: Newp 2B **36**
.................................(off Hopefield)
Hope St. CF10: Card 6E **5** (5B **96**)
Hope Ter. CF24: Card 3D **96**
Hopewell Cl. NP16: Bul...........6G **63**
Hop Gdn., The NP16: Chep......6F **63**
HOPKINSTOWN 6A **14**
Hopkinstown Rd.
CF37: P'prdd 5A **14**
Hopkins Wlk. NP19: Newp.......4D **37**
Hopyard Mdw. CF71: Cowb 3B **90**
Horace Ter. CF83: L'brad 1B **28**
Horle Cl. CF11: Card 1A **101**
Hornbeam Cl. CF3: St Mel 6E **75**
Hornbeam Cl. NP18: Caerl...... 5E **21**
Hornbeam Wlk. NP10: Bass 6B **34**
Hornchurch Cl. CF5: L'dff.......6A **84**
Horrocks Cl. NP20: Malp 3A **20**
Horton Way CF64: Sul 1E **119**
Horwood Cl. CF24: Card 2E **97**
Hoskin Ind. Est.
CF10: Card 1B **102**
Hoskins Cl. NP20: Newp.........2C **36**
Hospital Rd. CF37: P'prdd 6E **15**
Hotham Cl. CF23: Pontp 4G **73**
Hot Mill Cl. NP19: Newp........ 1C **56**
Houlston Cl. CF24: Card.........2F **97**
Housman Cl. CF3: L'rmy........5A **74**
Hove Av. NP19: Newp 2G **37**

Howard Cl. NP19: Newp 3C **38**
Howard Ct.
CF10: Card 6G **5** (5C **96**)
................(off Atlantic Wharf Cl.)
Howard Ct. CF62: Barry 3E **117**
Howard Dr. CF83: Caer......... 4C **28**
Howard Gdns.
CF24: Card 3G **5** (3C **96**)
Howardian Cl. CF23: Pen L 6E **87**
Howardian Nature Reserve 5F **87**
Howard Pl.
CF24: Card 2G **5** (3C **96**)
Howard St. CF24: Card 4D **96**
Howard Ter.
CF24: Card 3G **5** (3C **96**)
Howe Circ. NP19: Newp 2C **38**
Howell Rd. CF5: Ely 4G **93**
Howell's Cres. CF5: L'dff 1D **94**
Howells Row NP16: Chep........1F **63**
.... (off Hollins Cl.)
Howell St. CF37: Cilf'dd 2F **15**
Hubert Ri. NP10: Roger 5D **34**
Hubert Rd. NP19: Newp 2E **37**
Hughes Cres. NP16: Chep...... 3E **63**
Hughs Cl. CF5: L'dff 4A **84**
Hugon Cl. CF23: Pen L......... 6E **87**
Humber Cl. NP20: Bet........... 6G **19**
Humber Rd. NP20: Bet............6F **19**
Hunt Cl. CF14: L'shn.............. 4H **71**
Hunter Cl. NP10: Roger......... 3C **34**
Hunters Ridge CF23: Cyn 3B **86**
Hunters Ridge NP10: Undy 4E **59**
Hunter St. CF10: Card........... 2B **102**
Hunter St. CF63: Barry.......... 1B **118**
Huntfield Rd. NP16: Chep......1D **62**
Huntingdon Cl.
NP44: G'mdw 2C **10**
Huntington Dr. CF23: Pontp....4F **73**
Hunt Pl. CF63: Barry 1B **118**
Huntsmead Cl.
CF14: Thorn............................2G **71**
Hurford Cres. CF37: P'prdd 6B **14**
Hurford Pl. CF23: Cyn 5C **72**
Hurford St. CF37: P'prdd 1A **24**
Hurman St. CF10: Card......... 1B **102**
Huron Cres. CF23: Cyn 3B **86**
Hurricane Way
NP10: Roger 4B **34**
Huxley Grn. NP20: Malp......... 5A **20**
Hydrangea Cl. CF23: Pent.......6D **72**
Hydrangea Cl. NP10: Roger....6B **34**
Hyssop Cl. CF23: Pontp......... 4D **72**
Hywel Cres. CF63: Barry....... 6A **106**

I

ICC Wales...............................1D **38**
Ice Arena Wales.................... 4H **101**
Idencroft Cl. CF23: Pontp 4G **73**
Iestynian Av. CF11: Card.........2F **95**
Iestyn St. CF11: Card...............2F **95**
Ifor Hael Rd. NP10: Roger..... 3B **34**
Ifor Jones Ct. CF23: L'dyrn.... 2C **86**
Ifton La. NP26: Rog 5A **60**
Ifton Pl. NP19: Newp 6G **37**
Ifton Quarry Ind. Est.
NP26: Rog 5A **60**
Ifton St. NP19: Newp 6G **37**
Ifton Ter. NP26: Rog............. 6A **60**
Ilan Av. CF37: R'fln 3F **25**
Ilan Rd. CF83: A'tdwr............. 2D **26**
Ilchester Rd. CF5: L'rmy........ 1A **88**
Ilfracombe Cres.
CF3: L'rmy........................... 2A **88**
Illtyd Av. CF61: Llan M.......... 3B **110**
Illtyd Rd. CF5: Ely..................3F **93**

Illtyd St. CF37: P'prdd............. 2B **24**
Ilminster Cl. CF63: Barry 1B **118**
Ilminster St. CF63: Barry 1B **118**
Ilton Rd. CF23: Pen L............6D **86**
Imperial Bldgs. Row
CF5: L'dff 1C **94**
.... (off Heol Fair)
Imperial Ho. NP10: Coedk......5F **53**
Imperial Pk. NP10: Coedk 5F **53**
IMPERIAL PARK......................6D **52**
Imperial Way NP10: Coedk.....5F **53**
Imperial Way NP10: Duff.........5F **53**
Inchmarnock St.
CF24: Card 4D **96**
Incline La. NP44: H'lys............ 4B **10**
Inglefield Av. CF14: Card....... 5H **85**
Ingles NP44: F'wtr 4D **10**
.... (off Henllys Way)
Ingot Dr. NP10: Roger 5B **34**
Inkerman Dr. NP10: Duff 5F **53**
Inner Loop Rd.
NP16: Beach.......................... 4H **63**
Insole Cl. CF5: L'dff 1B **94**
Insole Gdns. CF5: L'dff 1C **94**
Insole Gro. E. CF5: L'dff 1B **94**
Insole Gro. W. CF5: L'dff 1B **94**
Insole Pl. CF5: L'dff 2C **94**
Insole Ter. CF72: L'sant 2F **65**
Instow Pl. CF5: L'rmy 1B **88**
Intl. Dr. CF11: Card 4H **101**
Inverness Pl. CF24: Card....... 6B **86**
Iolo Pl. CF63: Barry.............. 6B **106**
Ipswich Rd. CF23: Pen L 6E **87**
Ireland Cl. CF3: St Mel.......... 2E **89**
Ireton Cl. CF23: Pontp.......... 4G **73**
Iris Rd. NP10: Roger 3H **33**
Ironbridge Rd. CF15: Tong 5G **69**
Iron St. CF24: Card 3D **96**
Irving Pl. CF62: Barry 2G **117**
Isaf Rd. NP11: Ris..................6F **17**
Isca Cl. CF24: Cwm'bn 1H **11**
Isca Ct. NP18: Caerl.............. 4H **21**
Isca M. CF24: Caerl............... 5A **22**
Isca Rd. NP18: Caerl............. 6A **22**
Isca (Roman Fortress)............ 6H **21**
Island Rd. CF62: Barry...........3F **117**
Island Vw. CF62: Barry 5G **117**
Island Vw. Cvn. Pk.
CF64: S'dge............................ 3A **120**
Islwyn Cl. NP11: Ris................GF **17**
Islwyn Dr. CF83: Caer............ 5C **28**
Islwyn Way CF63: Barry 5A **106**
Islwyn Workshops
NP11: Ris 1E **33**
Is-y-Coed CF5: Wen 5D **98**
Itchen Cl. NP20: Bet...............4F **19**
Itchen Rd. NP20: Bet..............4F **19**
Ivor John Wlk. NP18: Caerl ... 3G **21**
Ivor Pk. CF37: Bryns.............. 1C **78**
Ivor St. CF24: Card 4G **5** (4C **96**)
Ivor St. CF62: Barry 5H **117**
Ivor St. NP20: Newp 5C **36**
Ivydale CF14: L'vne 2A **72**
Ivy Rd. NP10: Newp 5A **36**
Ivy St. CF5: Card 3D **94**
Ivy St. CF64: P'rth 1E **109**
Ivy Ter. CF37: P'prdd............. 5A **14**

J

Jackson Cl. CF62: Rho 5E **115**
Jackson Cl. NP19: Newp........ 3E **37**
Jackson Pl. NP19: Newp 3E **37**
Jackson Rd. CF5: Ely.............4F **93**
Jacksons Quay
CF63: Barry 3H **117**
Jacrow Sq. CF5: Ely............... 5G **93**

Jade Cl. CF14: L'vne.............. 1A **72**
Jamaica Circ. NP10: Duff.......4F **53**
Jamaica Cl. NP10: Duff 4F **53**
Jamaica Gdns.
NP10: Duff............................. 4G **53**
Jamaica Gro. NP10: Duff........ 4G **53**
Jamaica Wlk. NP10: Duff 4G **53**
James Ct. CF23: Cyn 2B **86**
James Ct. CF3: St Mel............ 1D **88**
James Ct. NP10: Roger.......... 5C **34**
James Pl. CF37: T'rest 2E **25**
James Prosser Way
NP44: L'tnam 5A **12**
James Stephens Way
NP16: Bul...............................6F **63**
James St. CF10: Card............ 1B **102**
James St. CF37: T'rest 2E **25**
James St. CF63: Barry 1D **118**
James St. CF83: Tret.............. 2A **30**
James St. NP20: Newp........... 1D **54**
James St. NP4: P'garn........... 2C **6**
James Ter. CF72: Cross I 3G **65**
................(off Main Rd.)
Jane Austen Cl.
NP20: Newp 2G **53**
Jane Cl. NP10: Duff 6H **53**
Janet St. CF24: Card............. 3D **96**
Janet St. CF37: R'fln..............4F **25**
Japonica Cl. NP10: Malp....... 4B **20**
Jasmine Cl. NP10: Roger....... 2H **33**
Jasmine Dr. CF3: St Mel 6E **75**
Jasper Cl. CF5: L'dff 5A **84**
Jaycroft Cl. CF23: Pontp....... 4G **73**
Jeans Cl. NP20: Malp 4A **20**
Jeddo Cl. NP20: Newp........... 1C **54**
Jeddo St. NP20: Newp........... 1C **54**
Jeffrey St. NP19: Newp 4E **37**
Jellicoe Cl. NP19: Newp 2D **38**
Jellicoe Ct.
CF10: Card 6G **5** (5C **96**)
Jellicoe Gdns. CF23: Cyn 2A **86**
Jenkins St. CF37: P'prdd....... 6A **14**
Jenkins St. NP19: Newp.........6F **37**
Jenkin St. CF63: Barry 6B **106**
Jenkinsville CF64: P'rth 1F **109**
.... (off Clive Pl.)
Jenkins Way CF3: St Mel 2D **88**
Jenner Pk. 1A **118**
Jenner Rd. CF62: Barry 3F **117**
Jenner St. CF63: Barry 1C **118**
Jenner Wlk. CF38: Chu V....... 2E **43**
Jerries La. CF83: Bed'ws........2F **29**
Jerusalem Cl. NP4: New I...... 6H **7**
Jerusalem La. NP4: Glas....... 6H **7**
Jerusalem La. NP4: New I...... 6H **7**
Jervis Wlk. NP19: Newp......... 3C **38**
Jesmond Dene
CF15: Taff W 1F **69**
Jessop Cl. NP10: Roger......... 3D **34**
Jessop Rd. NP10: Roger........ 3D **34**
Jestyn Cl. CF5: Ely................ 5D **92**
Jestyn Cl. CF64: Din P 1H **107**
Jevan Cl. CF5: L'dff 4H **83**
Jewell La. NP20: Bryng 1B **36**
Jewel St. CF63: Barry 2A **118**
Jim Crow Sq. NP44: Croes 1B **12**
Jim Driscoll Way
CF11: Card 2A **102**
John Baker Cl.
NP44: L'tnam 5H **11**
John Batchelor Way
CF64: P'rth............................ 5A **102**
John Bull Cl. NP19: Newp 3C **38**
John Fielding Gdns.
NP44: L'tnam 6B **12**
John Fld. Wlk. NP19: Newp.... 5B **38**
.... (off Ringland Circ.)

John Frost Mall
NP20: Newp 5C **36**
................(off Kingsway Cen.)
John Ireland Cl.
NP19: Newp 4B **38**
John Jobbins Way
NP4: P'garn........................... 1C **6**
John Kane Ct. CF14: Thorn 2E **71**
John Morgan Cl. CF5: L'dff 4A **84**
John Pl. CF37: T'rest 3E **25**
John Rastrick Ri. NP16: Bul....6F **63**
Johns La. CF14: Llan N 5C **84**
Johnston Cl. NP10: Roger 3C **34**
Johnston Rd. CF14: L'shn 4F **71**
John St. CF10: Card......6E **5** (5B **96**)
John St. CF37: T'rest 3E **25**
John St. CF63: Barry.............. 1D **118**
John St. CF64: P'rth............... 6B **102**
John St. NP20: Newp............. 6D **36**
John St. NP4: P'pool............. 3C **6**
Jolyons Ct. NP26: Cald.......... 5D **60**
Jonathans Ter. CF37: Cilf'dd....2F **15**
................(off Brynderwen Rd.)
Jones Ct. CF10: Card....4C **4** (4A **96**)
Jones Pl. CF37: P'prdd.......... 5E **15**
Jones Point Ho.
CF11: Card 4A **102**
Jones St. CF37: Cilf'dd 1F **15**
Jones St. NP20: Newp........... 5B **36**
Jonquil Cl. CF3: St Mel.......... 6E **75**
Joseph Parry Cl.
CF64: L'dgh........................... 5G **101**
Jovian Villa NP18: Caerl.........4F **21**
.... (off Roman Way)
Joyce Cl. NP20: Newp 1G **53**
Jubilee Gdns. CF14: Heath 1E **85**
Jubilee Gdns. CF63: Barry....6D **106**
Jubilee La. CF64: P'rth 1F **109**
Jubilee St.
CF11: Card 6A **4** (5G **95**)
Jubilee Ter. NP4: P'pool....... 1A **6**
Jubilee Trad. Est.
CF24: Card 4D **96**
Jubilee Way NP10: Roger 5B **34**
Jubilee Way NP26: Cald 5C **60**
Judkin Ct. CF10: Card 1B **102**
Jule Rd. NP44: F'wtr.............. 4D **10**
Julius Cl. NP18: Caerl............4F **21**
Junction Cottage Mus. 4E **7**
Junction Ind. Est.
CF72: P'clun.......................... 6C **64**
Junction Rd. NP19: Newp 3D **36**
Junction Ter. CF15: Taff 2G **83**
Juniper Cres. NP44: H'lys...... 5C **10**
Juno Villa NP18: Caerl........... 4G **21**
................(off Flavius Cl.)
Justin Cl. CF23: Cyn 3C **86**

K

Kames Pl. CF24: Card...4H **5** (4C **96**)
Kane Cl. CF14: L'shn 6H **71**
Kathleen Ct. CF62: Barry 3E **117**
Kear Ct. NP20: Newp 5C **36**
................(off Commercial St.)
Keats Cl. NP20: Newp........... 1G **53**
Keats Cl. NP44: Cwm'bn........3F **11**
Keats Rd. NP26: Cald............ 5B **60**
Keats Way CF62: Barry......... 5G **105**
Keble Ct. CF83: Mac.............. 2D **30**
Keene Av. NP10: Roger 6E **35**
Keene St. NP19: Newp............5F **37**
Keen Rd. CF24: Card........5H **5** (4D **96**)
................(not continuous)
Keepers Gdns.
CF64: L'dgh........................... 4E **101**
Kelly Rd. NP19: Newp 2G **37**

Kelston Cl. CF14: Whit............ 2B **84**
Kelston Pl. CF14: Whit............ 2B **84**
Kelston Rd. CF14: Whit........... 2B **84**
Kelvedon St. NP19: Newp......... 5E **37**
Kelvin Cl. NP20: Malp 5H **19**
Kelvin Rd. CF23: Card.............. 6B **86**
Kember Cl. CF3: St Mel 1E **89**
Kemeys Rd. CF62: Rho 5E **115**
Kemys Fawr Cl. NP4: Seba.......2D **8**
Kemys Pl. CF14: Llan N 4E **85**
Kemys St. NP4: Grif 1E **9**
Kemys Wlk. NP44: Two L 4F **11**
Kendrick Rd. CF62: Barry 2H **117**
Kenfig Pl. NP44: L'rfn 2A **12**
Kenfig Rd. CF14: Whit 4F **85**
Kenilworth Ho.
  CF10: Card 4B **4** (4H **95**)
Kenilworth Pl.
  NP44: Cwm'bn 3E **11**
Kenilworth Rd.
  CF63: Barry 6B **106**
Kenilworth Rd. NP19: Newp... 4G **37**
Kenley Cl. CF5: L'dff 6A **84**
Kenmare M. CF23: Pontp........3F **73**
Kenmuir Rd. CF24: Card.........2F **97**
Kennedy Cl. CF38: Bed............ 4A **42**
Kennedy Ri. CF62: Barry........ 2E **117**
Kennerleigh Rd. CF3: Rum ... 3G **87**
Kenneth Treasure Ct.
  CF3: Old M 6B **74**
Kennilworth Ct. CF5: F'wtr 2B **94**
Kennington Cl. CF14: Thorn ... 3G **71**
Kensington Av. CF5: Card 3C **94**
Kensington Gdns.
  NP19: Newp 3F **37**
Kensington Gro.
  NP19: Newp 4F **37**
Kensington Pk.
  NP26: Magor 4B **58**
Kensington Pl. NP19: Newp ...4F **37**
Kenson Cl. CF62: Rho........... 6C **114**
Kenson Hill CF62: P'ark........ 1C **114**
Kent Cl. NP10: Roger 2C **34**
Kent Ct. NP18: Caerl 4G **21**
  .... (off Roman Way)
Kent Grn. CF62: Barry 1G **117**
Kent St. CF11: Card 1H **101**
Kenwood Rd. CF5: Ely 4F **93**
Kenwyn Ter. CF37: P'prdd 4D **14**
Kenyon Rd. CF24: Card 2G **97**
Keppoch St. CF24: Card 1B **96**
Kerrigan Cl. CF5: F'wtr 6H **83**
Kerrycroy St. CF24: Card....... 4D **96**
Kestell Dr. CF11: Card 3A **102**
Kestrel Cl. NP26: Cald 6C **60**
Kestrel Way CF64: P'rth......... 5E **109**
Kestrel Way NP10: Duff 4G **53**
Keswick Av. CF23: Cyn........... 4A **86**
Keteringham Cl. CF64: Sul 2G **119**
Kewstoke Av. CF3: L'rmy 2H **87**
Kewstoke Cl. CF3: L'rmy 2H **87**
Kewstoke Pl. CF3: L'rmy 2H **87**
Keyes Av. CF23: Cyn 2A **86**
Keyes Ct. CF10: Card....6G **5** (5C **96**)
  ....(off Atlantic Wharf Cl.)
Keynsham Av. NP20: Newp 6C **36**
Keynsham Rd. CF14: Heath.... 3E **85**
Keyston Rd. CF5: F'wtr......... 5H **83**
Kidwelly Cl. NP10: Duff 6G **53**
Kidwelly Cl. NP44: L'rfn.......... 3A **12**
  .... (not continuous)
Kidwelly Ct. CF83: Caer.......... 5H **27**
Kidwelly Rd. NP44: L'rfn 3A **12**
Kier Hardie Cres.
  NP19: Newp 3B **38**
Kier Hardie Dr. NP19: Newp ... 2B **38**

Kilcattan St. CF24: Card........... 4D **96**
Kilcredaun Ho. CF11: Card ... 3A **102**
Kilgetty Cl. CF5: Ely................ 5G **93**
Kilgetty Ct. CF5: F'wtr 1F **93**
Kiln Way NP26: Undy.............. 4E **59**
Kimberley Rd. CF23: Pen L...... 6C **86**
Kimberley Ter. CF14: L'shn.... 5H **71**
Kimberley Ter. NP20: Malp ... 1A **36**
Kincraig St. CF24: Card 1B **96**
King Alfreds Rd. NP16: Sed ... 3G **63**
Kingarth St.
  CF24: Card 4H **5** (4D **96**)
King Edward VII Av.
  CF10: Card 1B **4** (2H **95**)
King Edward Av.
  CF83: Caer........................ 1D **46**
Kingfisher Cl. CF3: St Mel 6D **74**
Kingfisher Cl. NP26: Cald 6D **60**
Kingfisher Pl. NP10: Duff....... 3G **53**
Kingfisher Sq. CF62: St Ath...3F **111**
Kingfisher Wlk. NP19: Newp ...1F **55**
King George V Dr. E.
  CF14: Heath........................4H **85**
  .... (not continuous)
King George V Dr. Nth.
  CF14: Heath........................ 2G **85**
King George V Dr. W.
  CF14: Heath........................ 4G **85**
King Harold's Vw.
  NP26: Pskwt....................... 5G **61**
King La. NP20: Newp.............. 6C **36**
King Pellinore Cl.
  NP20: Newp 1A **54**
Kings Acre NP20: Newp 4H **35**
Kingsacre CF38: Llan F 5C **42**
Kings Av. CF15: Rad 2G **83**
Kings Cl. CF83: A'tdwr............ 2E **27**
Kings Cl. CF64: Din P 3G **107**
Kingsdale Rd. NP20: Newp 6A **36**
Kingshill Ct. NP20: Newp 5B **36**
Kingsland Cres.
  CF63: Barry 2A **118**
Kingsland Rd. CF14: Whit...... 3B **84**
Kingsland Rd. CF5: Card 3D **94**
Kingsland Ter. CF37: T'rest 2E **25**
Kingsland Wlk. NP44: St Di.... 2D **10**
Kingslea NP44: F'wtr.............. 4D **10**
  .... (off Jule Rd.)
Kingsley Cl. CF64: Sul 2H **119**
Kingsmark La. NP16: Chep 1C **62**
Kings M. CF11: Card............... 3G **95**
Kingsmill La. NP20: Newp...... 5B **36**
Kingsmill Ter. NP20: Newp 5B **36**
Kings Pde. NP20: Newp.......... 6D **36**
  .... (not continuous)
Kings Ride CF64: Din P 2F **107**
King's Rd. CF11: Card.............2F **95**
Kings Rd. CF15: Rad............... 2G **83**
Kings Sq. CF63: Barry............ 2A **118**
Kingston Rd. CF11: Card........4F **95**
Kingston Rd. NP19: Newp 4E **37**
King St. CF15: Taff W 2E **69**
King St. CF37: T'rest............... 3E **25**
King St. CF64: P'rth 6A **102**
King St. CF83: A'tdwr 2E **27**
King St. NP20: Newp 5C **36**
King St. NP4: P'pool............... 2B **6**
Kingsvale NP20: Newp 5C **36**
  .... (off King St.)
Kings Wall Dr. NP19: Newp 1D **56**
Kingsway CF10: Card...3C **4** (3A **96**)
Kingsway NP20: Newp............ 4C **36**
  .... (not continuous)
Kingsway Cen. 5C **36**
Kingswood CF37: P'prdd........ 1A **24**
King Wood Cl. CF23: Pen L..... 4E **87**
Kinnock Ct. NP44: Croes........ 5G **9**

Kinsale Cl. CF23: Pontp 3G **73**
Kipling Cl. CF3: L'rmy.............6H **73**
Kipling Cl. CF64: P'rth 6H **101**
Kipling Hill NP20: Newp........ 1G **53**
Kipling Rd. NP26: Cald 5B **60**
Kirby Daniel Ct.
  NP20: Newp 6C **36**
Kirby La. NP20: Newp............ 6C **36**
Kirkby Ct. CF10: Card............ 5C **96**
Kirkhouse St. CF37: P'prdd ... 1B **24**
Kirkwall Ct. CF24: Card..........2F **97**
Kirrlach Cl. NP26: Cald.......... 5B **60**
Kirton Cl. CF5: L'dff 6A **84**
Kitchener Rd. CF11: Card......4F **95**
Kitty Hawk Dr. NP19: Newp... 6G **37**
KNAP, THE...........................6E **117**
Knap Car Ter. CF62: Barry 5D **116**
Knight Cl. NP20: Newp 6C **36**
Knighton Ct.
  CF24: Card 3H **5** (3D **96**)
Knighton Ct. NP18: Caerl....... 5H **21**
Knights Wlk. CF83: Caer 1H **45**
Knightswell Cl. CF5: Ely 1E **99**
Knightswell Rd. CF5: Ely 6E **93**
Knole Cl. CF23: Pontp........... 4G **73**
KNOLLBURY...........................2E **59**
Knowbury Av. CF64: P'rth 5F **109**
Knox Rd. CF24: Card 3F **5** (3B **96**)
Kyle Av. CF14: Whit................ 2D **84**
Kyle Cres. CF14: Whit 2E **85**
Kymin Rd. CF64: P'rth 1F **109**
Kymin Ter. CF64: P'rth............1F **109**
Kyveilog St. CF11: Card..........2F **95**

L

Laburnum Bush La.
  NP19: Newp 6A **38**
Laburnum Cl. CF62: Barry 6H **105**
Laburnum Cl. NP10: Roger..... 2A **34**
Laburnum Cl. NP26: Undy 3E **59**
Laburnum Ct. CF37: R'fln....... 4H **25**
  ....(off Poplar Rd.)
Laburnum Dr. NP19: Newp.... 5H **37**
Laburnum Dr. NP4: New I...... 4H **7**
Laburnum Dr. NP44: H'lys 5C **10**
Laburnum Gro.
  NP26: Pskwt....................... 5H **61**
Laburnum Pl. CF5: F'wtr 1H **93**
Laburnum Ter. CF37: R'fln..... 4H **25**
Laburnum Ter.
  NP26: Pskwt....................... 5H **61**
Laburnum Way
  CF64: Din P 3H **107**
Laburnum Way
  CF64: P'rth 2C **108**
Laburnum Way NP16: Bul 4E **63**
Ladybench NP44: Coed E....... 4D **10**
Ladyhill Cl. NP19: Newp........ 5B **38**
Ladyhill Grn. NP19: Newp 5A **38**
Ladyhill Rd. NP19: Newp 5A **38**
Lady Isle Ho. CF11: Card 3A **102**
Lady Margaret Ct.
  CF23: Pen L 6D **86**
Lady Margaret Ct.
  NP16: Bul 6F **63**
Lady Margaret Hall Cl.
  NP20: Newp 2A **54**
Lady Margaret Ter.
  CF24: Card 4D **96**
Lady Mary Rd. CF23: Pen L.... 5B **86**
Ladysmith Rd. CF23: Pen L.... 6D **86**
Ladywell NP44: Pnwd............. 6E **9**
Lake Golf Course, The 5E **79**
Lake Hill Dr. CF71: Cowb........ 4D **90**
Lakelands Ct. CF23: Cyn 1A **86**
  .... (off Rhyd-y-Penau Rd.)

Lake Rd. NP19: Newp............. 2A **56**
Lake Rd. E. CF23: Cyn 2B **86**
Lake Rd. Nth. CF23: Cyn 2A **86**
Lake Rd. W. CF23: Cyn 2A **86**
Lakeside CF62: Barry 5E **117**
Lakeside NP44: L'tnam 6H **11**
Lakeside Cl. NP44: L'tnam 1A **20**
Lakeside Dr. CF23: Cyn 2B **86**
Lakeside Dr. NP10: Coedk..... 5D **52**
Lakeside Pk. NP44: L'tnam ... 1H **19**
Lake Vw. NP44: L'tnam 1A **20**
Lakeview Bus. Pk.
  CF3: Rum 6A **88**
Lake Vw. Cl. CF23: Cyn 3B **86**
Lakin Dr. CF62: Barry............. 5E **105**
Laleston Cl. CF5: Ely.............. 5G **93**
Laleston Cl. CF63: Barry........ 5A **106**
Lamb Cl. NP20: Newp............. 2G **53**
Lambert Cl. NP20: Newp 2B **36**
Lamberton St. CF24: Card...... 4D **96**
Lambert St. CF24: Card.......... 2B **36**
Lamb La. NP18: P'hir.............. 6E **13**
Lambourne Cres.
  CF14: L'shn 6G **71**
Lambourne Cres. NP20: Bet....6F **19**
Lambourne Wlk. NP20: Bet....5F **19**
Lambourne Way NP20: Bet 5F **19**
Lamby Ind. Pk. CF3: Rum....... 6B **88**
Lamby Way CF24: Card 1G **87**
Lamby Way CF3: Rum............. 6H **87**
Lamby Way Workshops
  CF3: Rum 5A **88**
Lancaster Dr. CF38: Llan F.... 4D **42**
Lancaster Rd. NP4: New I 1G **9**
Lancaster Way NP16: Chep... 2D **62**
Lancers Way NP10: Duff........ 4H **53**
Lan Cl. CF37: P'prdd 5B **14**
Landau Cl. NP20: Newp.......... 4E **59**
Landings, The CF64: P'rth.... 6H **101**
Landmark Pl.
  CF10: Card 4E **5** (4B **96**)
  .... (off Churchill Way)
LANDOCHAU 4F **101**
Landraw Ct. CF37: P'prdd 6A **14**
Landraw Rd. CF37: P'prdd..... 6A **14**
Landseer Cl. NP19: Newp...... 2G **37**
Landwade Cl. CF5: F'wtr 2G **93**
Lane, The CF5: St N................ 1B **98**
Lane, The CF61: Llan M......... 3B **110**
Lanelay Cl. CF72: Tallb G...... 3C **64**
Lanelay Ct. CF72: Tallb G 3C **64**
Lanelay Cres. CF37: P'prdd ... 6B **14**
Lanelay La. CF72: Tallb G...... 3C **64**
Lanelay Pk. CF72: Tallb G 3C **64**
Lanelay Rd. CF72: Tallb G 3C **64**
Lanelay Rd. Ind. Est.
  CF72: Tallb G 4C **64**
Lanelay Ter. CF37: P'prdd...... 6B **14**
Langdale Cl. CF23: Pen L 5C **86**
Langditch La. NP19: Newp..... 6B **38**
Langham Way CF11: Card...... 6G **95**
Langland Rd. CF3: Rum......... 4A **88**
Langlands Rd. CF63: Barry... 5C **106**
Langland Way NP19: Newp ... 2G **55**
Langley Cl. NP26: Magor........ 3C **58**
Langport Av. CF3: L'rmy......... 1B **88**
LANGSTONE...........................1G **39**
Langstone Bus. Village
  NP18: Langs...................... 6E **23**
Langstone Cotts.
  NP18: Langs...................... 1E **39**
Langstone Ct.
  NP44: Cwm'bn 4E **11**
Langstone Ct. Rd.
  NP18: Langs...................... 3F **39**
Langstone La. NP18: L'wrn 4F **39**
Langstone La. NP18: Langs.....4F **39**

LANGSTONE PARK..................1F 39
Lanhydrock Cl. CF3: St Mel....1D 88
Lanpark Rd. CF37: P'prdd 5C 14
Lansbury Cl. CF83: Caer......4B 28
LANSBURY PARK........................5F 29
Lansdale Dr. CF38: Tont 2G 43
Lansdowne NP4: Seba 2E 9
Lansdowne, The CF5: Card ... 4E 95
Lansdowne Av.
　CF14: R'ina 1E 85
Lansdowne Av. E.
　CF11: Card 4D 94
Lansdowne Av. W.
　CF11: Card 4D 94
Lansdowne Gdns.
　NP44: L'tnam 2A 20
Lansdowne Rd. CF5: Card.....3D 94
Lansdowne Rd. NP18: Caerl...5H 21
Lansdowne Rd.
　NP20: Newp 1H 53
Lantrisant Rd. CF15: Rad 3F 83
Lanwern Rd. CF37: P'prdd 1B 24
Lanwood Rd. CF37: P'prdd....5B 14
Lapwing Av. NP26: Cald 6D 60
Lapwing Cl. CF64: P'rth.......6E 109
Larch Cl. NP4: New I............5G 7
Larch Ct. CF15: Tong 4H 69
Larch Ct. NP20: Malp...........4A 20
Larch Dr. CF72: Cross I........3H 65
Larch Gro. CF14: L'vne 2B 72
Larch Gro. CF83: Caer 4E 29
Larch Gro. NP18: Under.........3H 39
Larch Gro. NP20: Malp...........4A 20
Larch Ho. CF14: Whit..........1A 84
Larchwood CF5: Wen 5D 98
Larkfield Av. NP16: Bul.........3E 63
Larkfield Cl. NP18: Caerl......3F 21
Larkfield Gro. NP16: Chep.....3D 62
Larkfield Pk. NP16: Chep 3D 62
Larkhill Cl. NP16: Bul 3E 63
Larkwood Av. CF64: P'rth.....3E 109
Larne Pl. NP20: Newp..........6D 36
Lascelles Dr. CF23: Pontp.....4H 73
Latch Sq. NP20: Newp.............6C 36
　...........................(off Alma St.)
Latteys Cl. CF14: Heath 2F 85
Laugharne Av. CF3: Rum......4A 88
Laugharne Ct. CF62: Barry 6H 105
Laugharne Rd. CF3: Rum 4A 88
Launcelot Cres. CF14: Thorn...3F 71
Laundry Rd. CF37: P'prdd 6B 14
Laura St. CF37: T'rest..........1D 24
Laura St. CF63: Barry 6D 106
Laureate Cl. CF3: L'rmy.......6H 73
Laurel Av. CF37: R'fln 5H 25
Laurel Cl. NP26: Undy............3E 59
Laurel Cl. CF5: F'wtr............1H 93
Laurel Ct. CF62: Barry 4E 117
　...................(off St Nicholas Cl.)
Laurel Ct. CF83: Bed'ws 3G 29
Laurel Cres. NP20: Malp........5B 20
Laurel Cres. NP26: Undy.........4F 59
　.............................(not continuous)
Laureldene CF72: L'harry 5A 78
Laurel Dr. NP10: Bass..........6D 34
Laurel Grn. NP44: Up Cwm....5B 8
Laurel Rd. NP10: Bass..........6B 34
Laurels, The CF14: L'vne 2A 72
Laurels Bus. Pk., The
　CF3: Rum 5B 88
Laurel Wlk. NP44: Pnwd........5B 8
　.............................(not continuous)
Lauriston Cl. CF5: Ely..........1G 99
Lauriston Pk. CF5: Ely..........1G 99
Lavender Gro. CF38: El Is......4F 43
Lavender Gro. CF5: F'wtr......1G 93
Lavender Way NP10: Roger....2H 33

Lavernock Point Nature
　Reserve 2D 120
Lavernock Rd. CF64: P'rth 3D 108
Lavernock Rd. CF64: Sul.......3D 108
Lavery Cl. NP19: Newp 2G 37
Lawns, The NP26: Magor 4C 58
Lawnt Chepstow Castle
　NP20: Newp 1B 54
　..(shown as Chepstow Castle Green)
Lawn Ter. CF37: T'rest...........2E 25
Lawrence Hill NP19: Newp....4H 37
　.............................(not continuous)
LAWRENCE HILL 3H 37
Lawrence Hill Av.
　NP19: Newp 4H 37
Lawrence St. CF83: Caer......6D 28
Lawrence Street South La.
　CF83: Caer 6D 28
Lawrenny Av. CF11: Card.....5D 94
Laybourne Cl. NP44: Pnwd....1G 11
Laytonia Av. CF14: Card.......5G 85
Leach Rd. NP20: Bet.............4E 19
Lea Cl. NP20: Bet.................5F 19
Lea Cl. NP26: Undy..............3D 58
Leacroft Pl. CF23: Pontp.......4E 73
Leadon Ct. NP44: Thorn.......1C 10
Lead St. CF24: Card.............3D 96
Leamington Rd. CF14: R'ina...1D 84
Leas, The NP44: Pnwd..........6C 8
LECKWITH 2D 100
Leckwith Av. CF11: Card 4E 95
Leckwith Cl. CF11: Card........5F 95
Leckwith Ct. CF5: Ely 5G 93
Leckwith Ind. Est.
　CF11: Card 1F 101
Leckwith M. CF11: Card........4E 95
Leckwith Pl. CF11: Card........4F 95
Leckwith Rd. CF11: Card.......4F 95
Leckwith Rd. CF11: Leck 2D 100
Leckwith Rd. CF64: Din P.......4E 101
Leckwith Rd. CF64: L'dgh 4E 101
LECKWITH RD.
　INTERCHANGE 6E 95
LECWYDD 2D 100
Ledbrooke Cl.
　NP44: Cwm'bn 4E 11
Ledbury Dr. NP20: Newp 3C 36
Leechpool NP26: Pskwt.........2H 61
LEECHPOOL 3H 61
Lee Cl. CF23: L'dyrn.............3D 86
Lee Cl. CF64: Din P 1H 107
Lee Ct. CF14: R'ina 4E 71
Lee Rd. CF63: Barry 1A 118
Lee St. CF37: P'prdd 6B 14
Lee Way NP19: Newp 1A 56
Leeway Cl. NP19: Newp 2A 56
Lee Way Ind. Est.
　NP19: Newp 3A 56
Legion Row CF83: Tret..........3A 30
Leicester Dr. NP44: G'mdw....2C 10
Leicester Rd. NP19: Newp.....3E 37
Leigh Cl. CF61: Bov 3D 110
Leighton Ct. NP44: St Di.......3E 11
Lennard St. NP19: Newp 5E 37
Lennox Grn. CF63: Barry 1D 118
Leoline Cl. CF71: Cowb........3B 90
Leon Av. CF15: Taff W 2E 69
Le Pouliguen Cl.
　CF61: Llan M 3C 110
Le Pouliguen Way
　CF61: Llan M 3C 110
Leslie Grn. Ct. NP10: Duff.....3H 53
Leslie Ter. NP10: Roger.........5D 34
Letterston Rd. CF3: Rum......3A 88
Letton Rd. CF10: Card..........6B 96
Lettons Way CF64: Din P 1G 107
Letty St. CF24: Card.............1A 96

Letty St. La. CF24: Card.......... 1A 96
Levels Bus. Pk., The
　CF3: Rum 5B 88
Leven Cl. CF37: Cyn..............2B 86
Lewis Cl. NP20: Newp 6C 36
Lewis Ct. CF24: Card.............4E 97
Lewis Cres. CF3: Old M 3A 74
Lewis Dr. CF83: Caer 4B 28
Lewis Martin Ct. CF11: Card...6F 95
Lewis Rd. CF24: Card............4D 96
Lewis Rd. CF64: L'dgh 4E 101
Lewis St. CF11: Card 4G 95
Lewis St. CF37: P'prdd 1C 24
Lewis St. CF37: T'rest 2E 25
Lewis St. CF38: Chu V 3E 43
Lewis St. CF62: Barry 3E 117
Lewis St. CF72: P'clun...........5D 64
Lewis St. CF83: Mac.............2G 31
Lewis Ter. CF83: L'brad 1B 28
Lewis Ter. NP4: P'nydd 1A 6
Lewis Vw. NP10: Roger........4D 34
Lewis Way NP16: Bul............6F 63
Leydene Cl. NP11: Ris...........4D 16
Leyshon Cl. CF15: Taff W 6D 44
Leyshon St. CF37: P'prdd 2B 24
Libeneth Rd. NP19: Newp 5H 37
Liberty Bri.
　CF10: Card 5F 5 (4B 96)
Liberty Cambrian Point
　CF24: Card 6H 85
Liberty Ct. CF14: Whit..........4F 85
Liberty Flds. CF10: Card........1H 95
Liberty Gro. NP19: Newp 5E 37
Liberty Ho. CF14: Card 5H 85
Liberty Pk.
　CF11: Card 6B 4 (5H 95)
Liberty Severn Point
　CF10: Card 1G 95
Library Cl. CF37: R'fln 4G 25
Library Ct. CF24: Card...........6A 86
Library Pl. NP16: Chep 2E 63
Library Rd. CF37: P'prdd 6C 14
Library St. CF5: Card.............3F 95
Liddell Cl. CF23: Pontp 4H 73
Liddicoat Ct. CF63: Barry 1C 118
Liddon Ct. CF38: Bed............5A 42
Lidmore Rd. CF62: Barry 2E 117
Lifeboat Station Penarth 2F 109
Lighthouse Pk.
　NP10: St Bri W 5H 77
Lighthouse Rd. NP10: Duff....3H 53
Lighthouse Rd.
　NP10: St Bri W 3H 53
Lilac Cl. CF5: F'wtr...............6G 83
Lilac Dr. CF38: Llan F............5C 42
Lilac Gro. NP10: Roger.........2H 33
Lili Mai CF63: Barry 4B 106
Lilleshall St. NP19: Newp......5E 37
Lily St. CF24: Card................2C 96
Lily Way NP10: Roger...........3A 34
Limebourne Ct. CF14: Whit....4C 84
Lime Cl. CF15: Rad 3G 83
Lime Cl. NP20: Newp............1C 54
Limes Cres. NP19: Newp.......5H 37
Lime Gro. CF5: F'wtr............6F 83
Lime Gro. CF62: Eg Bre 2B 112
Limes, The CF71: Cowb.........3D 90
Limes, The NP26: Undy.........4D 58
Limes Ct. CF71: Cowb...........4D 90
Limeslade Cl. CF5: F'wtr 2B 94
Limetree Cl. CF38: Chu V 3F 43
Lime Tree Ct. CF23: Pontp.....2G 73

Lime Tree Mans.
　CF14: Card 5H 85
Limewood Cl. CF3: St Mel 6C 74
Lincoln Cl. NP19: Newp.........3F 37
Lincoln Ct. CF23: L'dyrn 2D 86
Lincoln Ct. NP18: Caerl.........4G 21
　...........................(off Caradoc Cl.)
Lincoln St. CF5: Card............3D 94
Lindbergh Cl. NP19: Newp 6G 37
Linden Av. CF23: Pen L..........6C 86
Linden Ct. NP16: Bul............5E 63
Linden Ct. CF72: L'harry 5A 78
Linden Gro. CF3: Rum 3H 87
Linden Gro. CF83: Caer 4E 29
Linden Rd. NP19: Newp.........4G 37
Lindens, The CF11: Card 2F 95
Lindway Cl. CF5: Card...........2D 94
Lingholm Cl. CF3: St Mel.......6D 74
Links Bus. Pk., The
　CF3: St Mel 5F 75
Link Trade Pk. CF11: Card.....4G 101
Linley Cl. NP19: Newp 3E 39
Linnet Cl. CF23: Pent...........6D 72
Linnet Rd. NP26: Cald...........6C 60
Linton St. NP20: Newp 1D 54
Lionel Rd. CF5: Card.............3D 94
Lionel Ter. CF37: R'fln...........4F 25
Liscombe St. NP19: Newp.....5G 37
Liscum Way CF62: Barry 6E 105
Lisnagarvey Ct. CF14: R'ina...5B 70
Lister Cl. CF38: Chu V 2D 42
Lister Grn. NP20: Malp 5A 20
LISVANE 2B 72
Lisvane & Thornhill
　Station (Rail) 2H 71
Lisvane Rd. CF14: L'shn 4A 72
Lisvane Rd. CF14: L'vne 4A 72
Lisvane St. CF24: Card 6H 85
LISWERRY 6A 38
Liswerry Cl. NP44: L'rfn 3B 12
　.............................(not continuous)
Liswerry Dr. NP44: L'rfn 2B 12
Liswerry Pk. Dr.
　NP19: Newp 5A 38
Liswerry Rd. NP19: Newp 6H 37
　.............................(not continuous)
Litchfield Ct.
　CF11: Card 6B 4 (5H 95)
Lit. Brynhill La.
　CF62: Barry 5F 105
Littlecroft Av. CF5: Ely..........3B 94
Littledene NP44: G'mdw........2D 10
Lit. Dock St. CF64: P'rth 6H 101
Lit. Hill CF63: Barry 6B 106
Lit. Hill CF14: Whit 4C 84
Lit. Mill CF14: Whit 4C 84
Lit. Moors Hill
　CF63: Barry 1C 118
Little Oaks Vw.
　NP10: Roger.........................3C 34
Lit. Orchard CF5: L'dff 6B 84
Lit. Orchard CF64: Din P 2A 108
Littleton St. CF11: Card.........4G 95
Livale Cl. NP20: Bet..............5G 19
Livale Ct. NP20: Bet..............5G 19
Livale Rd. NP20: Bet.............5G 19
Livale Wlk. NP20: Bet...........5G 19
Livermore Ct. CF23: Pen L 6E 87
Liverpool St. NP19: Newp......3E 37
Livin CF24: Card...........1G 5 (2C 96)
Livingstone Pl. NP19: Newp...4E 37
Livingstone Way
　CF62: St Ath 2D 112
　.............................(not continuous)
LivingWell Health
　Club Cardiff 3C 4 (3A 96)
Livorno Ho. CF10: Card..........6C 96

Llanarth Cl. CF83: Mac...........2H **31**
Llanarth Sq. NP11: Ris 6E **17**
Llanarth St. CF83: Mac...........3H **31**
Llanarth St. NP20: Newp.........5C **36**
LLANBEDER....................................6H 23
Llanbedr Rd. CF5: F'wtr.........2A **94**
Llanberis Cl. CF38: Tont..........1E **43**
Llanberis Cl. NP10: R'drn 6A **34**
LLANBETHERY...........................1H 113
Llanbleddian Ct.
  CF24: Card 1D **4** (2A **96**)
Llanbleddian Gdns.
  CF24: Card 1D **4** (2A **96**)
LLANBLETHIAN............................5C 90
Llanblethian Castle................4B **90**
Llanbradach Station (Rail) 1B 28
Llanbradach St. CF11: Card...6H **95**
Llanbradach St.
  CF37: P'prdd 6B **14**
LLANBYDDERI............................1H 113
LLANCADLE................................4H 113
Llancaiach Rd. CF14: Whit 3D **84**
LLANCATAL................................4H 113
LLANDAFF....................................1B 94
Llandaff Cathedral................6D **84**
Llandaff Chase CF5: L'dff.......6B **84**
Llandaff Cl. CF64: P'rth 3E **109**
Llandaff Ct. CF5: L'dff 1C **94**
Llandaff Grn.
  NP44: Cwm'bn 1G **11**
LLANDAFF NORTH.......................4B 84
Llandaff Pl. CF5: L'dff............2E **95**
Llandaff Rd. CF11: Card 2E **95**
Llandaff Rowing Club............6C **84**
Llandaff Sq. CF5: Old M 6B **74**
Llandaff Station (Rail) 3B 84
Llandaff St. NP20: Newp 6A **36**
Llanddwyn Island Cl.
  CF83: Caer 1H **45**
Llandegfedd Cl.
  CF14: Thorn.........................2H **71**
Llandegfedd Cl.
  NP10: Roger 2D **34**
Llandegfedd Way NP4: New I...6G **7**
LLANDEGVETH...............................1H 13
Llandennis Av. CF23: Cyn........1B **86**
Llandennis Ct. CF23: Cyn 1C **86**
Llandennis Grn. CF23: Cyn......1B **86**
Llandennis Rd. CF23: Cyn 1A **86**
Llandenny Wlk.
  NP44: Cwm'bn 2G **11**
Llanderfel Rd. CF14: Thorn 1C **94**
Llandetty Rd. CF5: F'wtr 2A **94**
LLANDEVENNY................................5A 58
Llandilo Rd. CF64: Din P..........2A **108**
Llandinam Cres.
  CF14: Llan N..........................6D **84**
Llandinam Rd.
  CF62: Barry 2G **117**
LLANDOCHE..................................6D 90
Llandogo Rd. CF3: St Mel........6D **74**
LLANDOUGH..................................6D 90
LLANDOUGH..................................4F 101
Llandough Hill CF64: L'dgh...4F **101**
Llandough St. CF24: Card 2A **96**
Llandough Trad. Est.
  CF11: Card 3F **101**
Llandovery Cl. CF5: Ely 5G **93**
Llandowlais St.
  NP44: Cwm'bn 4G **11**
Llandowlais St. NP44: Oakf...4G **11**
Llandow Rd. CF5: Ely 5H **93**
Llandraw Woods
  CF37: P'prdd 6A **14**
Llandudno Rd. CF3: Rum 3A **88**
Llandyfrig Cl. CF64: Din P 2A **108**

LLANEDERN.....................................2E 87
Llanedern Dr. CF23: L'dyrn.....1E **87**
LLANEDEYRN...................................2E 87
Llanedeyrn Cl. CF23: Pen L....4D **86**
LLANEDEYRN
  INTERCHANGE......................4F **87**
Llanedeyrn Rd. CF23: Pen L....5D **86**
LLANEDEYRN VILLAGE..................4A 74
Llanerch Cl. NP4: P'pool 2A **6**
Llanerch Goed CF38: Llan F....2D **42**
Llanerch Path NP44: F'wtr 3D **10**
Llanerch Vineyard..................3G **79**
Llanerwrwg Way
  CF3: St Mel...........................6C **74**
Llanfabon Ct. CF37: Cilf'dd.....3F **15**
Llanfabon Dr. CF83: Bed'ws...2H **29**
Llanfabon Dr. CF83: Tret 2H **29**
LLAN-FAES....................................1E 111
Llanfair Cl. CF11: Card 2E **95**
Llanfair Rd. CF37: P'prdd 1B **24**
Llanfedw Cl. CF83: Caer.........4G **29**
LLANFIHANGEL-Y-FEDW..............5C 94
LLANFIHANGEL-Y-PWLL.............5C 100
LLANFLEIDDAN............................5C 90
LLANFOIST....................................5D 12
LLANFRECHFA GRANGE
  HOSPITAL............................3C **12**
Llanfrechfa Way
  NP44: Cwm'bn 3H **11**
Llanfrechfa Way
  NP44: L'rfn 3H **11**
Llanfrynach Dr.
  CF71: L'thian 4A **90**
Llangattock Ct. NP44: Croes...6H **9**
Llangattock Rd. CF5: F'wtr 5D **86**
Llangefni Pl. CF14: L'shn 4G **71**
Llangorse Dr. NP10: Roger 2D **34**
Llangorse Path NP44: L'rfn 4A **12**
Llangorse Rd. CF23: Cyn.........6C **72**
Llangorse Rd. NP44: L'rfn 3A **12**
Llangranog Pl. CF14: L'shn....4F **71**
Llangranog Rd. CF14: L'shn....4F **71**
Llangwm Pl. CF3: Rum 3A **88**
Llangybi Cl. CF5: Ely 6D **92**
Llangynidr Rd. CF5: F'wtr 2A **94**
LLANHARRY...................................5A 78
Llanharry Rd.
  CF72: L'harry 4C **78**
Llanharry Rd. CF72: P'clun.....4C **78**
LLANHENNOCK.............................1C 22
LLANHENWG FAWR.......................1C 22
LLANILLTUD FAERDREF................5D 42
LLANILLTUD FAWR......................3B 110
Llanina Gro. CF3: Rum 2D **88**
LLANISHEN....................................4F 71
Llanishen Ct. CF14: L'shn 5H **71**
Llanishen Golf Course...........6H **47**
Llanishen Leisure Cen...........5G **71**
Llanishen Station (Rail) 4A 72
Llanishen St. CF14: Card........5H **85**
LLANISIEN....................................4F 71
LLANMAES....................................1E 111
Llanmaes Rd.
  CF61: Llan M 3C **110**
Llanmaes St. CF11: Card.......1H **101**
Llanmead Gdns.
  CF62: Rho............................5D **114**
Llanmihangel Ri.
  CF71: L'thian 5B **90**
Llanmihangel Rd.
  CF71: L'thian 6A **90**
Llanmorlais Rd.
  CF14: Llan N.........................6E **85**
Llanon NP44: Croes 5F **9**
Llanon Rd. CF14: L'shn 4G **71**

Llanover Cl. NP20: Malp.........6A **20**
Llanover Hall Arts Cen...........3E **95**
Llanover Rd. CF37: P'prdd.......5D **14**
Llanover Rd. CF5: Ely 6D **92**
Llanover St. CF37: P'prdd.......6D **14**
Llanover St. CF63: Barry 1B **118**
Llanquian Cl. CF71: Cowb 4D **90**
Llanquian Rd. CF71: A'thin......2F **91**
LLANRHYMNI...................................1A 88
LLANRUMNEY...................................1A 88
Llanrumney Av. CF3: L'rmy 3H **87**
LLANSANFFRAID-AR-ELAI............6H 81
LLANSANFFRAID
  GWYNLLWG..............................4G 77
Llansannor Dr.
  CF10: Card 6F **5** (5B **96**)
Llanstephan Rd. CF3: Rum 4A **88**
LLANTARNAM.................................6B 12
Llantarnam By-Pass
  NP44: L'tnam 2B **20**
Llantarnam Cl.
  NP44: Cwm'bn 3H **11**
                    ....(not continuous)
Llantarnam Cl.
  NP44: L'tnam 3H **11**
                    ....(not continuous)
Llantarnam Gdns.
  NP44: L'tnam 6B **12**
Llantarnam Grange
  Arts Cen.............................1H **11**
Llantarnam Ind. Est.
  NP44: L'tnam 6A **12**
Llantarnam Ind. Pk.
  NP44: L'tnam 6H **11**
Llantarnam Pk. Way
  NP44: L'tnam 6H **11**
Llantarnam Rd. CF14: Card.....5F **85**
Llantarnam Rd.
  NP44: Cwm'bn 3H **11**
Llantarnam Rd. NP44: Oakf...3H **11**
Llanthewy Cl. NP44: Croes.....6H **9**
Llanthewy Cl. NP20: Newp.....5A **36**
Llanthony Cl. NP26: Cald........4D **60**
LLANTRISANT..................................2F 65
Llantrisant & Pontyclun
  Golf Course 3D **64**
Llantrisant Bus. Pk.
  CF72: L'sant 4E **41**
                    ....(not continuous)
Llantrisant Castle...................2F **65**
Llantrisant Ind. Est.
  CF72: L'sant 5D **40**
Llantrisant Leisure Cen..........2F **65**
Llantrisant Ri. CF5: L'dff 5B **84**
Llantrisant Rd.
  CF37: P'prdd 5A **24**
Llantrisant Rd.
  CF37: Pen-co.......................5A **24**
Llantrisant Rd. CF38: Bed 5C **42**
Llantrisant Rd. CF38: Bed 5H **41**
Llantrisant Rd. CF38: Llan F...5C **42**
Llantrisant Rd. CF5: Cap L......3C **82**
Llantrisant Rd. CF5: L'dff 5H **83**
Llantrisant Rd. CF5: St F........3C **82**
Llantrisant Rd.
  CF72: Cross I.......................2H **65**
Llantrisant Rd. CF72: Gro-f....6H **65**
Llantrisant Rd. CF72: P'clun...6D **64**
Llantrisant St. CF24: Card......1H **95**
Llantrithyd Rd. CF71: St H 6H **91**
LLANTWIT FARDRE........................5D 42
Llantwit Fardre
  Leisure Cen........................2F **43**
Llantwit Gdns. Cl.
  CF62: St Ath 4D **112**
LLANTWIT MAJOR........................3B 110

Llantwit Major
  Leisure Cen.......................4D **110**
Llantwit Major
  Station (Rail)......................3C 7
Llantwit Rd. CF37: T'rest........3E **25**
Llantwit Rd. CF37: Tont..........3E **25**
Llantwit Rd. CF62: Bov..........4F **111**
Llantwit Rd. CF62: St Ath 4F **111**
Llantwit Rd. CF62: St Ath 5A **112**
Llantwit St.
  CF24: Card 1E **5** (2B **96**)
Llantwit St. CF63: Barry 2A **118**
Llanvair Grange Cl.
  NP20: Newp 1B **54**
Llanvair Rd. NP19: Newp........3D **36**
LLANVIHANGEL PONTYMOEL......2G 7
LLANWERN....................................4F 39
Llanwern Golf Course.............5F **39**
Llanwern Rd. CF5: Ely 5G **93**
Llanwern Rd. NP19: Newp 2C **38**
Llanwern St. NP19: Newp 4E **37**
Llanwern Works
  NP19: Newp 2H **57**
Llanwonno Cl. CF37: P'prdd....5A **14**
                    ....(not continuous)
Llanwonno Rd.
  CF37: P'prdd 5A **14**
LLANYRAFON.................................3A 12
Llanyrafon Golf Course..........4A **12**
Llanyrafon Manor...................3A **12**
Llanyrafon Mill.......................3A **12**
Llanyravon Sq. NP44: L'rfn 3A **12**
Llanyravon Way NP44: L'rfn...3A **12**
Lle Eirlys NP44: Pnwd 3E **9**
Lle'r Gelli CF83: Caer.............3D **28**
Lle Sol Invictus NP18: Caerl...3H **21**
    ....(shown as Sol Invictus Place)
Llest Ter. CF38: Llan F 5C **42**
Llew a Dor Ct. NP18: Caerl.....5A **22**
Llewellyn Av. CF5: Ely 3F **93**
Llewellyn Dr. CF83: Caer 5C **28**
Llewellyn Gro. NP20: Malp 4A **20**
Llewellyn Rd.
  NP44: Cwm'bn 1G **11**
Llewellyn St. CF63: Barry 1A **118**
Llewellyn St. NP19: Newp 4G **37**
Llewellyn Wlk. NP20: Malp 4A **20**
Llewellyn Wlk.
  NP44: Cwm'bn 2G **11**
Llewelyn Goch CF5: St F.........2C **82**
Llewelyn Ho. CF72: Hens........5F **79**
Llewelyn St. CF37: P'prdd.......5A **14**
Lloft Deri CF14: R'ina 6E **71**
Lloyd Av. CF5: L'dff.................2B **94**
Lloyd Av. CF62: Barry 1G **117**
Lloyd George Av.
  CF10: Card 6E **5** (5B **96**)
Lloyd Pl. CF3: St Mel 1E **89**
Lloyd St. NP19: Newp 6G **37**
Llwybr y Coetir CF83: Caer.....3D **28**
Llwyd Coed CF14: R'ina 4B **70**
Llwyd-y-Berth CF83: Caer.......1A **46**
Llwyn Bryn Melyn
  CF15: Rad.............................1E **83**
Llwyn Castan CF23: Pent 6E **73**
Llwyn Celyn NP44: Two L........4F **11**
Llwyncrwn Rd. CF38: Bed........5H **41**
Llwyn David CF62: Barry 3G **117**
Llwyn Deri Cl. NP10: Bass......1A **52**
Llwynderi Rd. NP20: Newp......5A **36**
Llwynderw Rd. CF14: Whit......4F **85**
Llwyn Drysgol CF15: Rad........1E **83**
Llwyn Eithan CF83: Caer.........4F **29**
LLWYNELIDDON..............................5C 98
Llwynfedw Gdns.
  CF14: Heath...........................2F **85**
                    ....(not continuous)

Llwynfedw Rd.
CF14: Heath............................ 2E **85**
Llwynfen Rd. CF72: P'clun 6D **64**
Llwyn Grug CF14: R'ina........... 5E **71**
Llwyn Gwyn CF72: L'harry..... 5A **78**
LLWYNHELIG............................ 2B **90**
Llwynmadoc St.
CF37: P'prdd 6B **14**
Llwyn Mallt CF15: Tong........... 5H **69**
Llwyn On NP18: P'hir............. 1G **21**
Llwynon NP11: Ris 5E **17**
Llwyn-on Cl. CF83: Caer......... 5B **28**
Llwyn Onn CF14: R'ina........... 5B **70**
Llwyn Onn CF72: Tyle............. 5C **64**
Llwyn Onn NP44: Croes......... 1B **12**
Llwyn-on St. CF83: Caer 5B **28**
Llwyn Passat CF64: P'rth..... 6A **102**
Llwynpennau Cotts.
CF72: Gro-f........................... 1B **80**
Llwyn Rhosyn CF14: R'ina..... 5E **71**
Llwyn Skye NP10: Duff............5F **53**
Llwyn y Gog CF62: Rho 6F **115**
Llwyn-y-Grant Pl.
CF23: Pen L.......................... 5D **86**
Llwyn-y-Grant Rd.
CF23: Pen L.......................... 5D **86**
Llwyn-y-Grant Ter.
CF23: Pen L.......................... 5D **86**
Llwyn-y-Pia Rd.
CF14: L'vne.......................... 2B **72**
Llyn Berwyn Cl.
NP10: Roger 3D **34**
Llyn Celyn Cl. NP10: Roger..... 2D **34**
Llyn Cl. CF23: Cyn 2B **86**
Llyn Pandy CF83: Bed'ws........3F **29**
Llys Bowsher NP16: Bul........ 5E **63**
Llys Cambria CF83: L'brad..... 1B **28**
Llys Caradog CF15: Cre......... 6D **66**
Llys Catwg CF72: Tallb G 3E **65**
Llys Celyn CF38: Tont............2G **43**
.... (off Cedar Cres.)
Llys Coed CF37: Glync............ 1D **14**
Llys Coed Derw
CF38: Llan F......................... 3D **42**
Llys Corrwg CF37: R'fln........ 4H **25**
Llys Deri CF72: L'harry.......... 5A **78**
Llys Derwen CF37: Glync....... 1D **14**
Llys Derwen CF72: L'sant........3F **65**
Llys Dewi CF15: Cre 6E **67**
Llys Dewi CF61: Llan M 2B **110**
Llys Dwynwen
CF61: Llan M 1B **110**
Llys Dyfodwg CF15: Cre......... 1E **81**
Llys Dyfrig CF15: Cre............. 1D **80**
Llys Enfys CF14: L'shn 6F **71**
Llys Fach CF38: Chu V...........3F **43**
LLYS-FAEN............................. 2B **72**
Llys Graig y Wion
CF37: P'prdd 1C **24**
Llys Gth. CF38: Llan F............ 2D **42**
Llys Gwent CF63: Barry 5C **106**
Llys Gwynno CF15: Cre 1D **80**
Llys Gwyrdd NP44: H'lys....... 6C **10**
Llys Hafn CF15: Taff W 2E **69**
Llys Illtern CF5: Cap L............ 2G **81**
Llys Illtern CF5: Cre.............. 2G **81**
Llys Illtyd CF15: Cre.............. 6D **66**
Llys Joseph CF72: L'harry..... 4A **78**
Llys Llewellyn CF38: Llan F..... 3D **42**
Llys Maelwg CF72: Tallb G..... 3E **65**
Llys Nant Pandy CF83: Caer... 5C **28**
Llys Nant yr Aber
CF83: Caer 5B **28**
Llys Pegasus CF14: L'shn 5G **71**
Llys Pum Cyfair
CF14: Llan N......................... 5E **85**
Llys Steffan CF61: Llan M ... 1B **110**

Llys Tal-y-Bont Rd.
CF14: Card 6G **85**
Llys Teilo CF15: Cre............... 1E **81**
Llys Teilo CF61: Llan M....... 2B **110**
Llys Teilo CF72: Tallb G 3E **65**
Llys Tripp CF15: Gwae G 2E **69**
Llys Tudful CF15: Cre 6E **67**
Llys ty Gwyn CF37: P'prdd ... 5E **15**
Llyswen CF83: Mac...............2F **31**
Llyswen Rd. CF23: Cyn........... 1B **86**
Llyswen Wlk. NP44: L'rfn....... 4A **12**
Llys-y-Celyn CF83: Caer........ 4E **29**
Llys y Coed CF62: Barry 3E **117**
Llys-y-Fedwen CF83: Caer..... 5E **29**
Llys y Fran CF38: Chu V 3E **43**
Llys y Ysgol CF5: Ely............. 3C **92**
Lobelia Cl. NP10: Roger.......... 3A **34**
Lochaber St. CF24: Card 6C **86**
Locke Gro. CF3: St Mel........... 1E **89**
Locke St. NP20: Newp............ 4B **36**
Lock Keepers Ct.
CF10: Card 1H **95**
Locks Rd. CF10: Card.............3C **102**
Lockwood Ct. NP19: Newp......1F **55**
Lodden Cl. NP20: Bet............. 5G **19**
Lodge, The CF15: Rad 2G **83**
Lodge, The CF64: P'rth......... 6A **102**
Lodge Av. NP18: Caerl........... 4G **21**
Lodge Cl. CF14: L'vne............ 1A **72**
Lodge Hill NP18: Caerl............4F **21**
Lodge Hill NP18: L'wrn............4F **21**
Lodge Rd. NP18: Caerl........... 5E **21**
Lodge Way NP26: Pskwt........5F **61**
Lodge Wood NP4: New I......... 4E **7**
Lodge Wood NP4: P'pool 4E **7**
Lodwick Ri. CF3: St Mel......... 2E **89**
Loftus Av. NP19: Newp..........5F **37**
Loftus Cres. NP19: Newp 5F **37**
Loftus Gro. NP19: Newp.........5F **37**
Loftus La. NP19: Newp...........5F **37**
Loftus Sq. NP19: Newp...........5F **37**
Loftus St. CF5: Card.............. 3D **94**
Loftus Wlk. NP19: Newp.........5F **37**
Logan Ct. CF37: P'prdd........... 4E **15**
Lombard St. CF62: Barry 2H **117**
Lomond Cres. CF23: Cyn....... 2C **86**
Lon Cefn Mably CF83: Rho...6D **114**
Lon Cwrt Ynyston
CF11: Leck 1E **101**
London St. NP19: Newp.......... 4E **37**
Lon Elai CF72: P'clun............. 5D **64**
Lon Fach CF14: R'ina............. 6D **70**
Lon Fach CF83: Caer............. 1B **46**
Lon Fawr CF83: Caer............. 1B **46**
Lon Fferm Felin
CF62: Barry 3D **116**
Lon Ffion NP44: Pnwd 4E **9**
Long Acre NP44: F'wtr 4D **9**
Longacre Cl. CF63: Barry.......5D **106**
Longacre Cl. CF72: L'sant....... 3G **65**
Lon Ganol CF14: R'ina........... 6D **70**
Longbridge NP18: P'hir...........1F **21**
Longbridge Ct. NP11: Ris....... 4D **16**
.... (off St Mary St.)
Longcroft Rd. NP26: Cald....... 5C **60**
Longcross Ct.
CF24: Card 2G **5** (3C **96**)
Longcross St.
CF24: Card 2H **5** (3C **96**)
Longditch Rd. NP19: Newp 2B **56**
Longfellow Cl. NP26: Cald....... 6B **60**
Longfellow Ct. NP26: Cald....... 6B **60**
Longfellow Gdns.
CF83: Mac............................ 2C **30**
Longfellow Pl. NP26: Cald....... 6B **60**
Longfellow Rd. NP26: Cald..... 5B **60**

Long Heath Cl. CF83: Caer 5D **28**
Long Hollow NP44: Cwm'bn... 1G **11**
Longhouse Cl. CF14: L'vne..... 3A **72**
Longhouse Gro. NP44: H'lys... 5B **10**
Longleat Cl. CF14: L'vne 3B **72**
Long Mdw. Ct. CF71: Cowb... 3D **90**
Longmeadow Ct.
NP19: Newp 6A **38**
Long Meadow Dr.
CF62: Barry 6H **105**
Longmeadow Dr.
CF64: Din P 3H **107**
Longreach Cl. CF5: Ely........... 5D **92**
Long Row CF37: T'rest 3E **25**
Long Row NP4: P'pool 5B **6**
Longships Rd. CF10: Card......1F **103**
Longspears Av. CF14: Card ... 4G **85**
Longtown Gro. NP10: Duff.....6G **53**
Longueil Cl. CF10: Card.......... 6C **96**
Longwood Dr. CF14: Whit....... 6G **69**
Lon Hafren CF83: Caer 2B **46**
Lon Hayesgate NP16: Hay... 6G **63**
.... (shown as Hayesgate Lane)
Lon Helyg NP44: Croes........... 1B **12**
Lon Helygen CF37: Glync........ 1D **14**
Lon Heulog CF37: R'fln........... 5G **25**
Lon Isa CF14: R'ina............... 6D **70**
Lon Isaf CF83: Caer............... 1B **46**
Lon Lindys CF62: Rho............ 6E **115**
Lon Loftus NP19: Newp..........5F **37**
.... (shown as Loftus Lane)
Lon Madoc CF14: Whit 3E **85**
Lon Nant NP44: Pon'run 5F **9**
Lon-od-Nant CF61: Llan M.... 4C **110**
Lon Owain CF5: Ely................6F **93**
Lon Penllyn CF14: R'ina......... 1D **84**
Lon Robin Goch CF83: Caer... 6A **28**
Lonsdale Rd. CF21: Barry 2A **118**
Lon Stephens CF15: Taff W....2F **69**
Lon Ty'n-y-cae CF14: R'ina..... 1E **85**
Lon Ucha CF14: R'ina............ 6D **70**
Lon Uchaf CF83: Caer............ 1B **46**
Lon Werdd CF5: Ely............... 4E **93**
Lon Werdd CF5: Ely............... 4E **93**
Lon-y-Barri CF83: Caer 4B **28**
.... (not continuous)
Lon y Cadno CF38: Chu V...... 4E **43**
Lon-y-Castell CF5: Ely............6G **93**
Lon-y-Celyn CF14: Whit 1B **84**
Lon-y-Dail CF14: R'ina........... 6D **70**
Lon-y-Dderwen CF14: R'ina... 6D **70**
Lon-y-Ddraenen
CF83: Caer 1B **46**
Lon-y-Deri CF14: R'ina........... 6D **70**
Lon-y-Deri CF83: Caer............ 1B **46**
Lon-y-Ffin CF5: Ely................ 4E **93**
Lon-y-Fran CF83: Caer........... 6A **28**
Lon-y-Fro CF15: P'rch............ 5A **68**
Lon-y-Garwa CF83: Caer........ 3B **46**
Lôn y Geotre Fach
CF5: St F 3E **83**
Lon y Goch CF15: P'rch.......... 1A **82**
Lon-y-Gors CF83: Caer........... 1A **46**
Lon-y-Groes CF14: Heath.......3F **85**
Lon-y-Llyn CF83: Caer............ 1B **46**
Lon-y-Mynydd CF14: R'ina..... 6E **71**
Lon y Nant CF14: R'ina.......... 6E **71**
Lon-y-Parc CF14: Whit........... 2D **84**
Lon-yr-Awel CF72: P'clun....... 5E **65**
Lon-yr-Efail CF5: Ely..............6F **93**
Lon-y-Rhedyn CF83: Caer...... 1A **46**
.... (not continuous)
Lôn y Rheilffordd
CF62: Barry 4G **117**
Lon yr Helyg CF83: Caer........ 3C **28**
Lon yr Hen Ysgol CF5: Cap L...2F **81**
Lon yr Hen Ysgol CF5: Cre 2F **81**

Lon-y-Rheydyn CF83: Caer 1B **46**
Lon-y-Rhyd CF14: R'ina..........6D **70**
Lon yr Odyn CF83: Caer 5E **29**
Lon yr Ysgol CF83: Bed'ws......3F **29**
Lon-Ysgubor CF14: R'ina........ 5D **70**
Lon y Tresglen CF83: Caer 6A **28**
Lon-y-Twyn CF83: Caer......... 1D **46**
Lon-y-Waun CF83: Caer......... 1A **46**
Lon-y-Wern CF83: Caer.......... 1B **46**
Lon-y-Winci CF14: R'ina......... 5D **70**
Loop Rd. NP16: Beach........... 4H **63**
Lord Eldon Dr. NP16: Bul........6F **63**
Lord St. CF64: P'rth 6B **102**
Lord St. NP19: Newp 3B **36**
Lothian Cres. CF23: Pen L...... 4D **86**
Loudoun Ho. CF10: Card......... 6B **96**
Loudoun Sq. CF10: Card......... 6B **96**
Lougher Cl. CF5: F'wtr........... 2A **94**
Lougher Pl. CF62: St Ath 5C **112**
Louisa Pl. CF10: Card........... 1B **102**
Lovage Cl. CF23: Pontp 5E **73**
Love La. CF10: Card 4E **5** (4B **96**)
Love La. CF71: L'thian 4C **90**
Loveluck Ct.
CF61: Llan M 3B **110**
Lowben Dr. CF15: Morg.........5F **69**
Lowdon Ter. CF62: Barry 2G **117**
Lwr. Acre CF5: Ely................6F **93**
Lwr. Alma Ter. CF37: T'rest ... 1D **24**
Lwr. Bridge St. NP4: P'pool..... 3C **6**
Lwr. Cathedral Rd.
CF11: Card 4A **4** (4H **95**)
Lwr. Church St. NP16: Chep....1F **63**
Lwr. Cwrt-y-Vil Rd.
CF64: P'rth 3E **109**
Lowerdale Dr. CF72: L'sant ... 3G **65**
Lwr. Dock St. NP20: Newp 5C **36**
Lwr. Farm Ct. CF62: Rho........ 5E **115**
Lwr. Glyn Gwyn St.
CF83: Tret 3A **30**
Lwr. Guthrie St.
CF63: Barry 2A **118**
Lwr. Holmes St.
CF63: Barry 1C **118**
LOWER MACHEN..................... 4B **32**
Lwr. Mill Fld. NP4: P'pool 4E **7**
Lwr. Morel St. CF63: Barry ... 2A **118**
LOWER NEW INN...................... 6G **7**
LOWER OCHRWYTH................. 1E **33**
Lwr. Park Gdns. NP4: P'garn ... 2C **6**
Lwr. Park Ter. NP4: P'pool 3C **6**
LOWER PENARTH................... 4D **108**
LOWER PURTKERRY.............. 5H **115**
Lwr. Pyke St. CF63: Barry...... 2A **118**
Lwr. Rhymney Valley Relief Rd.
CF83: Caer 2B **28**
Lwr. Rhymney Valley Relief Rd.
CF83: L'brad......................... 2B **28**
Lwr. Taff Vw. CF37: P'prdd..... 4E **15**
Lwr. Wyndham Ter.
NP11: Ris 6F **17**
Lowfield Dr. CF14: Thorn.........3F **71**
Lowland Dr. CF38: Tont.......... 2G **43**
LOWLANDS.............................. 5D **8**
Lowlands Cres. NP44: Pnwd ... 5D **8**
Lowlands Rd. NP44: Pnwd....... 5E **9**
Lowndes Cl. NP10: Bass........ 6B **34**
Lowther Ct.
CF24: Card 1E **5** (2B **96**)
Lowther Rd.
CF24: Card 1E **5** (2B **96**)
Lucas Cl. CF63: Barry 6H **105**
Lucas St. CF24: Card 6A **86**
Lucas St. NP20: Newp............ 3B **36**
Lucerne Dr. CF14: Thorn.........3F **71**
Lucknow St. CF11: Card..........6G **95**
Ludlow Cl. CF11: Card........... 1A **102**

Ludlow Cl. NP19: Newp..........5F **37**
Ludlow Cl. NP44: L'rfn........... 4B **12**
.....................(not continuous)
Ludlow La. CF64: P'rth........... 1E **109**
Ludlow St. CF11: Card........... 1H **101**
Ludlow St. CF64: P'rth........... 1E **109**
Ludlow St. CF83: Caer........... 1C **46**
Lulworth Rd. NP18: Caerl....... 6A **22**
Lundy Cl. CF14: L'shn 5G **71**
Lundy Dr. NP19: Newp..........3F **37**
Lupin Gro. NP10: Roger 3A **34**
Lwynpia Cotts. CF15: Morg.....5F **69**
Lydford Cl. CF14: R'ina........... 1D **84**
Lydney Wlk. NP19: Newp 1C **56**
Lydstep Cres. CF14: Llan N 6D **84**
Lydstep Flats CF14: Llan N... 5D **84**
Lydstep Rd. CF62: Barry......6H **105**
Lydwood Cl. CF83: Mac...........2G **31**
Lynch Blosse Cl. CF5: L'dff 5A **84**
Lyncroft NP44: G'mdw...........2D **10**
Lyncroft Cl. CF3: Old M 5B **74**
Lyndhurst Av. NP20: Newp 1H **53**
Lyndhurst St. CF11: Card.......4F **95**
Lyndon Way NP10: Roger 4D **34**
Lyne Rd. NP11: Ris................ 6E **17**
Lyne Rd. NP20: Newp 2C **36**
Lynmouth Cres. CF3: Rum......4G **87**
Lynmouth Dr. CF64: Sul........ 3G **119**
Lyn Pac Trad. Est.
...... NP44: Pnwd........................ 5E **9**
Lynton Cl. CF3: L'rmy 3H **87**
Lynton Cl. CF64: Sul 2H **119**
Lynton Ct. CF10: Card........... 1B **102**
Lynton Pl. CF3: L'rmy 3G **87**
Lynton Ter. CF3: L'rmy...........3G **87**
Lynwood Ct.
...... CF24: Card 1H **5** (2C **96**)
Lyon Cl. CF11: Card............2F **101**
Lyric Way CF14: Thorn...........3G **71**
Lysaght Av. NP19: Newp.......1F **55**
Lysaght Circ. NP19: Newp......1F **55**
Lysaght Gdns. NP19: Newp 1F **55**
Lysaght Way NP19: Newp 1F **55**
Lysander Cl. CF24: Card.........2G **97**
Lytham Gro. CF3: St Mel.........5D **74**
Lyttleton Ct. NP16: Chep 2E **63**

M

Maberly Cl. CF14: L'shn 6A **72**
Macaulay Av. CF3: L'rmy.......6H **73**
McAuley Ct. CF5: Ely 4G **93**
Macauley Gdns.
...... NP20: Newp 2G **53**
McCale Av. CF5: F'wtr 2A **94**
McCarthy's Ct. NP20: Newp ... 5C **36**
..........................(off Commercial St.)
Macdonald Cl. CF5: Ely 5E **93**
Macdonald Pl. CF5: Ely 5E **93**
Macdonald Rd. CF5: Ely 5E **93**
MACHEN 2F **31**
Machen Cl. CF3: St Mel.........6D **74**
Machen Cl. NP11: Ris...........6F **17**
Machen Pl. CF11: Card..........4G **95**
Machen St. CF11: Card..........6G **95**
Machen St. CF64: P'rth........ 1D **108**
Machen St. NP11: Ris........... 5D **16**
Mackintosh Pl. CF24: Card.....6B **86**
Mackintosh Rd.
...... CF37: P'prdd 6D **14**
Mackintosh Sports Club 1C **96**
McLay Ct. CF5: F'wtr 2A **94**
McQuade Pl. CF62: Barry.......5G **117**
Madoc Cl. CF64: Din P........ 2A **108**
Madocke Rd. NP16: Sed........ 3G **63**
Madoc Rd. CF24: Card...........3F **97**
Madoc St. CF37: P'prdd........ 1C **24**

Maelfa CF23: L'dyrn............... 3E **87**
Maelog Cl. CF72: P'clun........5D **64**
Maelog Pl. CF14: Card............6G **85**
Maelog Rd. CF14: Whit........... 3E **85**
Maendy Pl. NP44: Pnwd........... 5C **8**
Maendy Rd. CF37: Pen-co...... 3B **24**
Maendy Rd. CF38: Up Chu......6D **24**
Maendy Rd. CF71: Maen 1F **91**
Maendy Sq. NP44: Pnwd........ 6C **8**
Maendy Way NP44: Cwm'bn ... 5C **8**
Maendy Way NP44: Pnwd....... 5C **8**
Maendy Wood Ri.
...... NP44: Pnwd......................... 6C **8**
Maerdy Cl. NP20: Newp.........2H **53**
Maerdy La. CF14: L'vne...........3C **72**
MAERUN 4A **76**
Maes Awyr Caerdydd 3F **115**
Maes Briallu CF83: Caer........5F **29**
Maes Brith y Garn
...... CF23: Pontp.....................4F **73**
Maes Cadwgan CF15: Cre...... 6E **67**
Maes Cefn Mabley
...... CF72: L'sant......................1F **65**
Maesderwen Cres.
...... NP4: P'pool.........................4D **6**
Maesderwen Ri. NP4: Grif.......4D **6**
Maesderwen Rd. NP4: P'pool...4D **6**
Maes Ganol CF37: R'fln 5A **26**
Maes Glas CF14: Whit 4C **84**
Maes Glas CF37: Glync...........1D **14**
Maes Glas CF62: Barry......... 3E **117**
Maes Glas CF83: Caer 1E **47**
MAES-GLAS 3H **53**
Maesglas Av. NP20: Newp......2H **53**
Maesglas Cl. NP20: Newp......3H **53**
Maesglas Cres.
...... NP20: Newp 2H **53**
..........................(not continuous)
Maesglas Gro. NP20: Newp....3H **53**
Maesglas Ind. Est.
...... NP20: Newp 2A **54**
Maesglas Retail Pk.
...... Port Rd. 2B **54**
Maesglas Rd. NP20: Newp 2H **53**
..........................(not continuous)
Maesglas St. NP20: Newp...... 3H **53**
Maes Gwyn CF83: Caer 1D **46**
Maesgwyn NP44: Pnwd......... 5D **8**
Maes Hir CF83: Caer.............. 4B **28**
Maes Ifor CF15: Taff W.......... 6E **45**
Maes Illtuds CF61: Llan M.... 2C **110**
Maes Lindys CF62: Rho........6F **115**
Maes Lloi CF71: A'thin...........2F **91**
Maes Maelwg CF38: Bed 5H **41**
Maesmawr Rd. CF38: Tont.... 2A **44**
Maes Papur CF11: Card........ 4C **94**
Maes Sarn CF72: L'sant........1F **65**
Maes Slowes Leyes
...... CF62: Rho........................6F **115**
Maesteg Cres. CF38: Tont.... 2G **43**
Maesteg Gdns. CF38: Tont.... 2G **43**
Maesteg St. CF38: Tont........2G **43**
Maes Trane CF38: Bed 5A **42**
Maes Trisant CF72: Tallb G 3E **65**
..........................(not continuous)
Maes Uchaf CF37: R'fln........ 5A **26**
Maes Watford CF83: Caer 3B **46**
Maes y Briallu CF15: Morg.... 6E **69**
Maes y Bryn CF23: Pontp...... 5G **73**
Maes-y-Bryn CF15: Rad........6F **69**
Maes-y-Bryn Rd.
...... CF23: Pontp..................... 1G **73**
Maes y Celyn NP4: Grif...........5D **6**
Maes-y-Coed CF62: Barry ...5D **116**
MAESYCOED 1A **24**
Maes y Coed Rd.
...... CF14: Heath.....................1F **85**

Maesycoed Rd.
...... CF37: P'prdd 6B **14**
Maes y Cored CF14: Whit...... 1A **84**
Maes-y-Crochan
...... CF3: St Mel.......................6F **75**
Maes y Crofft CF15: Morg 6E **69**
Maes-y-Cwm St.
...... CF63: Barry 2H **117**
Maes-y-Dderwen CF15: Cre... 1E **81**
Maes-y-Dderwen NP4: New I... 5G **7**
Maes-y-Deri CF14: R'ina........6D **70**
Maes-y-Deri CF37: P'prdd.....5A **14**
Maes y Draenog
...... CF15: Tong 3H **69**
Maes-y-Drudwen
...... CF83: Caer 1A **46**
Maes y Felin CF37: R'fln....... 5A **26**
Maes-y-Felin CF14: R'ina...... 1D **84**
Maes-y-Felin CF83: Caer......6D **28**
Maes-y-Felin NP4: New I....... 1G **9**
Maesyfelin Cres.
...... CF72: P'clun.....................6C **64**
Maes y Fioled CF15: Morg..... 6E **69**
Maes y Gad CF5: St F 2D **92**
Maes y Gollen CF15: Cre....... 6E **67**
Maes y Grug CF38: Chu V..... 2E **43**
Maes y Gwair CF15: Morg......6D **68**
Maes y Gwenyn
...... CF62: Rho............................6G **115**
Maes y Llech CF15: Rad........2H **83**
Maes-y-Nant CF15: Cre........6D **66**
Maes y Pandy
...... CF83: Bed'ws 2E **29**
Maes y Parc CF14: R'ina....... 1D **84**
Maes-yr-Afon CF72: P'clun ... 1C **78**
Maes-yr-Afon CF83: Caer......4F **29**
Maes yr Annedd CF5: Card ...2D **94**
Maes yr Awel CF15: Rad........1F **83**
Maes yr Awel CF37: R'fln 5A **26**
Maes yr Eglwys
...... CF38: Chu V 1E **43**
Maes yr Eglwys
...... CF38: Up Chu 1E **43**
Maes yr Haf CF14: R'ina....... 5B **70**
Maes yr Hafod CF15: Cre...... 6E **67**
Maes yr Haul Cotts.
...... CF72: Cross I 3G **65**
..........................(off Taff Cotts.)
Maes yr Haul Crossing
...... CF72: Cross I 3G **65**
Maes yr Hedydd
...... CF23: Pontp.......................3F **73**
Maes-y-Rhedyn CF15: Cre..... 1E **81**
Maes-y-Rhedyn
...... CF72: Tallb G 3D **64**
Maes y Rhiw Ct.
...... NP44: G'mdw....................2C **10**
Maes yr Odyn CF15: Morg......6E **69**
Maes-yr-Onnen CF15: Cre...... 1E **81**
Maes yr Orchis CF15: Morg.... 6E **69**
Maes-yr-Ysgol
...... CF62: Barry....................3G **117**
Maes y Sarn CF15: P'rch.......4H **67**
Maes-y-Siglen CF83: Caer 6A **28**
Maes y Wennol CF23: Pontp ...4F **73**
Maes-y-Wennol CF72: Mis......5F **65**
Mafeking Rd. CF23: Pen L.....6C **86**
Magellan Cl. CF62: Barry..... 5A **106**
Magistrates' Court
...... Cardiff 3G **5** (3C **96**)
Magistrates' Court
...... Cwmbran 2G **11**
Magistrates' Court Newport... 5D **36**
Magna Porta Gdns.
...... NP44: L'tnam 1B **20**
Magnolia Cl. CF23: Pent........ 6D **72**
Magnolia Cl. NP16: Bul..........5F **63**

Magnolia Cl. NP20: Malp........ 4B **20**
Magnolia Way CF38: Llan F.... 5C **42**
MAGOR 4D **58**
Magor Marsh Nature
...... Reserve 5C **58**
Magor Rd. NP18: Langs.......... 6H **23**
MAGOR SERVICE AREA 2C **58**
Magor Service Area
...... Tourist Info. Cen.............. 2C **58**
Magpie Cl. CF62: St Ath 3F **111**
Magretion Pl. CF10: Card...... 6B **96**
MAGWYR 4D **58**
Maia Ho. CF10: Card.............. 1D **102**
Maillard's Haven
...... CF64: P'rth 4F **109**
Main Av. CF37: T'rest 1B **44**
MAINDEE 4E **37**
Maindee Pde. NP19: Newp..... 3E **37**
Maindee Ter. NP44: Pnwd......6D **8**
MAINDY 5F **85**
Maindy Cen. 6G **85**
Maindy Ct. CF38: Chu V......... 2E **43**
Maindy M. CF24: Card........... 1A **96**
Maindy Pl. CF24: Card...........6A **85**
Main Rd. CF15: Gwae G......... 6D **44**
..........................(not continuous)
Main Rd. CF15: Morg............. 6D **44**
..........................(not continuous)
Main Rd. CF15: Taff W........... 6D **44**
..........................(not continuous)
Main Rd. CF38: Chu V............ 3E **43**
Main Rd. CF38: Tont............. 3E **43**
Main Rd. CF72: Cross I.......... 3G **65**
Main Rd. CF72: Gro-f..............6B **66**
Main Rd. NP26: Pskwt...........5G **61**
Main Rd. NP26: Undy............. 4D **58**
Main St. CF63: Barry............. 6B **106**
Maitland Pl. CF11: Card.........5G **95**
Maitland St. CF14: Card........5G **85**
Major Cl. NP44: Ty Ca...........3B **10**
Major Rd. CF5: Card 4F **95**
Malcolm Sargent Cl.
...... NP19: Newp 5B **38**
Maldwyn St. CF11: Card........2F **95**
Malefant St. CF24: Card 6A **86**
Mall, The NP44: Cwm'bn 2G **11**
Mallard Av. NP26: Cald........... 6C **60**
Mallard Cl. CF3: St Mel.........6C **74**
Mallards Reach CF3: M'fld.....4G **75**
Mallard Way CF64: P'rth....... 6E **109**
Mallard Way NP10: Duff.........5G **53**
Mallory Cl. CF62: St Ath 2D **112**
Malmesbury Cl.
...... NP20: Newp 3C **36**
Malmesmead Rd.
...... CF3: L'rmy 6A **74**
MALPAS 4A **20**
Malpas Cl. CF3: St Mel.........6D **74**
MALPAS JUNC. 2A **36**
Malpas La. NP20: Bryng........ 1B **36**
Malpas Rd. NP20: Malp......... 3A **20**
..........................(not continuous)
Malpas Rd. NP20: Newp........ 3A **20**
Malpas St. NP44: Cwm'bn 3G **11**
Malpas Vs. NP20: Malp......... 4A **20**
Malthouse, The
...... CF10: Card 5D **4** (4A **96**)
..........................(off Caroline St.)
Malthouse Av. CF23: Pontp ... 3G **73**
Malthouse La. NP18: Caerl..... 2E **21**
Malthouse La. NP4: P'pool 2B **6**
Malthouse La.
...... NP44: L'tnam 2A **20**
Maltings, The CF23: Pent......4F **73**
Maltings, The CF24: Card....... 4E **97**

Maltings, The. NP44: L'tnam ... 1H 19
Malus Av. CF38: Llan F............ 6C 42
Malvern Cl. NP11: Ris............. 6H 17
Malvern Cl. NP19: Newp......... 1G 37
Malvern Dr. CF14: L'shn..........6F 71
Malvern Rd. NP19: Newp 4D 36
Malvern Ter. NP11: Ris 6E 17
Manchester St.
  NP19: Newp 3D 36
Mandeville Pl. CF11: Card..... 4G 95
Mandeville St. CF11: Card..... 4G 95
Mandrake Ho. NP10: Roger.... 5C 34
Manitoba Cl. CF23: Cyn...... 2C 86
Manley Rd. NP20: Newp....... 5A 36
Manod Rd. CF14: Llan N........ 5C 84
Manor, The CF72: T'garn 2C 78
Manor, The NP44: L'tnam 2A 20
Manorbier Cl. CF38: Tont 1F 43
Manorbier Cl. CF64: Din P.... 2A 108
Manorbier Cl. CF62: Barry...5H 105
Manorbier Cres. CF3: Rum..... 3A 88
Manorbier Dr. NP44: L'rfn 2A 12
Mnr. Chase CF38: Bed 6A 42
Mnr. Chase NP26: Undy 4F 59
Manor Cl. CF14: Whit............ 2D 84
Manor Cl. NP11: Ris 6F 17
Manor Cotts. CF72: Mis 6F 65
Manor Ct. CF38: Chu V......... 2E 43
Manor Ct. NP11: Ris 6F 17
Manor Ct. NP26: Rog 6A 60
Manor Ga. NP44: G'mdw 2D 10
Mnr. Hill CF72: Mis 6F 65
Manor Pk. CF61: Llan M........ 4C 110
Manor Pk. NP10: Duff.......... 5H 53
Manor Ri. CF14: Whit............ 3E 85
Manor Rd. NP11: Ris 6F 17
Manor Sq. CF61: Llan M....... 5C 110
Manor St. CF14: Card 5H 85
Manor Vw. CF61: Llan M...... 5C 110
Mnr. Way CF14: Heath 2D 84
Mnr. Way CF14: Whit 2D 84
Mnr. Way NP11: Ris 6F 17
Mnr. Way NP16: Chep........... 2E 63
  ....(off Bank St.)
Mnr. Way NP26: Pskwt.......... 5G 61
Mnr. Wood NP16: Chep......... 2C 62
Mansell Av. CF5: Ely............ 5D 92
Mansel St. NP19: Newp........ 4G 37
Mansfield St. CF11: Card 4G 95
Manston Cl. CF5: L'dff............ 6A 84
Maple Av. NP11: Ris 5F 17
Maple Av. NP16: Bul............ 4D 62
Maplc Cl. CF62: Barry...... 6A 106
Maple Cl. CF72: L'harry...... 5A 78
Maple Cl. NP18: Under.......... 3H 39
Maple Cl. NP19: Newp......... 1G 55
Maple Cl. NP26: Cald........... 4C 60
Maple Cres. NP4: Grif 2D 8
Maple Gdns. NP11: Ris......... 1G 33
Maple Rd. CF5: F'wtr...........6F 83
Maple Rd. CF64: P'rth........... 2C 108
Maple Rd. NP4: Grif 1D 8
Maple Rd. Sth. NP4: Grif........ 2D 8
Maple St. CF37: R'fln............ 4G 25
Maple Tree Cl. CF15: Rad...... 1E 83
Maplewood NP18: Langs......1F 39
Maplewood Av.
  CF14: Llan N...................... 4B 84
Maplewood Flats
  CF14: Llan N...................... 4B 84
  .... (off Maplewood Av.)
Marchwood Cl. CF3: Rum 2A 88
Marconi Av. CF64: P'rth........ 5H 101
Marconi Cl. NP20: Malp........ 5H 19
Marcross Rd. CF5: Ely.......... 5E 93
Mardy CF72: Y'erdy 6C 40
Mardy Cl. CF83: Caer............ 6E 29

Mardy Ct. CF11: Card 6A 4 (5H 95)
Mardy Cres. CF83: Caer 6E 29
Mardy Rd. CF3: Rum
  Lamby Ind. Pk....................... 6B 88
Mardy Rd. CF3: Rum
  New Rd................................. 5A 88
Mardy St. CF11: Card 6A 4 (5H 95)
  ....(not continuous)
Margam Cl. CF62: St Ath 2C 112
Margaret Av. CF62: Barry 4H 105
Margaret Av. NP19: Newp..... 2D 36
Margretts Way NP26: Cald 4C 60
Marguerites Way CF5: Ely...... 4E 93
Maria St. CF10: Card 5B 96
Maria St. CF10: Card 5B 96
**MARIE CURIE HOSPICE, CARDIFF
  & THE VALE** Penarth 2F 109
Marigold Cl. NP10: Roger 3H 33
Marina Ct. NP19: Newp 6E 21
Marine Dr. CF62: Barry 5C 116
Marine Pde. CF64: P'rth 3F 109
Mariners Ct. CF62: Rho......... 6D 114
Mariners Ct. NP20: Newp...... 6E 37
Mariner's Hgts.
  CF64: P'rth 6B 102
Mariners Reach NP16: Bul..... 6G 63
Mariners Wlk. CF62: Barry....4F 117
Mariners Way CF62: Rho....... 6D 114
Mariner Way NP19: Newp 2E 55
Marine Ter. NP26: Sud........... 6H 61
Marine Vw. CF11: Card.........5H 101
Marion Ct. CF14: L'shn......... 4A 72
Marion Pl. NP20: Newp 1D 54
Marion St. CF24: Card 2E 97
Marion St. NP20: Newp 1C 54
Marionville Gdns.
  CF5: F'wtr............................ 1A 94
Maritime Cl. CF83: Bed'ws.... 3E 29
Maritime Ind. Est.
  CF37: P'prdd 2A 24
Maritime St. CF37: P'prdd..... 1B 24
Maritime St. CF37: P'prdd..... 1B 24
Market, The CF37: P'prdd....... 6C 14
Market Arc. NP20: Newp....... 4C 36
Market Arc. NP4: P'pool 3C 6
  ....(off Crane St.)
Market Hall, The 3C 6
  ....(off Market St.)
Mkt. Pl. CF5: Card..................3F 95
Market Rd. CF5: Card............ 3E 95
Mkt. St. CF15: Tong.............. 4G 69
Mkt. St. CF37: P'prdd........... 6C 14
Mkt. St. CF62: Barry 4F 117
Mkt. St. CF83: Caer............... 1D 46
Mkt. St. NP20: Newp............ 4C 36
Mkt. St. NP4: P'pool............... 3C 6
Mark St. CF11: Card 4A 4 (4H 95)
Marlborough Cl.
  CF38: Llan F......................... 5D 42
Marlborough Cl.
  CF63: Barry 6C 106
Marlborough Ho.
  CF10: Card 4B 4 (4A 96)
Marlborough Rd.
  CF23: Pen L.......................... 6C 86
Marlborough Rd.
  NP19: Newp 4D 36
Marlborough Rd.
  NP44: G'mdw........................ 2C 10
Marlborough Ter.
  CF10: Card 1G 95
Marl Ct. CF11: Card 2H 101
Marl St. NP44: Thorn............. 6B 8
Marle Cl. CF23: Pent............5F 73
Marloes Cl. CF62: Barry....... 6H 105

Marloes Path NP44: G'mdw ... 2D 10
Marloes Rd. CF5: Ely.............4F 93
Marlow Cl. NP10: Roger 3D 34
Marlowe Gdns.
  NP20: Newp 2G 53
Marquis Cl. CF62: Barry 5A 118
Marryat Wlk. NP20: Newp..... 2G 53
Marshall Cl. CF5: L'dff.......... 5A 84
Marsham Ct. CF15: Rad 2G 83
MARSHFIELD 4A 76
Marshfield Rd. CF3: Cast 2G 75
Marshfield Rd. CF3: M'fld 2G 75
Marshfield St. NP19: Newp....6F 37
Marsh Rd. NP16: Bul.............5F 63
Marston Ct. NP20: Newp 2A 36
Marston Path NP44: St Di...... 3E 11
Marten Rd. NP16: Bul............ 4E 63
Martindale Rd. NP4: Grif 1E 9
Martin Rd. CF24: Card........... 5G 97
Martins, The NP16: Tut........... 1G 63
Martins Rd. NP26: Caerw 1B 60
Mary Ann St.
  CF10: Card 5E 5 (4B 96)
Maryland Rd. NP11: Ris 6E 17
Maryport Rd. CF23: Pen L..... 5B 86
Mary Price Ct. CF24: Card...... 4E 97
  ....(off Aberystwyth St.)
Marysfield Cl. CF3: M'fld...... 5A 76
Mary St. CF14: Llan N........... 5B 84
Mary St. CF37: Cilf'dd...........2F 15
Mary St. CF83: Tret 3A 30
Masefield Rd. CF64: P'rth..... 1C 108
Masefield Rd. NP26: Cald......6B 60
Masefield Va. NP20: Newp 1G 53
Masefield Way CF37: R'fln 3G 25
Masons Cl. NP4: P'nydd 1A 6
Mathern Cres. NP16: Math 6B 62
Mathern Rd. NP16: Bul.......... 6C 62
Mathern Rd. NP16: Math 6C 62
Mathern Way NP16: Bul........ 4E 63
Mathew Wlk. CF5: L'dff........ 5H 83
Mathias Cl. CF23: Pen L........ 6E 87
Matthew Rd. CF62: Rho 5C 114
Matthewson Cl.
  CF14: Llan N........................ 5E 85
Matthew Ter. CF64: Din P......6F 101
Matthew Ter. NP4: P'nydd 1A 6
  ....(off Chapel Rd.)
Matthysens Way
  CF3: St Mel.......................... 2D 88
Maugham Cl. NP20: Newp 2H 53
Maughan La. CF64: P'rth......6B 102
Maughan Ter. CF64: P'rth......6B 102
Maureen Av. CF5: Ely 3H 93
Mavis Gro. CF14: Heath........ 1E 85
MAVRID WOODBURY 1F 81
Maxton Cl. CF83: Caer 6E 29
Maxwell Rd. CF3: Rum 3H 87
Mayfair Cl. CF5: Cul C........... 1E 99
Mayfair Dr. CF14: Thorn........ 2G 71
Mayfield Av. CF5: Card 3C 94
Mayfield Pl. CF72: L'sant...... 3G 65
Mayfield Rd. CF37: P'prdd..... 5B 14
Mayflower Av. CF14: L'shn....4F 71
Mayflower Way CF62: Rho..... 5E 115
Mayhill Cl. CF14: Thorn........ 2H 71
Maynard Ct. CF5: L'dff 1C 94
Maynes NP44: F'wtr............. 4D 10
May St. CF24: Card............... 6A 86
  ....(not continuous)
May St. NP19: Newp............. 4E 37
May Street Gdns.
  CF24: Card 6A 86
Mead La. NP44: Cwm'bn...... 1G 11
Meadow, The NP26: Magor 4G 58
Meadowbank Ct. CF5: F'wtr... 5H 83
Mdw. Brook CF38: Chu V.......3F 43

Meadowbrook Av.
  NP44: Pnwd...........................5D 8
Meadow Cl. CF23: Cyn 5D 72
Meadow Cl. NP11: Cross K.... 3B 16
Meadow Cl. NP20: Newp....... 4H 35
Meadow Cl. NP4: Seba 3E 9
Meadow Cres. CF38: Tont..... 2G 43
Meadow Cres. CF83: Caer..... 1D 46
Meadow Cres. NP11: Ris....... 1G 33
Meadowcroft CF62: Rho........5F 115
Meadow Dr. CF72: Tyle 5C 64
Meadowfield Way
  CF15: Morg.......................... 6E 69
Meadowgate Cl. CF14: Whit... 6B 70
Mdw. Hill CF38: Chu V.......... 3D 42
Meadowland Cl. CF83: Caer... 5E 29
Meadowland Dr.
  NP10: Roger 2G 33
Meadow La. CF64: P'rth........ 4D 108
Meadow La. NP44: Croes....... 6H 9
Meadowlark Cl. CF3: St Mel... 6C 74
Meadow Ri. NP26: Undy........ 3D 58
  ....(not continuous)
Meadows, The CF3: M'fld...... 4G 75
Meadows, The CF39: T'fail..... 1A 40
Meadows, The CF83: Mac...... 4C 30
Meadows, The NP11: Ris....... 3B 16
Meadowside CF64: P'rth....... 2B 108
Meadowside NP44: G'mdw.... 2B 10
Meadows Rd. NP19: Newp..... 4A 56
Meadow St. CF11: Card......... 2E 95
Meadow St. CF37: T'rest....... 3E 25
Meadowsweet Dr.
  CF3: St Mel........................... 1E 89
Meadow Va. CF63: Barry...... 5C 106
Meadow Vw. CF63: Barry..... 5D 106
Meadow Vw. CF72: Tyle 6C 64
Meadow Vw. CF83: Bed'ws.... 2E 29
Meadow Vw. CF64: Sul...2G 119
Meadow Wlk. NP16: Chep..... 2D 62
Mdw. Way CF72: Tyle 5C 64
Meadow Way CF83: Caer...... 2H 45
Meads Cl. NP19: Newp......... 1A 56
Meads Rd. NP16: Bul............ 4E 63
Meadvale Rd. CF3: St Mel..... 1B 88
Mecca Bingo Cwmbran........ 2G 11
Medart Pl. NP11: Cross K 3B 16
Medart St. NP11: Cross K..... 3B 16
Medlock Cl. NP20: Bet.......... 5G 19
Medlock Cres. NP20: Bet......4F 19
Medlock Wlk. NP20: Bet....... 4G 19
Medway Cl. NP20: Bet...........4F 19
Medway Ct. NP20: Bet...........4F 19
Medway Rd. NP20: Bet......... 5E 19
Megan Ct. CF5: Ely 3A 94
Meggitt Rd. CF62: Barry 5G 105
Meirion Cl. CF63: Barry 5B 106
Meirion Pl. CF24: Card 3F 97
Meirwen Dr. CF5: Ely............ 1E 99
Melbourne Cl. CF71: Cowb.... 3D 90
Melbourne Ct. CF14: Whit 1D 84
Melbourne Ct.
  NP44: Cwm'bn.....................2F 11
Melbourne La. CF14: L'shn ... 5H 71
Melbourne Rd. CF14: L'shn... 5H 71
Melbourne Way NP20: Newp...6F 35
Melfort Gdns. NP20: Newp.... 6H 35
Melfort Rd. NP20: Newp....... 6H 35
Meliden La. CF64: P'rth........ 2D 108
Meliden Rd. CF64: P'rth........ 2D 108
Melin Corrwg Bus. Parc
  CF37: R'fln 6A 14
Melindwr NP10: Drae 6A 32
Melingriffith Cl.
  NP19: Newp 1B 56
Melingriffith Dr. CF14: Whit... 2A 84
Melin Gwlan CF83: Caer....... 5B 28

Mellon St. NP20: Newp...........5C **36**
Mellyn Mair Bus. Cen.
  CF3: Rum 5A **88**
Melrose Av. CF23: Pen L 6D **86**
Melrose Cl. CF3: Old M..........5D **74**
Melrose Ct. CF11: Card 2E **95**
Melrose Gdns. CF23: Pen L 6D **86**
Melrose St. CF63: Barry....... 1B **118**
Melville Av. CF3: Old M 5C **74**
Melville Cl. CF62: Barry 4G **105**
Melville Ter. CF83: Caer.........5D **28**
Melyn y Gors CF63: Barry... 5C **106**
Menai Cl. CF38: Tont 1E **43**
Menai Way CF3: Rum 1B **88**
MENDALGIEF 2C **54**
Mendalgief Retail Pk. **2B 54**
Mendalgief Rd.
  NP20: Newp 1B **54**
Mendip Cl. NP11: Ris........6H **17**
Mendip Cl. NP19: Newp........3A **38**
Mendip Rd. CF3: L'rmy..........2G **87**
Mendip Vw. CF63: Barry..... 1C **118**
Meon Cl. NP20: Bet...............5H **19**
Merchant Ct. NP20: Newp 6D **36**
Merchants Hill NP4: P'nydd..... 1A **6**
Merchants Hill NP4: P'pool....... 1A **6**
Merchants Hill Cl.
  NP4: P'nydd...........................1A **6**
Merches Gdns. CF11: Card..... 5H **95**
Merches Pl. CF11: Card........ 5H **95**
Mercian Rd. NP16: Sed........3G **63**
Mercia Rd. CF24: Card........3F **97**
Meredith Cl. NP20: Newp 1H **53**
Meredith Rd. CF24: Card........3F **97**
Mere Path NP44: G'mdw 2D **10**
Merevale CF64: Din P...........2F **107**
Merganser Ct. CF63: Barry...2H **117**
Meridian Ct. CF14: Card 5G **85**
Meridian Plaza
  CF10: Card 6E **5** (5B **96**)
Merioneth Ho. CF64: P'rth...3D **108**
Merioneth Pl. CF62: Barry ...6H **105**
Merlin Cl. CF14: Thorn.........3G **71**
Merlin Cl. CF37: P'prdd........6B **14**
  ....(off Up. Vaughan St.)
Merlin Cl. CF64: P'rth 5E **109**
Merlin Cres. NP19: Newp 2F **37**
Merlin Pl. CF63: Barry 6A **106**
Mermaid Quay
  CF10: Card 2C **102**
Mermaid Quay
  (Waterbus) 2C **102**
Merrett Cl. CF24: Card 2G **97**
Merriott Pl. NP19: Newp........4E **37**
Mersey Wlk. NP20: Bet.......... 6E **19**
MERTHYR DYFAN.....................5H **105**
Merthyr Dyfan Ct.
  CF62: Barry 4H **105**
Merthyr Dyfan Rd.
  CF62: Barry 6H **105**
Merthyr Rd. CF14: Heath 3F **85**
Merthyr Rd. CF14: Whit..........3D **84**
Merthyr Rd. CF15: Tong 4G **69**
Merthyr Rd. CF37: P'prdd........6D **14**
Merthyr St. CF24: Card.........1H **95**
Merthyr St. CF63: Barry........2H **117**
Merthyr St. CF72: P'clun 5D **64**
Mervinian Cl.
  CF10: Card 6G **5** (5C **96**)
Mervyn Rd. CF14: Whit..........3D **84**
Mervyn Rd. CF24: Card..........3F **97**
Mervyn St. CF37: R'fln..........5F **25**
Messina Ho.
  CF10: Card 6F **5** (5B **96**)
Metal St. CF24: Card ... 2H **5** (3D **96**)
Meteor St.
  CF24: Card 3H **5** (3C **96**)

Methodist La.
  CF61: Llan M....................3B **110**
Methuen Rd. NP19: Newp 4D **36**
Mews, The NP20: Newp
  Fields Pk. Av. 4H **35**
Mews, The NP20: Newp
  Stow Pk. Circ....................6A **36**
Mews, The CF11: Card 1A **102**
Mews, The CF15: Tong 4G **69**
Mews, The CF24: Card 1H **95**
Mews, The CF72: L'sant 2F **65**
Mews, The NP11: C'carn 1A **16**
Mews, The NP20: Newp 5E **93**
Meyrick Rd. CF71: Cowb 4C **90**
Meyricks NP44: Coed E 5D **10**
Michael Ct. NP4: P'pool........ 2B **6**
  ....(off Michael Way)
Michaelmas Cl.
  NP10: Roger 3A **34**
Michaelston Cl.
  CF63: Barry 5B **106**
Michaelston Ct. CF5: Ely 5D **92**
MICHAELSTON-LE-PIT 5C **100**
Michaelston Rd. CF5: Cul C ...6D **92**
Michaelston Rd. CF5: Ely 6D **92**
Michaelston Rd. CF5: St F......6D **92**
Michelston Ct. CF5: Ely 5D **92**
Middlegate Ct. CF71: Cowb....3D **90**
Middlegate Wlk.
  CF71: Cowb 3D **90**
Middle St. CF37: P'prdd........5D **14**
Middle St. NP16: Chep............2E **63**
Middleton Dr. CF23: Pontp.......4E **73**
Middle Way NP16: Bul............5F **63**
Midway Pk. CF37: Up Bo......6B **26**
Milburn Cl. CF62: Rho 6D **114**
Mildred Cl. CF38: Bed...........4A **42**
Mildred St. CF38: Bed 4A **42**
Mile Rd. CF64: P'rth.............4C **108**
Miles Ct. CF15: Gwae G 2E **69**
Milestone Cl. CF14: Heath......1F **85**
Milford Cl. CF38: Tont 1F **43**
Millands Pk.
  CF61: L'maes 2F **111**
Millbrook Cl. CF64: Din P 1H **107**
Millbrook Cl. NP26: Undy 4D **58**
Millbrook Hgts.
  CF64: Din P 1H **107**
Millbrook Pk. CF14: L'vne.......2A **72**
Millbrook Rd. CF64: Din P......1H **107**
Mill Cl. CF14: L'shn...............4A **72**
Mill Cl. CF64: Din P 2G **107**
Mill Cl. CF83: Caer...............5B **28**
Mill Comn. NP26: Undy..........4D **58**
Mill Ct. CF14: L'vne 3A **72**
Mill Development, The
  CF11: Card 3C **94**
Millennium Ct. CF24: Card 2D **96**
Millennium Vw.
  CF11: Card 6B **4** (5H **95**)
Millennium Wlk.
  NP19: Newp 4D **36**
Millers Ride NP44: L'rfn 2A **12**
Millfield CF14: L'vne............2A **72**
Millfield CF72: P'clun 6C **64**
Millfield Cl. CF3: St Mel........1C **88**
Millfield Dr. CF71: Cowb........3D **90**
Millfield Pk. NP26: Undy........3D **58**
Millgate CF14: L'shn............4A **72**
Mill Heath NP20: Bet 4G **19**
Millheath Dr. CF14: L'shn......4A **72**
Millheath Dr. CF14: L'vne......4A **72**
Mill Ho. Ct. NP44: Coed E 5E **11**
Millicent St.
  CF10: Card 5E **5** (4B **96**)

Mill La. CF10: Card 6D **4** (5A **96**)
Mill La. CF3: Cast 1G **75**
Mill La. CF3: Old M 5H **73**
  ....(not continuous)
Mill La. CF5: L'dff 1D **94**
Mill La. NP16: Chep...............2F **63**
Mill La. NP26: Cald 6C **60**
Mill La. NP44: L'rfn...............3B **12**
Mill-Lay La. CF61: Llan M 5B **110**
Mill Mdws. NP26: Sud 6H **61**
Mill Pde. NP20: Newp............2D **54**
Mill Pk. CF71: Cowb 4C **90**
Mill Pl. CF14: L'vne..............2B **72**
Mill Pl. CF5: Ely..................3A **94**
Millrace Cl. CF14: L'vne 3A **72**
Mill Reen NP26: Undy............4D **58**
Mill Rd. CF14: L'shn 3A **72**
Mill Rd. CF14: L'vne 3A **72**
Mill Rd. CF15: Tong 4G **69**
Mill Rd. CF5: Ely 3A **94**
Mill Rd. CF64: Din P..............2G **107**
Mill Rd. CF83: Caer...............5C **28**
Mill Rd. NP4: P'nydd.............1A **6**
Mills Ct. CF62: Rho 6E **115**
Mill St. CF37: P'prdd............6B **14**
  ....(not continuous)
Mill St. NP11: Ris.................6F **17**
Mill St. NP18: Caerl.............5H **21**
Mill St. NP20: Newp..............4B **36**
Mill Ter. NP11: Ris................6F **17**
Mill Vw. CF83: Caer 5C **28**
Mill Vw. Cl. CF83: Caer 5C **28**
Millwood CF14: L'vne 3A **72**
Millwood Ri. CF14: L'vne 3E **117**
Milman St. NP20: Newp 2C **54**
Milner St. NP19: Newp 6F **37**
Milton Cl. CF38: Bed.............5A **42**
Milton Cl. CF61: Llan M 4D **110**
Milton Cl. NP44: Cwm'bn.........3F **11**
Milton Ct. NP19: Newp...........3D **38**
Milton Hill NP18: L'wrn..........4F **39**
Milton Pl. CF5: F'wtr.............1A **94**
Milton Pl. CF83: Mac 2C **30**
Milton Rd. CF62: Barry 5G **105**
Milton Rd. CF64: P'rth 1D **108**
Milton Rd. NP19: Newp 5E **37**
Milton St. CF24: Card ...1G **5** (2C **96**)
Milverton Rd. CF3: L'rmy........6A **74**
Milward Rd. CF63: Barry 1B **118**
Minafon CF14: R'ina..............4D **70**
Minavon CF14: Whit 2D **84**
Minehead Av. CF64: Sul 2G **119**
Minehead Cl. CF3: L'rmy........1A **88**
Minister St. CF24: Card 1H **95**
Minny St. CF24: Card.............1A **95**
  ....(not continuous)
Minories NP44: F'wtr.............4D **10**
  ....(off Rede Rd.)
Minori Ho. CF10: Card 6C **96**
  .... (off Ffordd Garthorne)
MINOR INJURIES UNIT
  (BARRY HOSPITAL)...............6F **105**
Minsmere Cl. CF3: St Mel......6F **75**
Minster Cl. CF63: Barry 5B **106**
Minster Rd. CF23: Pen L 1E **97**
Min-y-Coed CF15: Rad 6F **69**
Min-y-Mor CF62: Barry..........5D **116**
Min-y-Nant CF14: R'ina..........6D **70**
Min yr Afon CF83: Mac...........2G **31**
MISKIN....................................1F **79**
Miskin Ct. CF38: Bed............5A **42**
Miskin Ct. NP26: Undy..........4F **59**
Miskin Cres. CF72: Mis 6F **65**
Miskin Grn. NP44: L'rfn 2A **12**
Miskin Ind. Pk. CF72: Mis 4A **80**
Miskin St. CF24: Card............2A **96**

Miskin St. CF62: Barry...........4F **117**
Mission Ct. NP20: Newp.........5D **36**
Mitchell Cl. CF3: St Mel 2E **89**
Mitchell Cl. NP44: Llanf.........4B **12**
Mitchell Ter. CF37: P'prdd 1D **24**
Mitchell Ter. CF37: T'rest........1D **24**
Miterdale Cl. CF23: Pen L 4B **86**
Mithras Way NP18: Caerl........3G **21**
Mitre Ct. CF5: L'dff 6C **84**
Mitre Pl. CF5: L'dff................6C **84**
Moat, The CF3: Rum 5F **87**
Model Cotts. NP16: Math........6C **62**
Moel Fryn CF83: Caer............4F **27**
Moira Pl. CF24: Card 3G **5** (3C **96**)
Moira St. CF24: Card 3H **5** (3C **96**)
Moira Ter.
  CF24: Card 4G **5** (3C **96**)
Mole Cl. NP20: Bet................5E **19**
Molescombe NP44: F'wtr 4D **10**
Mona Cl. NP44: Pnwd..............6F **9**
Mona Pl. CF24: Card..............2F **97**
Monet Cres. NP19: Newp 2G **37**
Monico, The CF14: Heath 1E **85**
Monks Cl. NP26: Cald 4C **60**
Monk's Ditch NP18: Nash.......3F **57**
Monkstone Cl. CF64: P'rth ... 4C **108**
Monkstone Ct. CF3: Rum 3H **87**
Monkstone Ri. CF3: Rum 2A **88**
Monkton Cl. CF5: F'wtr..........2G **93**
Monmouth Castle Dr.
  NP20: Newp 1A **54**
Monmouth Cl. CF38: Tont.......1F **43**
Monmouth Cl. NP4: New I 6G **7**
Monmouth Rd. CF83: Caer.......5H **27**
Monmouth Ct.
  NP20: Newp 6H **35**
Monmouth Cres. Cl.
  NP4: New I 1G **9**
Monmouth Dr. NP19: Newp......1G **37**
Monmouth Ho. CF64: P'rth.....3D **108**
Monmouth Ho.
  NP44: Cwm'bn 2G **11**
Monmouth St.
  CF11: Card 6A **4** (5H **95**)
Monmouth Wlk.
  NP44: Cwm'bn 2G **11**
Monmouth Way CF61: Bov.....2D **110**
Monmouth Way
  CF62: Barry 1H **117**
Monnow Cl. NP44: Thorn 1C **10**
Monnow Wlk. NP20: Bet 5E **19**
Monnow Way NP20: Bet..........5E **19**
Monnow Youth Cen. 5F **19**
Monolith Cl. NP18: Langs........1E **39**
Mons Cl. NP20: Newp 3A **36**
Montgomery Rd.
  CF62: Barry 3F **117**
Montgomery Rd.
  NP20: Malp.........................3A **20**
Montgomery St. CF24: Card....6C **86**
Monthermer Rd.
  CF24: Card 6A **86**
Montreal Cl. NP20: Newp.........6F **35**
Montresor Cl. NP44: L'tnam....6B **12**
Monument Cl. NP26: Pskwt.....5G **61**
Moorby Ct. CF10: Card 5C **96**
Moordale Rd. CF11: Card 1A **102**
Moore Cl. CF5: Ely 4F **93**
Moore Cres. NP19: Newp 3D **38**
Moore Rd. CF5: Ely................4F **93**
Moorhead Cl. CF24: Card 4D **96**
Moorings, The CF64: P'rth....6A **102**
Moorings, The NP19: Newp....1E **37**
Moorings, The NP4: P'pool 4E **7**
Moor King Cl. CF3: St Mel 1F **89**
Moorland Av. NP19: Newp........6A **38**
Moorland Cres. CF38: Bed 4A **42**

Moorland Gdns.
NP19: Newp 6A **38**
Moorland Hgts.
CF37: P'prdd 1E **25**
Moorland M. CF24: Card 2E **97**
.... (off Moorland Rd.)
Moorland Pk. NP19: Newp 6A **38**
Moorland Pl. CF24: Card 3F **97**
Moorland Rd. CF24: Card 2E **97**
.... (not continuous)
Moorlands, The CF24: Card 2E **97**
Moorlands Vw. NP26: Cald...... 6E **61**
Moors La. CF11: Card.............. 4D **94**
Moors La. CF24: Card.............. 4D **96**
Moor St. NP16: Chep 2E **63**
Morden La. NP19: Newp.......... 2E **37**
Morden Rd. NP19: Newp 2E **37**
Morel Ct. CF11: Card 3H **101**
Morel St. CF63: Barry 1A **118**
Moreton St. NP4: P'pool 3B **6**
Morfa Cotts. CF61: Llan M....... 1A **110**
Morfa Cres. CF3: Rum 2C **88**
Morfa La. CF5: Wen 5E **99**
Morgan Arc.
CF10: Card 5D **4** (4A **96**)
Morgan Jones Flats
CF83: Caer 6C **28**
MORGANSTOWN 5F **69**
Morgan St.
CF10: Card 5F **5** (4B **96**)
Morgan St. CF37: P'prdd 6C **14**
Morgan St. CF63: Barry 2B **118**
Morgan St. CF83: Caer 5C **28**
Morgan St. NP19: Newp 3D **36**
Morgan Way NP10: Duff 5G **53**
Morgraig Av. NP10: Coedk 6G **53**
Morgraig Av. NP10: Duff........ 6G **53**
Moriah Hill NP11: Ris 5E **17**
Moriah M. NP11: Ris 5E **17**
Morien Cres. CF37: R'fln 3F **25**
Morlais Cl. CF83: Caer 5H **27**
Morlais M. NP10: Duff 6F **53**
Morlais St. CF23: Card 6B **86**
Morlais St. CF63: Barry 1C **118**
Morley Cl. NP19: Newp.......... 4B **38**
Morningside Wlk.
CF62: Barry 4H **105**
MORNINGTON MEADOWS 4G **29**
Morris Av. CF14: L'shn........... 4F **71**
Morris Finer Cl. CF5: Ely 4A **94**
Morris Ho. CF72: Hens........... 5F **79**
Morris St. NP19: Newp 5D **36**
MORRISTOWN 2C **108**
Mortimer Av. CF3: Old M 3A **74**
Mortimer Rd. CF11: Card....... 2F **95**
Mortimer Way CF62: Fon........ 6H **113**
Morton Ct. CF14: Heath 3A **86**
Morton Way NP20: Newp 1H **53**
Moseley Ter. NP4: Pon'run 4E **9**
Moss Rd. NP44: G'mdw.......... 2D **10**
Mostyn Rd. CF5: Ely 5E **93**
Mostyn Sq. CF14: L'shn........ 6F **71**
Motorpoint Arena
Cardiff 5E **5** (4B **96**)
Mound Rd. CF37: P'prdd....... 1A **24**
Mount, The CF14: L'vne......... 1B **72**
Mount, The CF5: L'dff 2E **95**
Mount, The CF64: Din P 2G **107**
Mount, The NP16: Chep......... 1D **62**
Mountain Lakes
Golf Course 6A **46**
Mountain La. NP4: Grif........... 6D **6**
Mountain Rd. CF15: P'rch 3H **67**
Mountain Rd. CF83: Bed'ws.... 1F **29**
Mountain Rd. CF83: Caer 1D **46**
Mountain Rd. NP10: Roger...... 6B **18**
Mountain Rd. NP11: Ris 4G **17**

Mountain Rd. NP4: P'rheol 3B **8**
Mountain Rd. NP44: Up Cwm... 5A **8**
Mountain Vw. CF37: R'fln....... 3F **25**
Mountain Vw. CF83: A'tdwr.... 2F **27**
Mountain Vw. CF83: Caer..... 3C **28**
Mountain Vw. CF83: Mac....... 2F **31**
Mountain Vw. NP4: P'nydd...... 1A **6**
.... (off Mountain Vw. Rd.)
Mountain Vw. Rd.
NP4: P'nydd......................... 1A **6**
MOUNT BALLAN 3F **61**
Mt. Ballan NP26: Pskwt......... 2E **61**
Mountbatten Cl. CF23: Cyn ... 2A **86**
Mountbatten Cl.
NP19: Newp 2D **38**
Mountbatten Rd.
CF62: Barry 4A **106**
Mt. Bax NP19: Newp............. 4A **38**
Mountford Cl. NP10: Roger..... 2C **34**
Mountjoy Av. CF64: P'rth...... 1C **108**
Mountjoy Cl. CF64: P'rth....... 1D **108**
Mountjoy Cres.
CF64: P'rth........................ 1D **108**
Mountjoy La. CF64: P'rth....... 2C **108**
Mountjoy Pl. CF64: P'rth....... 1C **108**
Mountjoy Pl. NP20: Newp...... 6C **36**
Mountjoy Rd. NP20: Newp 6C **36**
Mountjoy St. NP20: Newp 6C **36**
MOUNTON 3A **62**
Mounton Cl. NP16: Chep........ 3D **62**
Mounton Dr. NP16: Chep........ 3D **62**
Mounton Ho. Pk.
NP16: Pwllm 3B **62**
Mounton Rd. NP16: Chep 3B **62**
Mt. Pleasant CF63: Barry...... 1B **118**
Mt. Pleasant CF16: Chep....... 2E **63**
Mt. Pleasant NP20: Malp....... 4A **20**
Mt. Pleasant Av. CF3: L'rmy ... 1A **88**
Mt. Pleasant La. CF3: L'rmy ... 1A **88**
Mt. Pleasant Rd. NP11: Ris 5E **17**
Mt. Pleasant Rd.
NP4: P'nydd......................... 1A **6**
Mt. Pleasant Rd.
NP44: Pnwd......................... 5D **8**
Mt. Pleasant Ter.
NP11: P'waun...................... 1A **16**
Mount Rd. CF64: Din P 2G **107**
Mount Rd. NP11: Ris 5E **17**
Mt. St Albans NP18: Cat A...... 4E **23**
Mountside NP11: Ris 6H **17**
Mt. Stuart Sq. CF10: Card 1B **102**
Mt. Way NP16: Chep............. 1D **62**
.... (not continuous)
Moxon Rd. NP20: Malp.......... 6A **20**
Moxon St. CF63: Barry........ 1C **118**
Moyle Gro. NP18: P'hir 1F **21**
Moy Ct. CF15: Taff W............ 1E **69**
Moy Rd. CF24: Card............. 1B **96**
Moy Rd. Ind. Est.
CF15: Taff W 1E **69**
Muirton Rd. CF24: Card........ 3F **97**
Mulberry Cl. CF38: Llan F...... 6C **42**
Mulberry Cl. NP10: Roger...... 2A **34**
Mulberry Ct. CF62: Barry...... 4E **117**
.... (off St Nicholas Ct.)
Mulberry Dr. CF23: Pontp 2G **73**
Mulcaster Av. NP19: Newp..... 1H **55**
Mullins Av. CF3: Rum 2B **88**
Mundy Pl. CF24: Card........... 1A **96**
Muni Arts Cen. 6C **14**
Munnings Dr. NP19: Newp 2G **37**
Munro Pl. CF62: Barry 1G **117**
MURCH 3H **107**
Murch Cres. CF64: Din P 2A **108**
Murch Rd. CF64: Din P 2H **107**
Mur Gwyn CF14: R'ina.......... 5E **71**

Murlande Way CF62: Rho......6F **115**
Murrayfield Rd. CF14: Heath...2F **85**
Murray Wlk. CF11: Card.........4F **95**
Murrel Cl. CF5: Ely...............6E **93**
Murrells Cl. CF38: Llan F.......5D **42**
Museum Av. CF10: Card 2A **96**
Museum Ct. NP4: Grif............1E **9**
Museum Pl.
CF10: Card 1D **4** (2A **96**)
Museum St. NP18: Caerl........5H **21**
MWYNDY 5G **65**
Mwyndy Cross Industries
CF72: Mwy...........................5H **65**
Mwyndy Ter. CF72: Mwy........5G **65**
Mylo Griffiths Cl. CF5: L'dff.... 4A **84**
MYNACHDY 4F **85**
Mynachdy Rd. CF14: Card.......5E **85**
Mynachdy Rd. CF14: Llan N ... 5E **85**
Mynydd Ct. NP4: P'pool 5C **6**
Mynydd Maen Rd.
NP44: Pnwd........................5C **8**
Mynydd Maen Rd.
NP44: Up Cwm....................5C **8**
Mynydd Vw. NP4: P'pool 5B **6**
Myra Hess Cl. NP19: Newp.....3D **38**
Myrtle Cl. CF64: P'rth 2C **108**
Myrtle Cl. NP10: Roger..........6D **34**
Myrtle Cotts. NP18: Caerl.......5A **22**
Myrtle Dr. NP10: Roger..........5D **34**
Myrtle Gro. CF63: Barry........6C **106**
Myrtle Gro. NP19: Newp........4H **37**
Myrtle Pl. NP16: Chep 1F **63**
Myrtles, The NP16: Tut...........1G **63**

N

Nailsea Ct. CF64: Sul............2H **119**
Nant Arian CF72: Groes V........1E **43**
Nant Celyn Cl. NP44: Pnwd 5C **8**
Nant Coch Dr. NP20: Newp......5G **35**
Nant Coch Ri. NP20: Newp......5G **35**
Nant Ddu CF83: Caer............1C **46**
Nant Dyfed CF38: Bed...........6H **41**
Nant-Fawr Cl. CF23: Cyn........1B **86**
Nant Fawr Ct. CF23: Cyn........1A **86**
Nant-Fawr Cres. CF23: Cyn......1B **86**
Nant-Fawr Rd. CF23: Cyn........1B **86**
NANTGARW 4D **44**
Nantgarw China
Works & Mus........................3E **45**
Nantgarw Rd. CF83: Caer.......2H **45**
.... (not continuous)
Nantgarw Road Factory Access
CF83: Caer 6B **28**
Nant Isaf CF5: Wen................4E **99**
Nant Rhydhalog
CF72: T'garn.........................3A **78**
Nantsor Rd. NP18: L'veth 2H **13**
Nant Talwg Way
CF62: Barry 2D **116**
Nant Walla CF14: R'ina.........5E **71**
Nant y Coed CF37: P'prdd 5A **14**
Nant-y-Dall Av. CF37: R'fln 5F **25**
Nant y Dowlais CF5: Ely.........5C **92**
Nant y Drope CF5: Ely...........5D **92**
Nant y Fedw CF14: Heath.......3F **85**
Nant y Felin CF38: Ef Is.........6E **43**
Nant y Felin NP10: Drae.........6A **32**
Nant y Ffynnon CF5: Cap L 3B **82**
Nant y Garn NP11: Ris............3C **16**
Nant y Gth. CF51: Gwae G......2D **68**
Nant y Gwladys CF5: St F 2C **82**
Nant-y-Hwyad CF83: Caer......6A **28**
Nant-y-Milwr Cl.
NP44: H'lys.........................6B **10**
Nant-y-Moor Cl.
NP10: Coedk.........................5C **52**

Nant-y-Mynydd
CF37: Glync 1D **14**
Nant y Pepra CF5: Ely.............5D **92**
Nant y Plac CF5: Ely..............5D **92**
Nant-yr-Adar
CF61: Llan M........................4C **110**
Nant-yr-Arthur CF5: Ely..........5D **92**
Nant-yr-Ely CF5: Ely..............5C **92**
Nant y Rhos CF5: Ely.............5D **92**
Nant y Wedal CF14: Card 5A **86**
Napier St. CF83: Mac............2F **31**
Narberth Cl. NP10: Duff.........6G **53**
Narberth Ct. CF62: Barry 6H **105**
Narberth Cl. CF83: Caer 5G **27**
Narberth Cres. NP44: L'rfn......2B **12**
Narberth M. NP10: Duff.........6G **53**
Narberth Rd. CF5: Ely............5H **93**
Narcissus Gro. NP10: Roger....3A **34**
Naseby Cl. CF23: Pontp.........4F **73**
Nash Cl. NP10: Roger............3D **34**
Nash Dr. NP19: Newp 1H **55**
Nash Gro. NP19: Newp 6H **37**
.... (not continuous)
Nash Mead NP19: Newp.........3A **56**
Nash Rd. NP18: Nash 4B **56**
Nash Rd. NP19: Newp 6H **37**
Nasturtium Way
CF23: Pontp.........................4D **72**
National Assembly for
Wales, The 1C **102**
National Cricket Cen. 2G **95**
National Indoor Athletics
Stadium 3C **86**
National Museum
Cardiff 1D **4** (2A **96**)
National Roman
Legion Mus. 5H **21**
Navigation Rd. NP11: Ris........4D **16**
Navigation St. CF83: Tret 2A **30**
Neale St. CF62: Barry 1G **117**
Neath Abbey Gro.
NP20: Newp 1B **54**
Neath Ct. NP44: Thorn..........1C **10**
Neath St. CF24: Card............4E **97**
Neddern Cl. NP26: Cald........4C **60**
Neddern Way NP26: Cald.......3C **60**
Neerings NP44: Coed E..........3C **10**
Neilson Cl. CF24: Card..........4D **96**
Nellive Pk. NP10: St Bri W 4G **77**
Nelson Ct.
CF10: Card 6G **5** (5C **96**)
Nelson Dr. NP19: Newp 3C **38**
Nelson Ho. CF10: Card..........6B **96**
.... (off Loudoun Sq.)
Nelson Rd. CF62: Barry 5A **106**
Nelson St. NP16: Chep 2E **63**
.... (not continuous)
Neptune Ct. CF24: Card.........5D **96**
Neptune Rd. CF62: Barry 4G **117**
Nesta Rd. CF5: Card.............3D **94**
Neston Rd. NP19: Newp 3B **38**
Nettle Ct. NP44: G'mdw........2D **10**
Netherwent Vw.
NP26: Magor........................3C **58**
Nettlefold Rd. CF24: Card.......5D **96**
Nettlefolds Cres.
NP10: Roger 5B **34**
Neuadda Cl. NP10: Bass........1B **52**
Nevern Wlk. NP44: L'rfn.........3B **12**
Neville Pl.
CF11: Card 5A **4** (4G **95**)
Neville St. CF11: Card...........4G **95**
Nevin Cres. CF3: Rum...........3A **88**
NEWBARN HOLDINGS 1B **112**
Newbarn Path NP44: Llanf......4B **12**
Newborough Av.
CF14: L'shn 5G **71**

Newbourne Pl. – Oakley St.

Newbourne Pl.
CF63: Barry 1A **118**
Newbridge Ct. CF37: P'prdd 5D **14**
Newbridge Rd. CF72: L'sant 1F **65**
Newby Ct. CF10: Card 5B **96**
Newchurch Ct. NP44: St Di 2E **11**
New Cotts. NP19: Newp 3C **36**
Newent Rd. CF3: St Mel 1D **88**
New Forest Vw.
CF71: Cowb 4E **91**
Newfoundland Ct.
CF14: Card 5G **85**
Newfoundland Rd.
CF14: Card 5G **85**
(not continuous)
Newgale Cl. CF62: Barry 5H **105**
Newgale Pl. CF5: Ely 5H **93**
Newgale Row
NP44: Cwm'bn 2H **11**
New George St.
CF10: Card 2C **102**
New Ho. Ct. CF63: Barry 6B **106**
New Ho's. CF37: Pen-co 5A **24**
NEW INN 5G 7
New Inn Cen. 6C 14
Newlands Ct. CF14: L'shn 4A **72**
Newlands Ct. NP4: P'nydd 1A **6**
Newlands Rd. CF3: Rum 4D **88**
Newlands St. CF62: Barry 2H **117**
Newman Cl. NP19: Newp 4D **38**
New Mill Cnr. CF72: Mis 1F **79**
Newmill Gdns. CF72: Mis 5F **65**
Newminster Rd.
CF23: Pen L 1E **97**
Newnham Pl.
NP44: Cwm'bn 2G **11**
New Pk. Rd. NP11: Ris 4B **16**
New Pk. Ter. CF37: T'rest 2E **25**
New Pastures NP20: Newp 1A **54**
NEWPORT 4C 36
Newport Arc. NP20: Newp 4B **36**
(off Cambrian Rd.)
Newport Castle Gwent 4C 36
Newport Central
Bus Station 4C 36
Newport County AFC 4D 36
Newport Golf Course
Gwent 2B 34
Newport Gwent Dragons
RUFC 4D 36
Newport Indoor
Bowls Cen. 1D 36
Newport Ind. Est.
NP19: Newp 2B **56**
Newport International
Sports Village 2G 55
Newport Leisure Cen. 5C 36
Newport Mkt. NP20: Newp 4C **36**
(off Up. Dock St.)
Newport Mus. 5C 36
Newport Retail Pk. 1B 56
Newport RFC 4D 36
Newport Rd. CF23: Pen L 1F **97**
Newport Rd.
CF24: Card 3F **5** (3B **96**)
(not continuous)
Newport Rd. CF3: Cast 2G **75**
Newport Rd. CF3: L'rmy 5G **87**
Newport Rd. CF3: Rum 5G **87**
Newport Rd. CF3: St Mel 4E **75**
Newport Rd. CF83: Bed'ws 4F **29**
Newport Rd. CF83: Mac 4F **29**
Newport Rd. CF83: Tret 4F **29**
Newport Rd. NP11: Ris 1F **33**
Newport Rd. NP16: Chep 6A **62**
Newport Rd. NP16: Pwllm 6A **62**
Newport Rd. NP26: Cald 5B **60**
Newport Rd. NP26: Magor 3B **58**
Newport Rd. NP26: Wilc 3B **58**
Newport Rd. NP4: New I 2G **9**
Newport Rd. NP44: Croes 5H **9**
Newport Rd. NP44: L'tnam 3A **20**
Newport Rd. La.
CF24: Card 3G **5** (3C **96**)
Newport St Woolos
Cathedral 5B 36
Newport Stadium 1H 55
Newport Station (Rail)
South Wales 4B 36
Newport St. CF11: Card 1A **102**
Newport Tennis Cen. 2G 55
Newport Transporter
Bridge 2D 54
Newport Uskmouth
Sailing Club 6F 55
Newport West Retail Pk. 2C 54
New Quay Rd. NP19: Newp 3E **55**
New Rd. CF3: Rum 5G **87**
New Rd. NP18: Caerl 6A **22**
New Rd. NP26: Cald 5B **60**
New Rd. NP4: Grif 6E **7**
New Rd. NP4: New I 6E **7**
New Row CF83: Mac 3F **31**
New Row NP44: H'lys 4A **10**
New Ruperra St.
NP20: Newp 6C **36**
New St. CF83: Caer 3B **28**
New St. NP20: Newp 1D **54**
New St. NP44: Pnwd 6E **9**
New Theatre Cardiff 3D 4 (3A 96)
NEWTON 6D 88
Newton Ct.
CF24: Card 4G **5** (4C **96**)
NEWTON GREEN 6B 62
Newton Rd. CF11: Card 5F **95**
Newton Rd. CF3: Rum 5C **88**
Newton St. CF63: Barry 1B **118**
Newton Way NP20: Malp 5H **19**
Newton Wynd NP44: F'wtr 4D **10**
NEWTOWN 5D 42
Newtown Ind. Est.
CF38: Llan F 4D **42**
Newtown Ind. Est.
NP11: Cross K 4A **16**
Newydd Ct. CF15: Tong 5G **69**
New Zealand Rd.
CF14: Card 6G **85**
(not continuous)
Neyland Cl. CF38: Tont 1F **43**
Neyland Ct. CF62: Barry 5H **105**
Neyland Path NP44: F'wtr 3D **10**
Neyland Pl. CF5: Ely 5H **93**
Niagara St. CF37: T'rest 1D **24**
Nicholas Ct. CF15: Rad 2H **83**
Nicholas St. NP4: P'pool 3C **6**
Nicholl Ct. CF61: Bov 3D **110**
Nicholson Webb Cl.
CF5: L'dff 4H **83**
Nidd Cl. NP20: Bet 6E **19**
Nidd Wlk. NP20: Bet 6E **19**
(off Ogmore Cres.)
Nightingale Cl. NP26: Cald 6D **60**
Nightingale Ct. NP10: Duff 4G **53**
Nightingale Gdns.
CF38: Chu V 2D **42**
Nightingale Pl.
CF64: Din P 2A **108**
Nightingale's Bush
CF37: P'prdd 1E **25**
Nightingale Ter.
NP4: P'nydd 1A **6**
Nile Rd. CF37: T'rest 1D **24**
Ninian Pk. Rd. CF11: Card 4F **95**
Ninian Park Station (Rail) 5F 95
Ninian Rd. CF23: Card 5B **86**
Nolton Pl. NP44: Cwm'bn 4E **11**
Noral Pl. NP10: Roger 4B **34**
Nora St. CF24: Card 2D **96**
Norbury Av. CF5: F'wtr 2A **94**
Norbury Ct. CF5: F'wtr 2A **94**
Norbury Rd. CF5: F'wtr 2A **94**
Nordale Ri. CF63: Barry 1C **118**
Nordale Rd. CF61: Llan M 3D **110**
Norfolk Cl. NP44: G'mdw 2C **10**
Norfolk Ct. CF15: Rad 6F **69**
Norfolk Rd. NP19: Newp 3F **37**
Norfolk St. CF5: Card 3D **94**
Norman Ct. NP26: Cald 5C **60**
Normandy Way NP16: Chep 1D **62**
Norman Rd. CF14: Whit 3D **84**
Norman St. CF24: Card 1B **96**
Norman St. NP18: Caerl 5H **21**
Norman Ter. NP18: Caerl 5H **21**
Norman Way NP26: Pskwt 6F **61**
Norrell Cl. CF11: Card 4D **94**
Norris Cl. CF64: P'rth 6F **101**
Norseman Cl. CF62: Rho 5C **114**
Norse Way NP16: Sed 3H **63**
North Africa Cl.
NP19: Newp 6C **38**
Northam Av. CF3: L'rmy 2G **87**
Nth. Church St. CF10: Card 5B **96**
Northcliffe CF64: P'rth 6B **102**
Northcliffe Dr. CF64: P'rth 6B **102**
Nth. Clive St. CF11: Card 6G **95**
Northcote La. CF24: Card 2B **96**
Northcote St. CF24: Card 2B **96**
Northcote Ter. CF63: Barry 1C **118**
North Ct. CF83: Caer 6B **28**
North Ct. NP4: P'nydd 1A **6**
North Dock 3D 54
Nth. Edward St.
CF10: Card 3E **5** (3B **96**)
Northern Av. CF14: Heath 2E **85**
Northern Av. CF14: Whit 2E **85**
Northern Av. CF14: Whit 5A **70**
Northfield Cl. NP18: Caerl 3F **21**
Northfield Rd. NP18: Caerl 3G **21**
Northgate Ho.
CF10: Card 3C **4** (3A **96**)
Nth. Lake Dr. NP10: Coedk 6E **53**
Northlands CF3: Rum 5H **87**
Nth. Luton Pl.
CF24: Card 4H **5** (4C **96**)
Nth. Morgan St. CF11: Card 4G **95**
North Pk. Rd. CF24: Card 3E **97**
Nth. Pentwyn Link Rd.
CF23: Pontp 5H **73**
Nth. Pentwyn Link Rd.
CF23: St Mel 5H **73**
Nth. Pontypool Ind. Est.
NP4: P'nydd 1A **6**
North Ri. CF14: L'shn 4A **72**
North Rd. CF10: Card 1H **95**
North Rd. CF14: Card 4F **85**
North Rd. CF14: Heath 4F **85**
North Rd. CF64: Sul 1E **119**
North Rd. CF71: Cowb 3C **90**
North Rd. NP11: C'carn 1A **16**
North Rd. NP11: P'waun 1A **16**
North Rd. NP4: P'pool 3B **6**
North Rd. NP44: Croes 6G **9**
North St. CF11: Card 6H **95**
North St. CF37: P'prdd 5D **14**
North St. NP20: Newp 4B **36**
Northumberland Rd.
NP19: Newp 3F **37**
Northumberland St.
CF5: Card 4E **95**
North Vw. CF15: Taff W 1F **69**
North Vw. Ter. CF83: Caer 6D **28**
NORTHVILLE 1H 11
North Wlk. CF62: Barry 1F **117**
North Wlk. NP44: Cwm'bn 1G **11**
Norton Av. CF14: Heath 3F **85**
Norwegian Church
Arts Cen. 2C **102**
Norwich Rd. CF23: Pen L 6F **87**
Norwood CF14: Thorn 3H **71**
Norwood Ct.
CF24: Card 1H **5** (2C **96**)
Norwood Cres.
CF63: Barry 6C **106**
Nottage Rd. CF5: Ely 5G **93**
Nottingham St. CF5: Card 3D **94**
Novelis Rd. NP10: Roger 4B **34**
Novello Wlk. NP19: Newp 4C **38**
Nuns Cres. CF37: P'prdd 5B **14**
Nurseries, The NP18: Langs 1H **39**
Nursery Cotts. CF64: Din P 3F **107**
Nursery Ct. CF14: L'vne 2B **72**
Nursery Ri. CF83: Bed'ws 2E **29**
NURSTON 4C 114
Nurston Cl. CF62: Rho 5C **114**
Nut Wlk. CF61: Llan M 5C **110**
Y Nyll CF5: St Bri E 5H **81**
Nyth y Dryw CF62: Rho 6E **115**
Nyth yr Eos CF62: Rho 6G **115**

O

Oak Bluff NP16: Pwllm 4C **62**
Oak Cl. CF72: Tallb G 3E **65**
Oak Cl. NP16: Bul 5E **63**
Oak Cl. NP26: Undy 4D **58**
Oak Ct. CF15: Tong 3H **69**
Oak Ct. CF24: Card 2C **96**
Oak Ct. CF64: P'rth 3C **108**
Oak Ct. NP4: P'nydd 1A **6**
Oakdale Cl. NP18: Caerl 5F **21**
Oakdale Path NP44: St Di 3E **11**
Oakdale Pl. NP4: P'nydd 1A **6**
Oakdene Cl. CF23: Cyn 3C **86**
Oakfield NP18: Caerl 4F **21**
OAKFIELD 5H 11
Oakfield Av. NP16: Chep 1D **62**
Oakfield Cres. CF38: Tont 2H **43**
Oakfield Gdns. CF83: Mac 3H **31**
Oakfield Gdns. NP20: Newp 5A **36**
Oakfield M. CF24: Card 2D **96**
Oakfield M. NP44: Oakf 4H **11**
Oakfield Rd. CF62: Barry 6F **105**
Oakfield Rd. NP20: Newp 5H **35**
Oakfield Rd. NP44: Oakf 4H **11**
Oakfields CF3: M'fld 4H **75**
Oakfield St. CF24: Card 2C **96**
Oakford Cl. CF23: Pent 4E **73**
Oak Gro. CF62: Eg Bre 2B **112**
Oak Ho. CF14: Whit 6A **70**
Oakland Cres. CF37: Cilf'dd 3F **15**
Oaklands CF64: Din P 1G **107**
Oaklands CF72: Mis 5F **65**
Oaklands NP18: P'hir 1E **21**
Oaklands Cl. CF3: St Mel 6C **74**
Oaklands Pk. NP26: Pskwt 5G **61**
Oaklands Pk. Dr.
NP10: R'drn 6A **34**
Oaklands Rd. NP19: Newp 4F **37**
Oaklands Rd. NP4: Seba 2D **8**
Oaklands Vw. NP44: G'mdw 2C **10**
Oakland Ter. CF37: Cilf'dd 3F **15**
Oakland Ter. NP44: T Coch 5G **11**
Oak La. CF83: Mac 3H **31**
Oakleafe Dr. CF23: Pent 5E **73**
Oakleigh Ct. NP44: H'lys 5B **10**
Oakley Cl. NP26: Cald 4B **60**
Oakley Pl. CF11: Card 1H **101**
Oakley St. NP19: Newp 6F **37**

158 A-Z Cardiff

Oakley Way NP26: Cald 4B 60
Oakmead Cl. CF23: Pontp....... 4E 73
Oakmeadow Ct.
  CF3: St Mel...................6D 74
Oakmeadow Dr.
  CF3: St Mel...................1D 88
Oakridge CF14: Thorn...........3H 71
Oak Rd. CF72: L'harry...........5A 78
Oak Rd. NP10: Roger 3B 34
Oaks, The CF14: L'vne............3B 72
Oaks, The CF15: P'rch 6A 68
Oaks, The CF38: Llan F.........3D 42
Oaks, The CF83: Mac............3H 31
Oaks, The NP44: Croes...........6H 9
Oaksford NP44: Coed E 3C 10
Oak St. CF37: R'fln 3G 25
Oak St. NP19: Newp 1D 36
Oak St. NP44: Croes 3G 11
Oak St. Cl. CF37: R'fln 3G 25
Oak Ter. NP11: Cross K..........2A 16
Oak Tree Cl. CF15: Rad........1E 83
Oak Tree Cl. NP4: New I 4G 7
Oak Tree Ct. CF23: Pontp......2G 73
Oak Tree Ct. NP19: Newp 4H 37
Oak Tree Ct. NP44: Oakf........4G 11
Oak Tree Dr. NP10: Roger 2H 33
Oakway CF5: F'wtr................2G 93
Oak Wood Av. CF23: Pen L.....5E 87
Oakwood Cl. CF64: L'dgh 5G 101
Oakwood St. CF37: T'rest.......4E 25
Obama Gro. NP10: Roger........5B 34
Oban St. CF63: Barry 1B 118
Ocean Bldgs. CF10: Card........1C 102
  ....(off Bute Cres.)
Ocean Ct. NP20: Newp 6E 37
Ocean Park Ho. CF24: Card....4D 96
Ocean Way
  CF24: Card 5H 5 (5D 96)
Ochr y Coed
  CF11: Card 5A 4 (4H 95)
Ochr y Coed CF14: Thorn 2H 71
Octagon, The NP16: Bul.........5F 63
Octavius Cl. NP10: Duff.........6G 53
Odeon Cinema Cardiff ...1C 102
Odet Ct. CF14: Whit 6A 70
O'Donnell Rd. CF83: Barry.....6A 106
Odyn's Fee CF62: Rho............5C 114
Offas Cl. NP16: Sed 3G 63
Offway NP44: Coed E..............5E 11
Ogmore Cl. CF83: Caer..........5H 27
Ogmore Cres. NP20: Bet..........6E 19
Ogmore Pl. CF83: Barry 5A 106
Ogmore Pl. NP44: L'rfn...........3B 12
Ogmore Rd. CF5: Ely.............5G 93
Ogwen Dr. CF23: Cyn............1B 86
Okehampton Av.
  CF3: L'rmy..........................5A 74
OLCOTE HOUSE.....................1F 43
Old Bailey NP4: P'pool 4E 7
Old Bakery Ct. CF15: P'rch......4A 68
Old Barn NP19: Newp............1F 37
Old Barn Ct. NP26: Undy 4F 59
Old Barn Est. NP19: Newp.......1F 37
Old Barry Rd. CF64: P'rth......5G 101
Old Bedwas Rd.
  CF83: Caer......................4F 29
Old Bible Coll., The
  CF83: Barry 1B 118
  ....(off Hilary Ri.)
Old Brewery Quarter, The
  CF10: Card 5D 4 (4A 96)
  ....(off Caroline St.)
Oldbridge Cl. NP44: Thorn......6A 8
Old Bulwark Rd. NP16: Bul ... 3E 63
Oldbury Bus. Cen.
  NP44: Cwm'bn 3G 11

Oldbury Cwrt
  NP44: Cwm'bn 3G 11
Oldbury Rd. NP44: Cwm'bn....3G 11
Old Cardiff Rd. NP20: Newp ... 2H 53
Old Castle Cl. NP10: Duff........6G 53
Old Chepstow Rd.
  NP18: Langs........................1G 39
Old Church Rd. CF14: Whit.....2C 84
Old Clipper Rd.
  CF10: Card 1E 103
  ....(not continuous)
Old Estate Yd. NP4: P'pool 4E 7
Old Farm La. CF15: Cre 6E 67
Old Farm M. CF64: Din P 2G 107
Old Farm Shop. Cen., The 6F 63
Old Field Rd. CF15: Tong........5A 70
OLD FURNACE 4A 6
Old Furnace Rd.
  CF83: Caer 5A 28
Old Garden Ct. CF15: Rad........1F 83
Old Grn. Ct. CF3: M'fld............5A 76
OLD GRN. RDBT.........................4C 36
Old Hall Cl. NP10: Duff...........4H 53
Old Hill CF3: Old M 1B 88
Old Hill NP18: Chri.................1A 38
Old Hill, The NP16: Tut...........1F 63
Old Hill Cres. NP18: Chri........2B 38
Old Joinery Yd., The
  CF72: P'clun 6C 64
Old Langstone Ct. Rd.
  NP18: Langs........................1F 39
Old Malt Ho. CF64: Din P 2G 107
Old Mkt. CF5: Wen 5E 99
Old Mill Cl. NP20: Bet............5G 19
Old Mill Dr. CF5: St F 2C 82
Old Mill Rd. CF14: L'vne.........3A 72
Oldmill Rd. CF63: Barry 1C 118
Old Nantgarw Rd.
  CF15: N'grw 3E 45
Old Newport Rd.
  CF3: Old M 5D 74
Old Oak Cl. NP16: Bul............5F 63
Old Pk. Rd. NP10: Bass..........1E 53
Old Park Ter. CF37: T'rest.......2E 25
OLD PENYGARN..........................1C 6
Old Pill Farm Ind. Est.
  NP26: Cald 6E 61
Old Port Rd. CF5: Cul C 2D 98
Old Port Rd. CF5: Wen............2D 98
Old Roman Rd. NP18: Cat A ...5G 23
Old Roman Rd.
  NP18: Langs........................5G 23
Old Row NP26: Sud 6H 61
Old Row NP44: H'lys..............4A 10
Old Sta., The CF62: Gile........6D 112
Old Station Yd.
  CF83: Bed'ws 2F 29
Old Stone La. NP26: Undy 4E 59
Old Tin Works Rd.
  CF37: T'rest..........................4F 25
Old Town Dock
  NP20: Newp 1E 55
Old Vicarage Cl.
  CF14: L'shn 5H 71
Old Village Rd.
  CF62: Barry 4E 117
Oldwell Ct. CF23: Pen L..........6C 86
Old Well La. NP26: Undy.........5F 59

O'Leary Dr. CF11: Card 3H 101
Oliphant Circ. NP20: Malp......4H 19
Oliver Rd. NP19: Newp 5G 37
Oliver St. CF37: P'prdd 6A 14
Oliver Ter. CF37: T'rest 3E 25
Ollivant Cl. CF5: L'dff..............4H 83
Olway Cl. NP44: L'rfn..............4A 12
  ....(not continuous)
Olympian Dr. CF11: Card 4H 101
Ombersley La. NP20: Newp 5H 35
Ombersley Rd. NP20: Newp ...5H 35
O'Neal Av. NP19: Newp...........3G 55
Ontario Way CF23: Cyn...........2C 86
Opal 1 NP20: Newp.................5D 36
Open Hearth Cl. NP4: Grif........1E 9
Orange Gro. CF5: F'wtr...........6G 83
Orangery Wlk. NP10: Duff 4H 53
Orb Dr. NP19: Newp 1G 55
Orbit St. CF24: Card.....2H 5 (3C 96)
Orchard, The CF71: A'thin 2F 91
Orchard, The NP18: P'hir.........1F 21
Orchard Av. NP16: Bul............5G 63
Orchard Castle CF14: Thorn....3F 71
Orchard Cl. CF3: M'fld............5H 75
Orchard Cl. CF5: Wen.............4E 99
Orchard Cl. CF61: Bov.............4F 111
Orchard Cl. NP10: Bass..........6B 34
Orchard Cl. NP26: Caldic........6C 60
Orchard Ct. CF14: L'vne..........1H 71
Orchard Ct. CF19: Newp.........2D 36
Orchard Cres. CF64: Din P 2H 107
Orchard Dr. CF14: Whit..........2C 84
Orchard Dr. CF37: Glync.........2C 14
Orchard Dr. CF61: Llan M 5C 110
Orchard Dr. CF62: Barry 1H 117
Orchard Farm Cl.
  NP16: Sed 3H 63
Orchard Gdns. NP16: Chep......1F 63
Orchard Gdns. NP19: Newp 2E 37
Orchard Gdns. NP26: Pskwt ...5G 61
Orchard Gro. CF15: Morg 5F 69
Orchard La. NP19: Newp 2E 37
Orchard La. NP44: Cwm'bn 6E 9
Orchard Lodge CF61: Bov 3E 111
Orchard M. NP19: Newp.........2D 36
Orchard Pk. CF3: St Mel.........6B 74
Orchard Pk. Cl. CF3: St Mel.....6C 74
Orchard Pl. CF11: Card............3F 95
Orchard Pl. NP44: Cwm'bn.....3F 11
Orchard Ri. CF64: P'rth...........1C 108
Orchard Ri. NP16: Pwllm........5B 62
Orchard Rd. NP18: Caerl 3G 21
Orchards, The CF14: L'shn.....5H 71
Orchard St. NP19: Newp.........2D 36
Orchard Wlk. CF62: St Ath 4C 112
Orchard Way CF62: Gile........6D 112
Orchid Cl. CF3: St Mel............1E 89
Orchid Ct. NP44: Ty Ca...........4C 10
Orchid Dr. NP26: Cald.............6E 61
Orchid Mdw. NP16: Pwllm......5B 62
Ordell St. CF24: Card..............3D 96
Oregano Cl. CF3: St Mel..........5E 75
Oriel Cl. CF24: Card....4H 5 (4C 96)
Oriel Rd. NP19: Newp 4E 37
Orion Ct. CF24: Card.....3H 5 (3C 96)
Ormerod Rd. NP16: Sed 3H 63
Ormonde Cl. CF23: Pen L 4E 87
Osborne Rd. NP19: Newp 4E 37
Osborne Rd. NP4: P'nydd 1B 6
Osborne Rd. NP4: P'pool 1B 6
Osborne Sq. CF11: Card.........6G 95
Osprey Cl. CF3: St Mel............5C 74
Osprey Cl. CF64: P'rth 6E 109
Osprey Cl. CF63: Barry 3H 117
Osprey Dr. NP26: Cald............6D 60
Oswald Rd. NP20: Newp.........1C 54
  ....(not continuous)

Oswestry Cl. CF3: Rum.............4A 88
Othery Pl. CF3: L'rmy 5A 74
Otter Cl. NP20: Bet.................5E 19
Outfall La. NP10: St Bri W.......5F 77
Overstone Ct. CF10: Card 6A 96
Ovington Ter. CF5: Card..........2D 94
Owain Cl. CF23: Cyn...............3C 86
Owain Ct. CF64: P'rth 2C 108
Owain Ct. CF62: St Ath 5D 112
Owen Cl. NP18: Caerl.............3G 21
Owens Cl. CF62: Barry...........2G 117
Owen's Ct. CF14: Whit............3F 85
Owen St. CF37: R'fln...............5G 25
Oxford Cl. NP18: Caerl............3F 21
Oxford La.
  CF24: Card 2G 5 (3C 96)
Oxfordshire Rd.
  NP19: Newp 1C 56
Oxford St. CF15: N'grw 3C 44
Oxford St. CF24: Card...1G 5 (2C 96)
Oxford St. CF37: T'rest 3E 25
Oxford St. CF62: Barry...........4E 117
Oxford St. NP16: Chep............2E 63
Oxford St. NP19: Newp...........4E 37
Oxford St. NP4: Grif...............6E 7
Oxtens NP44: Coed E...............5D 10
Oxwich Cl. CF5: F'wtr.............2B 94
Oxwich Gro. NP10: Duff.........6F 53
Oxwich Rd. NP19: Newp.........2F 55
Oyster Bend CF64: Sul 3H 119
Oystermouth M. NP10: Duff ...6G 53
Oystermouth Way
  NP10: Duff 6G 53

P

Pace Cl. CF5: L'dff....................5H 83
Pace Rd. NP44: F'wtr...............4D 10
Pacific Bus. Pk. CF24: Card 5F 97
Pacific Rd. CF24: Card.............4F 97
Padarn Cl. CF23: Cyn..............2B 86
Padarn Pl. NP44: Pnwd...........6E 9
Paddock, The CF14: L'vne........2A 72
Paddock, The CF23: Pen L 5C 86
Paddock, The CF71: Cowb.......4E 91
Paddock, The CF83: Caer 1E 47
Paddock, The NP16: Bul..........4D 62
Paddock Cl. NP44: Pnwd.........6D 8
Paddock Pl. CF63: Barry.........6B 106
Paddocks, The
  CF38: Up Chu 2D 42
  ....(not continuous)
Paddocks, The CF64: P'rth......4E 109
Paddocks, The CF72: Gro-f 1C 80
Paddocks, The NP18: Caerl.....4F 21
Paddocks, The NP44: L'rfn......3B 12
Paddocks Cres.
  CF72: Bryns........................1B 78
Y Padog CF83: Caer................1E 47
  ....(shown as The Paddock)
Page Dr. CF24: Card...............6G 87
Paget La. CF11: Card..............6H 95
Paget Pl. CF64: P'rth...............6B 102
Paget Rd. CF62: Barry 5G 117
  ....(not continuous)
Paget Rd. CF64: P'rth 6A 102
Paget St. CF11: Card...............6H 95
Paget Ter. CF64: P'rth.............6B 102
Palace Av. CF5: L'dff...............1D 94
Palace Rd. CF23: Cyn.............1C 86
Palace Rd. CF5: L'dff...............1D 94
Palalwyf Av. CF72: P'clun.......6D 64
Pallot Way CF24: Card............1F 97
Palm Cl. NP4: New I................4H 7
Palmers Dr. CF5: Ely..............4A 94

Palmerston Rd.
CF63: Barry 1D **118**
Palmerston Workshops
CF63: Barry 6D **106**
PALMERSTOWN....................6D **106**
Palmer St. CF63: Barry 5D **106**
Palmers Vale Bus. Cen.
CF63: Barry 6D **106**
Palm Sq. NP19: Newp........5G **37**
Palmyra Pl. NP20: Newp.....5C **36**
Pandy NP44: G'mdw...........2E **11**
Pandy La. CF83: Mac.........2G **31**
Pandymawr Rd.
CF83: Bed'ws 2E **29**
Pandy Rd. CF83: Bed'ws 2C **28**
Pandy Rd. CF83: L'brad 2C **28**
Pandy Vw. NP11: Cross K 2A **16**
Pantawel Cott. CF15: Rad 6D **68**
Pantbach CF15: P'rch 5A **68**
Pantbach Av. CF14: Heath 3F **85**
Pantbach Pl. CF14: Heath......3E **85**
Pantbach Rd. CF14: Heath 1E **85**
Pantbach Rd. CF14: R'ina.....1E **85**
Pant Du Rd. CF37: Cilf'dd 1F **15**
Panteg CF15: P'rch 5A **68**
PANTEG..................................6H **7**
Panteg Cl. CF5: Ely 6D **92**
PANTEG HOSPICE................5E **7**
.... (within County Hospital)
Panteg Ind. Est. NP4: Grif.......1E **9**
Panteg M. CF5: Card...........2D **94**
Panteg Way NP4: New I.........6F **7**
Pant Glas CF23: Pent........6G **73**
Pantglas CF15: P'rch 5A **68**
Pant Glas Ct. NP10: Bass 1B **52**
Pantglas Farm Ind. Est.
CF83: Bed'ws 4H **29**
Pant Glas Ind. Est.
CF83: Bed'ws 3A **30**
..................(not continuous)
Pantglas La. NP44: L'tnam 1F **19**
Pantglas Vw. CF83: Tret........3H **29**
Pant Gwyn Cl. NP44: H'lys.....5B **10**
Pantgwynlais CF15: Tong......4H **69**
Pant La. NP20: Bryng..........1B **36**
..................(off Pant Rd.)
Pant Llygodfa CF83: Caer.......2A **46**
PANTMAWR...........................5B **70**
Pantmawr Ct. CF14: R'ina 5B **70**
Pantmawr Rd. CF14: R'ina......6B **70**
Pantmawr Rd. CF14: Whit......6B **70**
Pant Pl. CF15: Gwae G...........6D **44**
Pant Rd. NP20: Bryng 1B **36**
Pant Tawel La. CF15: Rad 1D **82**
Pantybrad La. CF72: L'sant 4E **41**
Pantycelyn Dr. CF83: Caer.....4B **28**
Pantycelyn Pl.
CF62: St Ath 5C **112**
Pantycelyn Rd.
CF64: L'dgh 5F **101**
Pant y Dderwen
CF72: P'clun 4C **64**
PANTYGRAIG-WEN...............5A **14**
Pantygraigwen Rd.
CF37: P'prdd 5A **14**
Pant-yr-Eos NP44: Pnwd........1F **11**
Pant-yr-Heol Cl.
NP44: H'lys.........................6B **10**
Pant yr Wyn CF23: Pen L......5B **86**
Paper Mill Rd. CF11: Card 3B **94**
Parade, The
CF14: Whit 3B **84**
Parade, The
CF24: Card 2F **5** (3B **96**)
Parade, The CF37: P'prdd.....5D **14**
Parade, The CF38: Chu V.....3E **43**
Parade, The CF62: Barry.....5E **117**

Parade, The CF64: Din P.........2A **108**
Parade, The NP44: Cwm'bn....2G **11**
Y Parc CF72: Gro-f..................6B **66**
Parc Av. CF83: Caer...........4E **29**
Parc Av. NP44: Pnwd 5D **8**
Parc Business Edwards
CF72: L'sant 5D **40**
Parc Castell-y-Mynach
CF15: Cre 5E **67**
..................(not continuous)
Parc Cefn Onn Country Pk.....6H **47**
Parc Clwyd CF63: Barry........5C **106**
Parc Golf Course 1C **76**
Parc Hafod CF14: Whit 1E **85**
Parc Ifor Hen CF72: Mis 6G **65**
Parc Nant Celyn
CF38: Ef ls..........................4G **43**
Parc Nantgarw
CF15: N'grw 3D **44**
PARC NANTGARW...................3D **44**
Parc Newydd CF72: Tallb G....3E **65**
Parc Newydd Shop. Cen.......3E **65**
Parc Panteg NP4: Seba.........3F **9**
Parc Pontypandy
CF83: Caer 3D **28**
Parc ty Glas CF14: L'shn 5G **71**
Parc ty Glas Ind. Est.
CF14: L'shn 6G **71**
Parc-y-Brain Rd.
NP10: Roger........................1D **34**
Parc-y-Bryn CF15: Cre 5D **66**
Parc-y-Bryn CF38: Llan F 3D **42**
Parc-y-Coed CF15: Cre 6E **67**
Parc y Dyffryn CF37: R'fln.....4F **25**
Parc-y-Felin CF15: Cre..........6D **66**
Parc-y-Felin St. CF83: Caer....5D **28**
Parc-y-Fro CF15: Cre 5E **67**
Parc-y-Nant CF15: N'grw 4E **45**
Pardoe Cres. CF62: Barry 1G **117**
Pardoe Thomas Cl.
NP20: Newp 6C **36**
..................(off Francis St.)
Parfitt St. NP19: Newp...........6H **37**
Parfitt Ter. NP44: Pnwd..........6D **8**
Parish Gdns. CF3: Rum 5H **87**
Parish Rd. CF38: Bed'ws 4A **42**
Park & Ride Caerphilly 1D **46**
Park & Ride Cardiff East.....1G **87**
Park & Ride Cardiff South....6C **96**
Park & Ride Cardiff West.....5F **95**
Park & Ride Rhoose............6E **115**
Park Av. CF14: Whit.............1B **84**
Park Av. CF5: Cul C..............1E **99**
Park Av. CF62: Barry...........5F **117**
Park Av. CF83: Bed'ws.........3G **29**
Park Av. NP10: Roger..........3B **34**
Park Av. NP20: Newp...........2G **53**
Park Cl. CF37: T'rest...........3D **24**
Park Cl. NP20: Newp...........2G **53**
Park Cl. NP44: H'lys............5B **10**
Park Ct. CF62: Barry...........4E **117**
Park Ct. NP26: Undy............4F **59**
Park Ct. NP4: P'garn 2C **6**
Park Ct. M.
CF10: Card 2D **4** (3A **96**)
Park Cres. CF14: Whit 1B **84**
Park Cres. CF37: T'rest........2E **25**
Park Cres. CF62: Barry 4E **117**
Park Cres. CF72: P'clun 6C **64**
Park Cres. NP20: Newp.........2G **53**
Park Cres. NP4: P'garn.........2D **6**
Parkdale Vw. CF72: L'sant 3G **65**
Park Dr. NP20: Newp 2H **53**
Pk. End NP18: Langs 6G **23**
Park End Ct. CF23: Cyn 1A **86**
Park End Ct. NP18: Langs 1G **39**
Park End La. CF23: Cyn 1A **86**

Parker Pl. CF5: Ely 5F **93**
Parker Rd. CF5: Ely...............5F **93**
Parke's La. NP4: P'pool 4A **6**
Parkfield Ho. CF14: Card........6G **85**
Parkfield Pl. CF14: Card........6G **85**
Parkfield Pl. NP20: Newp 4A **36**
Park Gdns. NP20: Newp 2G **53**
Park Gdns. NP4: P'garn 2C **6**
Park Gro. CF10: Card.....1E **5** (2B **96**)
Pk. Ho. Flats NP4: P'pool 2C **6**
Parklands NP16: Math...........6B **62**
Parklands NP18: W'son 5G **57**
Parklands Cl. NP10: Roger......6E **35**
Parklands Cl. NP44: Pnwd......6E **9**
Parklands Ind. Est.
CF24: Card 6H **5** (5C **96**)
Parkland Wlk. CF62: Barry ...3E **117**
Park La. CF10: Card.....1D **4** (2A **96**)
Park La. CF14: Whit 1B **84**
Park La. CF15: Taff W 1D **68**
Park La. CF72: Gro-f 6B **66**
Park La. CF83: Caer 1C **46**
Parklawn Cl. NP44: Pnwd.......5E **9**
Park Pl. CF10: Card 2A **96**
Park Pl. CF37: Cilf'dd...........1F **15**
Park Pl. NP11: Cross K 2A **16**
Park Pl. NP11: Ris 6E **17**
Pk. Prospect CF37: P'prdd.....5B **14**
Park Rd. CF14: Whit 1B **84**
Park Rd. CF15: Rad 1F **83**
Park Rd. CF62: Barry 4D **116**
Park Rd. CF64: Din P 1G **107**
Park Rd. CF64: P'rth............2F **109**
Park Rd. NP11: Ris 6D **16**
Park Rd. NP26: Cald 5B **60**
Park Rd. NP4: P'garn 2C **6**
..................(not continuous)
Park Rd. NP4: P'pool.............2C **6**
..................(not continuous)
Park Rd. Ind. Est. NP11: Ris 6E **17**
Parkside NP44: Cwm'bn.........3G **11**
Parkside Ct. NP4: P'nydd........1A **6**
Park Side La. CF37: P'prdd.....6C **14**
Park Sq. NP20: Newp 5C **36**
Parkstone Av. CF3: Old M........5C **74**
Park St. CF10: Card......5C **4** (4A **96**)
Park St. CF37: T'rest............2E **25**
Park St. NP11: Cross K 2A **16**
Park St. NP4: Grif.................6E **7**
Park Ter. NP4: P'nydd 1A **6**
Park Vw. CF10: Card....3D **4** (3A **96**)
Park Vw. CF72: L'sant 2F **65**
Park Vw. NP10: Bass 6E **35**
Park Vw. NP11: Cross K 2A **16**
Park Vw. NP16: Chep............1C **62**
Park Vw. NP16: Sed 2H **63**
Park Vw. NP4: P'pool 4D **6**
Park Vw. NP44: Pnwd 5E **9**
Park Vw. Ct.
CF11: Card 4A **4** (4H **95**)
Park Vw. Ct. CF14: Whit........1C **84**
Park Vw. Ct. NP4: P'rth 5G **101**
Park Vw. Gdns. NP10: Bass....6D **34**
Park Vw. Ter. NP4: P'nydd 1A **6**
Parkwall Rd. CF14: Pontp......3F **73**
Parkway CF3: Rum 5B **88**
Pk. Way NP10: Roger 4B **34**
Parkway Sth. CF3: Rum 5C **88**
Parkwood Cl. NP18: Caerl 4E **21**
Parkwood Dr. NP10: Bass.......1A **52**
Parracombe Cl. CF3: L'rmy......6A **74**
Parracombe Cres.
CF3: L'rmy 1H **87**
Parret Cl. NP20: Bet..............5H **19**
Parret Rd. NP20: Bet.............5H **19**
Parret Wlk. NP20: Bet............5H **19**
Parry Dr. NP19: Newp............4A **38**

Parry St. CF5: Card.................3E **95**
Partridge La. CF24: Card.......2C **96**
Partridge Rd. CF24: Card........2C **96**
Partridge Rd. CF62: St Ath ...3G **111**
Partridge Way NP10: Duff......3G **53**
..................(not continuous)
Pascal Cl. CF3: St Mel 5F **75**
Pascall Ct.
CF24: Card 1G **5** (2C **96**)
..................(off St Peter's St.)
Pasteur Gro. CF38: Chu V......2D **42**
Pastures, The CF62: Barry....6G **105**
Pastures, The NP44: L'rfn......2B **12**
Patch, The CF72: L'harry 4A **78**
Patchway Cres. CF3: Rum......3G **87**
Patmore Cl. CF15: Gwae G 1D **68**
Patreane Way CF5: Cul C......6D **92**
Patterdale Cl. CF23: Pen L 5B **86**
Patti Cl. NP19: Newp 3D **38**
Paul Williams Wlk.
CF11: Card 3B **94**
Pavaland Cl. CF3: St Mel 1D **88**
Pavia Ct. CF37: P'prdd............6C **14**
Pavilion Ind. Est.
NP4: P'nydd...........................1B **6**
Pavilions, The
NP44: L'tnam 1H **11**
Paxton Wlk. NP10: Roger 2C **34**
Peach Pl. CF5: F'wtr.............1H **93**
Pearce Cl. CF3: St Mel 2E **89**
Pearce Ct. CF63: Barry 5A **106**
Pearl Pl. CF24: Card.............3D **96**
Pearl St. CF24: Card 3D **96**
..................(not continuous)
Pearse Cl. CF64: P'rth..........6H **101**
Pearson Cres. CF37: Glync 2C **14**
Pearson St.
CF24: Card 1G **5** (2C **96**)
Pear Tree Cl. NP18: Caerl 5E **21**
Pear Tree Cotts.
NP19: Newp 6H **37**
Pear Tree La. NP19: Newp.......6H **37**
Peckham Cl. CF5: L'dff...........9H **83**
Pedair Erw Rd. CF14: Heath....2F **85**
Pellett St. CF10: Card....5F **5** (4B **96**)
Pembrey Path NP44: St Di.......2E **11**
Pembridge Dr. CF64: P'rth....6H **101**
Pembroke Cl. CF38: Tont.......1F **43**
Pembroke Cl. CF64: Din P 2A **108**
Pembroke Cl. NP26: Undy 4F **59**
Pembroke Ct. CF83: Caer.......5G **27**
Pembroke Ct. NP26: Undy 4F **59**
Pembroke Cres.
CF72: Y'erdy 6C **40**
Pembroke Gro. NP19: Newp....1G **55**
Pembroke M. CF5: Card 3D **94**
Pembroke Pl. CF61: Bov.........3D **110**
Pembroke Pl. CF62: Barry 1H **117**
Pembroke Pl. NP44: L'rfn 2B **12**
Pembroke Rd. CF5: Card 3E **95**
Pembroke Rd. NP16: Bul........5E **63**
Pembroke Ter. CF64: P'rth......6B **102**
Penally Rd. CF5: Ely 5A **94**
PENARTH...............................1E **109**
Penarth Ct. NP44: L'rfn..........4B **12**
..................(not continuous)
Penarth Head La.
CF64: P'rth............................1F **109**
Penarth Leisure Cen. 6G **101**
Penarth Lifeboat Station 2F **109**
Penarth Marina 6A **102**
Penarth Pier 2G **109**
Penarth Portway
CF64: P'rth 6A **102**
Penarth Rd.
CF10: Card 6D **4** (5A **96**)
Penarth Rd. CF11: Card........3F **101**

Penarth Rd. CF64: L'dgh 4G 101
Penarth Rd. Retail Pk...........4F 101
Penarth Station (Rail) 2E 109
Penarth Yacht Club 2F 109
Pen Bedw NP44: Croes......... 1B 12
Penbryn Coch CF72: L'harry.... 4B 78
Pen Bryn Hendy CF72: Mis..... 6E 65
Penbury Ct. CF15: Morg 5F 69
Pencader Rd. CF5: Ely 3A 94
Pencarn Av. NP10: Coedk 5E 53
Pencarn La. NP10: Coedk...... 5E 53
.....................................(not continuous)
Pencarn La. NP10: Duff 5E 53
.....................................(not continuous)
Pencarn Way NP10: Coedk...... 4E 53
Pencarn Way NP10: Duff........ 5E 53
Pencerrig St. CF37: P'prdd......6B 14
Pencisely Av. CF5: L'dff 2C 94
Pencisely Cres. CF5: L'dff 2C 94
Pencisely Ri. CF5: L'dff 2C 94
Pencisely Rd. CF5: L'dff 2C 94
Penclawdd CF83: Caer 4F 29
Pencoed Av. CF37: P'prdd...... 6E 15
Pencoed Pl. NP44: Croes........5F 9
Pencoedtre La.
    CF63: Barry 4A 106
.....................................(not continuous)
Pencoedtre Rd.
    CF63: Barry 5B 106
Penda Pl. NP16: Sed.............. 2H 63
Pendeen Ho. CF11: Card........ 4A 68
Pendine Cl. CF62: Barry........ 5H 105
Pendine Rd. CF5: Ely 4A 94
Pendine Wlk. NP44: F'wtr....... 3E 11
Pendoylan Cl. CF63: Barry.... 5B 106
Pendoylan Ct. CF5: Ely 3A 94
Pendoylan Rd. CF72: Gro-f.... 1A 80
Pendoylan Wlk.
    NP44: Cwm'bn 3E 11
Pendragon Cl. CF14: Thorn 3F 71
Pendragon Cl. NP26: Rog...... 5A 60
Pendragon Gro.
    NP20: Newp 1B 54
Pendraw Pl. CF23: Cyn.......... 1B 86
Pendwyallt Rd. CF14: Whit.... 6A 70
Pendyris St.
    CF11: Card 6A 4 (5H 95)
Penedre CF5: L'dff 6C 84
Penffordd CF15: P'rch 5A 68
Penford Ct.
    CF24: Card 1G 5 (2C 96)
PENGAM 1F 97
Pengam Rd. CF24: Card 1F 97
Pengwern Rd. CF5: Ely 3A 94
Pen Hendy CF72: Mis 6E 65
Penheol Ely Rd.
    CF37: P'prdd 5E 15
Penhevad St. CF11: Card....... 1H 101
Penhill Cl. CF5: L'dff 2E 95
Penhill Ct. CF5: Card 2E 95
Penhill Rd. CF11: Card.......... 2E 95
Penhow M. NP10: Duff 6G 53
Penkin Cl. NP19: Newp.......... 5B 38
Penkin Hill NP19: Newp......... 4B 38
Penlan Ri. CF64: L'dgh 5F 101
Penlan Rd. CF64: L'dgh 4F 101
Pen Lasgan CF3: Rum 1D 88
Penlline Ct. CF14: Whit.......... 2C 84
Penlline Rd. CF14: Whit......... 2C 84
Penlline St.
    CF24: Card 1F 5 (2B 96)
Penllwyn La. CF83: Mac........ 2D 30
Penllwyn Wlk. CF83: Mac....... 2D 30
Penllyn Av. NP20: Newp 5H 35
Penllyn La. NP44: Pnwd........ 5E 9
Penllyn La. NP20: Newp 5H 35
Penllyn Rd. CF5: Card............4F 95

Penmaen Wlk. CF5: Ely 6D 92
Penmaes CF15: P'rch 5A 68
Penmaes Rd. NP44: G'mdw... 2B 10
PEN-MARC................................1D 114
PENMARK.................................1D 114
Penmark Castle...................... 1D 114
Penmark Grn. CF5: Ely 4E 93
Penmark Rd. CF5: Ely 5E 93
Pennant Cres. CF23: Cyn....... 1C 86
Pennant Ho. CF37: P'prdd...... 6C 14
.....................................(off Church St.)
Pennard Cl. NP10: Duff..........6G 53
Pennard Pl. CF14: Llan N........4F 85
Penner Ct. NP20: Newp 1E 55
Pennine Cl. CF14: L'shn 6G 71
Pennine Cl. NP11: Ris............. 6H 17
Pennsylvania CF23: L'dyrn 2D 86
.....................................(not continuous)
Penny Cres. NP20: Malp........ 4H 19
Pennyfarthing La.
    NP26: Undy 4D 58
Pennyfields NP20: G'mdw......2D 10
Penny La. CF71: Cowb............3D 90
Pennyroyal Cl. CF3: St Mel.... 5E 75
PENRHIW....................................5E 17
Penrhiw La. CF83: Mac........... 1G 31
Penrhiw Rd. CF37: P'prdd 2B 24
Penrhiw Rd. NP11: Ris........... 5E 17
Penrhos CF15: Rad................. 6E 69
Penrhos Cres. CF3: Rum 3A 88
Penrhyn Cl. CF3: Rum 2C 88
Penrice Grn. NP44: L'rfn........ 3B 12
Penry Ho. CF72: Hens............5F 79
Pensarn Rd. CF3: Rum 2C 88
Pensarn Way NP44: H'lys 5B 10
Pensidan Vw. NP10: Bass...... 1B 52
Penstone Ct. CF10: Card 1B 102
Penterry Rd. NP16: Chep....... 2D 62
Pentir y De CF62: Rho 6G 115
Pentland Cl. CF14: L'shn 6F 71
.....................................(not continuous)
Pentland Cl. NP11: Ris........... 6H 17
Pent Lee CF23: Pent 6E 73
Pentonville NP20: Newp 4B 36
PENTREBACH.............................1E 25
Pentrebach Rd.
    CF37: P'prdd 1E 25
Pentrebach Rd. CF37: R'fln ... 1E 25
PENTREBANE............................1G 93
Pentrebane Dr. CF5: F'wtr 6F 83
Pentrebane Rd. CF5: F'wtr 6D 82
Pentrebane Rd. CF5: St F...... 6D 82
Pentrebane St. CF11: Card.... 1H 101
Pentrebane St. CF83: Caer 1C 46
Pentre Cl. NP44: Coed E 5D 10
Pentre Gdns. CF11: Card 5H 95
Pentre La. NP44: Bet............. 2C 18
Pentre La. NP44: H'lys.......... 2C 18
Pentre La. NP44: Oakf 2C 18
Pentre Pl. CF11: Card 6H 95
Pentre-Poeth Cl.
    NP10: Bass........................... 1A 52
Pentre-Poeth Rd.
    NP10: Bass........................... 3G 51
Pentre-Poeth Rd.
    NP10: R'drn 3G 51
Pentre St. CF11: Card 6H 95
Pentre Tai Rd. NP10: R'drn 3H 33
Pentwyn CF15: Rad 1E 83
PENTWYN..................................6F 73
Pentwyn CF83: Caer 3A 28
Pentwyn Bus. Cen.
    CF23: Pent 5F 73
Pentwyn Cl. NP16: Pwllm 4B 62
Pentwyn Ct. CF14: Whit......... 1C 84
Pentwyn Dr. CF23: Pent......... 1E 87

Pentwyngwyn Rd.
    CF83: Rud 5B 30
PENTWYN INTERCHANGE......... 1G 87
Pentwyn Isaf CF83: Caer....... 3B 28
Pen-Twyn La. NP20: Bet........ 4G 19
Pentwyn Leisure Cen............. 1F 87
Pentwyn Retail Pk.
    CF23: Pent 6G 73
Pentwyn Rd. CF23: Pent......... 4D 72
Pentwyn Shop. Pct...............6F 73
Pentwyn Ter. CF3: M'fld......... 5A 76
PENTYRCH.................................4H 67
Pentyrch Ct. CF24: Card 1H 95
Pentyrch St. CF24: Card 1H 95
Penuel La. CF37: P'prdd 6C 14
Penuel Rd. CF15: P'rch..........5H 67
Pen-y-Bryn CF37: Glync 2D 14
Pen-y-Bryn CF62: Barry 5D 116
Pen-y-Bryn CF63: Barry 6D 106
Pen-y-Bryn CF83: Caer.......... 3H 27
Penybryn NP4: P'garn............ 2D 6
Pen-y-Bryn NP20: Bet............ 5G 19
Pen-y-Bryn Pl. CF14: Card 5G 85
Pen-y-Bryn Rd. CF14: Card ... 5G 85
Pen-y-Bryn Rd. CF23: Cyn 6C 72
Pen-y-Bryn Way
    CF14: Card 5G 85
Pen-y-Cae CF83: Caer............4F 29
Pen-y-Cefn CF14: Thorn 3F 71
PEN-Y-COEDCAE........................3B 24
Penycoedcae Rd.
    CF37: Pen-co......................... 2H 41
Penycoedcae Rd.
    CF38: Bed.............................. 4H 41
Pen-y-Cwm CF15: P'rch 4A 68
Pen-y-Darren La.
    CF37: P'prdd 5C 14
Penydarren Dr. CF14: Whit..... 2A 84
Pen-y-Dre CF83: Caer............ 2A 28
Pen-y-dre CF14: R'ina............ 1C 84
Pen-y-dre CF14: Whit............. 1C 84
Penyffordd CF83: Caer........... 5B 28
PENYGARN.................................2D 6
Penygarn Rd. CF5: Ely 3H 93
Penygarn Rd. NP4: P'garn..... 1C 6
PENYGAWSI...............................3F 65
Penyglog Rd. NP18: L'veth..... 1G 13
Pen-y-Graig CF14: R'ina........ 4D 70
Pen-y-Graig Ter. NP4: P'pool.. 4C 6
Pen y Groes CF72: Gro-f........ 6B 66
Pen-y-Groes CF83: Caer........ 3A 28
Pen-y-Groes Av. CF14: R'ina ..6F 71
Pen-y-Groes Gro.
    NP10: Bass........................... 1A 52
Pen-y-Groes Rd.
    CF14: R'ina............................ 6E 71
PEN-Y-LAN...............................4C 86
Penylan Cl. NP10: Bass 6C 34
Penylan Cl. NP4: New I.......... 5H 7
Penylan Ct. CF23: Pen L........ 6C 86
Penylan Ct. NP44: Coed E......5D 10
Pen-y-Lan Oval
    CF23: Pen L............................ 4C 86
Pen-y-Lan Pl. CF23: Pen L 6C 86
Pen-y-Lan Rd. CF23: Card..... 6C 86
Pen-y-Lan Rd. CF23: Pen L.... 6C 86
Pen-y-Lan Rd. CF24: Card..... 6C 86
Pen-y-Lan Rd. CF71: A'thin....2F 91
Pen-y-Lan Rd. CF71: Cowb....2F 91
Pen-y-Lan Rd. NP10: Bass 4A 52
Pen-y-Lan Ter. CF23: Pen L.... 5D 86
Pen-y-Llan La. NP4: P'pool.... 5H 7
Penylan Rd. CF37: P'prdd...... 1B 24
Penylan Rd. NP19: Newp........ 4G 37
Penylan Rd. NP44: Coed E..... 4C 10
Pen-y-Mynydd CF37: Glync.... 1D 14
Pen-y-Parc CF38: Bed 4H 41

Penyparc NP44: Pnwd 5D 8
Pen y Peel Rd. CF5: Card....... 3E 95
Pen-yr-Allt CF83: Caer 3B 46
Pen-yr-Eglwys CF38: Chu V ... 3D 42
Pen-yr-Eglwys CF38: Llan F... 3D 42
PENYRHEOL.............................4A 28
PENYRHEOL.............................6C 6
Penyrheol Rd. NP4: P'rheol 5C 6
Pen yr Ysgol CF37: T'rest....... 2D 14
Pen-y-Turnpike Rd.
    CF64: Din P 3D 100
Pen-y-Turnpike Rd.
    CF64: Mic P...........................3D 100
Penyturnpike Vw.
    CF64: P'rth 1B 108
Pen-y-Wain La. CF24: Card 6A 86
Penywain La. NP4: P'pool...... 3A 6
Pen-y-Wain Pl. CF24: Card..... 6B 86
Pen-y-Wain Rd. CF24: Card.... 6B 86
Penywain Rd. NP4: P'pool..... 2A 6
Penywain St. NP4: P'pool...... 2B 6
Penywain Ter. NP4: P'pool..... 2B 6
Pen-y-Waun CF15: P'rch 4H 67
Pen-y-Waun CF64: Din P....... 2H 107
Penywaun CF38: Ef Is............6F 43
Pen-y-Waun Cl.
    NP44: Cwm'bn 3F 11
Pen-y-Waun Rd.
    NP44: Cwm'bn 3F 11
.....................................(not continuous)
Pen-y-Waun Rd. NP44: St Di...3F 11
.....................................(not continuous)
Penywaun Rd. NP44: F'wtr.... 4E 11
.....................................(not continuous)
Penywaun Rd. NP44: St Di.... 4E 11
Peppermint Dr. CF23: Pontp... 4D 72
Pepys Cres. CF3: L'rmy 1H 87
Pepys Gro. NP20: Newp......... 1G 53
Percival Cl. CF14: Thorn........3F 71
Perclose CF64: Din P 2H 107
Percoed La. NP10: Coedk...... 2D 76
Percoed La.
    NP10: St Bri W........................ 2D 76
Percy Smith Rd.
    CF61: Bov.............................. 3E 111
Percy St. CF10: Card.............. 5A 96
Peregrine Ct. NP26: Undy...... 4E 59
Perrots Cl. CF5: F'wtr 1A 94
Perry Ct. NP44: Thorn 1C 10
Personby Cl. CF5: Ely............ 4D 92
Perthy Cl. NP44: Coed E 5D 10
Peru Cl. NP19: Newp 1C 56
Peterstone Lakes
    Golf Course 6C 76
Peterston Rd. CF72: Gro-f..... 1C 80
Peterswell Rd.
    CF62: Barry 2E 117
Petherton M. CF5: L'dff 6B 84
Petherton Pl. CF5: L'dff 1A 88
Pethybridge Rd. CF5: Ely.......3F 93
Petrel Cl. CF64: P'rth 5E 109
Pettingale Rd. NP44: Croes.... 5H 9
Petunia Wlk. NP10: Roger...... 2H 33
Philadelphia Cl.
    CF63: Barry 6D 106
Philip Cl. CF14: Heath............1F 85
Philippa Freeth Ct.
    CF63: Barry 3A 118
Philip St. CF11: Card 4F 95
Phillip Ct. NP19: Newp 4E 37
Phillips Grn. NP10: Roger...... 5B 34
Phillip St. CF37: P'prdd.......... 2B 24
Phillip St. NP11: Ris............... 5D 16
Phillip St. NP19: Newp 4E 37
Philog, The CF14: Whit 3E 85
Philog Ct. CF14: Whit............. 3E 85

Phoenix Bus. Pk.
NP19: Newp 5F **37**
Phoenix Dr. NP16: Bul 6G **63**
Phoenix Way CF14: Heath 2F **85**
Phyllis St. CF62: Barry...........5G **117**
Picca Cl. CF5: Cul C..................2D **98**
Piccadilly CF71: L'thian...........5B **90**
Piccadilly Sq. CF83: Caer........6D **28**
Picked La. NP18: Nash 4H **55**
PICKETSTON 1A **112**
Picketston Cl.
CF62: Eg Bre 2A **112**
Pickwick Cl. CF14: Thorn 3H **71**
Picton CF11: Card...................4G **101**
Picton Ct. CF61: Llan M..........2C **110**
Picton Pl. CF11: Card...............4F **95**
.................................(not continuous)
Picton Rd. CF62: Rho............ 5E **115**
Picton St. NP4: Grif...................6E **7**
Picton Wlk. CF11: Card 4F **95**
Picton Wlk. NP10: Duff..........6G **53**
Picton Wlk. NP44: F'wtr 3D **10**
Picwic Grn. NP44: G'mdw 3D **10**
.....................................(off Byways)
Piercefield Av. NP16: Chep......1C **62**
Piercefield Pl.
CF24: Card 1H **5** (2D **96**)
Pierhead 2C **102**
Pierhead St. CF10: Card 1C **102**
Pierhead Vw. CF64: P'rth....5H **101**
Piermont Dr. NP16: Tut..........1G **63**
Pilgrim Cl. CF15: Rad 2D **79**
Pill, The NP26: Cald 6F **61**
PILL, THE 6F **61**
Pill Farm Ind. Est.
NP26: Cald 6F **61**
PILLGWENLLY 6C **36**
Pillgwenlly Millennium
Cen. 1C **54**
Pillmawr Circ. NP20: Malp 5B **20**
Pillmawr Rd. NP18: Caerl........5C **20**
Pillmawr Rd. NP20: Malp 5B **20**
Pill Row NP26: Cald 5E **61**
Pill St. CF64: P'rth 6G **101**
Pill Way NP26: Pskwt............5F **61**
Pilton Pl. CF14: Card 5F **85**
Pilton Va. NP20: Malp 4B **20**
Pine CF11: Ris 5E **17**
Pine Ct. CF15: Tong 4H **69**
Pine Ct. CF38: Llan F 6C **42**
Pine Ct. CF72: Tallb G.............2C **64**
Pinecrest Dr. CF14: Thorn 2H **71**
Pine Gdns. NP4: P'pool...........3A **6**
Pine Gro. NP10: Duff..............3H **53**
Pinehurst Rd. CF5: F'wtr 1G **93**
Pines, The CF14: Whit.............2C **84**
Pine Tree Cl. CF15: Rad...........6E **69**
Pine Tree Rd. NP4: New I........5G **7**
Pinewood Av. CF37: R'fln........4H **25**
Pinewood Cl. CF64: L'dgh 5G **101**
Pinewood Cl. NP20: Malp 5B **20**
Pine Wood Cres.
CF23: Pen L.............................4E **87**
Pinewood Hill CF72: Tallb G.... 3C **64**
Pinewood Sq.
CF62: Eg Bre 2B **112**
Pinewood Vw. CF37: Glync....1C **14**
Pinnell Pl. NP20: Newp...........6C **36**
.............................(off Coulson Cl.)
Pioden For CF62: Barry..........6H **117**
Piper Cl. CF5: L'dff...................5H **83**
Piper Cl. NP19: Newp 1G **37**
Pipkin Cl. CF23: Pontp.............4F **73**
Pirate Island Play Cen. 6A **26**
Pitman La. CF11: Card............3G **95**
Pitman St. CF11: Card 3G **95**
Pitmedden Cl. CF3: St Mel......6D **74**

Pit Pony Sanctuary, The 4C **24**
Place de Cormeilles
NP16: Chep 2E **63**
Planet Cl. CF37: R'fln...............4G **25**
Planet Gymnastics................2F **101**
Plane Tree Cl. NP18: Caerl........5F **21**
Planet St. CF24: Card ...3H **5** (3C **96**)
Plantagenet St.
CF11: Card 5A **4** (4H **95**)
Plantation, The NP26: Undy.....4D **58**
Plantation Dr. NP44: Croes......1B **12**
Plas Bowles CF11: Card 5A **102**
Plas Bryn CF5: F'wtr...............6G **83**
Plas Bryn Gomer
NP44: Croes 5G **9**
Plas Cae Llwyd
CF83: L'brad........................1B **28**
Plas Carmel CF37: P'prdd........6B **14**
Plas Cleddau CF62: Barry....... 2E **117**
Plas Craig NP44: Cwm'bn....... 1H **11**
Plas Derwen NP44: Croes....... 1B **12**
Plas Ebbw NP44: Cwm'bn...... 1G **11**
Plas Essyllt CF64: Din P 3H **107**
Plas Glen Rosa
CF64: P'rth 6A **102**
Plas Grug CF83: Caer 2B **46**
Plas Gwernen CF63: Barry 5B **106**
Plas Gwyn CF5: L'dff.............6C **84**
Plas Gwynt M. CF11: Card 3G **95**
Plas Iona CF10: Card 6B **96**
Plas Islwyn NP44: Cwm'bn 1G **11**
Plasmawr Rd. CF5: F'wtr 6H **83**
Plas Melin CF14: Whit 3B **84**
Plas Nant CF14: Whit 2E **27**
Plas Nanthelyg CF3: Rum 2D **88**
Plas Newydd CF14: Whit 3C **84**
Plasnewydd Pl. CF24: Card ... 1C **96**
Plasnewydd Rd. CF24: Card ...1B **96**
.............................(not continuous)
Plasnewydd Sq. CF24: Card ...1B **96**
Plas Noral NP10: Roger 4B **34**
.... (shown as Noral Place)
Plas Pamir CF64: P'rth 5B **102**
Plas Phillips CF83: Caer 6B **28**
Plas St Andresse
CF64: P'rth 5B **102**
Plas St Pol de Leon
CF64: P'rth 6B **102**
Plassey Sq. CF64: P'rth 6A **102**
Plassey St. CF64: P'rth 6H **101**
Plas Taliesin CF64: P'rth 5B **102**
Plas Thomas CF83: Caer 1B **46**
Plas Treoda CF14: Whit 3D **84**
Plas Trosnant
NP44: Cwm'bn 6E **9**
Plasturton Av. CF11: Card......2F **95**
Plasturton Gdns.
CF11: Card 3G **95**
Plasturton Pl. CF11: Card 3G **95**
Plas Twyn NP44: Cwm'bn.........6F **9**
Plas ty-Coch NP44: Oakf........5H **11**
Plas y Biswail CF3: St Mel 1D **88**
Plas-y-Coed CF23: Cyn 4B **86**
Plas-y-Delyn CF14: L'vne........2B **72**
Plas-y-Fedwen CF37: Glync...1D **14**
Plas-y-Llan CF14: Whit..........2C **84**
Plas y Mynach CF15: Rad 3G **83**
Plas yr Eglwys
CF37: P'prdd 5D **14**
.............................(off Thurston Rd.)
Plas-yr-Odyn CF72: L'harry 4C **78**
Playford Cres. NP19: Newp 3D **38**
Pleasant Pl. CF83: Caer 4A **28**
Pleasant Vw. CF37: P'prdd 5B **14**
Pleasant Vw. CF38: Bed 5A **42**
Pleasant Vw. CF62: Barry.......5F **105**

Pleasant Vw. NP4: P'nydd 1A **6**
.............................(off Hanbury Rd.)
Plover Cl. NP19: Newp............2C **56**
Plover Cres. NP26: Cald 6D **60**
Plover Way CF64: P'rth........... 5E **109**
Plum Tree La. NP26: Cald........6C **60**
Plymouth Dr. CF15: Rad..........2G **83**
Plymouth Rd. CF37: P'prdd 6A **14**
Plymouth Rd. CF62: Barry 5G **117**
Plymouth Rd. CF64: P'rth 2F **109**
Plymouthwood Cl.
CF5: Ely 3H **93**
Plymouth Wood Cres.
CF5: Ely 3G **93**
Plymouth Wood Rd.
CF5: Ely 3H **93**
Plym Wlk. NP20: Bet 5G **19**
Poets Cl. CF37: R'fln 3G **25**
Poets Fld. Rd. CF37: R'fln....... 2F **25**
Polar Star Ct. NP20: Newp 1A **54**
Pollard Cl. NP18: Caerl 5E **21**
Polo Ground Ind. Est.
NP4: New I Sth. ....
Pontypool Ind. Pk. 5F **7**
Pomeroy St. CF10: Card 2B **102**
Pommergelli Rd.
CF14: Llan N 3B **84**
Pontalun Cl. CF63: Barry 5A **106**
Pont Ap Hywell NP4: P'pool....2C **6**
PONTCANNA.......................2F **95**
Pontcanna Ct. CF5: L'dff 1E **95**
Pontcanna Pl. CF11: Card.......2F **95**
Pontcanna St. CF11: Card 2F **95**
Pontfaen CF23: Pent 5D **72**
Pontfaen Rd. NP19: Newp 6A **38**
PONTHIR..............................1F **21**
Ponthir Rd. NP18: Caerl..........2G **21**
Ponthir Rd. NP18: P'hir...........2G **21**
PONTNEWYDD 6E **9**
Pontnewydd Golf Course 5C **8**
Pontnewydd Wlk.
NP44: Cwm'bn 6E **9**
PONTNEWYNYDD 1A **6**
Pontnewynydd Ind. Est.
NP4: P'nydd 1A **6**
Pont Pentre Cvn. Pk.
CF37: Up Bo 6A **26**
PONTPRENNAU....................4F **73**
PONTRHYDYRUN....................5E **9**
Pontrhydyrun Rd.
NP44: Pon'run 4E **9**
Pontrilas Cl. CF5: Ely 6D **92**
Pontshonnorton Rd.
CF37: Cilf'dd.........................4E **15**
Pontshonnorton Rd.
CF37: P'prdd 4E **15**
PONT SIÔN NORTON..............4E **15**
PONTYCLUN..........................6D **64**
Pontyclun Station (Rail).......6C **64**
PONT-Y-FELIN........................1G **9**
Pontyfelin Av. NP4: New I.......6F **7**
Pontyfelin Ind. Est.
NP4: New I 1F **9**
Pont-y-Felin La. NP4: New I....1G **9**
Pont-y-Felin Rd. NP4: New I....6F **7**
Pontygwindy Ind. Est.
CF83: Caer 3C **28**
Pontygwindy Rd.
CF83: Caer 3C **28**
Pontymason Cl.
NP10: Roger 2A **34**
Pontymason Ct.
NP10: Roger 2A **34**
Pontymason La.
NP10: Roger 1H **33**
Pontymason La. NP11: Ris 6H **17**

Pontymason La.
NP11: Roger 6H **17**
Pontymason Ri.
NP10: Roger 2A **34**
PONTYMISTER 6D **16**
Pontymister Ind. Est.
NP11: Ris 1E **33**
PONTYMOEL.........................4D **6**
Pontypandy Ind. Est.
CF83: Caer 3C **28**
Pontypandy La. CF83: Caer.... 4C **28**
Ponty Pandy Vw.
CF83: Caer 4C **28**
PONTYPOOL.........................2C **6**
Pontypool Active
Living Cen. 3D **6**
Pontypool & New Inn
Station (Rail) 4G **7**
Pontypool Government
Offices 2C **6**
Pontypool Mus. 2C **6**
Pontypool Pk. 3D **6**
Pontypool RFC.....................3D **6**
Pontypool Rd. NP4: New I......4F **7**
Pontypool Ski &
Leisure Cen. 2D **6**
Pontypool Western By-Pass
NP4: P'pool...........................1B **6**
PONTYPRIDD 1C **24**
Pontypridd Bus Station 5C **14**
PONTYPRIDD COTTAGE
HOSPITAL (Y BWTHYN) 6E **15**
Pontypridd Golf Course 5F **15**
Pontypridd Mus. 6C **14**
Pontypridd RFC 6B **14**
Pontypridd Rd.
CF62: Barry 2D **116**
Pontypridd Station (Rail) ... 1C **24**
Pontypridd St. CF63: Barry... 1B **118**
Pontypridd Tourist
Info. Cen. 5C **14**
PONTYPWL...........................2C **6**
PONTYWAUN.........................1A **16**
Pool Cres. NP19: Newp.......... 1C **56**
Pool La. NP19: Newp 2E **37**
.............................(not continuous)
Poplar Av. NP4: New I 4G **7**
Poplar Cl. CF5: F'wtr 6G **83**
Poplar Cl. NP26: Rog 6A **60**
Poplar Ct. CF62: Barry 6A **106**
Poplar Ct. NP18: Caerl...........4F **21**
Poplar Ho. CF14: Whit............1A **84**
Poplar Pl. NP44: L'tnam.........5A **12**
Poplar Rd. CF37: R'fln 4G **25**
Poplar Rd. CF5: F'wtr 6G **83**
Poplar Rd. CF83: Caer 1E **47**
Poplar Rd. NP19: Newp 4H **37**
Poplar Rd. NP44: Croes 6G **9**
Poplars, The CF72: L'harry 5B **78**
Poplars, The NP11: Ris 4B **16**
Poplars, The NP16: Chep......... 1E **63**
Poplar Ter. NP4: P'nydd 1A **6**
.......................(off Pentrepiod Rd.)
Poppy Field Av.
NP44: Cwm'bn 4A **12**
Poppyfield Cl. CF3: St Mel.......1C **88**
Poppy Pl. NP10: Roger............2H **33**
Porcher Av. CF37: Glync 2C **14**
Porlock Dr. CF64: Sul 2H **119**
Porlock Rd. CF3: L'rmy............6B **74**
Porset Cl. CF83: Caer 6E **29**
Porset Dr. CF83: Caer 6D **28**
Porset Pk. CF83: Caer 5E **29**
Porset Row CF83: Caer 4F **29**
Portfield Cres. CF14: L'shn......6H **71**
Porthamal Gdns.
CF14: R'ina...........................1E **85**

Porthamal Rd. CF14: R'ina 1E **85**
Porthcawl Cl. CF5: Ely..... 5G **93**
PORTHCERI 5A **116**
PORTHKERRY 5A **116**
Porthkerry Cvn. Pk.
  CF62: P'ker..... 6H **115**
Porthkerry Country Pk..... 4B **116**
Porthkerry Pl. CF14: Card 5F **85**
Porthkerry Rd. CF62: Barry ..4F **117**
Porthkerry Rd. CF62: Rho 4G **115**
Porthmawr Rd.
  NP44: Cwm'bn 1G **11**
Porth-y-Castell
  CF62: Barry 4C **116**
Porth-y-Green Cl.
  CF71: L'thian 4C **90**
PORTH YSGEWIN 5G **61**
Portland Cl. CF64: P'rth 3F **109**
Portland Dr. CF62: Barry 4F **117**
Portland Pl. CF14: L'vne 3B **72**
Portland St. NP20: Newp 1D **54**
Portland Way NP20: Newp 1D **54**
Port Madoc Rd. CF3: Rum..... 2C **88**
Portmanmoor Rd.
  CF24: Card 4E **97**
  ..... (not continuous)
Portmanmoor Rd. Ind. Est.
  CF24: Card 5E **97**
Portmanmoor Rd. La.
  CF24: Card 4E **97**
Port M. CF62: Barry 3H **105**
Porto Ho. CF10: Card 1B **102**
  ..... (off Penstone Ct.)
Portreeve Cl. CF72: L'sant 3F **65**
Port Rd. CF62: Barry
  Oakfield Rd...... 6F **105**
Port Rd. CF62: Barry
  Port M...... 4H **105**
Port Rd. CF62: Barry
  Port Rd. E...... 5F **105**
Port Rd. CF5: Cul C 1D **98**
Port Rd. CF5: Wen 1D **98**
Port Rd. CF62: Barry 4G **115**
Port Rd. CF62: Rho 4G **115**
Port Rd. CF63: Barry 3A **106**
Port Rd. NP20: Newp 2B **54**
Port Rd. E. CF62: Barry 5F **105**
Port Rd. W. CF62: Barry 1D **116**
PORTSKEWETT 5G **61**
Portskewett St. NP19: Newp...6F **37**
Port Wall 2E **63**
Portwall Rd. NP16: Chep 2E **63**
Postern NP44: F'wtr..... 4E **11**
  ..... (off Fairwater Way)
Post Office Row
  CF15: Gwae G...... 6D **44**
Post Office Row NP26: Sud...6H **61**
Post Office Ter. NP18: P'hir ...1F **21**
Potters Cft. NP16: Beach..... 6H **63**
Potter St. CF3: Old M 3A **74**
Potter St. NP20: Newp 1D **54**
Pottery Rd. NP20: Newp 1D **54**
Pottery Ter. NP20: Newp..... 1C **54**
Pound Fld. CF61: Llan M 3B **110**
Pound Hill NP10: Bass..... 4A **52**
Pound Hill NP10: Coedk..... 4A **52**
Pound La. CF5: Wen 5D **98**
Pound La. NP26: Caerw 1A **60**
Pound Plaza CF61: Llan M... 3C **110**
Powderham Dr. CF11: Card.....5F **95**
Powell Duffryn Way
  CF62: Barry 4F **117**
  ..... (not continuous)
Powell's Pl. NP20: Newp 5D **36**
Powerleague Cardiff 2D **84**
Power St. NP20: Newp 3B **36**
Powis Cl. NP10: Duff 6F **53**

Powis Vw. CF63: Barry 6C **106**
Powys Cl. CF64: Din P 1A **108**
Powys Dr. CF64: Din P 1H **107**
Powys Gdns. CF64: Din P 1A **108**
Powys Pl. CF37: R'fln 3F **25**
Powys Pl. CF64: Din P 1A **108**
Powys Rd. CF37: T'rest 2B **44**
Powys Rd. CF64: P'rth..... 3D **108**
Precinct, The CF38: Chu V..... 2G **43**
Precinct, The
  CF61: Llan M 3B **110**
Premier Cinema
  Cardiff 3E **5** (3B **96**)
Prendergast Pl. CF5: Ely..... 6H **93**
Prennau Ho. CF23: Pontp 3G **73**
Prescoch La. NP4: P'pool 1G **6**
Preseli Cl. NP11: Ris..... 5G **17**
Prestatyn Rd. CF3: Rum..... 2B **88**
Presteigne Av. CF38: Tont..... 1F **43**
Presteigne Wlk.
  NP44: Cwm'bn 3E **11**
Preston Av. NP20: Newp..... 5H **35**
Preston Cl. CF72: L'sant 1F **65**
Preston Cl. NP16: Bul 6F **63**
Preswylfa St. CF5: Card 2D **94**
Price Av. CF63: Barry 6B **106**
Price Cl. NP20: Newp..... 1C **54**
Priestley Cl. NP20: Newp..... 2H **53**
Priest Rd. CF24: Card 2D **96**
Primrose Cl. CF3: Rum 5H **87**
Primrose Cl. CF71: Cowb..... 4B **91**
Primrose Ct. NP44: Ty Ca..... 4B **10**
Primrose Hill CF71: Cowb 4E **91**
Primrose Way NP10: Roger 2H **33**
Prince Leopold St.
  CF24: Card 3H **5** (3D **96**)
Prince of Wales Dr.
  CF5: St F 2C **82**
Princes Av. CF24: Card..... 2D **96**
Princes Av. CF83: Caer..... 2D **46**
Princes Ct.
  CF24: Card 2F **5** (3B **96**)
Princes M. NP19: Newp..... 3D **36**
  ..... (off Prince St.)
Princes Ri. CF83: Caer..... 2D **46**
Princess St. CF37: T'rest..... 2D **24**
Princes St. CF24: Card..... 2D **96**
Princes St. CF62: Barry 3F **117**
Prince St. NP19: Newp 3D **36**
Prince St. NP4: P'pool..... 2B **6**
Prince's Wlk. NP4: New I..... 5H **7**
Principality Stadium... 5B **4** (4H **95**)
Priority Bus. Cen.
  CF10: Card 6A **96**
  ..... (not continuous)
Priority Bus. Pk.
  CF63: Barry 6E **107**
Priory, The NP16: Chep..... 2F **63**
Priory Cl. CF37: P'prdd..... 4B **14**
Priory Cl. NP16: Chep..... 1D **62**
Priory Cl. NP18: Caerl..... 4E **21**
Priory Cl. NP26: Cald..... 4C **60**
Priory Ct. CF26: Magor..... 5D **58**
Priory Cres. CF5: F'wtr..... 1G **93**
Priory Dr. NP18: Langs 1E **39**
Priory Gdns. CF63: Barry..... 5B **106**
Priory Gdns. NP18: Langs.....6F **23**
Priory Gdns. NP26: Magor..... 5C **58**
Priory Gro. NP18: Langs 1F **39**
PRIORY HOSPITAL, THE..... 1F **43**
Priory St. NP11: Ris..... 6E **17**
Priory Vw. NP18: Langs..... 1F **39**
Priory Way NP18: Langs.....6F **23**
Pritchard Pl. CF5: L'dff..... 5A **84**
Pritchard Ct. CF24: Card 1C **96**
Pritchard Cl. CF5: L'dff..... 1C **94**
Probert Pl. NP19: Newp..... 4E **37**

Proctor Cl. CF62: Barry..... 2E **117**
Promenade CF62: Barry
  Lakeside 6E **117**
Promenade CF62: Barry
  Paget Rd...... 6G **117**
Prospect Cres. NP26: Cald 5D **60**
Prospect Dr. CF5: L'dff 1B **94**
Prospect Pl. NP4: New I 6G **7**
Prospect Pl. NP44: Cwm'bn ...3F **11**
Prospect St. NP20: Newp 2B **36**
Prosser La. NP20: Newp..... 5H **35**
Providence Pl. CF14: Whit..... 6B **70**
Prysg Field Roman
  Barracks 5H **21**
Puddlers Row NP10: Roger ... 5B **34**
Pugsley St. NP20: Newp..... 3C **36**
Pum Erw Rd. CF14: Heath 2F **85**
Pump St. NP20: Newp 4B **36**
Purbeck St. CF5: Card 3E **95**
Purcell Rd. CF3: L'rmy..... 6B **74**
Purcell Rd. CF64: P'rth 4D **108**
Purcell Sq. NP19: Newp 4A **38**
Purdey Cl. CF62: Barry 6E **105**
PureGym Cardiff
  Central 6C **4** (4A **96**)
  ..... (within Stadium Plaza)
PureGym Cardiff Gate 3H **73**
Putting Green &
  Tennis Court 6D **8**
Pwhelli Ct. CF3: Rum..... 3A **88**
Pwll Coch St. CF11: Card 4D **94**
PWLL-GWAUN 6B **14**
Pwll-Gwaun Rd.
  CF37: P'prdd 6B **14**
Pwllhelyg CF15: Tong..... 5H **69**
Pwll Mawr Av. CF3: Rum..... 4A **88**
Pwll-Mawr Ct. CF3: Rum..... 5A **88**
Pwllmelin La. CF5: L'dff..... 1B **94**
Pwllmelin Rd. CF5: F'wtr..... 6H **83**
Pwllmelin Rd. CF5: L'dff..... 6H **83**
PWLLMEURIG 5B **62**
PWLLMEYRIC 5B **62**
Pwllmeyric Cl.
  NP16: Pwllm..... 5B **62**
Pwll-Pen Cl. NP18: L'wrn 5D **38**
PWLLYPANT 3C **28**
Pye Cnr. NP10: Roger..... 6E **35**
Pye Corner Station (Rail) 6D **34**
Pyke St. CF63: Barry..... 1A **108**
Pyle Rd. CF5: Ely 5G **93**
Pyra Ct. CF62: Barry 4E **117**
  ..... (off St Nicholas Cl.)
Pytchley Cl. CF72: Cross I 3G **65**

Q

QED Cen., The CF37: T'rest..... 2B **44**
Quail Cl. CF24: Card 1H **5** (2C **96**)
Quantock Cl. NP11: Ris..... 6G **17**
Quantock Dr. NP19: Newp..... 3A **38**
Quarella St. CF63: Barry..... 1B **118**
Quarry Cl. CF5: F'wtr..... 1G **93**
Quarry Cres. CF5: F'wtr..... 2G **93**
Quarry Dale CF3: Rum..... 5H **87**
Quarry Hill Cl. CF37: P'prdd ...6A **14**
Quarry La. CF15: N'grw 4E **45**
Quarry Ri. NP20: Undy..... 3D **58**
Quarry Rd. CF37: P'prdd..... 6A **14**
Quarry St. CF15: N'grw..... 3D **44**
Quayside CF10: Card 1G **5**
  ..... (off Bute Cres.)
Quay St. CF10: Card 4C **4** (4A **96**)
Quebec Cl. NP20: Newp.....6F **35**
Queen Alexandra Dock 3D **102**
Queen Alexandra Ho.
  CF11: Card 4H **101**

Queen Anne Sq. CF10: Card... 2H **95**
Queen Charlotte Dr.
  CF15: Cre 1F **81**
Queens Arc.
  CF10: Card 4D **4** (4A **96**)
Queensberry Rd.
  CF23: Pen L 4D **86**
Queen's Cl. NP20: Newp..... 3B **36**
Queen's Cft. NP20: Newp 3B **36**
Queens Dr. CF38: Llan F 5D **42**
Queens Dr. CF5: Cul C 1E **99**
Queens Gdns. NP26: Magor... 4C **58**
Queen's Hill NP20: Newp 3B **36**
Queen's Hill Cres.
  NP20: Newp 3B **36**
Queens Rd. CF64: P'rth 6A **102**
Queens Rd. NP16: Bul 4E **63**
Queens Rd. Sth.
  CF10: Card 4D **102**
Queen St. CF10: Card ...3D **4** (3A **96**)
Queen St. CF15: Tong..... 4G **69**
Queen St. CF37: T'rest..... 2E **25**
Queen St. CF62: Barry 3F **117**
Queen St. NP20: Newp 6C **36**
Queen St. NP4: Grif..... 6E **7**
Queen St. NP4: P'pool..... 2B **6**
Queen's Way NP19: L'wrn 2B **56**
Queen's Way NP19: Newp 2B **56**
Queens Way CF63: Barry 4A **118**
Queensway CF15: N'grw 4E **45**
Queensway NP20: Newp 4B **36**
Queensway Mdws.
  NP19: Newp 1A **56**
Queensway Mdws. Ind. Est.
  NP19: Newp 2A **56**
Queenwood CF23: Pen L 4E **87**
Queenwood Cl. CF23: Pen L... 4C **86**
Quentin St. CF14: Card..... 5G **85**
Quilter Cl. NP19: Newp..... 5B **38**

R

Rachel Cl. CF5: L'dff..... 4H **83**
Rachel Sq. NP10: Duff..... 5G **53**
Radnor Ct. CF5: Card..... 3E **95**
Radnor Dr. CF38: Tont 1F **43**
Radnor Grn. CF62: Barry 6H **105**
Radnor Ho. CF64: P'rth..... 3D **108**
Radnor Rd. CF5: Card 3E **95**
Radnor Rd. CF61: Bov 3E **111**
Radnor Rd. NP19: Newp..... 3E **37**
Radnor Way NP44: Cwm'bn ...3G **11**
RADUR 2G **83**
RADYR 2G **83**
RADYR COURT 4A **84**
Radyr Ct. Cl. CF5: L'dff..... 5B **84**
Radyr Ct. Ri. CF5: L'dff 5B **84**
Radyr Ct. Rd. CF5: L'dff..... 4H **83**
  ..... (not continuous)
Radyr Ct. Shop. Pct...... 4H **83**
Radyr Farm Rd. CF15: Rad..... 3G **83**
Radyr Golf Course 2F **83**
Radyr Pl. CF14: Llan N..... 5F **85**
Radyr Rd. CF14: Llan N 4B **84**
Radyr Station (Rail) 2G **83**
Radyr Wood Nature
  Reserve 2G **83**
RAF St Athan Golf Course ... 3D **112**
Raglan Cl. CF3: St Mel..... 6E **75**
Raglan Cl. CF64: Din P 2A **108**
Raglan Ct. CF83: Caer 5H **27**
Raglan Ct. NP20: Newp 6C **36**
Raglan Ct. NP44: Croes.....5F **9**
Raglan Ho. CF61: Llan M... 4C **110**
Raglan Ho.
  CF10: Card 4B **4** (4H **95**)
Raglan M. NP10: Duff..... 6G **53**

Raglan St. NP11: Ris 4C **16**
Raglan Way NP16: Bul............5F **63**
Ragnall Cl. CF14: Thorn.........2G **71**
Railway Cres. CF24: Card........3D **96**
Railway Rd. CF62: Rho.........5F **115**
Railway St. CF14: Card..........6G **85**
Railway St. CF24: Card..........3D **96**
Railway St. NP11: Ris.............4D **16**
.............................(not continuous)
Railway St. NP20: Newp...........4B **36**
Railway Ter. CF11: Card 4F **95**
Railway Ter. CF15: Tong..........4G **69**
Railway Ter. CF38: Llan F 4D **42**
Railway Ter. CF64: Din P 1A **108**
Railway Ter. CF64: P'rth 1E **109**
Railway Ter. CF72: P'clun.......6D **64**
Railway Ter. CF83: Caer 1D **46**
Railway Vw. NP4: Seba 3E **9**
Railway Vw. NP26: Cald 6E **61**
Rainbow Casino
  Cardiff 5E **5** (4B **96**)
  ....(off Mary Ann St.)
Raisdale Gdns. CF64: P'rth......3F **109**
Raisdale Rd. CF64: P'rth 3E **109**
Raldan Cl. CF63: Barry 5B **106**
Raleigh Wlk.
  CF10: Card 6F **5** (5B **96**)
  ....(off Brigantine Pl.)
Ralph St. CF37: P'prdd 5D **14**
Rambler Cl. CF14: Thorn 2H **71**
Ramp, The NP26: Malp 5E **59**
Ramsey Cl. NP19: Newp..........2F **37**
Ramsey Rd. CF62: Barry.........5H **105**
Ramsey Wlk. NP19: Newp.........2F **37**
Ramsey Wlk. NP44: Pnwd.........6C **8**
Ramsons Way CF5: Ely...........4E **93**
Rankine Cl. NP20: Malp..........5H **19**
Rannoch Dr. CF23: Cyn...........2C **86**
Raphael Cl. NP19: Newp.........2G **37**
Ravensbrook CF15: Morg......... 5E **69**
Ravenscourt CF24: Card......... 1B **96**
Ravenscourt NP44: G'mdw.....2D **10**
Ravenscourt Cl.
  CF23: Pen L.....................5D **86**
Ravenshoe Rd.
  CF63: Barry 6D **106**
Ravenswood CF11: Card 5H **101**
Ravenswood Ct. NP11: Ris......4C **16**
Raven Way CF64: P'rth.......... 6E **109**
Rawden M.
  CF11: Card 4A **4** (4G **95**)
Rawden Pl.
  CF11: Card 4A **4** (4G **95**)
Raymond Ter. CF37: T'rest 3E **25**
Readers La. CF62: Rho........... 5E **115**
Readers Way CF62: Rho.........5D **114**
Reardon Smith Ct.
  CF5: F'wtr........................1H **93**
Rectory Cl. CF15: Rad 2G **83**
Rectory Cl. CF5: Wen.............5E **99**
Rectory Cl. CF83: Caer 2C **46**
Rectory Ct. CF11: L'maes..... 1D **110**
Rectory Ct. CF64: P'rth..........1F **109**
Rectory Dr. CF62: St Ath........4D **112**
Rectory Gdns. CF83: Mac.......2G **31**
Rectory Gdns. NP26: Undy.....4F **59**
Rectory Rd. CF5: Card 3E **95**
Rectory Rd. CF62: St Ath........4D **112**
Rectory Rd. CF63: Barry 1B **118**
Rectory Rd. CF64: P'rth..........1F **109**
Rectory Rd. CF83: Bed'ws......2G **29**
Rectory Rd. CF83: Caer 1C **46**
Rectory Rd. La. CF64: P'rth....1F **109**
Redberth Cl. CF62: Barry......6H **105**
Redbrick Gdns.
  NP19: Newp 3D **36**
Redbrink Ct. CF5: Ely 3G **93**

Redbrink Cres.
  CF62: Barry 5H **117**
Redbrook Av. CF83: Tret 3A **30**
Redbrook La. CF83: Mac........3B **30**
Redbrook Rd. NP20: Newp..... 4G **35**
Redbrook Way
  NP44: Cwm'bn 2H **11**
Redcliffe Av. CF5: Card...........3C **94**
Reddings, The NP16: Bul......5F **63**
Red Dragon Cen., The
  CF10: Card 1C **102**
Rede Rd. NP44: F'wtr 4D **10**
Redgate Ter. CF72: Gro–f.......6C **66**
Redhouse Cl. CF5: Ely...........3G **93**
Red Ho. Cres. CF5: Ely..........4G **93**
Redhouse Pl. CF5: Ely...........3H **93**
Red Ho. Rd. CF5: Ely.............3G **93**
Redlands, The NP19: Newp..... 5A **38**
Redlands Av. CF64: P'rth........1C **108**
Redlands Ho. CF64: P'rth.......1C **108**
Redlands Rd. CF64: P'rth 6F **101**
Redland St. NP20: Newp 2B **36**
Redlaver St. CF11: Card 6H **95**
Redmeadow Cres.
  NP26: Cald 6E **61**
Redshank Wlk. NP19: Newp....1F **55**
Redstone St. NP19: Newp 2F **37**
Redwell Ct. CF23: Pen L.........5C **86**
Redwick Ct. NP44: Cwm'bn 3H **11**
Redwick Rd. NP26: Magor 5C **58**
Redwood Cl. CF3: St Mel........6C **74**
Redwood Cl. CF61: Bov 4E **111**
Redwood Cl. NP16: Bul 5C **63**
Redwood Ct. CF14: L'shn.......5H **71**
Redwood Dr. CF38: Llan F...... 5C **42**
Reene Ct. NP19: Newp............6G **37**
Rees Cl. NP20: Malp 4A **20**
Rees Ct. CF61: Bov 3D **110**
Rees Dr. CF3: Old M..............3A **74**
Rees Ter. CF37: T'rest............. 3E **25**
  ....(off Park St.)
Reevesland Ind. Est.
  NP19: Newp 3G **55**
Regency Cl. CF61: Llan M 2C **110**
Regent Av. CF5: Cul C............ 1E **99**
Regent Ct. CF37: P'prdd 6A **14**
Regent Gdns. CF14: Whit 1C **84**
Regents Trade Pk.
  CF24: Card 5D **96**
Regent St. CF62: Barry 2H **117**
  ....(not continuous)
Regent St. CF63: Barry 2H **117**
Regent Way NP16: Chep........2E **63**
Reginald Ter. NP10: Roger..... 5D **34**
Regina Ter. CF5: Card............2D **94**
Regus Ho. CF23: Pontp.........3G **73**
Relf Rd. CF3: Rum 3A **88**
Rembrandt Way
  NP19: Newp 1F **37**
Rennie St. CF11: Card 4G **95**
Renoir Rd. NP19: Newp.........2G **37**
Reservoir Cl. NP10: Roger..... 5D **34**
Restway Ct. CF5: L'dff............ 4A **84**
Restways Cl. CF61: Llan M.... 5H **83**
Restway Wall NP16: Chep......2E **63**
Retford Ct. CF14: Whit...........3E **85**
Retreat, The CF23: Pen L........5B **86**
Retreat, The CF5: L'dff 6A **84**
Retreat, The NP26: Cald 6C **60**
Reynolds Cl. NP19: Newp.......2F **37**
Y RHATH 1C **96**
Rheidol Cl. CF14: L'shn 5A **72**
Rheidol Dr. CF62: Barry 1D **116**

Rhigos Gdns. CF24: Card 6H **85**
RHISGA 4D **16**
RHIWBEINA...............................6E **71**
RHIWBINA................................6E **71**
Rhiwbina Garden Village
  CF14: R'ina......................6D **70**
Rhiwbina Hill CF14: R'ina...... 3B **70**
Rhiwbina Hill CF14: Tong....... 3B **70**
Rhiwbina Hill CF83: Caer...... 6A **46**
Rhiwbina Station (Rail) 1D **84**
RHIWDERIN............................6A **34**
RHIWDERYN...........................6A **34**
Rhiwderyn Cl. CF5: Ely..........6D **92**
Rhiw Fach CF83: Caer............ 4A **28**
Rhiw Felin CF37: R'fln 3G **25**
Rhiwlas CF14: Thorn 3A **71**
Rhiw Melin NP44: Up Cwm 5B **8**
Rhiw'r Coetir CF83: Caer........3D **28**
Rhiwr Ddar CF15: Taff W....... 6E **45**
Rhiwr Ddar Ho.
  CF15: Taff W 1E **69**
RHIWSAESON 3C **65**
Rhiwsaeson Rd.
  CF72: R'son 3H **65**
Rhodafa'r Mor
  CF62: Rho........................6G **115**
Rhoddfa'r Gwagenni
  CF63: Barry 3H **117**
Y Rhodfa CF63: Barry 3H **117**
Rhodfa Bryn Rhydd
  CF72: Tallb G....................3C **64**
Rhodfa Carpinus
  CF72: Tallb G....................3C **64**
Rhodfa Excalibur
  NP20: Newp 1A **54**
  ....(shown as Excalibur Drive)
Rhodfa Felin CF62: Barry...... 3E **117**
Rhodfa Groes-wen
  CF5: L'dff.........................4G **83**
Rhodfa Ieuan CF5: Cap L.......2F **81**
Rhodfa Ieuan CF5: Cre 2F **81**
Rhodfa Ingot NP10: Roger..... 5B **34**
  ....(shown as Ingot Drive)
Rhodfa Inkerman
  NP10: Duff.......................5F **53**
  ....(shown as Inkerman Drive)
Rhodfa Lewis CF3: Old M....... 4A **74**
Rhodfa Loftus NP19: Newp 5F **37**
  ....(shown as Loftus Avenue)
Rhodfa Marics CF72: Y'erdy... 1D **64**
Rhodfa Monmouth Castle
  NP20: Newp 1A **54**
  ..(shown as Monmouth Castle Drive)
Rhodfar Capel NP4: P'garn..... 2C **6**
  ....(shown as Chapel Walk)
Rhodfar Cei CF62: Barry 5G **117**
Rhodfar Morwydd
  CF64: P'rth 2B **108**
Rhodfar Orsaf CF38: Chu V 3F **43**
Rhodfa Salisbury
  NP26: Magor 5B **58**
  ....(shown as Salisbury Walk)
Rhodfa Sweldon
  CF62: Barry 3G **117**
Rhododendron Cl.
  CF23: Pent.......................6D **72**
Rhodri Morgan Way
  CF11: Card 3C **94**
Rhodri Pl. NP44: L'rfn.............3B **12**
Rhondda Rd. CF37: P'prdd 6B **14**
Rhondfa Crughywel
  CF3: Rum 1C **88**
RHOOSE 5F **115**
Rhoose Cardiff Airport
  Station (Rail) 6E **115**
Rhoose Park & Ride............6E **115**
Rhoose Rd. CF62: Rho...........5F **115**

Rhoose Way CF62: Rho..........6F **115**
Rhos, The CF83: Caer 5E **29**
Rhos Ddu CF64: P'rth 3C **108**
Rhos Helyg CF83: Caer.........5F **29**
Rhos Llan CF14: R'ina........... 6E **71**
Rhos Llantwit CF83: Caer...... 5E **29**
Rhossilli Av. CF3: Rum 3A **88**
Rhossilli Rd. CF3: Rum 3A **88**
Rhos St. CF83: Caer............... 4C **28**
Rhosyn Cl. NP19: Newp.........4D **36**
Rhuddlan Cl. NP10: R'drn......6A **34**
Rhuddlan Cl. CF83: Caer....... 4G **27**
Rhuddlan Way
  CF64: Din P 1A **108**
Y RHWS.............................5F **115**
Rhydes Ct. CF14: L'shn 5H **71**
Rhydhelig Av. CF14: Heath.....3F **85**
Rhydlafar Dr. CF5: St F...........3C **82**
RHYDRI 1C **46**
RHYDYFELIN 4G **25**
Rhyd-y-Gwern Cl.
  CF83: Caer 4F **29**
Rhyd y Gwern Isaf
  CF83: Mac........................2G **31**
Rhyd y Gwern La.
  NP10: Drae 5A **32**
Rhyd y Gwern La.
  CF83: Mac........................3F **31**
Rhyd y Nant CF72: P'clun......6D **64**
RHYDYPENAU 6H **71**
Rhyd-y-Penau Cl.
  CF14: L'shn 1A **86**
Rhyd-y-Penau Rd.
  CF14: L'shn 1A **86**
Rhyd-yr-Helyg
  CF15: N'grw 3D **44**
Rhygoes St. CF24: Card.........6H **85**
Rhyl Rd. CF3: Rum................. 3A **88**
Rhymney Ct. NP44: Thorn 1C **10**
Rhymney Ho. CF23: Pontp......3G **73**
Rhymney River Bri. Rd.
  CF23: Pen L.......................6F **87**
Rhymney River Motorboat, Sailing
  & Fishing Club....................1H **87**
Rhymney St. CF24: Card 1B **96**
Rhymney Ter. CF24: Card 1A **96**
Rhymney Ter. CF83: Caer 1C **46**
Rhymney Way NP10: Bass 6C **34**
RHYMNI 4A **88**
Rialto St. CF14: Whit 2D **84**
Ribble Sq. NP20: Bet 5G **19**
Ribble Wlk. NP20: Bet............5G **19**
Richard Lewis Cl. CF5: L'dff.... 5A **84**
Richards Pl. CF24: Card 2D **96**
Richards St. CF24: Card 1A **96**
Richards Ter. CF24: Card........2D **96**
Richard St. CF37: Cilf'dd 2F **15**
Richard St. CF62: Barry 2H **117**
Richmond Apts. CF24: Card....2B **96**
  ....(off Richmond Rd.)
Richmond Cl. CF83: L'brad..... 1B **30**
Richmond Cl. NP44: Pnwd...... 6E **9**
Richmond Ct.
  CF24: Card 1F **5** (2B **96**)
Richmond Cres.
  CF24: Card 1F **5** (2B **96**)
Richmond Pl. NP44: Pnwd...... 6E **9**
Richmond Rd. CF24: Card 1B **96**
Richmond Rd. NP19: Newp 2E **37**
Richmond Rd. NP4: Seba 3E **9**
Richmond Rd. NP44: Pnwd 5E **9**
Richmond Sq. CF24: Card 2B **96**
Richmond St. NP44: Pnwd 6E **9**
Rich's Rd. CF14: Heath...........3F **85**

Rickards St. CF5: P'prdd 1C 24
Rickards Ter. CF37: P'prdd...... 1C 24
Ridgeway CF14: L'vne............. 2A 72
Ridgeway CF83: Mac............. 3B 30
Ridgeway NP20: Newp.........5F 35
RIDGEWAY 4H 35
Ridgeway Av. NP20: Newp ... 4G 35
Ridgeway Cl. CF37: P'prdd.....5B 14
Ridgeway Cl. NP20: Newp ... 4H 35
Ridgeway Ct. NP20: Newp ... 4G 35
Ridgeway Cres.
  NP20: Newp 5G 35
Ridgeway Dr. NP20: Newp 5G 35
Ridgeway Gdns.
  NP20: Newp 4H 35
Ridgeway Golf Course 5D 46
Ridgeway Gro. NP20: Newp ...5G 35
Ridgeway Hill NP20: Newp.... 4H 35
Ridgeway Pk. Rd.
  NP20: Newp 4G 35
Ridgeway Pl. CF38: Tont 2G 43
Ridgeway Pl. NP20: Newp..... 4G 35
Ridgeway Reach
  NP20: Newp 4H 35
Ridgeway Ri. NP20: Newp..... 4H 35
Ridgeway Rd. CF3: L'rmy 3G 87
Ridgeway Rd. CF3: Rum.........3G 87
Ridgeway Rd. CF62: Barry.....5F 105
Ridgeway Vw. NP20: Newp.... 4H 35
Ridgeway Vs. NP20: Newp..... 4H 35
Ridgeway Wlk. NP20: Newp ... 4H 35
Ridings, The CF38: Tont 2G 43
Rifleman St. NP11: Ris............5D 16
Riflemans Way NP16: Chep.... 2E 63
Rimini Ho. CF10: Card 6C 96
Rinastone Ct. CF5: L'dff 1B 94
RINGLAND 3D 38
Ringland Cen. 3D 38
Ringland Circ. NP19: Newp.... 4B 38
Ringland Way NP18: Newp.....5B 38
Ringside Bus. Cen.
  CF3: Rum 5B 88
Ringwood Av. NP19: Newp..... 3A 38
Ringwood Cres.
  CF62: St Ath 1D 112
Ringwood Hill NP19: Newp ... 4A 38
Ringwood Pl. NP19: Newp..... 4B 38
RISCA 4D 16
Risca & Pontymister
  Station (Rail) 6E 17
Risca Cvn. Pk. NP11: Ris........ 1E 33
Risca Cl. CF3: St Mel 6D 74
RISCA DAY HOSPITAL 4C 16
Risca Leisure Cen. 6A 18
Risca Rd. NP10: Roger 1H 33
Risca Rd. NP11: Cross K........2A 16
Risca Rd. NP20: Newp...........5F 35
Rise, The CF14: L'shn.............4A 72
Rise, The CF37: Up Bo 6A 26
Rise, The CF38: Tont..............1F 43
Rise, The CF62: Barry 1H 117
Rise, The NP44: Pnwd 6C 8
Rivendell Ct. NP19: Newp......6F 37
River Bri. Bus. Cen.
  CF23: Pen L.........................1C 96
Riverdale CF5: Ely 3H 93
Riverfront, The 4C 36
River Glade CF15: Gwae G 2D 68
River Glade CF15: Taff W 2D 68
Rivermead Way
  NP10: Roger 5B 34
River Reach NP10: Roger 5B 34
Riversdale CF5: L'dff 5B 84
River's Edge CF72: P'clun 6C 64
RIVERSIDE 4G 95
Riverside NP16: Chep.............1F 63
  ....(off The Back)

Riverside NP19: Newp.............3C 36
Riverside NP4: P'pool 1B 6
Riverside Ct. CF72: Tallb G.....3C 64
Riverside Ct. NP4: P'pool........2C 6
Riverside Ind. Pk.
  CF37: T'rest.........................2B 44
Riverside Pk. CF11: Card........3F 101
Riverside Pk. CF83: Bed'ws ... 2E 29
Riverside Pl. CF63: Barry......1D 118
Riverside St. CF15: Taff W 6D 44
Riverside Ter. CF5: Ely 3B 94
Riverside Ter. CF83: Mac........3F 31
Riversmead NP44: L'rfn 3A 12
River St. CF37: T'rest..............2E 25
River Vw. CF14: Llan N
  College Rd. 5C 84
River Vw. CF14: Llan N
  Lydstep Cres........................6D 84
River Vw. NP16: Chep
  School Hill 2E 63
River Vw. NP16: Chep
  The Back 1F 63
River Vw. CF64: P'rth..............5H 101
River Vw. Ct. CF5: L'dff 5B 84
Riverview Ct. CF5: Ely 3A 94
River Vw. Ho. NP10: Bass......6C 34
River Wlk. CF61: Llan M 3B 110
River Wlk. CF64: P'rth 5H 101
River Wlk. CF71: Cowb............4C 90
Road D NP10: Roger 4B 34
Roald Dahl Plass...................1C 102
Roam Rd. CF72: L'sant...........2F 65
ROATH......................................1C 96
Roath Ct. CF24: Card 1D 96
Roath Ct. NP44: L'rfn 2A 12
Roath Ct. Pl. CF24: Card 1D 96
Roath Ct. Rd. CF24: Card........1C 96
Roath Dock 1E 103
Roath Dock Rd.
  CF10: Card 1D 102
Roath Ho. CF11: Card 4H 101
ROATH PARK 4B 86
Robbins La. NP20: Newp.........5C 36
Robert Pl. NP20: Newp...........1C 54
Roberts Cl. CF62: St Ath........4D 112
Roberts Cl. NP10: Roger........2C 34
Robertson Way
  NP20: Malp...........................3A 20
Robert St. CF24: Card 6A 86
Robert St. CF5: Ely 3B 94
Robert St. CF63: Barry...........2B 118
Robin Cl. CF23: Pent..............6D 72
Robin Hill CF64: Din P 3H 107
Robins Cl. CF63: Barry 6B 106
Robins La. CF63: Barry 6B 106
Robinswood Cl.
  CF64: P'rth 3E 109
Robinswood Cres.
  CF64: P'rth 3E 109
Roche Cres. CF5: F'wtr..........6G 83
Rochester Rd. NP19: Newp 4F 37
Rock Cotts. CF37: P'prdd 5A 14
Rockfield Cres. NP26: Undy 4F 59
Rockfield Gro. NP26: Undy 3F 59
Rockfield Ho. NP4: P'pool......2B 6
Rockfield La. NP26: Undy........4F 59
Rockfield Ri. NP26: Undy........4F 59
Rockfield St. NP19: Newp 2D 36
Rockfield Vw. NP26: Undy.......4F 59
Rockfield Way NP26: Undy......3F 59
Rockhill Rd. NP4: P'pool........3D 6
Rockingstone Ter.
  CF37: P'prdd........................1E 25
Rock Rd. CF5: St Ath 5D 112
Rockrose Way CF64: P'rth.......6G 101
Rock Villa La. NP16: Tut..........1F 63
Rockwood Rd. CF15: Taff W ...1F 69

Rockwood Rd. NP16: Chep 3E 63
Roden Ct. CF24: Card ...1H 5 (2C 96)
  ....(off Southey St.)
Roding Cl. NP20: Bet..............6F 19
Rodney Parade 4D 36
Rodney Rd. NP19: Newp.........4C 36
Rogart Ter. CF37: P'prdd........3D 14
Rogers Av. CF3: Old M...........3A 74
Rogersmoor Cl.
  CF64: P'rth 3E 109
ROGERSTONE 4C 34
Rogerstone Cl. CF3: St Mel ...6D 74
Rogerstone Station (Rail) 2A 34
ROGIET 6A 60
Rogiet Rd. NP26: Cald 5A 60
Rolls Cl. NP44: F'wtr..............3C 10
Rolls St. CF11: Card...............4F 95
Rolls Wlk. NP10: Roger..........3C 34
Roma CF11: Card 4G 101
Roma Ho. CF10: Card 5B 96
Roman Amphitheatre
  Caerleon 6H 21
Roman Cl. CF5: Ely 6H 93
Roman Gates NP18: Caerl 5H 21
Roman Reach NP18: Caerl 5E 21
Roman Way NP18: Caerl.........4F 21
Romilly Av. CF62: Barry 4E 117
Romilly Bldgs.
  CF63: Barry 3B 118
Romilly Ct. CF62: Barry..........4F 117
Romilly Cres. CF11: Card 3F 95
Romilly Pk. Rd.
  CF62: Barry 5D 116
Romilly Pl. CF5: Card.............3E 95
Romilly Rd. CF5: Card............3E 95
Romilly Rd. CF62: Barry 4F 117
  ....(not continuous)
Romilly Rd. CF62: Rho...........6E 115
Romilly Rd. W. CF5: Card.......2D 94
Romney Cl. NP19: Newp.........2G 37
Romney Wlk. CF64: P'rth 6H 101
Rompney Ter. CF3: Rum..........5H 87
Romsley Ct. NP44: St Di 3E 11
Ronald Pl. CF5: Ely 3H 93
Ronald Rd. NP19: Newp 3E 37
Rook Cl. CF62: St Ath 4F 111
Rookery Cl. CF64: Sul.............2G 119
Rookery Wood CF64: Sul........2G 119
Rookwood Av. CF5: L'dff........6B 84
Rookwood Cl. CF5: L'dff.........6B 84
ROOKWOOD HOSPITAL 6B 84
Rookwood St. CF11: Card 6G 95
Roper Cl. CF5: L'dff 5H 83
Rosamund Cl. NP10: Duff......6H 53
Rosary, The NP16: Chep 1D 62
Rosary, The NP4: P'garn........1G 6
Roseberry Pl. CF64: P'rth.......2D 108
Roseberry St. NP4: Grif 6E 7
Rose Cotts. CF37: P'prdd.......6B 14
Rose Ct. NP44: Ty Ca..............3B 10
Rosecroft Dr. NP18: Langs 1G 39
Rosedale Cl. CF5: F'wtr.........1G 93
Rosegarden, The
  NP20: Newp 4H 35
Rose Gdns. NP44: Croes........1B 12
Rosemary La. NP4: P'pool......2C 6
Rosemary St.
  CF10: Card 5F 5 (4C 96)
Rosemead NP44: G'mdw 2B 10
Rosemont Av. NP11: Ris.........5E 17
Rosemount Pl. CF14: Heath....4F 85
Rosendale Ct. NP19: Newp.....4F 37
Rose St. CF24: Card................2C 96
Rose St. NP20: Newp..............3B 36
Rose Ter. NP4: P'nydd............1A 6
  ....(off Chapel Rd.)
Rose Wlk. NP10: Roger..........2H 33

Rosewood Cl. CF14: L'vne........ 2A 72
Ross Cl. CF37: Pen-co 3B 24
Rosser St. CF37: P'prdd......... 1B 24
Rosser St. NP4: P'pool............2B 6
Rosset Cl. CF3: St Mel 1C 88
Rossetti Cl. CF5: L'dff............4A 84
Ross La. NP20: Newp..............2B 36
Rosslyn Rd. NP19: Newp 4F 37
Ross St. NP20: Bryng.............1B 36
Rothesay Rd. NP19: Newp.......4F 37
Rougemont Gro. NP16: Bul 6F 63
Roundabout Cl.
  CF83: Bed'ws 3D 28
Roundel Cl. CF14: Thorn.........1H 71
Round Wood CF23: L'dyrn 2E 87
Round Wood Cl.
  CF23: Pen L.........................4E 87
Routs Vw. NP18: L'wrn............4F 39
Rover Way CF10: Card............1F 103
Rover Way CF24: Card............1F 97
Rover Way CF24: Pen L..........1F 97
Row, The NP10: Drae..............6A 32
Rowan Cl. CF37: Pen-co 3B 24
Rowan Cl. CF64: P'rth 4E 109
Rowan Cl. NP26: Undy............3E 59
Rowan Ct. CF5: L'dff 1C 94
Rowan Ct. CF62: Barry 4F 117
Rowan Ct. CF72: L'harry........5A 78
Rowan Cres. NP4: Grif............1D 8
Rowan Dr. NP16: Sul 5E 63
Rowan Gdns. CF38: Chu V......4E 43
Rowan Gro. CF62: Eg Bre.......2B 112
  ....(off Sycamore Av.)
Rowan Rd. NP11: Ris..............5F 17
Rowan Tree La. CF72: Mis 5F 65
Rowan Way CF14: L'vne..........2B 72
Rowan Way NP20: Malp 4B 20
Rowena Ct. CF5: F'wtr............1G 93
Rowland Dr. CF83: Caer 2A 46
Rowsby Ct. CF23: Pontp.........4F 73
Roxburgh Gdn. Ct.
  CF64: P'rth 2F 109
Roxby Ct. CF10: Card ...6F 5 (5B 96)
Royal Arc.
  CF10: Card 5D 4 (4A 96)
Royal Bldgs. CF64: P'rth........ 2E 109
Royal Cl. CF64: P'rth..............6A 102
ROYAL GLAMORGAN
  HOSPITAL 6D 40
ROYAL GWENT HOSPITAL 6B 36
Royal Mint Experience, The....5D 40
Royal Oak CF83: Mac 3H 31
Royal Oak CF83: Mac 2H 31
Royal Oak Dr. NP18: Newp.....2C 38
Royal Oak Grn. NP44: Croes...1B 12
Royal Oak Hill NP18: Chri......1C 38
Royal Oak Hill NP18: Newp....1C 38
Royal Stuart La.
  CF10: Card 2B 102
Royce Wlk. NP10: Roger........3C 34
Royde Cl. CF5: Ely 5C 92
Roy Jenkins Hall
  CF24: Card 6A 86
Royston Cres. NP19: Newp 5H 37
Rubens Cl. NP19: Newp..........2F 37
Ruby St. CF24: Card 3D 96
RUDRY 1C 48
Rudry Cl. CF83: Caer 4G 29
Rudry Rd. CF14: L'vne............2C 72
Rudry Rd. CF83: Caer 4F 29
Rudry Rd. CF83: Rud...............3E 49
Rudry St. CF11: Card..............6G 95
Rudry St. CF64: P'rth 1D 108
Rudry St. NP19: Newp.............3D 36
Ruffett's Cl. NP16: Chep.........2D 62
Rugby Rd. NP19: Newp 4D 36

Ruler Way CF37: T'rest............2E **25**
RUMNEY 4A **88**
Rumney Wlk. NP44: L'rfn 2B **12**
Run, The CF83: Mac 2F **31**
Runcorn Cl. CF3: Old M...........5B **74**
Runcorn Cl. CF63: Barry 6D **106**
Runway Rd. CF24: Card 2G **97**
Ruperra Castle 2H **49**
Ruperra Cl. CF3: Old M...........4B **74**
Ruperra Cl. NP10: Bass 6D **34**
Ruperra La. NP20: Newp 6C **36**
Ruperra St. CF72: L'sant 1F **65**
Ruperra St. NP20: Newp...........6C **36**
Rupert Brooke Dr.
NP20: Newp 1H **53**
Rushbrook NP44: G'mdw 2D **10**
Rushbrook Cl. CF14: Whit 3A **84**
Ruskin Av. NP10: Roger 2C **34**
Ruskin Cl. CF3: L'rmy 6H **73**
Ruskin Cl. NP44: F'wtr 3C **10**
Ruskin Ri. NP20: Newp 1G **53**
Russell Cl. NP10: Bass 6B **34**
Russell Cl. NP4: New I............5H **7**
Russell Ct. CF24: Card............2B **96**
.......................(off Russell St.)
Russell Dr. NP20: Malp............4A **20**
Russell Dr. Gdns.
NP20: Malp............................5A **20**
Russell St. CF24: Card............2B **96**
Russell St. NP44: Pnwd 6E **9**
Russet Cl. NP18: Langs 1G **39**
Ruthen Ter. CF62: Barry.........2F **117**
Ruthin Gdns.
CF24: Card 1D **4** (2A **96**)
Ruthin Way CF38: Tont...........1F **43**
Ruth Rd. NP4: New I.................4F **7**
Rutland Cl. CF62: Barry 5E **105**
Rutland Pl. NP20: Newp 6C **36**
Rutland St. CF11: Card 5G **95**
Ryder St. CF11: Card 3G **95**

S

Sable Cl. CF14: L'vne...............1A **72**
Sabre Cl. NP10: Duff...............5F **53**
Sachville Av. CF14: Card 5G **85**
Sachville Ct. CF14: Card..........4G **85**
Saffron Ct. NP44: Ty Ca............4B **10**
Saffron Dr. CF3: St Mel............5E **75**
SAIN ANDRAS 1C **106**
SAIN FFAGAN 2E **93**
SAIN HILARI 6H **91**
St Agatha Rd. CF14: Heath......3G **85**
St Agnes Ct. CF24: Card.........2E **97**
St Agnes Rd. CF14: Heath 3F **85**
St Aidan Cres. CF14: Heath......4F **85**
St Aidens Ri. CF63: Barry 1C **118**
St Alban's Av. CF14: Heath......3F **85**
St Ambrose Cl.
CF64: Din P 3G **107**
St Ambrose Rd.
CF14: Heath............................3G **85**
St Andrews Av. NP16: Bul 3E **63**
St Andrews Cl. CF38: Llan F....5D **42**
St Andrews Cl. NP44: Pon'run...4F **9**
St Andrews Ct.
CF37: P'prdd 1C **24**
St Andrew's Cres.
CF10: Card 2E **5** (3B **96**)
St Andrew's La.
CF10: Card 2E **5** (3B **96**)
ST ANDREWS MAJOR...........1C **106**
St Andrews Major
Golf Course 4D **106**
St Andrew's Pl.
CF10: Card 2D **4** (3A **96**)

St Andrews Pl.
NP19: Newp 1G **55**
St Andrew's Rd.
CF37: Pen-co...........................3B **24**
St Andrew's Rd. CF5: Wen 6E **99**
St Andrew's Rd.
CF62: Barry 1G **117**
St Andrews Rd.
CF64: Din P 2D **106**
St Andrews Rd.
CF64: St And 2D **106**
St Angela Rd. CF14: Heath 3G **85**
St Anne's Av. CF37: Heath......3D **108**
St Anne's Cl. NP10: Roger......5D **34**
St Anne's Cl. NP44: Cwm'bn 6E **9**
St Annes Ct. CF72: T'garn 2B **78**
St Anne's Cres.
NP19: Newp 2E **37**
St Annes Cres. NP26: Undy 4F **59**
St Annes Dr. CF38: Llan F.......5D **42**
St Annes Gdns.
CF83: A'tdwr 2E **27**
ST ANNE'S HOSPICE...............4B **20**
St Ann's Ct. CF62: Barry 5A **106**
St Ann St. NP16: Chep..............1F **63**
St Anthony Rd. CF14: Heath....3G **85**
St Anthony's Cl. NP4: Grif 1D **8**
St Arvans Cres. CF3: St Mel....6D **74**
St Arvans Rd.
NP44: Cwm'bn 2H **11**
St Asaph Cl. CF14: Heath 1G **85**
St Asaph's Way CF83: Caer.....2C **46**
SAIN TATHAN............................5D **112**
ST ATHAN 5D **112**
St Athan Aerospace Business Pk.
CF62: St Ath
Cowbridge Road 3C **112**
St Athan Aerospace Business Pk.
CF62: Pick Picketston 1H **111**
St Athan Airfield 3H **111**
St Athan Rd. CF62: F'ton 1A **112**
St Athan Rd. CF71: Cowb.......5D **90**
St Athan Rd. CF71: L'thian 5D **90**
St Athan's Ct. CF83: Caer.......1B **46**
St Augustine Rd.
CF14: Heath............................3G **85**
St Augustine Rd. NP4: Grif.......1D **8**
St Augustine's Cres.
CF14: P'rth 6B **102**
St Augustine's Path
CF14: P'rth 6B **102**
St Augustine's Pl.
CF14: P'rth 6B **102**
St Augustines Rd.
CF64: P'rth 6B **102**
St Baruch Rd. CF64: Din P.....3G **107**
St Baruchs Ct.
CF62: Barry 5H **117**
St Basil's Cres. NP10: Bass....6C **34**
St Benedict Cl. NP4: Grif 1D **8**
St Benedict Cl. NP10: Bass....1C **52**
St Benedict Cres.
CF14: Heath............................3G **85**
St Bleddians Cl.
CF71: Cowb..............................3B **90**
St Brannocks Cl.
CF62: Barry 2E **117**
St Briavels M. NP10: Duff.......6G **53**
..............................(off White Av.)
St Bride's Cl. NP26: Magor.....3C **58**
St Brides Cl. NP44: L'rfn.........3A **12**
St Brides Cl. CF5: Ely 5G **93**
St Brides Cres. NP20: Newp....3H **53**
St Brides Gdns.
NP20: Newp 3H **53**
St Brides Mnr. CF38: Llan F....6D **42**
St Brides Pl. CF5: St Bri E......1A **92**

St Bride's Rd.
NP26: St Bri N 2C **58**
ST BRIDE'S-SUPER-ELY 6H **81**
St Bride's Way
CF63: Barry 5A **106**
ST BRIDES WENTLOOGE.........4G **77**
St Brigid Rd. CF14: Heath.......1G **85**
St Brioc Rd. CF14: Heath 1G **85**
St Cadoc Rd. CF14: Heath 2G **85**
St Cadocs Av. CF64: Din P 3G **107**
St Cadoc's Cl. NP18: Caerl 4G **21**
ST CADOC'S HOSPITAL 5G **21**
St Cadoc's Ri.
CF63: Barry 5D **106**
St Cadoc's Rd. NP4: Treve 1D **6**
St Canna Cl. CF5: Card............3F **95**
St Canna Cl. CF5: Card............3F **95**
..............................(off Market Rd.)
St Catherines Cl.
CF83: Bed'ws 3F **29**
St Catherine's Ct.
CF62: Barry 5H **105**
St Catherine's Ct.
NP11: Cross K 3A **16**
St Catherines M. CF11: Card...2F **95**
St Catherine's Pk.
CF24: Card 1F **97**
St Cecilia Ct. NP20: Newp 4A **36**
St Cenydd Cl. CF83: Caer 5A **28**
St Cenydd Leisure Cen. 5H **27**
St Cenydd Rd. CF14: Heath 1H **85**
St Cenydd Rd. CF83: Caer 5A **28**
St Christophers Cl.
CF83: Bed'ws 3F **29**
St Christopher's Dr.
CF83: Caer 1B **46**
St Clair Ct. CF10: Card............4G **95**
..............................(off W. Bute St.)
St Clears Cl. CF83: Caer.........1C **46**
St Clements Ct. CF23: Pent.....5E **73**
St Curig's Ct. CF62: Rho........6E **115**
St Curigs Gdns.
NP18: Langs 1E **39**
St Cuthberts Ct.
CF10: Card 1B **102**
St Cyres Cl. CF64: P'rth..........1C **108**
St Cyres Rd. CF64: P'rth.........2C **108**
St David's Av.
CF61: Llan M 4C **110**
St Davids Av. CF38: Chu V......3E **43**
St Davids Av. CF64: Din P......1H **107**
St David's Cen............4D **4** (4A **96**)
St David's Cl. CF37: T'rest.......3C **44**
St David's Cl. NP16: Bul 3E **63**
St David's Cl. NP4: P'garn 2C **6**
St David's Ct. NP20: Magor 4C **58**
St David's Cl. CF3: M'fld 4A **76**
St David's Cres. CF5: Ely 4H **93**
St David's Cres.
CF64: P'rth 2B **108**
St David's Cres.
NP20: Newp 2G **53**
St Davids Cres.
CF62: St Ath 4D **112**
..............................(off Cowbridge Rd.)
St David's Dr. CF83: Mac........3B **30**
St David's Hall 4D **4** (4A **96**)
St David's Hgts. CF72: Mis......5E **65**
ST DAVID'S HOSPICE................4A **20**
ST DAVID'S HOSPITAL...........3G **95**
St Davids Mans.
CF11: Card 4G **95**
..............................(off Cowbridge Rd. E.)
St Davids Pl. CF72: L'sant 1G **65**
St David's Rd. CF14: Whit 3C **84**
St David's Rd. NP44: Cwm'bn ..6F **9**
St David's Rd. NP44: Pnwd 6F **9**

St Davids Rd. CF72: Mis..........1F **79**
St David's Way
CF10: Card 4D **4** (4A **96**)
St Denis Rd. CF14: Heath 2H **85**
ST DIALS 2E **11**
St Dials Cl. NP44: Cwm'bn 3B **10**
St Dials Rd. NP44: Cwm'bn 2D **10**
..............................(not continuous)
St Dials Rd. NP44: G'mdw.......2D **10**
..............................(not continuous)
St Dogmaels Av.
CF14: L'shn 6H **71**
St Dominics Retreat
NP4: P'pool 3B **6**
St Donats Cl. CF64: Din P.......2H **107**
St Donats Cl. NP44: L'rfn.........3B **12**
St Donats Cl. CF5: Ely 5G **93**
St Donats Rd. CF11: Card........5F **95**
St Dubricius Gdns.
NP26: Undy 4F **59**
St Dunstans Cl. NP4: Grif........1F **9**
St Dyfrig Cl. CF64: Din P 3H **107**
St Dyfrig Rd. CF64: P'rth 3C **108**
St Edeyrns Cl. CF23: Cyn.......1D **86**
St Edeyrn's Rd. CF23: Cyn 1C **86**
St Edward St. NP20: Newp......5B **36**
St Edwen Gdns.
CF14: Heath............................2G **85**
St Ewens Rd. NP16: Bul 4E **63**
ST FAGANS 2E **93**
St Fagans Av. CF62: Barry 1G **117**
St Fagans Castle 2D **92**
St Fagans Cl. CF5: F'wtr........2A **94**
St Fagans Cl. CF5: Ely 5D **92**
St Fagans Dr. CF5: St F 1E **93**
St Fagans Nat. Museum
of History 2D **92**
St Fagans Ri. CF5: F'wtr........1G **93**
St Fagans Rd. CF5: F'wtr.......2G **93**
St Fagans St. CF11: Card 1H **101**
St Fagans St. CF83: Caer 1C **46**
St Francis Ct. CF24: Card........4F **97**
St Francis Rd. CF14: Whit 2C **84**
St Garmon Rd. CF64: P'rth 3C **108**
St George Rd. NP16: Bul 3E **63**
St George's Cres.
NP19: Newp 2F **37**
St George's Rd. CF14: Heath...4F **85**
St Georges Way
NP16: Beach............................6H **63**
St Germans M. CF24: Card......3D **96**
St Gildas Rd. CF14: Heath 2G **85**
St Govan's Cl. CF62: Barry 5H **105**
St Gowan Av. CF14: Heath......2G **85**
St Gwynnos Cl.
CF64: Din P 2G **107**
St Helen's Cl. CF83: Caer 1B **46**
St Helen's Rd. CF14: Heath 3F **85**
ST HILARY 6H **91**
St Hilary Ct. CF5: Ely 5H **93**
St Hilary's Ct. CF3: Rum..........3A **88**
St Hilda's Rd. NP4: Grif 1E **9**
St Ilan's Way CF83: Caer........2C **46**
St Illtyd Cl. CF64: Din P.........2H **107**
St Illtyd's Cl. CF38: Chu V.......2E **43**
St Illtyds Cl. CF61: Llan M.....3B **110**
St Illtyds Rd. CF38: Chu V 1E **43**
St Illtyd's Rd. CF38: Up Chu....1E **43**
St Ina Rd. CF14: Heath 2G **85**
St Isan Rd. CF14: Heath 2G **85**
St James Cl. CF83: Caer 4G **29**
St James Ct. CF64: P'rth 3C **108**
St James Cres.
CF62: Barry 2D **116**
St James' Fld. NP4: P'pool 3C **6**

St James Mans.
CF10: Card 1B **102**
St James Mans.
CF14: L'vne 2A **72**
St James M. CF11: Card.........2F **95**
.... (off Severn Gro.)
St John Av. CF15: Rad 3G **83**
St John's Cl. CF71: Cowb 4D **90**
St Johns Cl. NP4: P'pool.......... 2A **6**
St Johns Ct. CF62: Barry 5H **117**
.............................(off Friars Rd.)
St Johns Ct. NP10: Roger 3B **34**
St John's Cres. CF14: Whit..... 1C **84**
St John's Cres. CF5: Card 4F **95**
St John's Cres.
NP10: Roger 3B **34**
St Johns Cres. NP4: P'pool..... 2A **6**
St Johns Gdns. NP16: Chep ... 1D **62**
St John's Hill CF62: St Ath ... 4D **112**
St John's M. CF5: Card...........4F **95**
.... (off St John's Cres.)
St John's Pl. CF14: Whit......... 1C **84**
St John's Pl. CF62: Rho........ 5C **114**
St John's Rd. NP19: Newp 4F **37**
St Johns Ter.
NP11: Cross K 3A **16**
St John St.
CF10: Card 4C **4** (4A **96**)
St John's Vw.
CF62: St Ath 4C **112**
St Joseph Pl. NP44: L'tnam.... 1B **20**
St Josephs Cl. NP26: Undy......4F **59**
St Joseph's Ct. CF14: Card 5H **85**
ST JOSEPH'S HOSPITAL 3B **20**
St Josephs M. CF64: P'rth..... 6A **102**
St Julian Cl. CF63: Barry 6C **106**
ST JULIANS 2F **37**
St Julian's Av. NP19: Newp 2E **37**
St Julian's Ct. CF83: Caer 1B **46**
St Julians Ct. NP19: Newp 2E **37**
St Julian's Rd. NP19: Newp ... 2E **37**
St Julian St. NP20: Newp 5B **36**
St Kingsmark Av.
NP16: Chep 1D **62**
St Lawrence Cl.
NP16: Chep 3D **62**
St Lawrence La.
NP16: Chep 3C **62**
St Lawrence Pk.
NP16: Chep 2C **62**
St Lawrence Rd.
NP16: Chep 1C **62**
.............................(not continuous)
St Luke's Av. CF37: R'fln 5G **25**
St Luke's Av. CF64: P'rth....... 3C **108**
St Lythan Cl. CF64: Din P 3G **107**
St Lythan Cl. CF5: Ely............ 5G **93**
ST LYTHANS 5C **98**
St Lythans Burial Chamber ... 6A **98**
ST LYTHANS DOWN 3C **98**
St Lythan's Rd.
CF62: Barry 2E **117**
St Malo Rd. CF14: Heath 1G **85**
St Margarets Cl. CF14: Whit... 1C **84**
St Margarets Cl. CF83: Tret ... 3H **29**
St Margaret's Cres.
CF23: Pen L 1D **96**
St Margaret's Pk. CF5: Ely 3A **94**
St Margaret's Pl.
CF14: Whit 1C **84**
St Margaret's Rd.
CF14: Whit 2C **84**
St Margaret's Rd.
CF83: Caer 1B **46**
St Mark's Av. CF14: Card 4G **85**
St Mark's Cres.
NP20: Newp 4A **36**

St Marks Gdns.
CF14: Card 4G **85**
St Mark's Rd. CF64: P'rth....... 3D **108**
ST MARTINS 1C **46**
St Martin's Cl. CF64: P'rth...... 3C **108**
St Martins Ct. NP20: Newp.... 6H **35**
St Martin's Cres.
CF14: L'shn 6H **71**
St Martin's Cres.
CF83: Caer 2C **46**
St Martin's Rd. CF83: Caer..... 2B **46**
St Mary's Av. CF63: Barry..... 2A **118**
St Marys Cl. CF37: Glynt.........2F **25**
.... (off Graig-yr-Helfa Rd.)
St Marys Cl. CF5: Ely............. 6H **93**
St Mary's Ct. NP11: Ris 4D **16**
St Mary's Ct. NP20: Newp 5B **36**
St Mary's Pl. NP26: Pskwt.......5G **61**
.............................(not continuous)
St Mary's Rd. CF14: Whit 1C **84**
St Mary's Rd. NP44: Croes...... 6G **9**
St Mary St.
CF10: Card 4C **4** (4A **96**)
St Mary St. CF83: Bed'ws.......3F **29**
St Mary St. NP11: Ris 4C **16**
St Mary St. NP16: Chep........ 2E **63**
St Mary St. NP20: Newp........ 5B **36**
St Mary St. NP4: Grif 6D **6**
St Mary Street Arc.
NP16: Chep 2E **63**
.... (off St Mary Street)
St Mary's Well Bay Rd.
CF64: S'dge........................ 4B **120**
St Matthew's Rd.
NP4: P'pool............................ 4D **6**
.............................(not continuous)
St Maur Gdns. NP16: Chep..... 1D **62**
ST MELLONS 1D **88**
St Mellons Bus. Pk.
CF3: St Mel............................5F **75**
St Mellons Cl. NP26: Undy...... 4E **59**
St Mellons Cl. CF83: Caer 1B **46**
St Mellons Golf Course 4F **75**
ST MELLONS
INTERCHANGE 4C **74**
St Mellons Rd. CF14: L'vne..... 2C **72**
St Mellons Rd. CF14: Pontp.... 2C **72**
St Mellons Rd. CF3: St Mel 3F **73**
St Mellons Rd. CF3: M'fld....... 6G **75**
St Michael Gro.
NP44: L'tnam 6B **12**
St Michael's Av.
CF37: T'rest 2D **24**
St Michael's Cl.
CF62: St Ath 4D **112**
St Michaels Cl. CF15: Tong 4G **69**
St Michaels Cl. CF38: Bed...... 5H **41**
St Michaels Cl.
CF64: Mic P............................ 4C **100**
St Michaels Cl.
NP20: Newp 1D **54**
St Michaels Gdns.
CF62: Barry 5G **105**
St Michael's Ga.
NP44: L'tnam 6B **12**
St Michaels M. NP20: Newp.... 1D **54**
St Michael's Rd. CF5: L'dff...... 2C **94**
St Michael St. NP20: Newp 1D **54**
St Nicholas Cl.
CF62: Barry 4E **117**
St Nicholas Cl.
CF64: Din P 2G **107**
St Nicholas Ct. CF23: Pent 5E **73**
St Nicholas Cl. CF5: Ely...........5G **93**
St Nicholas Ct. CF83: Caer...... 1B **46**

St Nicholas Rd.
CF62: Barry 4E **117**
St Oswalds Cl. NP4: Seba 2E **9**
St Oswald's Rd.
CF63: Barry 6C **106**
St Osyth Ct. CF62: Barry........ 5E **117**
St Paul's Av. CF62: Barry.......3G **117**
St Paul's Av. CF64: P'rth........3D **108**
St Pauls Cl. CF64: Din P 3G **107**
St Peters Cl. NP44: F'wtr......... 3D **10**
St Peters Cres. CF62: Rho......6F **115**
St Peter's Rd. CF64: P'rth...... 3C **108**
St Peter's St.
CF24: Card 1F **5** (2B **96**)
St Philbert St. CF15: Rad......... 3G **83**
St Philip Evans Cl.
CF23: L'dyrn 1E **87**
St Phillip's Flats
NP19: Newp 5F **37**
.............................(off Cromwell Rd.)
St Pierre Cl. CF3: St Mel......... 5E **75**
St Quentins Cl.
CF71: L'thian 4C **90**
St Quentins Hill
CF71: L'thian 4B **90**
St Siors Meade CF62: Rho ...5D **114**
St Stephen's Cl.
NP26: Caerwn 1B **60**
St Stephens Ct. NP26: Undy....4F **59**
St Stephens Mans.
CF10: Card 1B **102**
St Stephens Pl. NP26: Undy 4F **59**
St Stephens Rd.
NP20: Newp 1D **54**
St Tanwg Rd. CF14: Heath..... 2G **85**
St Tathan's Pl.
NP26: Caerwn 1B **60**
St Tecla Rd. NP16: Bul............ 4E **63**
St Teilo Av. CF62: Barry 1G **117**
St Teilo Cl. CF64: Din P......... 2H **107**
St Teilo Ct. NP26: Undy..........4F **59**
St Teilos Ct. CF23: Pen L 1D **96**
St Teilo's Way CF83: Caer 2B **46**
St Tewdric Rd. NP16: Bul........ 3E **63**
St Tewdrics Pl. NP16: Math.... 6B **62**
St Thomas Cl. CF14: Heath 2E **85**
St Vincent Cl. NP19: Newp.....1F **55**
St Vincent La. NP19: Newp 4C **36**
.............................(off St Vincent Rd.)
St Vincent Rd. NP19: Newp.... 4C **36**
St Vincents Ct. NP19: Newp.... 4C **36**
St Winefride's CF11: Card 2F **95**
St Winifred's Cl.
CF64: Din P 3G **107**
ST WOOLOS 6G **35**
St Woolos Grn.
NP44: Cwm'bn 1G **11**
ST WOOLOS HOSPITAL 6B **36**
St Woolos Pl. NP20: Newp...... 5B **36**
St Woolos Rd. NP20: Newp 5B **36**
St y Nyll La. CF5: Cap L.......... 3H **81**
St y Nyll La. CF5: St Bri E....... 3H **81**
Salem La. CF38: Chu V...........2F **43**
Salem Row CF15: Gwae G..... 6D **44**
Salem Ter. CF15: Gwae G...... 6D **44**
Salisbury Av. CF64: P'rth........ 2D **108**
Salisbury Cl. CF64: P'rth 2D **108**
Salisbury Cl. NP20: Newp 3C **36**
Salisbury Cl. CF64: P'rth........ 2D **108**
Salisbury Ct.
NP44: Cwm'bn 2E **11**
Salisbury Rd. CF24: Card 2B **96**
Salisbury Rd. CF62: Barry 4E **117**
Salisbury St.
NP11: Cross K 3A **16**
Salisbury Wlk.
NP26: Magor 5B **58**

Salmon Cl. CF23: Pen L......... 6E **87**
Salop Pl. CF64: P'rth............. 6A **102**
Salop St. CF64: P'rth 6A **102**
Salop St. CF83: Caer............. 1D **46**
Salvia Cl. CF3: St Mel 6E **75**
Samson St. CF61: Llan M 2B **110**
Samuel Rodgers Cres.
NP16: Bul 6F **63**
Samuels Cres. CF14: Whit...... 2A **84**
Sanatorium Cl. CF11: Card..... 4C **94**
Sanatorium Rd. CF5: Card...... 4D **94**
Sanctuary, The CF5: Ely 6E **93**
Sanctuary Ct. CF5: Ely........... 1E **99**
Sandalwood Ct.
NP19: Newp 4D **36**
Sandbrook Rd. CF3: St Mel 1E **89**
Sanderling Dr. CF3: St Mel 6C **74**
Sandon St.
CF24: Card 4F **5** (4B **96**)
Sandown Ct. CF5: Ely 4A **94**
Sandpiper Cl. CF3: St Mel 5D **74**
Sandpiper Way NP10: Duff.....5G **53**
Sandringham Cl.
CF62: Barry 5E **105**
Sandringham Rd.
CF23: Pen L 6C **86**
Sandwell Ct. CF64: L'dgh.......5F **101**
Sandwick Ct. CF23: Cyn........ 6C **72**
Sandybrook Cl.
NP44: Cwm'bn 4E **11**
Sandy La. CF3: Cast 3G **75**
Sandy La. NP10: Duff 3H **53**
Sandy La. NP26: Caerwn 2C **60**
.............................(not continuous)
Sandy La. NP26: Cald............. 2C **60**
.............................(not continuous)
Sanquhar St. CF24: Card....... 4D **96**
Sanquhar St.
CF24: Card 5H **5** (4C **96**)
Sansom St. NP11: Ris............. 4D **16**
Sapele Dr. CF24: Card........... 4D **96**
Sapphire St. CF24: Card 2D **96**
Sardis Rd. CF37: P'prdd 1B **24**
Sardis Road 6B **14**
Sarn Pl. NP11: Ris 4D **16**
Saron St. CF37: T'rest 2E **25**
Saundersfoot Cl. CF5: Ely.......6H **93**
Saunders Rd.
CF10: Card 6D **4** (5A **96**)
Saxon Pl. NP16: Sed............. 3G **63**
Scarborough Rd.
CF37: P'prdd 5E **15**
Scarborough Rd.
NP19: Newp 1D **36**
Scard St. NP20: Newp 5B **36**
Scholars Cl. NP10: Roger 4B **34**
Scholars Dr. CF23: Pen L....... 6E **87**
School Cl. NP18: P'hir........... 1E **21**
School Cl. NP4: P'pool........... 3B **6**
School Cl. NP44: Cwm'bn......3G **11**
School Cres. NP4: Seba......... 2E **9**
School Hill NP16: Chep.......... 2E **63**
School Hill Trad. Est.
NP16: Chep 2E **63**
School La. CF15: Gwae G...... 1D **68**
School La. CF37: R'fln 6H **25**
School La. NP20: Newp 4C **36**
School La. NP4: P'pool 2B **6**
School Rd. CF72: Mis 1F **79**
School Rd. NP4: P'nydd 1A **6**
School St. CF72: L'sant 2F **65**
School St. CF72: P'clun.........5D **64**
School St. CF83: L'brad......... 1B **28**
School Ter. NP10: Roger 4B **34**
School Ter. NP4: P'nydd 1A **6**
.... (off Old School Pl.)
School Vw. NP4: P'pool......... 4D **6**

Schooner Av. NP10: Duff 5H 53
Schooner Circ. NP10: Duff 5H 53
Schooner Cl. NP10: Duff 5H 53
Schooner Dr. CF10: Card 6C 96
Schooner Wlk. NP10: Duff...... 5A 54
.... (off Morgan Way)
Schooner Way
CF10: Card 6G 5 (5C 96)
Schooner Wharf CF10: Card... 6C 96
Scotney Way CF23: Pontp 4G 73
Scott Cl. CF62: St Ath 2D 112
Scott Cl. NP20: Newp 2G 53
Scott Ct. CF23: Cyn 4B 86
Scott Rd. CF10: Card 5C 4 (4A 96)
Scott Wlk. NP20: Newp 2C 34
Seabank CF64: P'rth.............. 2F 109
Seabreeze Av. NP19: Newp 5E 37
Seabreeze Cres.
NP19: Newp 6E 37
Seabreeze Dr. NP19: Newp.... 6E 37
Seager Dr. CF24: Card 3H 101
Sealawns CF62: Barry 6E 117
Sealock Warehouse
CF10: Card 2B 102
.... (off Burt St.)
Sea Point CF62: Barry........... 6E 117
.... (off Lakeside)
Seasons Cl. NP26: Magor 4C 58
Seaton's Pl. CF37: P'prdd...... 6B 14
Seaton St. CF37: P'prdd 6A 14
Sea Vw. NP26: Sud 6H 61
Seaview Cotts. CF3: Old M..... 6B 74
Sea Vw. Ct. CF62: Rho........... 6D 114
Seaview Ct. CF64: P'rth........ 1F 109
Seaview Ind. Est.
CF24: Card 4E 97
Seaview Pl. CF61: Llan M...... 3B 110
Sea Vw. Ter. CF5: Twyn 3C 98
Sea Vw. Ter. CF63: Barry 6C 106
Seawall Rd. CF24: Card.......... 4F 97
SEBASTOPOL 2E 9
Second Av. CF83: Caer 6A 28
Second St. NP19: Newp........ 3G 55
SEDBURY 2H 63
Sedbury Bus. Pk.
NP16: Sed 2H 63
Sedbury Chase NP16: Tut..... 1G 63
Sedbury Ct. NP16: Sed........... 2H 63
Sedbury La. NP16: Sed........... 2H 63
.... (not continuous)
Sedbury La. NP16: Tut 1G 63
.... (not continuous)
Sedgemoor Ct. NP20: Newp ... 3A 36
Sedgemoor Rd. CF3: L'rmy 6A 74
Sefton Ct. CF15: Rad 1F 83
.... (off Maes yr Awel)
Selby Cl. NP44: Llanf 3B 12
Selwyn Morris Ct.
CF24: Card 4E 97
Senghennydd Ct.
CF24: Card 2E 5 (3B 96)
Senghennydd Hall
CF24: Card 1E 5 (2B 96)
.... (off Senghennydd Pl.)
Senghennydd Pl.
CF24: Card 1E 5 (2B 96)
Senghennydd Rd.
CF24: Card 2A 96
Senlan Ind. Est.
CF23: Pen L 6G 87
Senni Cl. CF62: Barry............ 1E 117
Sentinel Cl. CF5: F'wtr.......... 2B 94
Serpentine Rd. NP20: Newp .. 4B 36
Sevenoaks Rd. CF5: Ely........ 4H 93
Sevenoaks St. CF11: Card.... 1H 101
Seven Stiles Av.
NP19: Newp 1B 56

Severn Av. CF62: Barry......... 2E 117
Severn Av. NP16: Tut............. 1G 63
Severn Bri. Ind. Est.
NP26: Pskwt.......................... 6F 61
Severn Bri. Pk. Homes
NP16: Beach......................... 5H 63
Severn Cl. NP11: Ris............. 6F 17
Severn Ct. CF11: Card 3F 95
Severn Cres. NP16: Chep...... 3E 63
Severn Gro. CF11: Card 2F 95
Severn Quay NP16: Chep........1F 63
Severn Rd. CF11: Card 3F 95
Severn Rd. CF37: T'rest......... 1A 44
Severn Sisters Cl.
NP19: Newp 1F 55
Severn Sq. CF11: Card...........3F 95
Severn Ter. NP20: Newp 5B 36
Severn Vw. NP16: Chep......... 2D 62
Severn Vw. NP26: Cald......... 5B 60
Severn Vw. NP44: Up Cwm..... 5B 8
Sevins NP44: F'wtr 4E 11
.... (off Fairwater Way)
Seymour St. CF24: Card 3E 97
Seymour Way NP26: Magor.... 4B 58
Seys Cl. CF71: Cowb.............. 3B 90
Seys Ct. CF61: Llan M 2D 110
Sgubor Goch CF72: L'harry ... 4C 78
Sgwar Loftus NP19: Newp 5F 37
.... (shown as Loftus Square)
Shackleton Cl.
CF62: St Ath 2D 112
Shadow Wood Dr.
CF72: Mis 5E 65
Shaftesbury Cl.
CF14: Thorn.......................... 2G 71
Shaftesbury St.
NP20: Newp 3C 36
Shaftesbury Wlk.
NP20: Newp 3C 36
.... (off Wyndham St.)
Shakespeare Av.
CF64: P'rth 1C 108
Shakespeare Cl.
NP26: Cald............................ 5B 60
Shakespeare Ct.
CF24: Card 1G 5 (2C 96)
Shakespeare Cres.
NP20: Newp 1G 53
Shakespeare Dr.
CF61: Llan M 3D 110
Shakespeare Dr.
NP26: Cald............................ 6B 60
Shakespeare Ri.
CF37: R'fln 3G 25
Shakespeare Rd.
CF62: Barry 5H 105
Shakespeare Rd.
NP44: St Di 3E 11
Shakespeare St.
CF24: Card 1G 5 (2C 96)
Shamrock Cl. CF5: F'wtr 1G 93
Shannon Cl. NP20: Newp...... 5H 19
Sharpe Cl. CF23: Pen L 6E 87
Sharps Way NP16: Bul..........5F 63
Shaw Cl. CF3: L'rmy.............. 1G 75
Shaw Gro. NP20: Newp 1G 53
Shawley St. NP44: St Di 3E 11
Sheaf La. NP19: Newp........... 3D 36
Shea Gdns. NP20: Newp....... 6C 36
.... (off Knight Cl.)
Shearman Pl. CF11: Card...... 3A 102
Shears Rd. CF5: F'wtr........... 2B 94
Shearwater Cl. CF64: P'rth... 6E 109
Shearwater Cl. CF3: St Mel.... 6C 74
Shelburn Cl. CF11: Card....... 5G 95
Shelley Cl. NP26: Cald.......... 5B 60
Shelley Ct. CF83: Mac 2C 30

Shelley Cres. CF62: Barry..... 5G 105
Shelley Cres. CF64: P'rth...... 1D 108
Shelley Grn. NP44: St Di........ 3E 11
Shelley Rd. NP19: Newp........4F 37
Shelley Wlk.
CF24: Card 1G 5 (2C 96)
Shelley Wlk. CF37: R'fln 3G 25
Shepherds Hill Cvn. Site
NP4: P'pool............................ 5B 6
Sheppard St. CF37: P'prdd.... 6B 14
Sherborne Av. CF23: Cyn....... 6C 72
Sherbourne Cl.
CF62: Barry 5D 104
Sherbourne Ct. NP4: Seba..... 2E 9
Sherbourne Rd. NP4: Seba.... 2E 9
Sheridan Cl. CF3: L'rmy........ 6H 73
Sheridan Cl. NP20: Newp 1G 53
Sherman Cymru......... 1D 4 (2A 96)
Sherwood Ct. CF5: F'wtr 6H 83
Shetland Cl. NP19: Newp 2F 37
Shetland Wlk. NP19: Newp ...2F 37
Shields Cl. CF23: Pontp 4H 73
.... (off James St.)
Shirenewton Cvn. Pk.
CF3: Rum 4D 88
Shires, The CF3: M'fld 4H 75
.... (not continuous)
Shirley Cl. CF63: Barry 5D 106
Shirley Rd. CF23: Card 5A 86
Short Path NP44: F'wtr......... 4D 10
.... (off Jule Rd.)
Showcase Cinema
Nantgarw 3D 44
Showle Acre CF62: Rho........ 5D 114
Shrewsbury Cl.
NP20: Newp 3C 36
Sickert Cl. NP19: Newp 3G 37
Sidings, The CF37: T'rest 3E 25
.... (off Brook St.)
Sidney St. NP20: Newp 5B 36
Sienna Ho. CF10: Card.......... 5B 96
SILI 3H 119
Siloam Hill CF83: Mac...........2F 31
SILSTWN 6D 112
Silure Way NP18: Langs........1F 39
Silurian Pl. CF10: Card.......... 6B 96
.... (not continuous)
Silver Birch Cl. CF14: Whit.... 4D 84
Silver Birch Rd. NP18: Caerl... 5E 21
Silver Fir Sq. NP10: Roger..... 6D 34
Silverhill Cl. CF37: Cilf'dd.....3F 15
Silver Jubilee Cotts.
CF5: Ely 4H 93
Silverstone Cl. CF3: Old M.... 5B 74
Silver St.
CF24: Card 2H 5 (3D 96)
Silver St. NP11: P'waun......... 1A 16
Silverton Dr. CF72: Cross I..... 3G 65
Simpson Cl. NP20: Malp........ 4A 20
Sims Sq. NP19: Newp............ 4B 38
Sinclair Dr. CF23: Pen L........ 6E 87
Sindercombe Cl.
CF23: Pontp...........................4F 73
Singleton Rd. CF24: Card 4F 97
Sinter Gro. NP19: Newp........ 6C 38
Sion St. CF37: P'prdd............ 6C 14
Siop y Coed CF38: Tont 1H 43
Sir Alfred Owen Way
CF83: Caer 3C 28
Sir Briggs Av. NP10: Duff 5F 53
Sir Charles Cres.
NP10: Duff............................ 6G 53
Sir Charles Sq. NP10: Duff 5G 53
.... (off Sir Charles Cres.)
Sirhowy Ct. NP44: Thorn........ 1D 10
Sirius Ho. CF10: Card 1D 102

Sir Ivor Pl. CF64: Din P......... 3H 107
Sir Stafford Cl. CF83: Caer..... 4E 29
Sixth St. NP19: Newp 4H 55
Skaithmuir Rd. CF24: Card....2F 97
Skelmuir Rd. CF24: Card.......2F 97
Skenfrith M. NP10: Duff 6G 53
Skewfields NP4: Grif 5E 7
Skibereen Cl. CF23: Pontp..... 4G 73
Skillion Bus. Cen.
NP19: Newp 2F 55
.... (not continuous)
Skinner La. NP20: Newp....... 4C 36
Skinner Row NP19: Newp 5A 38
Skinner St. NP20: Newp 4C 36
Skomer Ct. CF11: Card.......... 5H 95
Skomer Island Way
CF83: Caer 1H 45
Skomer Rd. CF62: Barry....... 5H 105
Skye Gro. NP10: Duff............5F 53
Slade Cl. CF64: Sul 1H 119
Slade Cl. CF71: Cowb 3D 90
Slade Rd. CF62: Barry........... 6H 105
Slade St. NP19: Newp............6F 37
Slade Wood Ho.
CF62: Barry 5A 106
Slipway, The CF64: P'rth 6A 102
Sloper Rd. CF11: Card 5F 95
Sluvad Rd. NP4: New I.......... 6H 7
Smallbrook Cl.
NP44: Cwm'bn 2H 11
Small Meadow Ct.
CF83: Caer 5D 28
Smart Way CF10: Card 4B 96
Smeaton Cl. CF62: Rho........ 6C 114
Smeaton St. CF11: Card 4G 95
Smithies Av. CF64: Sul 3H 119
Smith Rd. CF14: L'shn...........6F 71
Sneyd St. CF11: Card.............2F 95
Snipe St. CF24: Card 2C 96
Snowden Cl. CF83: Caer 6E 29
Snowden Rd. CF5: Ely 4F 93
Snowdon Cl. NP11: Ris.......... 5F 17
Snowdon Ct. NP44: Croes 6G 9
Snowdon Rd. NP44: Roger 1H 33
Snowdrop Cl. NP10: Roger..... 2C 33
Soane Cl. NP10: Roger.......... 2C 33
SOAR 2H 67
Soar Cl. NP44: Croes 5H 9
Soarel Cl. CF3: St Mel........... 2D 88
Soberton Av. CF14: Card 5H 85
Soho St. NP19: Newp............. 4E 37
.... (not continuous)
Solent Rd. CF63: Barry 5C 106
Sol Invictus Pl. NP18: Caerl ... 3H 21
Solva Av. CF14: L'shn........... 5A 72
Solva Cl. CF62: Barry............ 6H 105
Somerset Cl. CF3: L'rmy 6A 74
Somerset Gro. NP26: Magor.. 4B 58
Somerset Ind. Est.
NP44: Cwm'bn 1H 11
Somerset Rd. CF62: Barry..... 1H 117
Somerset Rd. NP19: Newp 2E 37
Somerset Rd.
NP44: Cwm'bn 1H 11
Somerset Rd. NP44: Pnwd 1H 11
Somerset Rd. E.
CF63: Barry 1H 117
Somerset St. CF11: Card....... 5G 95
Somerset Vw. CF64: Sul....... 3H 119
Somerset Way NP16: Bul 6F 63
SOMERTON............................ 6H 37
Somerton Ct. NP19: Newp..... 6G 37
Somerton Cres.
NP19: Newp 4H 37
Somerton La. NP19: Newp 5G 37
Somerton Pk. NP19: Newp.... 5G 37
Somerton Pl. NP19: Newp..... 4H 37
Somerton Rd. NP19: Newp.... 5G 37

Sophia Cl. CF11: Card............ 3G 95
Sophia Gdns.............. 3A 4 (3G 95)
Sophia Wlk. CF11: Card............ 2G 95
Sorrel Dr. NP20: Newp............ 4A 36
Sorrento Ho.
  CF10: Card 6F 5 (5B 96)
Soudrey Quay CF10: Card...... 1B 102
South Av. NP4: Seba.............. 3D 8
Southbourne Ct.
  CF62: Barry 5H 117
Southbrook Vw.
  NP26: Pskwt............................6F 61
Sth. Clive St. CF11: Card 2H 101
Southcourt Rd. CF23: Pen L ... 5D 86
South Dock....................... 5D 54
South Dr. CF72: L'sant........... 2G 65
South East Wales Regional
  Swimming Pool 2G 55
Southern St. CF83: Caer...... 1D 46
Southern Way CF23: Pen L.....4F 87
Southesk Pl. CF62: Barry...... 5E 117
Southey St.
  CF24: Card 1H 5 (2C 96)
Southey St. CF62: Barry 2H 117
Southgate CF71: Cowb 3C 90
Southgate Av. CF72: L'sant 2F 65
Southglade CF64: Sul............ 1H 119
  ....(not continuous)
Sth. Glade CF15: Gwae G....... 2E 69
Sth. Lake Dr. NP10: Coedk 6F 53
Sth. Loudoun Pl.
  CF10: Card 6B 96
Sth. Luton Pl.
  CF24: Card 4H 5 (4C 96)
South Mkt. St. NP20: Newp.... 6D 36
South M. CF10: Card 6B 96
  .... (off Magretion Pl.)
Southminster Rd.
  CF23: Pen L 1D 96
Sth. Morgan Pl. CF11: Card.... 4G 95
Sth. Pandy Rd. CF83: Caer 4C 28
South Pk. Rd. CF24: Card.......4F 97
Sth. Point CF10: Card 6F 97
Sth. Pontypool Ind. Pk.
  NP4: New I 5F 7
Southra CF64: Din P 3G 107
SOUTHRA 3G 107
South Ri. CF14: L'shn 5A 72
South Rd. CF64: Sul 2G 119
South Rd. NP44: Oakf........... 5H 11
South St. CF37: P'prdd 6D 14
South St. NP4: Seba 2F 9
South Vw. CF15: Taff W..........1F 69
South Vw. CF62: Rho............6D 114
South Vw. NP16: Tut.............. 1G 63
South Vw. NP4: P'pool 2B 6
South Vw. Dr. CF3: Rum 2A 88
SOUTHVILLE 3G 11
Southville Rd. NP20: Newp 5H 35
South Wlk. CF62: Barry 1G 117
South Wlk. NP44: Cwm'bn ... 2G 11
Sth. Way NP20: Newp........... 3C 54
Sovereign Arc. NP20: Newp ... 5C 36
  ....(off Kingsway Cen.)
Sovereign Ct. CF72: L'sant ... 5C 40
Sovereign Gdns. CF72: Mis 5F 65
Sovereign Quay
  (Waterbus) 2C 102
SOWHILL 3B 6
Spartan Cl. NP18: Langs....... 1G 39
Speedwell Cl. CF23: Pontp ... 4H 73
Speedwell Dr. CF62: Rho....... 6D 114
Speke St. NP19: Newp........... 4E 37
Spencer David Way
  CF3: St Mel........................2D 88
Spencer Dr. CF64: L'dgh........4F 101

Spencer La. CF37: R'fln 5G 25
Spencer Pl. CF37: R'fln.......... 5G 25
Spencer Rd. NP20: Newp 5A 36
Spencer's Row CF5: L'dff....... 6C 84
Spencer St. CF24: Card 6A 86
Spencer St. CF62: Barry 2H 117
Spencer Way NP19: Newp...... 1B 56
Spillers & Bakers
  CF10: Card 6G 5 (5B 96)
Spinney, The CF14: L'vne 3B 72
Spinney, The CF71: A'thin........2F 91
Spinney, The NP20: Malp....... 5B 20
Spinney Cvn. Pk., The
  CF64: S'dge Swanbridge 3B 120
Spinney Cl. CF5: Ely 3G 93
SPIRE CARDIFF HOSPITAL 4F 73
Spires Wlk. CF63: Barry 5B 106
Spitfire Rd. NP10: Roger........4B 34
Spitzkop CF61: Llan M 3B 110
SPLOTT 3E 97
Splott Ind. Est. CF24: Card 4E 97
Splott Rd. CF24: Card........... 3D 96
Splott Swimming Pool 3F 97
Spooner Cl. NP10: Coedk 5D 52
Sports Wales
  Nat. Cen. 1A 4 (2G 95)
Springfield Cl. CF5: Wen 5E 99
Springfield Cl. NP10: R'drn ... 6H 33
Springfield Cl. NP44: Croes..... 5G 9
Springfield Ct. CF38: Chu V.... 2E 43
Springfield Dr. NP19: Newp.... 3B 38
Springfield Gdns.
  CF15: Morg..........................5F 69
Springfield La. NP10: R'drn... 6H 33
Springfield Pl. CF11: Card.......3F 95
Springfield Ri. CF63: Barry... 6A 106
Springfield Rd. NP10: R'drn ... 6H 33
Springfield Rd. NP11: Ris........1F 33
Springfield Rd. NP4: Seba...... 2D 8
Springfields CF37: Cast.......... 3H 75
Springfield Ter. CF37: R'fln.....3F 25
Springfield Ter. NP4: New I 5G 7
Spring Gdns. NP20: Newp 1C 54
Spring Gdns. Pl.
  CF24: Card 2E 97
Spring Gdns. Ter.
  CF24: Card 2E 97
Spring Gro. CF14: Thorn......... 3H 71
Spring Gro. NP44: G'mdw..... 2C 10
Springhurst Cl. CF14: Whit.... 6B 70
Spring La. NP20: Newp 5A 36
Spring La. NP44: Croes 6G 9
Springmeadow Bus. Pk.
  CF3: Rum 5B 88
Springmeadow Rd.
  CF3: Rum 5A 88
Spring St. CF63: Barry 1C 118
Spring St. NP20: Newp.......... 2B 36
Spring Ter. NP4: Grif 1E 7
Springvale Ind. Est.
  NP44: Cwm'bn 1E 11
Springvale Way
  NP44: Cwm'bn 1F 11
Springwood CF23: L'dyrn...... 2D 86
Spruce Cl.
  CF24: Card 5H 5 (4D 96)
Spytty Blvd. NP19: Newp...... 2H 55
Spytty La. NP19: Newp.......... 1G 55
Spytty Rd. NP19: Newp 1G 55
SQUARE, THE 4H 41
Square, The CF62: St Ath 4D 112
Square, The CF64: Din P...... 2G 107
Square, The CF83: A'tdwr...... 2G 29
Square, The CF83: Bed'ws 3G 29
Square, The NP26: Magor...... 4C 58
Square, The NP44: Up Cwm ... 5A 8

Squires Cl. NP10: Roger 3D 34
Squires Ct. CF38: Bed 6A 42
Squires Ga. NP20: Roger 3C 34
Stablau Moriah NP11: Ris...... 5E 17
  .... (shown as Moriah Mews)
Stacey Ct. CF24: Card............ 1D 96
Stacey Rd. CF24: Card........... 2D 96
Stacey Rd. CF64: Din P......... 2G 107
Stadium Cl. CF11: Card 2G 101
Stadium Ho.
  CF10: Card 5C 4 (4A 96)
Stadium Plaza
  CF10: Card 6C 4 (4H 95)
Stadium Way NP19: Newp 2G 55
Stafford M. CF11: Card........... 5H 95
Stafford Rd.
  CF11: Card 6A 4 (5G 95)
Stafford Rd. NP19: Newp 2D 36
Stafford Rd. NP26: Cald 6C 60
Stafford Rd. NP4: Grif 5E 7
Stafford Rd. NP4: P'pool 5E 7
Stag La. CF61: Llan M 3B 110
  .... (off Durrell St.)
Staines St. CF5: Card 2D 94
Stallcourt Av. CF23: Pen L..... 1D 96
Stallcourt Av.
  CF61: Llan M 4B 110
Stallcourt Cl. CF23: Pen L 6E 87
Stallcourt Cl. CF71: L'thian..... 4B 90
STALLING DOWN 4G 91
Stamford Ct. NP20: Newp 3A 36
Standard St. CF83: Tret.......... 3A 30
Stanford Rd. NP19: Newp...... 4B 38
Stanier Ct. CF24: Card........... 3D 96
Stanley Dr. CF83: Caer 4B 28
Stanley Pl. NP44: Pnwd......... 6E 9
Stanley Rd. NP20: Newp........ 4B 36
Stanton Way CF64: P'rth 5E 109
Stanway Pl. CF5: Ely 4F 93
Stanway Rd. CF5: Ely 4F 93
Stanwell Cres.
  CF64: P'rth 6B 102
Stanwell Rd. CF64: P'rth 1F 109
Starbuck St. CF83: Rud......... 6B 30
Star La. CF5: Cap L................ 1H 81
Star La. NP4: Treve................ 1B 6
Starling Rd. CF5: St Ath........3F 111
Star Recreation
  Community Cen. 3E 97
Star St. NP44: Cwm'bn 3G 11
Star Trad. Est. NP18: P'hir..... 2G 21
Star Vs. NP18: P'hir 2G 21
Station App.
  CF10: Card 6D 4 (5A 96)
Station App. Far. CF64: P'rth.. 2E 109
Station App. CF72: P'clun...... 5D 64
Station App. NP10: Bass 6D 34
Station App. NP18: Caerl....... 5H 21
Station App. Rd.
  CF62: Barry 5G 117
Station Cl. NP26: Cald 6B 60
Sta. Farm NP44: Croes..........6F 9
Station Ind. Est. NP16: Chep ...2F 63
Station Pl. NP11: Ris 5D 16
Station Rd. CF14: L'shn......... 5H 71
Station Rd. CF14: Llan N 4B 84
Station Rd. CF15: Cre............ 6E 67
Station Rd. CF15: Rad........... 2G 83
Station Rd. CF38: Chu V 3F 43
Station Rd. CF38: Ef Is...........3F 43
Station Rd. CF61: Llan M....... 3B 110
Station Rd. CF62: Rho........... 6E 115
Station Rd. CF64: Din P 2G 107
Station Rd. CF64: P'rth......... 2E 109
Station Rd. NP11: Ris 6D 16
Station Rd. NP16: Chep.......... 2E 63

Station Rd. NP18: Caerl......... 4H 21
Station Rd. NP18: L'wrn 6F 39
Station Rd. NP18: P'hir.......... 1E 21
Station Rd. NP26: Cald 6B 60
Station Rd. NP26: Pskwt........ 5H 61
Station Rd. NP4: Grif 6E 7
Station Rd. NP44: Pnwd......... 6E 9
Station Rd. E. CF5: Wen 4E 99
Station Rd. W. CF5: Wen........ 5E 99
Station St. CF63: Barry 2A 118
Station St. CF83: Mac........... 2G 31
Station St. NP20: Newp 4B 36
Station Ter. CF83: Caer
  Bartlett St............................ 1D 46
Station Ter. CF83: Caer
  St Cenydd Rd....................... 5A 28
Station Ter.
  CF10: Card 3F 5 (3B 96)
Station Ter. CF38: Llan F 4D 42
Station Ter. CF5: Ely 3B 94
Station Ter. CF64: P'rth......... 2E 109
Station Ter. CF72: L'harry 4C 78
Station Ter. CF72: P'clun 6D 64
Station Ter. NP44: Pnwd........ 6E 9
Steel Cl. NP19: Newp............ 1G 55
Steepfield NP44: Croes.......... 5G 9
Steeplechase Rd.
  NP10: Duff...........................5F 53
Steep St. CF64: P'rth 6A 102
Steep St. NP16: Chep 2E 63
Steer Cres. NP19: Newp 2G 37
Steffani Ct. CF10: Card.......... 6B 96
Stella Cl. CF14: Thorn........... 2H 71
Stella Maris Ct. CF15: Rad.....2F 83
Stelvio Pk. Av. NP20: Newp ... 6H 35
Stelvio Pk. Cl. NP20: Newp ... 6H 35
Stelvio Pk. Ct. NP20: Newp ... 6H 35
Stelvio Pk. Cres.
  NP20: Newp 6H 35
Stelvio Pk. Dr. NP20: Newp ... 6H 35
Stelvio Pk. Gdns.
  NP20: Newp 6H 35
Stelvio Pk. Gro.
  NP20: Newp 6H 35
Stelvio Pk. Ri. NP20: Newp ... 6H 35
Stelvio Pk. Vw. NP20: Newp... 6H 35
Stenhousemuir Pl.
  CF24: Card 2F 97
Stepaside NP16: Math 6C 62
Stephenson Ct.
  CF24: Card 2H 5 (3C 96)
Stephenson Ind. Est.
  NP19: Newp 2F 55
Stephenson St. CF11: Card 4G 95
Stephenson St.
  NP19: Newp 2D 54
Sterling Cl. CF24: Card.......... 2G 97
Sterling Dr. CF72: Y'erdy 5C 40
Sterndale Bennett Rd.
  NP19: Newp 4C 38
Stevelee NP44: Coed E 4E 11
Stevenson Cl. NP10: Roger.... 3C 34
Stevenson Ct. NP10: Roger ... 3C 34
Stevenson St. Ind. Est.
  NP19: Newp 3E 55
Steven Wlk. NP10: Roger...... 5D 34
  .... (off Ebenezer Dr.)
Stewart Rd. CF62: Rho.......... 6E 115
Steynton Path NP44: F'wtr 3E 11
Steynton Path
  NP44: G'mdw 3E 11
Stiels NP44: Coed E 5D 10
Stirling Rd. CF5: Ely 5E 93
Stirling Rd. CF62: Barry........ 6B 105
Stockland St. CF11: Card 1H 101
Stockland St. CF83: Caer 1C 46
Stockton Cl. NP19: Newp 6E 21

Stockton Rd. NP19: Newp 2D **36**
Stockwood Cl. NP18: Langs 6F **23**
Stockwood Vw.
  NP18: Langs 1F **39**
Stokes Ct. NP18: P'hir 1F **21**
Stokes Dr. NP18: P'hir 1F **21**
Stonebridge Pk. NP44: Croes....6F **9**
Stonechat Cl. CF3: St Mel 1E **89**
Stone Cotts. NP26: Sud 6H **61**
Stone Ct. CF14: L'vne 2C **72**
Stoneleigh Ct. CF11: Card 2F **95**
Stonewell Ct. CF23: Pen L...... 5C **86**
Stone Yd., The CF11: Card 4F **95**
Storehouse Row
  CF15: N'grw 4D **44**
  ....(off Tyla Gwyn)
Storrar Pl. CF24: Card 1G **97**
Storrar Rd. CF24: Card 1G **97**
Stour Ct. NP44: Thorn............ 1C **10**
Stowe Path NP44: L'rfn 3B **12**
Stow Hill CF37: T'rest.............. 2D **24**
Stow Hill NP20: Newp............ 5A **36**
STOW PARK 6A **36**
Stow Pk. Av. NP20: Newp 5A **36**
Stow Pk. Circ. NP20: Newp 6A **36**
Stow Pk. Cres.
  NP20: Newp 5A **36**
Stow Pk. Dr. NP20: Newp 6A **36**
Stow Pk. Gdns.
  NP20: Newp 6A **36**
Stow Pas. NP20: Newp 5B **36**
Stradling Cl. CF62: Barry.... 1D **116**
Stradling Cl. CF64: Sul 2G **119**
Stradling Cl. CF71: Cowb 3B **90**
Stradling Pl. CF61: Llan M.... 4C **110**
Stradling Rd. NP10: Roger...... 5C **34**
Stradmore Cl. CF15: Taff W.... 6E **45**
Straits La. NP18: Nash 6B **56**
Strand, The CF61: Llan M 3B **110**
  ....(off Commercial St.)
Stratford Grn. CF63: Barry.... 5C **106**
Stratford Ho. NP20: Newp 6G **35**
Strathnairn St. CF24: Card 1B **96**
Strathy Rd. CF3: St Mel 6E **75**
Striguil Rd. NP16: Bul............ 4E **63**
Strongbow Rd. NP16: Bul...... 4E **63**
Stryd Camlas NP44: Pnwd 3E **9**
Stryd Charger NP10: Duff.......5F **53**
  .... (shown as Charger Street)
Stryd Elai CF11: Card 4C **94**
Stryd Loftus NP19: Newp 5F **37**
  .... (shown as Loftus Grove)
Stryd Silurian CF72: L'harry .. 5C **78**
Stryd y Berllan
  CF72: L'harry...................... 5A **78**
Stryd y Bont-Faen
  NP10: Duff...........................5F **53**
  .... (shown as Cowbridge Street)
Stryd-y-Gollen
  CF72: L'harry...................... 5A **78**
Stuart Av. NP16: Chep 1D **62**
Stuart Cl. CF11: Card.............3F **101**
Stuart Close Trade Pk.
  CF11: Card 3G **101**
Stuart Pl. CF10: Card............. 2C **102**
Stuart St. CF10: Card............. 2B **102**
  ....(not continuous)
Stuart St. CF72: P'clun 6C **64**
Stuart Ter. CF72: Tallb G........3D **64**
  ....(off Heol Johnson)
Student Castle
  CF24: Card 4G **5** (4C **96**)
Sturminster Rd.
  CF23: Pen L........................ 1E **97**
Stuttgarter Strasse
  CF10: Card 2E **5** (3B **96**)
Subway Rd. CF63: Barry....... 3A **118**

SUDBROOK 6H **61**
Sudbrook Rd.
  NP26: Pskwt........................ 5G **61**
Sudbrook Rd. NP26: Sud....... 5G **61**
Sudbury Wlk. NP20: Newp 2C **36**
Sudcroft St. CF11: Card......... 5E **95**
Suffolk Ho. CF5: Card 2E **95**
Sullivan Circ. NP19: Newp 5B **38**
Sullivan Cl. CF3: L'rmy 6E **75**
Sullivan Ct. CF64: P'rth........ 4D **108**
Sullivan Wlk. NP20: Newp 5B **38**
SULLY 3H **119**
Sully Moors Rd. CF64: Sul 6F **107**
Sully Pl. CF64: P'rth.............. 2E **109**
Sully Rd. CF64: P'rth............. 1A **120**
Sully Rd. CF64: Sul 1A **120**
Sully Sailing Club................. 3H **119**
Sully Ter. CF64: P'rth 3E **109**
Sully Ter. La. CF64: P'rth 3E **109**
Sully Vw. CF63: Barry 6E **107**
Summerau Ct. CF5: L'dff 2E **95**
Summerdale Cl.
  CF38: Chu V 2F **43**
Summerfield Av.
  CF14: Card 5H **85**
Summerfield Dr.
  CF72: L'sant 3G **65**
Summerfield La.
  CF83: Mac 3C **30**
Summerfield Pl.
  CF14: Heath..........................2F **85**
SUMMER HILL 3E **37**
Summerhill Av.
  NP19: Newp 3E **37**
Summerhill Cl. CF3: St Mel 6E **75**
Summerhill Ho.
  NP19: Newp 3E **37**
Summerhouse La.
  NP16: Bul 6F **63**
Summerland Cl.
  CF64: L'dgh...........................5F **101**
Summerland Cres.
  CF64: L'dgh...........................5F **101**
Summerwood Cl. CF5: F'wtr ...1F **93**
Sumner Cl. CF5: L'dff 5A **84**
Sunbeam Cl. NP19: Newp 5E **37**
Sundew Cl. CF5: L'dff............ 5A **84**
Sundew Cl. CF64: P'rth......... 6G **101**
Sunlea Cres. NP4: New I 3F **7**
Sunlea Cres. NP4: P'pool........3F **7**
Sunningdale CF83: Caer......... 1A **46**
Sunningdale Cl. CF23: Cyn.... 3B **86**
Sunningdale Ct.
  NP19: Newp 3A **38**
Sunny Bank CF72: L'sant 2F **65**
  ....(off Heol-y-Beilia)
Sunnybank CF64: Din P....... 1A **108**
Sunnybank CF83: A'tdwr........2F **27**
Sunnybank NP10: Bass 1B **52**
Sunnybank NP44: H'lys......... 5B **10**
Sunnybank Cl. CF14: Whit.....4F **85**
Sunnybank St. NP4: Grif........ 6E **7**
Sunny Bank Rd. NP4: Grif...... 6D **6**
Sunnybank Ter. CF83: Mac.....2F **31**
Sunnybank Way NP4: Grif 1D **8**
Sunnybrook Ct. CF5: F'wtr ... 6H **83**
Sunnycroft CF26: Pskwt........ 5H **61**
Sunnycroft Cl.
  CF64: Din P 2H **107**
Sunnycroft La.
  CF64: Din P 2H **107**
Sunnycroft Ri.
  CF64: Din P 2H **107**
Sunny Pl. NP18: P'hir 6E **13**
Sunnyside CF37: P'prdd 5B **14**
  ....(off Graigwen Rd.)
Sun St. CF24: Card 2H **5** (3D **96**)
Supakart................................... 1A **56**

Superbowl UK Cardiff,
  Stadium Plaza........... 6C **4** (4H **95**)
Suran-y-Gog CF63: Barry 4B **106**
Surrey Pl. NP19: Newp 2E **37**
Surrey St. CF5: Card 3D **94**
Sussex Cl. NP19: Newp 1G **55**
Sussex St.
  CF11: Card 6A **4** (5H **95**)
Sutherland Cres.
  NP19: Newp 2G **37**
Sutton Gro. CF23: Pontp........ 4D **72**
Sutton Rd. NP19: Newp.......... 2D **36**
Swalec Stadium..................... 2G **95**
Swallow Dr. NP26: Cald......... 6D **60**
Swallowhurst Cl. CF5: Ely...... 5D **92**
Swallow Way NP10: Duff........ 3G **53**
Swanage Cl. CF3: St Mel 6E **75**
Swanbridge Ct.
  CF83: Bed'ws 3E **29**
  ....(not continuous)
Swanbridge Gro.
  CF64: Sul.............................. 2A **120**
Swanbridge Rd. CF64: Sul ... 1A **120**
Swan Cl. NP26: Cald.............. 6D **60**
Swan Cres. NP19: Newp.........1F **55**
Swansea St. CF24: Card......... 4E **97**
Swan St. CF72: L'sant 2F **65**
Sward Cl. NP10: Roger 2C **34**
Sweldon Cl. CF5: Ely 6F **93**
Swift Cl. CF3: L'rmy............... 6H **73**
Swinburne Cl. NP19: Newp 4G **37**
Swinton St. CF24: Card 2E **97**
Swn y Mor CF62: Barry.......... 5C **116**
Swn-y-Nant CF38: Chu V....... 2E **43**
Sword Hill CF83: Caer 1H **45**
Sycamore Av.
  CF62: Eg Bre 2B **112**
Sycamore Av. NP16: Bul........ 5E **63**
Sycamore Av. NP19: Newp.... 5E **37**
Sycamore Av. NP26: Cald...... 4B **60**
Sycamore Cl. CF64: Din P ... 3H **107**
Sycamore Cl. CF64: L'dgh.... 5G **101**
Sycamore Cl. CF72: Mis.........6F **65**
Sycamore Ct. NP44: H'lys..... 5B **10**
Sycamore Cres.
  CF62: Barry.......................... 6A **106**
Sycamore Cres. NP11: Ris 6F **17**
Sycamore Dr. NP20: Newp 4H **35**
Sycamore Ho. CF14: Whit...... 1A **84**
Sycamore Pl. CF5: F'wtr 1H **93**
Sycamore Pl. NP44: Up Cwm ... 6B **8**
  ....(not continuous)
Sycamore Rd. CF72: L'harry... 5A **78**
Sycamore Rd. NP4: Grif......... 2D **8**
Sycamore Rd. Sth. NP4: Grif ... 2D **8**
Sycamore St. CF15: Taff W 1E **69**
Sycamore St. CF37: R'fln 4G **25**
Sycamore Ter.
  NP26: Magor 4D **58**
Sycamore Tree Cl.
  CF15: Rad.............................. 1E **83**
Sylvan Cl. CF5: F'wtr 6A **84**
Sylvan Cl. NP20: Malp 4B **20**
Symondscliffe Way
  NP26: Pskwt..........................6F **61**
Syon Pk. Cl. CF3: St Mel........ 6E **75**
Syr David's Av. CF5: Card...... 2D **94**
Syr David's Ct. CF5: Card...... 2D **94**
System St.
  CF24: Card 2H **5** (3C **96**)

T

Tabernacle Dr. NP10: R'drn ... 6A **34**
Tabor St. CF15: Taff W........... 1E **69**
Tacoma Sq. CF10: Card........ 2C **102**

Tadia Way NP18: Caerl 3H **21**
Taf Cl. CF62: Barry................ 1E **117**
Taff Bus. Cen. CF37: T'rest.... 6A **26**
Taff Cotts. CF72: Cross I....... 3G **65**
Taff Ct. NP44: Thorn 6A **8**
Taff Emb. CF11: Card............. 6H **95**
  ....(not continuous)
Taff Rd. NP26: Cald................ 4D **60**
Taffs Fall Rd. CF37: T'rest...... 1B **44**
Taffs Mead Emb.
  CF11: Card 6B **4** (5H **95**)
Taffs Mead Rd. CF37: T'rest... 1A **44**
Taffs Mead
  (Waterbus) 6B **4** (5H **95**)
Taff St. CF15: Tong 4G **69**
Taff St. CF37: P'prdd.............. 1C **24**
TAFF'S WELL 1E **69**
Taff's Well Station (Rail) 2E **69**
Taff Ter. CF11: Card 1A **102**
Taff Ter. CF15: Rad 6B **83**
Taff Vale Flats CF37: P'prdd... 1C **24**
Taff Vale Shop. Cen. 6C **14**
Taff Valley Quad Bike
  & Activity Cen. 4B **26**
Tafwy's Wlk. CF83: Caer 6C **28**
Tai Cae Bryn CF15: Gro-w 6G **27**
Tai Derwen CF3: Cefn M........ 5B **50**
Tai Duffryn CF15: N'grw........ 4E **45**
Tai Penylan CF5: Cap L......... 2H **81**
Tair Erw Rd. CF14: Heath 3F **85**
Tair Gwaun CF64: P'rth......... 4C **108**
Talbot Cl. CF72: Tallb G 2E **65**
TALBOT GREEN 3D **64**
Talbot Green Bus Station 3E **65**
Talbot Ho. CF72: Hens 6F **79**
Talbot La. NP20: Newp 5C **36**
Talbot Pl. CF11: Card............. 3G **95**
Talbot Rd. CF72: L'sant 3E **65**
Talbot Rd. CF72: Tallb G........ 3E **65**
Talbot Sq. CF72: Tallb G........ 3D **64**
Talbot St. CF11: Card............. 3G **95**
Talgarth Cl. NP44: Cwm'bn.... 3G **11**
Taliesin NP44: Cwm'bn.......... 1G **11**
Taliesin Cl. NP10: Roger........ 3D **34**
Taliesin Ct. CF10: Card.......... 1B **102**
Taliesin Dr. NP10: Roger........ 3D **34**
Tallard's Pl. NP16: Sed........... 2G **63**
Tallis Cl. NP19: Newp 4C **38**
Talworth St.
  CF24: Card 1G **5** (2C **96**)
Talybont Cl. CF62: St Ath...... 2D **112**
Talybont Ct. CF14: Card......... 1G **95**
Talybont Ga. CF14: Card........6F **85**
Talybont Nth. CF14: Card.......6F **85**
Talybont Rd. CF5: Ely 4H **93**
Tal-y-Bryn CF64: P'rth.......... 3C **108**
Talyfan Cl. CF71: Cowb......... 4D **90**
TALYGARN 2C **78**
Talygarn Cl. CF72: T'garn 2B **78**
Talygarn Cl. CF72: T'garn 2C **78**
Talygarn Dr. CF72: Bryns...... 1B **78**
Talygarn M. CF72: T'garn 2C **78**
Talygarn St. CF14: Card......... 5H **85**
TALYGARN UNIT 5E **7**
  ....(within County Hospital)
Tamar Cl. NP20: Bet 5G **19**
Tamar Valley Cl.
  NP20: Newp 1B **54**
Tandem Mill Rd.
  NP19: Newp 1C **56**
Tanglewood Cl. CF14: L'vne ... 3A **72**
Tangmere Dr. CF5: L'dff........ 5H **83**
Tan Ho. Dr. NP18: Caerl......... 5A **22**
Tansy Cl. CF14: Thorn............2F **71**
Tantallus Cl. NP19: Newp...... 6E **37**
Tantallus Cres. NP19: Newp... 6E **37**
Tantallus Way NP19: Newp 6E **37**

Tan-y-Bryn CF38: Bed 4A **42**
Tanybryn NP11: Ris 1G **33**
Tan-y-Coed NP4: P'nydd........ 1A **6**
Tan y Fron CF62: Barry 4D **116**
Tan-yr-Allt CF72: Cross I 3G **65**
Tapley Cl. CF5: Ely 6H **93**
Tarragon Way CF23: Pontp..... 4E **73**
Tarrws Cl. CF5: Wen 4E **99**
Tarwick Dr. CF3: St Mel........ 6C **74**
Tasker Sq. CF14: L'shn...........6F **71**
Tatem Dr. CF5: F'wtr............2F **93**
Tatham Rd. CF14: L'shn 6F **71**
.........................(not continuous)
Tathan Cres. CF62: St Ath 4D **112**
Tatton Rd. NP19: Newp......... 3B **56**
Taunton Av. CF3: L'rmy 2H **87**
Taunton Cres. CF3: L'rmy..... 2A **88**
Taverner Trad. Est.
   NP18: Caerl 4H **21**
Tavern-y-Coed CF38: Tont 6F **25**
Tavistock St.
   CF24: Card 1F **5** (2B **96**)
Taylor St. NP11: Ris............. 4D **16**
Taymuir Rd. CF24: Card..........1F **97**
Teal Cl. NP26: Undy 4E **59**
Tealham St. CF3: St Mel........6F **75**
Teal St. CF24: Card 1H **5** (2C **96**)
Teamans Row CF11: Morg 5F **69**
Teamsport Go Karting............1E **97**
Teasel Av. CF64: P'rth...........6G **101**
Techniquest Cardiff 2B **102**
Tedder Cl. CF14: L'shn...........6H **71**
Tees Cl. NP20: Bet 5H **19**
Tegfan CF11: Caerl 3F **95**
Tegfan CF72: P'clun 1C **78**
Tegfan CF83: Caer 6A **28**
Tegfan Cl. CF14: L'shn.........5G **71**
Tegfan Ct. NP44: H'lys 5B **10**
Teifi Dr. CF62: Barry 2E **117**
Teifi Pl. CF5: Ely.................. 4H **93**
Teilo St. CF11: Card 2F **95**
Telelkebir Rd. CF37: P'prdd..... 5A **14**
Telford Cl. NP10: Roger 3D **34**
Telford Ct. CF11: Card 4G **95**
Telford St. NP19: Newp 5E **37**
Temperance Ct.
   CF15: P'rch......................4H **67**
Temperance Hill NP11: Ris.... 4D **16**
Temperance Pl.
   CF37: P'prdd...................... 6C **14**
Temperance Rd.
   CF15: P'rch......................4H **67**
Temper Mill Way
   NP19: Newp 6C **38**
Tempest Dr. NP16: Chep......2D **62**
Tempest Way NP16: Chep 2D **62**
Templar Pk. Ind. Est.
   CF24: Card 6H **5** (5C **96**)
Temple Ct.
   CF11: Card 3A **4** (3G **95**)
Temple St. NP20: Newp........ 1C **54**
Templeton Av. CF14: L'shn....4F **71**
Templeton Ct. CF14: L'shn.... 4G **71**
Tenby Cl. CF64: Din P 2A **108**
Tenby Cl. NP10: Duff............6G **53**
Tenby Cl. NP44: L'rfn 2A **12**
Tenby Ct. CF83: Caer 5H **27**
Tenby La. NP16: Bul 6F **63**
Tenison Rd. NP4: Treve 1D **6**
Tennis Hut Cardiff.................4H **71**
Tennyson Av. NP18: L'wrn..... 5E **39**
Tennyson Cl. CF37: R'fln.......3G **25**
Tennyson Cl. NP26: Cald 5B **60**
Tennyson Rd. CF62: Barry ... 5G **105**
Tennyson Rd. CF64: P'rth..... 1C **108**
Tennyson Rd. NP19: Newp..... 4G **37**
Tennyson Rd. NP26: Cald 5B **60**

Tennyson Way
   CF61: Llan M 4D **110**
Tensing Cl. CF14: L'shn......... 4H **71**
Tensing Ter. CF63: Barry....... 1B **118**
Tern Cl. CF3: St Mel.............. 5D **74**
Tern Cl. NP44: Thorn............. 6A **8**
Terrace, The CF15: Cre........... 5E **67**
Terrace, The NP26: Sud.......... 6H **61**
Terra Nova Way
   CF64: P'rth 5H **101**
Tetbury Cl. NP20: Newp....... 2C **36**
Tewdric Ct. NP44: Croes........6H **9**
Tewdrig Cl. CF61: Llan M 4B **110**
Tewends NP44: F'wtr............ 4D **10**
Tewkesbury Pl. CF24: Card.... 5A **86**
Tewkesbury St. CF24: Card.... 6A **86**
Tewkesbury Wlk.
   NP20: Newp 3C **36**
   ....(off Evans St.)
Teynes NP44: Coed E........... 4D **10**
Thackeray Cres. CF3: L'rmy...6H **73**
Thackeray St. NP20: Bet...... 6G **19**
Tharsis Cl.
   CF24: Card 4G **5** (4C **96**)
Theobald Rd. CF5: Card.........4E **95**
Theodora St. CF24: Card....... 2E **97**
Thesiger Cl. CF24: Card 1A **96**
Thesiger St. CF24: Card 1A **96**
Third Av. CF83: Caer............... 6A **28**
Third St. NP19: Newp........... 3G **55**
Thirlmere Pl. NP19: Newp 1F **37**
Thistle Cl. CF62: Barry.........1F **117**
Thistle Cl. NP44: Ty Ca......... 3B **10**
Thistle Way CF5: L'dff 1C **94**
Thistle Way NP11: Ris.........6F **17**
Thomas Cl. CF23: Pen L 6C **86**
Thomas Davies Ct.
   CF3: Rum 4H **87**
Thomas Grange
   NP19: Newp 1C **56**
Thomas Gro. NP10: Roger..... 5D **34**
Thomas St. CF11: Card
   Grangetown 6H **95**
Thomas St. CF11: Card
   Waun-Gron Park 3C **94**
Thomas St. CF37: P'prdd........ 6C **14**
Thomas St. CF83: A'tdwr....... 2E **27**
Thomas St. CF83: Caer......... 2E **27**
Thomas St. CF83: L'brad....... 1B **28**
Thomas St. CF83: Tret........... 3A **30**
Thomas St. NP16: Chep........2E **63**
Thomas Street Arcade............2E **63**
Thomasville CF83: Caer 5A **28**
Thompson Av. CF5: Card........ 2C **94**
Thompson Av. NP19: Newp 6H **37**
Thompson Cl. NP19: Newp..... 6A **38**
Thompson Pl. CF5: Card........ 2C **94**
Thompson St. CF37: P'prdd.... 6A **14**
Thompson St. CF63: Barry ...2H **117**
Thorley Cl. CF23: Cyn 3B **86**
Thornaby Ct.
   CF10: Card 6F **5** (5B **96**)
Thornbury Cl. CF14: Heath 1E **85**
Thornbury Pk. NP10: Roger.... 5C **34**
   ....(not continuous)
Thorncliff Ct. NP44: St Di 3E **11**
Thorncliffe Rd. NP44: St Di.... 2E **11**
Thorncliffe Way NP44: St Di.... 2E **11**
Thorne Way CF5: Ely.............6F **93**
Thorn Gro. CF64: P'rth...........5F **109**
THORNHILL 3G **71**
THORNHILL 5D **46**
THORNHILL 1D **10**
Thornhill Cen. NP44: Thorn 1C **10**
Thornhill Cl. NP44: Up Cwm... 5B **8**
Thornhill Ct. CF14: R'ina 5F **71**

Thornhill Crematorium
   & Cemetery 3E **71**
Thornhill Gdns.
   NP10: Roger 2A **34**
Thornhill Rd. CF14: L'shn 6E **47**
Thornhill Rd. CF14: Thorn 6E **47**
Thornhill Rd. CF83: Caer....... 4D **46**
Thornhill Rd. CF83: R'ina 4D **46**
Thornhill Rd. NP44: Thorn 1D **10**
Thornhill Rd.
   NP44: Up Cwm 1D **10**
Thornhill St. CF5: Card 3E **95**
Thornhill Way NP10: Roger 2A **34**
Thorn Tree Dr. NP16: Bul.......6F **63**
Thornwell Rd. NP16: Bul 4E **63**
Thornwood Cl. CF14: Thorn.... 2G **71**
Three Arches Av.
   CF14: L'shn 6A **72**
Three Oaks Cl.
   CF83: Bed'ws 2E **29**
Threipland Dr. CF14: Heath ...2F **85**
Thrush Cl. CF3: St Mel.......... 6E **75**
Thurston Rd. CF37: P'prdd..... 5D **14**
Thurston St. CF5: Card 4E **95**
Tidal Sidings CF24: Card........ 5E **97**
Tide Flds. Rd. CF24: Card...... 4G **97**
Tidenham Ct. CF5: Ely........... 5H **93**
Tidenham Rd. CF5: Ely......... 5H **93**
Till Gro. NP18: Caerl 4F **21**
Tillsland NP44: Coed E 5E **11**
Timbers Sq. CF24: Card........ 1D **96**
Timber Yd., The
   CF24: Card 6H **5** (5D **96**)
Timothy Rees Cl. CF5: L'dff.... 4H **83**
Tin St. CF24: Card................ 3D **96**
Tintagel Cl. CF14: Thorn........4F **71**
Tintern Cl. CF62: St Ath 2C **112**
Tintern Cl. NP44: Cwm'bn 3G **11**
Tintern St. CF5: Card 3E **95**
Tippet Cl. NP19: Newp.......... 4C **38**
Tir-Afon Ct. CF72: P'clun......6D **64**
Tir Coed CF83: Caer............. 4A **28**
Tir Meibion La. CF72: L'sant...2F **65**
Tir-y-Cwm La. NP11: Ris........6D **16**
Tir-y-Cwm Rd. NP11: Ris....... 5D **16**
Tir y Graig CF38: Tont 1G **43**
Titan Rd. CF24: Card............ 5D **96**
Tiverton Dr. CF3: Rum 3G **87**
Toftingall Av. CF14: Heath 2F **85**
Toghill Dr. CF15: Taff W........2F **69**
Tollgate Cl. CF11: Card.........2F **101**
Tollgate Cl. CF83: Caer..........4F **29**
Tolpath NP44: Coed E 4C **10**
Tom Lewis Way
   NP20: Newp 5C **54**
Tom Mann Cl. NP19: Newp.... 2B **38**
Tommy Cooper Statue 1D **46**
Ton, The CF3: Old M............. 6B **74**
Tone Cl. NP20: Bet............... 5F **19**
Tone Rd. NP20: Bet.............. 5F **19**
Tone Sq. NP20: Bet.............. 5F **19**
Ton Rd. NP44: Cwm'bn 4E **11**
Ton Rd. NP44: F'wtr.............. 3C **10**
Tonteg Cl. CF38: Tont 1G **43**
TON-TEG 2G **43**
TONTEG HOSPITAL 1F **43**
Tonteg Ind. Est.
   CF37: T'rest 6H **25**
Tonteg Rd. CF37: T'rest......... 6H **25**
Tonteg Rd. CF38: Tont 1H **43**
Ton y Felin CF38: Tont 3G **25**
Ton-y-Felin Rd. CF83: Caer ...6D **28**
Ton-yr-Ywen Av.
   CF14: Heath....................... 2G **85**
Topaz St. CF24: Card 3D **96**
Torbay Ter. CF62: Rho........... 6E **115**

Tordoff Way CF62: Barry....... 1G **117**
Torfaen Bus. Cen. NP4: New I...5F **7**
Toronto Cl. NP20: Newp..........6F **35**
Torrens Dr. CF23: Cyn........... 3B **86**
Torridge Rd. NP20: Bet.......... 4E **19**
Torrington Rd. CF3: L'rmy 6A **74**
Tor Vw. CF83: Bed'ws........... 2E **29**
Tower, The NP44: Cwm'bn..... 2H **11**
Twr. Hill CF64: P'rth..............2F **109**
Tower Hill Av. CF64: P'rth......2F **109**
   ....(off Tower Hill)
Tower St. CF37: T'rest...........2D **24**
Twr. Way CF64: Sul................ 1E **119**
Towngate Ind. Est.
   NP44: T Coch 4G **11**
Town Hall Sq. CF71: Cowb ... 3D **90**
Town Mill Rd. CF71: Cowb 4C **90**
Town Wall Nth.
   CF10: Card 4D **4** (4A **96**)
   ....(within St David's Cen.)
Town Wall Sth.
   CF10: Card 4D **4** (4A **96**)
   ....(within St David's Cen.)
Towyn Rd. CF3: Rum 3A **88**
Towyn Way CF38: Tont 1G **43**
Towy Rd. CF14: L'shn............ 6A **72**
Trade St. CF10: Card 5A **96**
Trade St. La. CF10: Card...... 6A **96**
Trafalgar Rd. CF23: Pen L 1D **96**
Trafalgar St. NP11: Ris........ 1E **33**
Traherne Dr. CF5: Ely.......... 5D **92**
TRALLWNG 5D **14**
Tram La. NP18: Caerl........... 5A **22**
Tram La. NP44: Llanf........... 6C **12**
Tramore Way CF23: Pontp.... 4G **73**
Tram Rd. NP18: Caerl 5A **22**
Tram Rd. NP44: Up Cwm 5B **8**
Tramshed 6A **4** (5H **95**)
Tramshed Flats
   CF11: Card 6A **4** (5H **95**)
Tramway Cl. NP44: F'wtr..... 4C **10**
TRANCH 3A **6**
Tranch Rd. NP4: P'pool.......... 3A **6**
Trannon Ct. NP44: Thorn....... 1D **10**
Tranquil Pl. NP44: Cwm'bn.... 4G **11**
Tranters Ter. NP44: Pnwd...... 5C **8**
   ....(off Ty Pwca Rd.)
Trap Well CF83: Caer..............4F **29**
Trasmawr La. NP20: Bet........4F **19**
Trasmawr La. NP44: L'tnam... 3G **19**
Traston Av. NP19: Newp 2H **55**
Traston Cl. NP19: Newp 2H **55**
Traston La. NP19: Newp 2H **55**
Traston Rd. NP19: Newp........3F **55**
   ....(not continuous)
Trebanog Cl. CF3: Rum......... 1C **88**
Trebanog Cres. CF3: Rum..... 2C **88**
Tre-Beferad CF61: Bov 4E **111**
TREBEFERAD 4E **111**
Treberth Av. NP19: Newp 3C **38**
Treberth Cl. NP19: Newp 3C **38**
Treberth Cl. NP19: Newp 3C **38**
Treberth Cres. NP19: Newp ... 3B **38**
Treberth Dr. NP19: Newp 3C **38**
Treberth Est. NP19: Newp 3C **38**
Treberth Gdns. NP19: Newp ... 3C **38**
Treberth Gro. NP19: Newp 3C **38**
Treberth Ri. NP19: Newp 3B **38**
Treberth Vw. NP19: Newp 3B **38**
Treberth Way NP19: Newp 3C **38**
Trebheath CF3: Rum.............. 2C **88**
Trecastle Av. CF14: L'shn..... 4G **71**
TRECENYDD 6A **28**
Trecenydd Bus. Pk.
   CF83: Caer 6B **28**
Trecinon Rd. CF3: Rum......... 2D **88**
Tredegar Ct. CF14: Whit....... 2B **84**

Tredegar Ct. NP11: Cross K 4A 16
Tredegar Ct. NP20: Newp 1C 54
Tredegar Dr. NP26: Undy 4F 59
Tredegar Fort 1F 53
Tredegar House 4F 53
Tredegar House
    Country Pk. 4E 53
Tredegar Ho. Country Pk. Cvn.
    Club Site NP10: Coedk......... 4E 53
Tredegar Ho. Dr. NP10: Duff ... 4G 53
TREDEGAR PARK 3F 53
Tredegar Pk. Pitch & Pitt 1E 53
Tredegar Pk. Vw.
    NP10: Roger 5E 35
Tredegar St.
    CF10: Card 5E 5 (4B 96)
Tredegar St. NP10: R'drn 6A 34
Tredegar St. NP11: Cross K 3A 16
Tredegar St. NP11: Ris 5D 16
Tredegar St. NP20: Newp 6C 36
Tredegar Ter.
    NP11: Cross K 3A 16
Tredegar Ter. NP11: Ris 6D 16
Tredelerch Rd. CF3: Rum 5G 87
Tredgar Pk. Golf Course...........2F 35
TREDOGAN 3G 115
Tredogan Rd. CF62: P'ark 1E 115
Tredogan Rd. CF62: Rho....... 1E 115
Tredogan Rd. CF62: T'gan..... 1E 115
Treetops NP26: Pskwt............ 5G 61
Treetops CL. CF5: F'wtr 6F 83
Trefaser Cres. CF3: Rum 1C 88
TREFFLEMIN 1D 112
TREFFOREST 2E 25
TREFOREST 2E 25
Treforest Estate
    Station (Rail) 2B 44
Treforest Ind. Est. CF37: T'rest
    Heol y Gamlas 2C 44
Treforest Ind. Est. CF37: T'rest
    Severn Rd.............................6A 26
    ....(not continuous)
Treforest Station (Rail) 3E 25
TREFORGAN 5F 69
Treganna St. CF11: Card 4C 94
Tregare St. NP19: Newp 3D 36
Tregarn Rd. NP18: Langs...... 6H 23
Tregaron Rd. CF5: Ely 4F 93
Tregarth CL. CF15: Cre 5D 66
Tregarth Ct. CF15: Cre 5D 66
Tregwilym CL. NP10: Roger..... 5D 34
Tregwilym Ind. Est.
    NP10: Roger 5C 34
Tregwilym Rd. NP10: Roger.... 4B 34
    ....(not continuous)
Tregwilym Wlk.
    NP10: Roger 5C 34
Treharne Flats CF37: R'fln...... 4H 25
Treharne Rd. CF63: Barry 6A 106
Treharris St. CF24: Card 2B 96
Tre-Herbert Rd.
    NP18: L'veth 2G 13
Tre-Herbert Rd. NP18: P'hir.... 2G 13
Tre-Herbert Rd. NP44: Croes... 4H 9
Treherbert St. CF24: Card...... 1H 95
TRELAI 4H 93
Trelai Ct. CF5: Ely 6G 93
Trelawney Av. CF3: Rum 4H 87
Trelawney Cres. CF3: Rum..... 4H 87
Trelech CL. NP44: Cwm'bn..... 3H 11
Trem Echni CF62: Rho............6F 115
Trem Elai CF64: P'rth............. 6H 101
Trem Groeswen CF83: Caer..... 1H 45
Trem Mapgoll CF63: Barry.... 4A 106
TREMORFA 2F 97
Tremorfa Ind. Est.
    CF24: Card 5F 97

Tremorfa Pk............................2G 97
Trem Powys CF63: Barry 5C 106
Trem Twynbarlwm
    NP44: Two L....................... 4G 11
Trem y Bae CF64: P'rth......... 6H 101
Trem y Castell CF83: Caer...... 2H 45
Trem y Coed CF5: Ely 4D 92
Trem-y-Coed CF63: Barry 4B 106
Trem-y-Cwm CF38: Bed......... 5A 42
Trem-y-Don CF62: Barry....... 5C 116
Trem-y-Fforest
    CF72: L'harry..................... 6B 78
Trem-y-Garth CF72: L'harry ... 5C 78
Trem y Graig CF5: Cap L 2F 81
Trem y Graig CF5: Cre 2F 81
Trem yr Afon CF11: Card........ 4C 94
Trem yr Afon CF37: P'prdd 6A 14
Trem yr Eryr CF37: P'prdd 6A 14
Trem y Rhyd CF5: St F 3D 82
Trenchard Dr. CF14: L'shn...... 6H 71
Trenewydd Rd. CF3: Rum....... 2C 88
Trent Rd. NP20: Bet...............5F 19
Tre Oda Ct. CF14: Llan N 4D 84
Treorchy St. CF24: Card 1H 95
Treseder Way CF5: Ely........... 4A 94
Tresigin CF3: Rum............... 1C 88
Tresilian CL. CF61: Llan M..... 4B 110
Tresillian Ter.
    CF10: Card 6D 4 (5A 96)
Tresillian Way
    CF10: Card 6D 4 (5A 96)
Tresillian Way Ind. Est.
    CF10: Card 5A 96
Tretower Ct. NP44: L'rfn........ 2B 12
Trevelyan Ct.
    CF61: Llan M 2D 110
Trevelyan Ct. CF83: Caer...... 6E 29
Trevethick St. CF11: Card....... 4G 95
TREVETHIN 1C 6
Trevine Path NP44: F'wtr....... 3E 11
Trevithick CL. NP20: Malp...... 4H 19
    ....(not continuous)
Trewartha Ct. CF14: Whit 2D 84
Triangle, The CF62: Barry 5H 117
    ....(off Redbrink Cres.)
Triassic Towers 5G 117
    .... (within Barry Island Pleasure Pk.)
Trident Ct.
    CF24: Card 6H 5 (4C 96)
Trident Ind. Pk. CF24: Card ... 5E 97
Trident Trade Pk.
    CF24: Card 5F 97
Tridwr Rd. CF83: A'tdwr 2D 26
Trinity Ct. CF24: Card ...2F 5 (3B 96)
Trinity Ct. CF62: Barry 3G 117
Trinity Ct. NP11: Ris.............. 5D 16
Trinity Ct. NP20: Newp 1D 54
Trinity PL. NP14: Lp18: Caerl......4E 21
Trinity PL. NP20: Newp.......... 1D 54
Trinity St. CF10: Card ...4D 4 (4A 96)
Trinity St. CF62: Barry 3F 117
Trinity Vw. NP18: Caerl 4E 21
Tristram CL. CF14: Thorn....... 3F 71
Troddi CL. NP26: Cald............ 4C 60
TROEDRHIW-TRWYN................4G 7
Troed-y-Bryn CF83: Caer....... 4A 28
Troed-y-Garth CF15: P'rch 4H 67
Troed-y-Rhiw CF14: R'ina 4C 70
TROSNANT 4C 6
Trosnant St. NP4: P'pool....... 3C 6
    ....(not continuous)
Trostrey NP44: H'bush 5E 11
Trostrey CL. NP4: New I.......... 5H 7
Trostrey St. NP19: Newp 3D 36

Trotman Dickenson PL.
    CF14: Card 6G 85
TROWBRIDGE 2C 88
Trowbridge Grn. CF3: Rum..... 1C 88
TROWBRIDGE MAWR 3C 88
Trowbridge Rd. CF3: Rum 2B 88
Trussel Rd. NP44: Cwm'bn..... 1G 11
Tubular Cotts. NP16: Tut 1G 63
Tudor CL. CF5: F'wtr 2H 93
Tudor CL. CF64: P'rth............. 4E 109
Tudor Ct. NP26: Undy............5F 59
Tudor Cres. NP10: Roger 5D 34
Tudor Dr. NP16: Chep 1C 62
Tudor Gdns. CF83: Mac 3F 31
Tudor La. CF11: Card......6A 4 (5H 95)
Tudor M. CF72: Mis 6F 65
Tudor PL. CF61: Llan M 4C 110
Tudor Rd. NP19: Newp........... 1E 37
Tudor Rd. NP44: Cwm'bn...... 2G 11
Tudors, The CF23: Pen L........ 6C 86
Tudor St. CF11: Card 6A 4 (4G 95)
Tudor St. CF37: R'fln.............. 5G 25
Tudor Way CF38: Llan F......... 5C 42
Tudor Woods NP44: L'rfn....... 3B 12
Tulip Wlk. NP10: Roger.......... 3H 33
Tullock St. CF24: Card 6C 86
Tumble, The CF5: Cul C 1B 98
Tumble, The CF5: St N........... 1B 98
Tummel CL. CF23: Cyn 2C 86
Tump La. NP26: Undy 4E 59
Tunnel Ter. NP20: Newp......... 5B 36
Turberville PL. CF11: Card.......3F 95
Turberville Rd.
    NP44: Cwm'bn 1H 11
Turkey St. CF61: Llan M 2B 110
Turner Ct. CF11: Card 6A 96
Turner Rd. CF5: Card 3D 94
Turners End NP44: F'wtr....... 4D 10
Turner St. NP19: Newp 3D 36
Turnham Grn. CF23: Pen L 5E 87
Turnpike CL. CF64: Din P 1G 107
Turnpike CL. NP16: Chep........ 1C 62
Turnpike CL. NP4: P'pool........3F 7
Turnpike End NP16: Beach..... 6H 63
Turnpike Rd. NP44: Croes 1B 12
Turnpike Rd. NP44: Llanf....... 1B 12
Turnstiles, The NP20: Newp ... 2C 36
Tuscan CL. CF64: L'dgh.........4F 101
TUTSHILL 1G 63
Tutshill Gdns. NP16: Tut....... 1G 63
Tweedsmuir Rd. CF24: Card....2F 97
Tweedy La. NP19: Newp.........4F 37
Twinings, The
    NP44: G'mdw 2D 10
Twissell's Rd. NP4: P'pool..... 3A 6
Twm Barlwm CL. NP11: Ris 5G 17
Twmbarlwm Ri. NP44: H'lys.... 4A 10
Twm Barlwm Vw.
    NP44: Llanf......................... 3B 12
Twmpath Gdns. NP4: P'pool... 3B 6
Twmpath Rd. NP4: P'pool...... 3B 6
TWO LOCKS 4G 11
Two Locks Rd. NP44: Two L....4F 11
Twyn, The CF83: Caer............ 1D 46
Twyncarn Rd.
    NP11: C'carn 1A 16
Twyncarn Rd.
    NP11: P'waun...................... 1A 16
Twyncyn CF64: Din P.............2F 107
TWYNCYN 2F 107
TWYNGWYN 1E 7
Twyn Oaks NP18: Caerl 4B 22
TWYN Y CADNO 4G 33
Twyn-y-Fedwen Rd.
    CF14: Whit...........................4F 85
TWYN-YR-ODYN.......................3D 98
Ty Box CL. NP44: Pnwd 6D 8

Ty Box Rd. NP44: Pnwd...........6D 8
    ....(not continuous)
TY BRYN CHILDREN'S CEN. ... 4G 11
Ty Bryncoch CF15: Taff W...... 1E 69
Ty Cae Nant NP44: Cwm'bn... 2G 11
Ty Camlas CF63: Barry 3H 117
Ty-Canol CL. NP44: F'wtr....... 4C 10
Ty-Canol La. CF83: Mac......... 2E 31
Ty-Canol La. CF83: Tret.......... 1A 30
Ty-Canol Row NP44: F'wtr..... 4C 10
Ty Canol Way NP44: H'lys 4B 10
Ty-Canol Way
    NP44: G'mdw 3B 10
Ty-Canol Way NP44: H'lys..... 3B 10
Ty-Canol Way NP44: Ty Ca.... 3B 10
Ty Cefn Rd. CF5: Ely.............. 3H 93
Ty Celyn M. CF14: Whit.......... 6B 70
Ty Cerrig CF23: Pent.............. 5E 73
Ty Cerrig CF63: Barry 6B 106
Ty Charlotte CF64: P'rth....... 5A 102
TY-COCH 5G 11
Ty Coch CL. NP44: L'tnam 1A 20
Ty Coch CL. NP10: Bass......... 1B 52
Ty Coch Ct. CF3: St Mel......... 1B 88
Ty-Coch Distribution Cen.
    NP44: Cwm'bn 5G 11
Ty Coch Ind. Est.
    NP44: Cwm'bn 4G 11
Ty Coch La. NP44: L'tnam 6H 11
Ty Coch La. NP44: T Coch 5F 11
Ty Coch Rd. CF5: Ely 3G 93
Ty Coch Way
    NP44: Cwm'bn 4G 11
Ty Coch Way NP44: Oakf....... 4G 11
Ty Coed NP44: Thorn............. 6B 8
Ty Crwyn CF38: Chu V 3E 43
Ty Dewi Sont CF64: P'rth...... 3C 108
Tydfil PL. CF23: Card 5B 86
Tydfil Rd. CF83: Bed'ws.........2F 29
Tydfil St. CF63: Barry 1B 118
Tydies NP44: Coed E.............. 5D 10
Ty Draw CF38: Chu V 2E 43
Ty-Draw PL. CF23: Pen L 6C 86
Ty-Draw Rd. CF14: Pontp 4D 72
Ty-Draw Rd. CF23: Pen L 5B 86
TY-DU 4C 34
Ty Du La. NP10: Roger 4B 34
Tydu NP10: Roger................. 4D 34
Ty-Dyfan CF63: Barry........... 5A 106
Ty Enfys CF23: Pent..............5F 73
Tyfica Cres. CF37: P'prdd 6C 14
Tyfica Rd. CF37: P'prdd 6B 14
Ty-Fry Av. CF3: Rum 4H 87
Ty Fry CL. CF3: Rum.............. 3A 88
Ty-Fry Gdns. CF3: Rum 3H 87
Ty-Fry Rd. CF3: Rum.............. 4H 87
Ty Gambig CF62: Barry......... 6H 117
Ty Glas Av. CF14: L'shn 5G 71
Ty Glas Rd. CF14: L'shn.........6F 71
Ty-Glas Station (Rail) 1G 85
Ty Gwendollen CF64: P'rth.... 5A 102
Ty Gwenfo CF63: Barry 1C 118
Ty-Gwyn Av. CF23: Pen L 5C 86
Ty-Gwyn Cres. CF23: Pen L .. 4C 86
Ty-Gwyn Gdns. CF23: Pen L .. 4C 86
Ty Gwyn Ho. CF23: Pen L 5C 86
Ty Gwyn Rd. NP44: Coed E.... 3C 10
Ty Gwyn Rd. NP44: F'wtr...... 3C 10
Ty Gwyn Rd. NP44: G'mdw....2D 10
Ty-Gwyn Rd. CF14: R'ina...... 6E 71
Ty-Gwyn Rd. CF23: Pen L 4C 86
Tygwyn Rd. CF37: P'prdd...... 6E 15
Tygwyn Rd. CF38: Chu V 2E 43
Ty Gwyn Way NP44: F'wtr 2C 10
Ty Gwyn Way NP44: G'mdw... 2C 10
TY HAFAN CHILDREN'S
    HOSPICE 3E 119

Ty Isaf CF72: L'harry............ 5A 78
Ty-Isaf CF83: Caer................ 4H 27
Ty-Isaf NP11: Ris....................1F 33
Ty-Isaf Bungs. CF83: Caer 4H 27
Ty-Isaf Cres. NP11: Ris..........1F 33
Ty-Isaf Pk. Av. NP11: Ris........1F 33
Ty-Isaf Pk. Circ. NP11: Ris 1F 33
Ty-Isaf Pk. Cres. NP11: Ris 1F 33
Ty-Isaf Pk. Rd. NP11: Ris 1F 33
Ty-Isaf Pk. Vs. NP11: Ris........1F 33
Tylacoch CF72: L'harry........... 5A 78
Tylagarw Ct. CF72: Tyle 5C 64
Tylagarw Ter. CF72: Tyle 5B 64
Tyla Glas CF83: Caer 3B 46
Tyla Gwyn CF15: N'grw 3D 44
Tyla La. CF3: Old M............... 1E 75
Tyla La. CF3: St Mel............... 1E 75
Tyla Rhosyr CF71: Cowb.........3B 90
Tyla Teg CF14: R'ina 5B 70
Tyle Garw CF72: Tyle.............. 5B 64
TYLE-GARW 5B 64
Tylegarw Ct. CF72: Tyle.......... 5C 64
Tyle Ho. Cl. CF61: L'maes...... 1D 110
Tyle'r Hendy CF72: Mis.......... 6E 65
Tyler St. CF24: Card............... 2E 97
Tylers Way NP16: Sed 2H 63
Tyllwyd Rd. NP20: Newp 5H 35
Tymawr Av. CF3: Rum 5G 87
Ty Mawr Cl. CF3: Rum 5G 87
Ty Mawr La. CF14: Llan N 4B 84
Ty Mawr La. CF3: M'fld 5A 76
Ty Mawr Parc CF37: P'prdd.... 5A 14
Ty-Mawr Rd. CF14: Llan N 2A 84
Ty-Mawr Rd. CF14: Whit 2A 84
Tymawr Ter. CF37: P'prdd 5A 14
Ty Mynydd NP44: Cwm'bn...... 6E 9
Ty-Mynydd Cl. CF15: Rad.......6F 69
Ty Nant CF83: Caer 5A 28
Tynant CF14: Whit 3D 84
TYNANT 4A 42
Ty-Nant Cl. CF15: Morg..........4F 69
Ty Nant Ddu NP4: P'pool 1B 6
Ty Nant Rd. CF15: Morg..........4F 69
Tynant Rd. CF15: Cre.............. 1D 80
Tynant Rd. CF38: Bed 5A 42
Ty-Nant St. CF11: Card........... 6G 95
Tyndall St.
   CF10: Card 6F 5 (5B 96)
Tyne Cl. NP20: Bet..................6F 19
Tyneside Rd. CF10: Card 1D 102
Ty Newydd CF83: Mac............4D 30
Tynewydd CF14: Whit............. 3C 84
Tynewydd Av. NP44: Pnwd 5E 9
Ty-Newydd Cl. NP44: Pnwd 6E 9
Tynewydd Dr. CF3: Cast 2G 75
Tynewydd Farm Cl.
   NP44: Pnwd........................ 5E 9
Tynewydd Grn. NP44: Pnwd ... 5E 9
Ty-Newydd Ho. NP44: Pnwd... 6E 9
Tynewydd Nth. Cl.
   NP44: Pnwd........................ 5E 9
Ty-Newydd Rd.
   CF62: Barry 1H 117
Ty-Newydd Rd. NP44: Pnwd.... 6E 9
Tynewydd Sth. Cl.
   NP44: Pnwd........................ 5E 9
Tyn y Berllan CF14: L'vne....... 2C 72
Ty'n-y-Cae Gro. CF14: R'ina ... 1E 85
Ty'n-y-Coedcae CF83: Mac.....4D 30
Ty'n-y-Coed La. CF24: Card 6B 86
Ty'n-y-Coed Pl. CF24: Card.... 6B 86
Tyn-y-Coed Rd. CF15: Cre.......3D 66
Tyn-y-Coed Rd. CF15: P'rch ...3D 66
Tyn-y-Cwm Rd. NP11: Ris...... 1G 33

Ty'n-y-Gollen Ct.
   CF3: St Mel.......................... 5C 74
Tyn y Parc CF83: A'tdwr......... 1D 26
Tyn-y-Parc Rd. CF14: R'ina 2D 84
Tyn-y-Parc Rd. CF14: Whit...... 2D 84
Ty'n-y-Pwll Rd. CF14: Whit 2C 84
Tyn y Waun Rd. CF83: Mac..... 2G 31
Tynywern Ter. CF83: Tret........ 2A 30
Ty Parc Cl. CF5: L'dff 4H 83
Ty-Pica Dr. CF5: Wen............. 4E 99
Ty Pucca Cl. CF83: Mac.......... 3G 31
Ty Pwca Pl. NP44: Pnwd 5C 8
Ty Pwca Rd. NP44: Up Cwm 5C 8
Ty Pwca Rd. NP44: Pnwd 5C 8
Ty Pwca Rd. NP44: Up Cwm 5C 8
Ty-Rhiw CF15: Taff W.............1F 69
Tyrhiw Est. CF15: Taff W 1F 69
Ty'r Person CF38: Chu V........ 2E 43
Tyr Sianel CF63: Barry........... 3H 117
Ty'r Waun CF15: N'grw...........3F 45
Tyrwhitt Cres. CF23: Cyn........ 2A 86
Ty'r Winch Rd. CF3: Old M 6B 74
Ty'r Sarn Rd. CF3: Rum 4H 87
Ty'r Ysgol CF24: Card...4H 5 (4C 96)
   .... (off Adamsdown Sq.)
TY-SIGN 5F 17
Ty-to-Maen Cl. CF3: Old M...... 5C 74
Ty Trappa NP44: Pnwd........... 5C 8
Ty Trappa Pl. NP44: Pnwd 5C 8
Ty Tudor NP44: Cwm'bn 2H 11
Ty Twyn CF38: Chu V 2D 42
Ty Uchaf CF64: P'rth............... 3C 108
Ty Verlon Ind. Est.
   CF63: Barry 6E 107
Ty Wern Av. CF14: R'ina 1E 85
Ty Wern Rd. CF14: Heath....... 1E 85
Ty Wern Rd. CF14: R'ina........ 1E 85
Ty Windsor CF64: P'rth.......... 5A 108

U

Ullswater Av. CF23: Cyn......... 4A 86
Ultimate Fitness
   Cen. 1F 5 (2B 96)
Underhill Dr. CF38: Tont 2G 43
Underwood CF83: Caer........... 2D 46
UNDERWOOD 3H 39
Underwood Ter.
   CF37: P'prdd 5A 14
Underwood Ter.
   CF83: A'tdwr.......................2F 27
Union St. CF37: P'prdd 1C 24
Universal St. CF11: Card 5H 95
University Ct. CF23: Pen L....... 4C 86
UNIVERSITY DENTAL
   HOSPITAL.............................4G 85
UNIVERSITY HOSPITAL LLANDOUGH
   (YSBYTY LANDOCHAU)....5F 101
UNIVERSITY HOSPITAL OF
   WALES (YSBYTY ATHROFAOL
   CYMRU)...............................4H 85
University of South Wales Cardiff
   Campus ATRiuM Building.... 4B 96
University of South Wales Glynstaff,
   Pontypridd Campus.............2F 25
University of South Wales Newport
   City Campus.........................5D 36
University of South Wales Treforest,
   Pontypridd Campus.............3D 24
University of Wales
   Registry..................... 2C 4 (3A 96)
University Pl. CF24: Card........ 3E 97
Uphill Cl. CF56: Sul............... 1H 119
Uphill Rd. CF3: L'rmy............. 1H 87
Uplands, The CF15: Rad 1F 83

Uplands, The NP10: Roger...... 3B 34
UPLANDS, THE 3B 34
Uplands Ct. NP10: Roger 3B 34
Uplands Ct. NP19: Newp 3F 37
Uplands Cres. CF64: L'dgh ...5G 101
Uplands Rd. CF3: Rum 5G 87
Uplands Ter. NP44: Cwm'bn ... 2E 11
Up. Alma Ter. CF37: T'rest 1D 24
UPPER BOAT 6B 26
Up. Boat Ind. Pk.
   CF37: Nop 6A 26
Up. Boat Rd. CF38: Tont 1G 43
Up. Bridge St. NP4: P'pool 3C 6
Up. Church St. CF37: P'prdd... 6C 14
Up. Church St. NP16: Chep..... 1E 63
UPPER CWMBRAN VILLAGE.....2E 43
UPPER CWMBRAN 5A 8
Up. Cwmbran Rd.
   NP44: Up Cwm 5A 8
Up. Dock St. NP20: Newp 4C 36
Up. Francis St.
   CF83: A'tdwr 2D 26
Up. Glyn Gwyn St.
   CF83: Tret 2A 30
Up. Kincraig St. CF24: Card.... 1C 96
Upper Mdw. CF5: Ely..............6F 93
Up. Nelson St. NP16: Chep 2E 63
UPPER OCHRWYTH 2E 33
Up. Park Ter. NP4: P'pool 3C 6
Up. Power St. NP20: Newp 3B 36
UPPER RACE 5A 6
Up. Tennyson Rd.
   NP19: Newp 4F 37
Up. Trosnant St. NP4: P'pool ... 3C 6
Up. Tyn-y-Parc Ter.
   CF14: R'ina.........................1D 84
Up. Vaughan St.
   CF37: P'prdd 6B 14
Upton La. NP20: Newp 5H 35
Upton Pl. CF38: Bed............... 5A 42
Upton Rd. NP20: Newp 5H 35
Usk Cl. NP26: Cald.................3D 60
Usk Ct. CF14: L'shn 5A 72
Usk Ct. NP44: Thorn 1D 10
Uskley Ct. CF3: St Mel............ 1C 88
Usk Rd. CF14: L'shn 5A 72
Usk Rd. NP18: Caerl 2B 22
Usk Rd. NP18: Caerl 5H 21
Usk Rd. NP4: L'hen................. 2B 22
Usk Rd. NP4: Lit M.................. 4E 7
Usk Rd. NP4: New I................. 4E 7
Usk Rd. NP4: P'pool............... 4E 7
Uskside NP18: Caerl 6A 22
Usk Side Business Pk.
   NP20: Newp 1D 54
Usk St. NP19: Newp............... 3D 36
Usk Va. Cl. NP18: Caerl 4H 21
Usk Va. Ct. NP4: P'pool..........3F 7
Usk Va. Dr. NP18: Caerl 4H 21
Usk Va. M. NP18: Caerl 4H 21
Uskvale Vw. NP18: Caerl 6A 22
Usk Way CF62: Barry 1E 117
Usk Way NP20: Newp 5C 36
   .... (not continuous)
Usk Way Ind. Est.
   NP20: Newp 6D 36

V

Vachell Ct. CF61: Bov..............3D 110

Vachell Rd. CF5: Ely 4G 93
Vaendre Ct. CF3: St Mel......... 5D 74
Vaendre La. CF3: St Mel
   Heritage Pk.......................... 5D 74
   .... (not continuous)
Vaindre Cl. CF3: St Mel........... 5E 75
Vaindre Dr. CF3: St Mel.......... 5E 75
Valarian Cl. CF3: St Mel..........1F 89
Vale Ct. CF64: Din P...............2H 107
Vale Ct. CF71: Cowb 4E 91
Vale Ent. Cen. CF64: Sul.........2F 119
Vale Gdns. CF37: P'prdd......... 5B 14
Valegate Retail Pk. 1C 98
VALE HOSPITAL, THE...............4F 79
Vale Hotel, Golf
   & Spa Resort.......................6E 79
Valentine La. NP16: Bul..........6F 63
Vale of Glamorgan
   Crematorium 3A 106
Vale of Glamorgan Health &
   Racquets Club....................6F 79
Vale Rd. CF62: Barry 2E 97
Vale St. CF62: Barry 3E 117
Vale Touring Cvn. Pk.
   CF62: P'ark.........................3H 115
Vale Vw. CF62: Barry 5F 105
Vale Vw. NP11: Ris 5E 17
Vale Vw. NP19: Newp 2G 37
Vale Vw. NP44: H'lys.............. 5B 10
Vale Vw. CF64: L'dgh 5F 101
Vale Vw. Cres. CF64: L'dgh 5F 101
Valley Ent. CF83: Bed'ws.......3F 29
Valley Vw. CF3: Rum 3B 88
VAN 1E 47
Vanbrugh Cl. NP10: Roger.....3D 34
Vanbrugh Gdns.
   NP20: Newp 2G 53
Vancouver Dr. NP20: Newp....6F 35
Van Dyke Cl. NP19: Newp 2F 37
Vanfield Cl. CF83: Caer........... 1E 47
Vanguard Way CF24: Card 5D 96
Van Ind. Est. CF83: Caer......... 1E 47
Van Rd. CF83: Caer................ 1D 46
Van St. CF11: Card................. 6G 95
Vantage Point Ho.
   NP44: Cwm'bn 5G 11
Van Ter. CF83: Caer................1F 47
Vaughan Av. CF5: L'dff 1B 94
Vaughan Ct. NP10: Coedk 4E 53
Vaughan St. CF37: P'prdd 6B 14
Vaughan Williams Dr.
   NP19: Newp 4A 38
Vauxhall La. NP16: Chep........ 2D 62
Vauxhall Rd. NP16: Chep.......3D 62
Vega Ho. CF10: Card.............. 1D 102
VELINDRE CANCER CENTRE
   (CANOLFAN GANSER
   FELINDRE) 2B 84
Velindre Ct. CF14: Whit 2B 84
Velindre Pl. CF14: Whit 2B 84
Velindre Rd. CF14: Whit......... 2A 84
Vellacott Cl. CF10: Card 5B 96
Velodrome Way
   NP19: Newp 2G 55
Vendre Cl. CF3: St Mel............ 4E 75
Vennwood Cl. CF5: Wen........ 5E 99
Ventnor Pl. CF14: Card 5F 85
Ventnor Rd. NP44: Cwm'bn ... 3G 11
Venture Pk. NP19: Newp 5E 87
Verallo Dr. CF11: Card 4D 94
Verbena Cl. CF3: St Mel......... 5E 75
Vere St. CF24: Card 1G 5 (2C 96)
Vere St. CF63: Barry 1C 118
Veritys Cl. CF71: Cowb...........3C 90
Verlands, The CF71: Cowb 3B 90
Verlands Cl. CF5: L'dff............ 1C 94
Verlon Cl. CF63: Barry 6E 107

Vermeer Cres. – Wellfield Pl.

Vermeer Cres. NP19: Newp....2G **37**
Vernon Gro. NP26: Caerw.......1B **60**
Verona Ct. CF10: Card............5B **96**
Verona Pl. CF63: Barry.........6C **106**
Veronica Cl. NP10: Roger.......6D **34**
Vervain Cl. CF5: Ely................4E **93**
Viaduct Cl. NP10: Bass...........6D **34**
Viaduct Ct. NP4: P'pool............4D **6**
Viaduct Rd. CF15: Gwae G......3E **69**
Viaduct Rd. CF63: Barry.......3B **118**
Viaduct Vw. NP10: Bass.........6D **34**
Viaduct Way NP10: Bass........6D **34**
Viburnum Ri. CF38: Llan F......6C **42**
Vicarage Cl. NP10: Bass........1D **52**
Vicarage Ct. CF3: M'fld...........3H **75**
Vicarage Ct. CF38: Chu V........1F **43**
Vicarage Gdns. CF3: M'fld......4H **75**
Vicarage Gdns.
NP10: Roger..........................3A **34**
Vicarage Gdns.
NP26: Caerw..........................1B **60**
Vicarage Hill NP20: Newp......5B **36**
..............................(not continuous)
Vicarage M. CF11: Card...........3F **95**
Victoria Av. CF5: Card.............3D **94**
Victoria Av. CF64: P'rth.........2E **109**
Victoria Av. NP19: Newp.........4E **37**
Victoria Bri. CF64: P'rth........1E **109**
Victoria Cl. NP20: Newp.........5C **36**
Victoria Ct. NP19: Newp.........4E **37**
Victoria Cres. NP20: Newp.....5B **36**
Victoria Ho.
CF11: Card..................6A **4** (5H **95**)
Victoria La. CF64: P'rth........2E **109**
Victoria La. NP19: Newp.........3F **37**
..............................(not continuous)
Victoria M. CF14: Card...........5G **85**
Victoria M. CF5: Card.............3C **94**
Victoria Pk. Ct. CF5: Card.......3C **94**
Victoria Pk. Rd.
CF63: Barry..........................6B **106**
Victoria Pk. Rd. E.
CF5: Card.............................3D **94**
Victoria Pk. Rd. W.
CF5: Card.............................2C **94**
Victoria Pl.
CF10: Card..................4D **4** (4A **96**)
Victoria Pl. NP20: Newp.........5C **36**
Victoria Rd. CF14: Whit..........2C **84**
Victoria Rd. CF62: Barry.......4E **117**
Victoria Rd. CF64: P'rth........3D **108**
Victoria Rd. NP16: Bul............5F **63**
Victoria Rd. NP20: Newp.........5C **36**
Victoria Rd. NP4: P'pool...........4D **6**
Victoria Sq. CF64: P'rth........2E **109**
Victoria St. NP4: Grif................6E **7**
Victoria St. NP44: Cwm'bn.....3G **11**
Victoria Wlk. NP20: Newp......5C **36**
Victoria Way NP26: Undy........4E **59**
Victoria Wharf CF11: Card....5H **101**
Vienna Ho. CF10: Card..........1B **102**
View, The CF15: Rad..............3G **83**
Viking Pl. CF10: Card.............1F **103**
Village Way CF15: Tong..........5A **70**
Villas, The NP26: Sud............6H **61**
Vincent Cl. CF63: Barry.........5C **106**
Vincent Ct. CF5: Ely................3A **94**
Vincent Rd. CF5: Ely...............3A **94**
Vine Cotts. NP16: Chep...........2E **63**
..........................*(off Hardwick Av.)*
Vinegar Hill NP26: Undy.........3E **59**
VINEGAR HILL..........................4E **59**
Vine Pl. NP19: Newp...............3E **37**
Violet Pl. CF14: Whit...............3F **85**
Violet Row CF24: Card............1B **96**
Violet Wlk. NP10: Roger.........2G **33**
Virgil Ct. CF11: Card...............6G **95**
Virgil St. CF11: Card...............6G **95**
Virgin Active Cwmbran.............6F **9**
Virginia Cl. CF83: Caer...........5D **28**
Virginia Pk...............................4E **29**
Virginia Pk. Golf Course.........5D **28**
Virginia Ter. CF83: Caer..........5C **28**
Virginia Vw. CF83: Caer..........5D **28**
Viscount Evan Dr.
NP10: Duff............................4H **53**
Vishwell Rd. CF5: Card...........2D **94**
Vishwell Rd. CF5: Wen...........6E **99**
Vista Ri. CF5: L'dff.................5H **83**
Vivian Rd. NP19: Newp...........5E **37**
Voss Pk. Cl. CF61: Llan M.....3D **110**
Voss Pk. Dr. CF61: Llan M....3D **110**
Voysey Pl. CF5: F'wtr.............2G **93**
Vue Cinema Cardiff.....5C **4** (4H **95**)
Vue Cinema Cwmbran...........1H **11**

W

Wades, The NP44: F'wtr.........4D **10**
.................................*(off Rede Rd.)*
Waghausel Cl. NP26: Cald......5C **60**
Wagtail Cl. CF23: Pontp..........2H **73**
Wagtail Rd. CF62: St Ath......3G **111**
Wain Cl. CF23: Pontp.............4H **73**
Wain Cl. CF64: P'rth.............6H **101**
WAINFELIN...............................2A **6**
Wainfelin Av. NP4: P'pool.........2A **6**
Wainfelin Rd. NP4: P'pool.........1B **6**
Wakehurst Pl. CF3: St Mel.....6D **74**
Wakelin Cl. CF38: Chu V.........3E **43**
Walden Grange Cl.
NP19: Newp..........................4H **37**
Wales 1 Bus. Pk.
NP26: Wilc............................2B **58**
Wales Millennium Cen.........1C **102**
Wales Nat. Golf Course..........6G **79**
Wales Sports Cen.
for the Disabled...................3D **86**
Walford Davies Dr.
NP19: Newp..........................4A **38**
Walford Pl. CF11: Card...........4F **95**
Walford St. NP20: Newp.........2B **36**
Walk, The CF24: Card...2F **5** (3B **96**)
Walk, The CF3: Rum...............4G **87**
Walk, The NP4: New I..............5G **7**
Walkdens NP44: F'wtr............4D **10**
Walker Flats NP26: Sud..........6H **61**
Walker M. CF14: L'shn...........5A **72**
Walker Rd. CF24: Card...........4E **97**
Walker Rd. CF62: Barry........1G **117**
Walk Farm Dr. CF3: Cast........1G **75**
Wallis St. NP20: Newp...........1D **54**
WALLSTON..............................4D **98**
Wallwern Wood
NP16: Chep...........................1C **62**
Walmer Rd. NP19: Newp.........4F **37**
Walnut Cl. CF72: Mis...............5F **65**
Walnut Dr. NP18: Caerl...........5E **21**
Walnut Gro. CF62: Eg Bre.....2B **112**
Walnut Gro. NP26: Crick.........1E **61**
Walnut Tree Cl. CF15: Rad......6E **69**
Walpole Cl. CF3: L'rmy...........5A **74**
Walsall St. NP19: Newp..........5E **37**
Walston Cl. CF5: Wen.............4E **99**
Walston Rd. CF5: Wen.............4D **98**
Walters Rd. CF37: P'prdd.......2B **24**
Walton Cl. NP19: Newp...........5A **38**
Walton Pl. CF11: Card.............6F **95**
Waltwood Rd. NP18: Under....3H **39**
Walwyn Pl. CF3: St Mel..........2D **88**
Wanderers Cres. CF5: Ely.......5E **93**
Ward Cl. NP19: Newp.............2G **37**
Wards Dr. CF83: Caer.............2D **46**
Ware Rd. CF83: Caer..............2A **46**
Warlock Cl. NP19: Newp........3D **38**
Warlow Cl. CF62: St Ath.......5D **112**
Warren Cl. CF37: R'fln............4G **25**
Warren Dale NP44: F'wtr........4D **10**
.................................*(off Rede Rd.)*
Warren Dr. CF83: Caer............2D **46**
Warren Evans Ct.
CF14: Whit.............................3D **84**
Warren Slade NP16: Bul..........5F **63**
Warwick Cl. NP16: Bul...........4D **62**
Warwick Cl. NP4: New I...........1G **9**
Warwick Cl. NP44: G'mdw.....2C **10**
Warwick Ho.
CF10: Card..................4B **4** (4H **95**)
............................*(off Westgate St.)*
Warwick La. NP19: Newp.......4G **37**
Warwick Pl. CF11: Card..........6H **95**
Warwick Rd. NP19: Newp......4G **37**
Warwick St. CF11: Card.........6H **95**
Warwick Way CF62: Barry....1H **117**
Wasdale Cl. CF23: Pen L........5B **86**
Washford Av. CF3: L'rmy........6A **74**
Watchet Cl. CF3: L'rmy...........2H **87**
Watch Ho. Pde.
NP20: Newp..........................2C **54**
..............................(not continuous)
Water Avens Cl. CF3: St Mel...1F **89**
Waterbus Barrage South.....5B **102**
Waterbus Cardiff
Castle........................3B **4** (3H **95**)
Waterbus Channel View......2A **102**
Waterbus Clarence
Embankment.....................1B **102**
Waterbus Mermaid Quay.....2C **102**
Waterbus Sovereign Quay...2C **102**
Waterbus Taffs
Mead..........................6B **4** (5H **95**)
Waterfall M. CF61: Llan M....4C **110**
Waterford Cl. CF11: Card........5G **95**
Waterford Ho. CF11: Card....5H **101**
Waterfront Retail Pk............3H **117**
Waterfront Station Barry
Tourist Railway.................4G **117**
Waterhall Rd. CF5: F'wtr........6H **83**
Waterhouse Dr. CF11: Card.....6F **95**
WATERLOO..............................4D **30**
Waterloo Cl. CF23: Pen L........6E **87**
Waterloo Ct. NP4: Seba............3E **9**
Waterloo Gdns.
CF23: Pen L...........................1D **96**
Waterloo Pl. CF83: Mac..........4D **30**
Waterloo Rd. CF23: Pen L......5D **86**
Waterloo Rd. NP20: Newp......1A **54**
Waterloo Ter. Rd.
CF83: Mac.............................4D **30**
Watermark CF11: Card.........4A **102**
Waterside Bus. Pk.
CF3: Rum..............................5A **88**
Waterside Cl. NP10: Roger.....2C **34**
Waterside Ct. NP20: Newp.....1C **36**
Waterside Wlk. W.
NP10: Roger..........................3C **34**
Waters La. NP20: Newp..........4B **36**
Waters Rd. NP16: Chep...........3E **63**
Waterston Ct. CF14: Llan N.....5D **84**
Waterston Rd.
CF14: Llan N..........................5D **84**
Watery La. CF71: Wel.............1G **91**
Watford Cl. CF83: Caer...........2B **46**
WATFORD PARK.......................2B **46**
Watford Ri. CF83: Caer...........2C **46**
Watford Rd. CF24: Card...........1F **97**
Watford Rd. CF83: Caer...........3B **46**
Watkins La. NP20: Newp.........5H **35**
Watkins Sq. CF14: L'shn.........6F **71**
Watkins Wlk. NP10: Roger.....5D **34**
............................*(off Ebenezer Dr.)*
Watkiss Way CF11: Card......4H **101**
Watson Rd. CF14: Llan N........5C **84**
Watson St. CF63: Barry........2A **118**
Watt Cl. NP20: Malp................4A **20**
Watton Cl. CF14: L'shn...........5G **71**
Watts Cl. NP10: Roger............3D **34**
Waun Ddyfal CF14: Heath........1F **85**
Waun Draw CF83: Caer..........3C **28**
Waun Erw CF83: Caer.............4D **28**
Waun Fach CF23: Pent...........6E **73**
Waunfach Flats CF83: Caer....5C **28**
Waunfach St. CF83: Caer.......5C **28**
Waunfain CF83: Caer.............3B **28**
Waunfawr Gdns.
NP11: Cross K.......................4B **16**
Waunfawr Ho.
NP11: Cross K.......................4A **16**
Waunfawr Pk. Rd.
NP11: Cross K.......................3A **16**
Waun-Fawr Rd. CF14: R'ina....1F **85**
Waunfawr Rd.
NP11: Cross K.......................3A **16**
Waunfawr Ter.
NP11: Cross K.......................3A **16**
Waun Ganol CF64: P'rth.......4C **108**
Waun Ganol St. CF83: Caer....5D **28**
Waun Gron CF61: Llan M......2C **110**
Waun-Gron Park
Station (Rail)........................2B **94**
Waun Gron Rd. CF5: F'wtr......2B **94**
Waun Gron Rd. CF5: L'dff.......2B **94**
Waun Hir CF38: Ef Is................6F **43**
Waun Hywel Rd. NP44: Pnwd...5C **8**
Waun Lee Ct. CF23: Pent........5E **73**
Waun Rd. NP44: Cwm'bn........4E **11**
Wauntreoda Rd. CF14: Whit...3E **85**
Waunwaelod Way
CF83: Caer............................5A **46**
Waun-y-Groes Av.
CF14: R'ina............................6E **71**
Waun-y-Groes Rd.
CF14: R'ina............................6E **71**
Wavell Cl. CF14: L'shn............1H **85**
Wavell Dr. NP20: Malp............3A **20**
Waveney Cl. NP20: Bet...........5E **19**
Waverley Cl. CF64: L'dgh.....5G **101**
Waverley Sq. CF10: Card......2B **102**
WAYCOCK CROSS.................1C **116**
Waycock Rd. CF62: Barry.....6C **104**
Wayfield Cres.
NP44: Cwm'bn........................6E **9**
Weare Cl. NP20: Bet..............5E **19**
Webley Cl. NP18: Caerl...........3G **21**
Webley Gdns. NP18: Caerl......3G **21**
Wedal Rd. CF14: Card.............5A **86**
Wedgewood Ct. CF83: Caer.....6F **29**
Wedgewood Dr.
NP26: Pskwt..........................5H **61**
Wedmore Rd. CF11: Card.......5G **95**
..............................(not continuous)
Wednesbury St.
NP19: Newp...........................5E **37**
Weekes Cl. CF3: L'rmy...........6B **74**
Welby La. CF5: Card................4F **95**
Welby Rd. CF5: Card................4F **95**
Weldon Cl. NP44: Croes............6H **9**
Welford St. CF62: Barry.........4F **117**
Welland Circ. NP20: Bet.........5E **19**
Welland Cres. NP20: Bet........5E **19**
Well Cl. NP16: Bul....................6F **63**
Wellfield CF38: Bed................3A **42**
Wellfield Ct. CF3: M'fld...........5H **75**
Wellfield Ct. CF38: Chu V.......1E **43**
Wellfield Ct. CF63: Barry.......4A **106**
Wellfield La. NP4: Seba............2D **8**
Wellfield M. CF38: Bed............3A **42**
Wellfield Pl. CF24: Card.........1C **96**

174 A-Z Cardiff

Wellfield Rd. CF24: Card 1C 96
Wellfield Rd. CF3: M'fld.......... 5H 75
Wellington Dr.
  NP44: G'mdw 2C 10
Wellington Ho. CF11: Card 4G 95
Wellington La. NP4: P'pool 3A 6
Wellington Rd. NP20: Newp 6F 35
Wellington St. CF11: Card 4F 95
Wellington St. CF15: Tong..... 4G 69
Wells Cl. NP20: Newp 2G 53
Wellspring Ter. NP11: Ris 6E 17
Wells St. CF11: Card............... 4G 95
Wells St. La. CF11: Card.......... 4G 95
  .... (off Wyndham Pl.)
Well Wlk. CF62: Barry 5E 117
Well Wlk. CF62: St Ath........... 4C 112
Wellwood CF23: L'dyrn............ 4E 87
Well Wood Cl. CF23: Pen L..... 5E 87
Wellwood Dr. CF64: Din P 3G 107
Wellwright Rd. CF5: F'wtr 2H 93
Welsh Assembly Government
  Offices 1B 4 (2H 95)
Welsh Hawking Cen............. 6C 104
Welsh Oak Way
  NP10: Roger 4A 34
Welsh St. NP16: Chep............. 1C 62
Welwyn Rd. CF14: Whit 2E 85
Wembley Rd. CF5: Card.......... 4E 95
Wenallt Cl. CF14: R'ina...........5D 70
Wenallt Mans. CF14: Thorn ... 1G 71
  ....(off Heol Llinos)
Wenallt Rd. CF14: R'ina.......... 2C 70
Wenallt Rd. CF83: Thorn......... 1C 70
WENTLOOG 5A 88
Wentloog Av. CF3: Pet W........ 6A 88
Wentloog Av. CF3: Rum.......... 6A 88
Wentloog Cl. CF3: Rum.......... 4H 87
Wentloog Cl. NP44: Cwm'bn.... 2G 11
Wentloog Corporate Pk.
  CF3: Rum 4D 88
  ....(not continuous)
Wentloog Ct. CF3: Rum 4H 87
Wentloog Ri. CF3: Cast........... 2G 75
Wentloog Rd. CF3: Rum
  Newlands Rd. 4D 88
Wentloog Rd. CF3: Rum
  Ty-Pwll Rd. 4H 87
Wentsland Cres. NP4: P'pool... 3A 6
Wentsland Rd. NP4: P'pool..... 3A 6
Wentwood Cl. NP44: Pnwd....... 5C 8
Wentwood Pl. NP11: Ris......... 6G 17
Wentwood Rd. NP18: Caerl 5E 21
Wentwood Vw. NP26: Cald..... 3C 60
Wentworth Cl. CF3: St Mel 5E 75
Wentworth Cl. NP10: Bass 6B 34
Wentworth La. CF3: St Mel 5E 75
WENVOE 5E 99
Wenvoe Castle
  Golf Course 2H 105
Wenvoe Cl. CF5: Wen 5E 99
Wenvoe Ct. CF5: Ely 5G 93
Wenvoe Ter. CF62: Barry........ 3F 117
Werfa St. CF23: Card 6B 86
Wernddu Ct. CF83: Caer 1F 47
Wernddu Rd. CF83: Caer 2F 47
Wern-ddu Row CF83: Caer 2G 47
Wern Fach Ct. NP44: H'lys..... 5B 10
Wern Fawr Cl. CF3: Old M 5C 74
Wern Fawr La. CF3: Old M 5C 74
Wern Gethin La.
  CF3: St Mel.......................... 1D 88
Wern Goch E. CF23: Pent 1E 87
Werngoch Rd. CF23: Cyn 1C 86
Wern Goch W. CF23: L'dyrn.... 1D 86
Wern Hill NP4: P'pool............. 3B 6
Wern Ind. Est. NP10: Roger ... 3C 34
Wern Migna CF5: St F 2C 82

Wern Rd. NP4: Seba 2E 9
Wern School Cl. NP4: Seba 2E 9
Wern Ter. NP10: Roger............. 3B 34
Wern Ter. NP4: P'pool 3B 6
Wern Trad. Est.
  NP10: Roger 4C 34
Wesley Av. CF62: Rho............. 5D 114
Wesley Bldg. NP26: Cald......... 5C 60
Wesley Cl. NP44: Cwm'bn 3F 11
Wesley Cl. CF3: L'rmy 2A 88
Wesley Ct. CF64: Din P 2G 107
Wesley Hill CF83: Mac............. 2E 31
Wesley La.
  CF10: Card 3E 5 (3B 96)
Wesley Pl. NP11: Ris 6D 16
Wesley Pl. NP20: Newp 5B 36
Wesley Rd. CF83: Caer 2H 45
Wesley St. CF61: Llan M.......... 3B 110
Wesley St. NP44: Cwm'bn 3G 11
Wessex Pl. CF62: Barry 5E 117
Wessex St. CF5: Card 3D 94
Westbourne Ct. CF3: Rum 5A 88
Westbourne Ct.
  CF63: Barry 5C 106
Westbourne Cres.
  CF14: Whit............................ 3A 84
Westbourne Rd. CF14: Whit ... 3B 84
Westbourne Rd.
  CF64: P'rth 4E 109
Westbury Cl. CF63: Barry 6B 106
Westbury Ter. CF5: Card......... 2D 94
West Bute St. CF10: Card..... 1C 102
West Canal Wharf
  CF10: Card 6D 4 (5A 96)
Westcliffe Gdns.
  CF64: Din P 3G 107
West Cl. CF10: Card............... 1B 102
West End CF61: Llan M 3A 110
West End NP26: Magor 5C 58
West End NP26: Undy 5E 59
West End Gdns.
  NP26: Newp 4E 59
West End Ter.
  CF61: Llan M 3A 110
WEST-END TOWN 3A 110
Western Av. CF14: Card...........5F 85
Western Av. CF5: F'wtr............ 2B 94
Western Av. CF5: L'dff 2B 94
Western Av. NP16: Bul............. 5E 63
Western Av. NP20: Newp........ 5E 35
Western Av. Ct. CF5: L'dff...... 2B 94
Western Av. Nth.
  CF14: Llan N.......................... 6E 85
Western Ctyd. CF72: T'garn ... 2C 78
Western Dr. CF14: Llan N 6E 85
Western Dr. CF83: Caer 2A 46
Western Ind. Est.
  CF83: Caer 2A 46
Western Ind. Est.
  NP18: Caerl 3H 21
Western Leisure Cen............ 5H 93
Western Ter. NP11: Cross K.... 2A 16
Western Valley Rd.
  NP10: Roger 5D 34
Westfield NP26: Cald............... 5B 60
Westfield Av. CF14: Heath 2E 85
Westfield Av. NP20: Malp 5A 20
Westfield Av. NP26: Cald......... 5B 60
Westfield Cl. NP18: Caerl 3F 21
Westfield Cl. CF72: L'sant...... 3B 65
Westfield Dr. CF64: P'rth 3C 108
Westfield Dr. NP20: Malp....... 5A 20

Westfield Gdns. NP20: Malp... 5A 20
Westfield Ri. NP20: Malp........ 5A 20
Westfield Rd. CF14: Whit........ 3E 85
Westfield Rd. CF37: Glync...... 2C 14
Westfield Rd. NP18: Caerl 4F 21
Westfield Rd. NP20: Newp 5A 36
Westfield Way NP20: Malp 5A 20
Westgate CF71: Cowb 3B 90
Westgate Ct. NP18: Caerl 5H 21
Westgate St.
  CF10: Card 4B 4 (4H 95)
West Gro. CF24: Card ...2F 5 (3B 96)
West Gro. CF5: Cul C 1D 98
West Gro. Ct.
  CF24: Card 2F 5 (3B 96)
Westhill Dr. CF72: L'sant 3G 65
Westhill St. CF61: Llan M 3B 110
Westland Cl. CF24: Card........ 2G 97
West Lee CF11: Card ...3A 4 (3G 95)
West Luton Pl.
  CF24: Card 4H 5 (4C 96)
West Mkt. St. NP20: Newp..... 6C 36
  ....(not continuous)
Westminster Cres.
  CF23: Cyn 6C 72
Westminster Dr. CF23: Cyn.... 5C 72
Westminster Dr. CF64: Sul.... 2H 119
Westmoor Cl. NP19: Newp..... 6A 38
Westmoreland St.
  CF5: Card 4E 95
West Mound Cres.
  CF38: Tont............................. 2G 43
Weston Av. CF64: Sul............ 3H 119
Westonbirt Cl. CF3: St Mel 1D 88
Weston Ct. CF38: Chu V..........3F 43
  ....(off Station Rd.)
Weston Rd. CF3: L'rmy 2H 87
Weston Sq. CF63: Barry......... 1B 118
Weston St. CF63: Barry.......... 1B 118
West Orchard Cres.
  CF5: Card 2C 94
West Pk. La. NP20: Newp 5H 35
West Pk. Rd. NP20: Newp 5H 35
West Point Ind. Est.
  CF11: Card 4G 101
Westra CF64: Din P................ 3D 106
WESTRA 2E 107
Westra Cross CF64: Din P 2F 107
Westray Cl. NP19: Newp.........2F 37
West Ri. CF14: L'shn 5A 72
West Rd. CF14: Llan N............ 4B 84
West Rd. CF64: Sul.................. 1E 119
West Roedin NP44: Coed E.... 5E 11
West St. CF37: P'prdd............6D 14
West St. CF61: Llan M 3B 110
West St. NP20: Newp.............. 5B 36
West Ter. CF64: P'rth 1E 109
West Vw. CF15: Taff W 1F 69
West Vw. CF83: Caer 4F 29
WEST VILLAGE 3B 90
Westville Rd. CF23: Pen L 6C 86
Westville Rd. NP20: Newp...... 5H 35
Westville Wlk. CF23: Pen L 6C 86
Westward Ho. Cres.
  NP20: Newp 1A 54
Westward Ri. CF62: Barry 5C 116
Westway Rd. NP20: Newp...... 2B 54
Westwood Ct. CF64: P'rth 1E 109
Wexford Ct. CF23: Pontp 3G 73
Wharfedale Rd. CF23: Pent 5F 73
Wharf La. NP19: Newp 4E 37
Wharf Rd. NP19: Newp 4E 37
Wharf Rd. E.
  CF10: Card 6H 5 (5C 96)
Wharton Cl. CF62: Rho 6C 114

Wharton St.
  CF10: Card 4D 4 (4A 96)
Wheate Cl., The CF62: Rho..... 5E 115
Wheatley Rd. CF5: Ely 4G 93
Wheatsheaf Ct.
  NP26: Magor 4D 58
Wheeler St. NP20: Newp 2C 36
Wheel La. NP10: St Bri W 3E 77
Whinberry Way CF5: Ely......... 4E 93
Whinchat Cl. CF3: St Mel........ 6E 75
Whistler Cl. NP19: Newp 2F 37
Whitaker Rd. CF24: Card........ 1G 97
Whitby Pl. NP19: Newp........... 3D 36
WHITCHURCH 3D 84
Whitchurch (Cardiff)
  Golf Course 6B 70
Whitchurch Pl. CF24: Card..... 6A 86
Whitchurch Rd. CF14: Card.... 4G 85
Whitchurch Station
  (Rail) Cardiff 1C 84
Whitcliffe Dr. CF64: P'rth 5F 109
Whiteacre Cl. CF14: Thorn...... 3H 71
White Ash Glade
  NP18: Caerl 5F 21
White Av. NP10: Duff 6G 53
White Barn Rd. CF14: L'shn ...5F 71
Whitebrook Way
  NP44: Cwm'bn 3G 11
Whitechapel Wlk.
  NP26: Undy 3E 59
White City Cl. CF83: Tret 2A 30
White Cross La. CF83: Caer ... 5H 27
White Farm CF62: Barry 6G 105
Whitefield Rd. CF14: Llan N ... 5C 84
Whitehall Av. CF3: Rum.......... 4G 87
Whitehall Cl. CF5: Wen........... 4D 98
Whitehall Gdns. NP26: Undy ...5F 59
Whitehall La. NP44: Llanf....... 3B 12
  ....(not continuous)
Whitehall Pde. CF3: Rum 4H 87
Whitehall Pl. CF3: Rum 4H 87
Whitehall Rd. CF5: L'dff 6B 84
White Hart Dr. CF83: Mac....... 2E 31
Whitehart La. NP18: Caerl...... 6A 22
White Ho. CF62: Barry 6E 117
Whitehouse Cl. NP44: Croes... 6G 9
Whitehouse Rd. NP44: Croes.. 6G 9
White Oaks Dr. CF3: Old M..... 5C 74
Whiterock Av. CF37: P'prdd.... 5B 14
Whiterock Cl. CF37: P'prdd 5B 14
Whiterock Dr. CF37: P'prdd.... 5B 14
Whitesands Rd. CF14: L'shn ...4F 71
White St. CF83: Caer 1D 46
Whitethorn Way CF3: M'fld 3A 76
Whitewall NP26: Magor 5D 58
Whitewater Ho.
  CF11: Card 5H 101
Whiteways CF61: Llan M.......2D 110
Whitewell Dr.
  CF61: Llan M 4B 110
Whitewell Rd. CF62: Barry 6F 105
Whitland Cl. CF5: F'wtr...........6H 83
Whitland Cres. CF5: F'wtr 6A 84
Whitmore Pk. Dr.
  CF62: Barry 6E 105
Whitmuir Rd. CF24: Card.........2F 97
Whitstone Rd. NP19: Newp 3H 37
Whittan Cl. CF62: Rho 6C 114
Whittle Cl. NP20: Malp........... 4A 20
Whittle Dr. NP20: Malp........... 4H 19
Whittle Rd. CF11: Card 6E 95
Whitworth Ct.
  CF11: Card 6A 4 (5H 95)
Whitworth Sq. CF14: Whit...... 6A 70
Wholesale Fruit Cen.
  CF11: Card 1F 101
Wicken Cl. CF3: St Mel........... 6E 75

Wicklow Cl. CF23: Pontp 4G **73**
Wick St. CF61: Llan M 2A **110**
Widecombe Dr. CF3: Rum 4G **87**
Wiesental Cl. NP26: Cald........ 4D **60**
Wigmore Cl. CF14: Thorn 3G **71**
Wilcrick Pl. NP44: Pon'run 6F **9**
Wilde Ct. CF15: Rad.............. 3H **83**
Wild Gdns. Rd. CF23: Cyn....... 2A **86**
Wilfred Brook Ho.
    CF11: Card 1G **101**
Wilfred St. CF63: Barry 2B **118**
Wilkinson Cl. CF24: Card........ 4D **96**
Wilkins Ter. CF83: Caer 3B **28**
Willenhall St. NP19: Newp...... 5E **37**
William Belcher Dr.
    CF3: St Mel...................... 2E **89**
William Brown Cl.
    NP44: L'tnam 6A **12**
William Harris Bungs.
    CF83: A'tdwr 2E **27**
William Lovett Gdns.
    NP20: Newp 5B **36**
William Morris Dr.
    NP19: Newp 3B **38**
William Nicholls Dr.
    CF3: Old M 5C **74**
Williams Cl. NP20: Newp....... 6C **36**
    .... (off Capel Cres.)
Williams Cres. CF62: Barry... 2G **117**
Williams Pl. CF37: T'rest 6A **26**
    .... (not continuous)
Williams Pl. CF37: Up Bo....... 6A **26**
    .... (not continuous)
William St. CF11: Card 2F **95**
William St. CF37: Cilf'dd........ 2F **15**
William St. CF83: A'tdwr....... 2E **27**
William St. CF83: Tret 2A **30**
William St. NP44: Cwm'bn....... 6E **9**
Williams Way CF10: Card 4A **96**
    .... (not continuous)
Willie Seager Cotts.
    CF23: Pen L...................... 6D **86**
Willins NP44: Coed E 5D **10**
Williton Rd. CF3: L'rmy........... 6A **74**
Willowbrook NP20: Bet 5F **19**
Willowbrook Dr.
    CF3: St Mel...................... 6C **74**
Willowbrook Gdns.
    CF3: St Mel...................... 6D **74**
Willowbrook Laboratory Units
    CF3: St Mel...................... 6D **74**
Willowbrook St. CF3: Rum 2D **88**
Willow Cl. CF38: Bed............ 6H **41**
Willow Cl. CF64: P'rth.......... 2C **108**
Willow Cl. NP16: Bul.............. 4E **63**
Willow Cl. NP19: Newp 1H **55**
Willow Cl. NP26: Cald............ 4C **60**
Willow Ct.
    CF24: Card 1H **5** (2C **96**)
Willow Cres. CF63: Barry....... 6A **106**
Willowdale Cl. CF5: F'wtr........ 1G **93**
Willowdale Rd. CF5: F'wtr........ 1F **93**
Willowdene Way
    CF3: St Mel...................... 5E **75**
Willowfield Ct. CF23: Cyn....... 1C **86**
Willowford, The
    CF37: T'rest...................... 3C **44**
WILLOWFORD, THE 2C **44**
Willowford Rd. CF37: T'rest....... 3C **44**
Willowford Rd. CF38: Tont 1A **44**
Willow Grn. NP18: Caerl........ 4F **21**
Willow Gro. CF3: St Mel........ 5E **75**
Willowherb Cl. CF3: St Mel..... 1F **89**
Willow La. CF83: Caer 3C **28**
    .... (shown as Lon yr Helyg)
Willowmere CF64: L'dgh 4F **101**
Willow Rd. CF72: L'harry....... 5B **78**

Willows, The CF62: St Ath 5D **112**
    .... (off Gileston Rd.)
Willows, The CF83: Bed'ws.... 2G **29**
Willows, The NP18: Caerl....... 4A **22**
Willows, The NP26: Undy 4D **58**
Willows Av. CF24: Card 3F **97**
Willow St. CF37: R'fln............ 4G **25**
Willow Tree Cl. CF15: Rad 1D **82**
Willow Wlk. CF71: Cowb 3D **90**
Willow Wlk. NP10: Roger........ 2H **33**
Will Paynter Wlk.
    NP19: Newp 2B **38**
    .... (off Chepstow Rd.)
Wills Row NP10: Roger............ 4D **34**
Wilson Pl. CF5: Ely.................. 5G **93**
Wilson Rd. CF5: Ely 4F **93**
Wilson Rd. NP19: Newp.......... 2G **37**
Wilson St. CF24: Card............. 2E **97**
Wilson St. NP20: Newp........... 1D **54**
Wimborne Cres. CF64: Sul 2H **119**
Wimborne Ri. NP44: Pnwd 6C **8**
Wimborne Rd. CF63: Barry 2C **118**
Wimbourne Cl.
    CF61: Llan M 4B **110**
Winchester Av. CF23: Pen L... 5D **86**
Winchester Cl. CF62: Barry ...2F **117**
Winchester Cl. NP20: Newp ... 2A **54**
Windermere Av. CF23: Cyn..... 3A **86**
Windermere Sq.
    NP19: Newp 1E **37**
Windflower Cl. CF3: St Mel 6E **75**
Windhover Cl. CF3: St Mel...... 1E **89**
Windings, The CF83: Mac........3F **31**
Windlass Cl. CF10: Card......... 6C **96**
Windmill Cl. CF14: Thorn....... 3G **71**
Windmill Cl. CF61: Llan M 2C **110**
Windmill Ind. Area
    CF64: Sul........................... 3D **118**
Windmill La. CF61: Llan M 2C **110**
    .... (not continuous)
Windmill Sq. NP20: Newp 6C **36**
    .... (off Mountjoy St.)
Windrush Cl. NP20: Bet.......... 5G **19**
Windrush Pl. CF5: F'wtr......... 1H **93**
Windsor Arc. CF64: P'rth....... 1E **109**
Windsor Av. CF15: Rad...........1F **83**
Windsor Castle Rd.
    NP20: Newp 1B **54**
Windsor Clive Dr. CF5: St F.... 2C **82**
Windsor Cl. CF15: Rad............1F **83**
Windsor Cl. CF61: Bov........... 3D **110**
Windsor Cl. NP26: Magor 4C **58**
Windsor Ct. CF15: Rad............1F **83**
Windsor Ct.
    CF24: Card 3G **5** (3C **96**)
Windsor Ct. CF64: P'rth..........2F **109**
Windsor Ct. CF72: P'clun........ 6D **64**
Windsor Cres. CF15: Rad 2G **83**
Windsor Dr. CF72: Mis............6F **65**
Windsor Dr. NP26: Magor 4C **58**
Windsor Esplanade
    CF10: Card 2B **102**
Windsor Gdns. CF38: Bed 3A **42**
Windsor Gdns. CF5: Ely 3A **94**
Windsor Gdns.
    NP26: Magor 4C **58**
Windsor Grn. CF5: Ely 3A **94**
Windsor Gro. CF15: Rad..........1F **83**
Windsor Ho.
    CF10: Card 4B **4** (4H **95**)
    .... (off Westgate St.)
Windsor La.
    CF10: Card 3E **5** (3B **96**)
Windsor La. CF64: P'rth........ 6A **102**
Windsor Lofts CF64: P'rth 1F **109**
    .... (off Ludlow La.)

Windsor M.
    CF24: Card 4H **5** (4C **96**)
Windsor Pk. NP26: Magor 4C **58**
Windsor Pl.
    CF10: Card 2E **5** (3B **96**)
Windsor Pl. CF64: P'rth 1E **109**
Windsor Pl. CF83: A'tdwr....... 2D **26**
Windsor Pl. NP10: Roger........5D **34**
WINDSOR QUAY 2A **102**
Windsor Rd. CF15: Rad 2F **83**
Windsor Rd.
    CF24: Card 4G **5** (4C **96**)
Windsor Rd. CF37: T'rest........ 2E **25**
Windsor Rd. CF62: Barry 4F **117**
Windsor Rd. CF64: P'rth 5G **101**
Windsor Rd. NP19: Newp 5F **37**
Windsor Rd. NP4: Grif............. 6E **7**
Windsor Rd. NP44: F'wtr........3D **10**
Windsor Rd. NP44: G'mdw 3D **10**
Windsor St. CF83: Caer 1D **46**
Windsor Ter. CF10: Card....... 2B **102**
Windsor Ter. CF64: P'rth.......1F **109**
Windsor Ter. NP20: Newp....... 5B **36**
Windsor Ter. La.
    CF64: P'rth........................1F **109**
Windsor Way CF83: A'tdwr..... 1D **26**
Windway Av. CF5: Card 3C **94**
Windway Rd. CF5: Card.......... 2B **94**
Windyridge CF64: Din P......... 3A **108**
Wine St. CF61: Llan M 3B **110**
Wingate Dr. CF14: L'shn........ 1H **85**
Wingate St. NP20: Newp 2C **54**
Wingfield Av. CF38: Bed......... 4H **41**
Wingfield Cl. CF37: P'prdd 6E **15**
Wingfield Rd. CF14: Whit 3B **84**
Winifred Av. CF62: Barry 5G **105**
Winnipeg Dr. CF23: Cyn......... 2C **86**
Winsford Rd. CF64: Sul 3A **120**
Winston Av. CF5: Cul C 1E **99**
Winston Rd. CF62: Barry 5G **105**
Wintour Cl. NP16: Chep.......... 1D **62**
Wisley Pl. CF23: Pontp........... 4E **73**
Wistaria Cl. NP20: Malp......... 4B **20**
Wiston Path NP44: F'wtr........ 3D **10**
Witham St. NP19: Newp 5E **37**
Withey Ct. CF83: Caer 1A **46**
Withy Cl. NP26: Magor........... 4C **58**
Withycombe Rd. CF3: L'rmy... 5A **74**
Withy Wlk. NP26: Magor........ 4C **58**
Witla Ct. Rd. CF3: Rum 2A **88**
Wolfe Cl. CF63: Barry............. 6C **106**
Wolfe Cl. CF71: Cowb 3B **90**
Wolfs Castle Av.
    CF14: L'shn 4G **71**
Wolseley Cl. NP20: Newp 2C **54**
Wolseley St. NP20: Newp 2C **54**
Womanby St.
    CF10: Card 4C **4** (4A **96**)
Woodbine Gdns.
    NP26: Magor 4D **58**
Wood Cl. CF14: L'vne............. 4B **72**
Wood Cl. NP10: Roger............ 2C **34**
Wood Cl. NP44: Llanf............. 4B **12**
Woodcock St. CF24: Card....... 2C **96**
Wood Cotts. CF15: Taff W 1F **69**
Wood Cres. NP10: Roger........ 2C **34**
Woodfield Av. CF15: Rad........ 3G **83**
Woodfield Cl. CF3: M'fld........ 5A **76**
Woodfield Rd. CF72: Tallb G... 3C **64**
Woodfield Rd. NP4: New I....... 5G **7**
Woodford Cl. CF5: L'dff.......... 6A **84**
Woodham Cl. CF62: Barry 1F **117**
Woodham Pk. CF62: Barry 1F **117**
Woodham Rd.
    CF63: Barry 3A **118**
    .... (not continuous)
Woodhouse CF62: Fon............ 2B **114**

Woodland Ct. NP44: Croes 1A **12**
    .... (not continuous)
Woodland Cres. CF15: Cre 5E **67**
Woodland Cres. CF23: Cyn..... 3C **86**
Woodland Dr. CF64: P'rth..... 1E **109**
Woodland Dr. NP10: Bass...... 6B **34**
Woodland Dr. NP10: Roger 2A **34**
Woodland Flats
    CF83: L'brad...................... 1B **28**
Woodland Pk. NP4: P'pool..... 4A **6**
Woodland Pk. Rd.
    NP19: Newp 3F **37**
Woodland Pk. Vw.
    NP19: Newp 3F **37**
Woodland Pl.
    CF24: Card 1H **5** (2C **96**)
Woodland Pl. CF64: P'rth....... 1E **109**
Woodland Rd. CF14: Whit...... 3B **84**
Woodland Rd. CF38: Bed....... 5A **42**
Woodland Rd. NP19: Newp 3F **37**
Woodland Rd. NP44: Croes 6G **9**
Woodlands, The
    CF14: L'vne........................ 3B **72**
Woodlands, The
    CF38: Llan F 4B **42**
Woodlands, The NP4: P'garn.... 2D **6**
Woodlands CF15: Morg 4F **69**
Woodlands CF64: Sul 3D **118**
Woodlands Cl. CF71: Cowb ... 3B **90**
Woodlands Ct.
    CF62: Barry 2H **117**
Woodlands Dr. NP20: Malp..... 3A **20**
Woodlands Pk. Dr. CF5: Ely.... 6G **93**
Woodlands Rd.
    CF62: Barry 2H **117**
Woodlands Rd.
    CF63: Barry 2H **117**
Woodland St.
    NP44: Cwm'bn 1E **11**
Woodlands Workshops
    CF72: P'clun...................... 4C **64**
Woodland Ter. CF37: P'prdd ... 1B **24**
    .... (not continuous)
Woodland Ter. CF72: Tyle....... 5B **64**
Woodland Ter. CF83: A'tdwr ... 2D **26**
Woodland Valley
    NP26: Caerw...................... 2C **60**
Woodland Vw. CF38: Chu V.... 3D **42**
Woodland Vw. NP26: Cald...... 4B **60**
Woodland Vw. NP26: Rog....... 6A **60**
Woodland Vw. NP4: P'pool..... 1B **6**
Woodland Vw. NP44: Croes...... 6G **9**
Woodlawn Way
    CF14: Thorn....................... 2G **71**
Woodley Ct. CF5: L'dff........... 5H **83**
Wood Path NP44: Croes.......... 5G **9**
Woodpecker Sq.
    CF62: St Ath 3G **111**
Wood Rd. CF37: T'rest........... 1D **24**
Woodruff Way CF14: Thorn 2F **71**
Woodside CF62: Barry...........2F **117**
Woodside CF75: Wen.............. 5E **99**
Woodside NP10: Duff............. 4G **53**
Woodside Ct. CF14: L'shn 4A **72**
Woodside Hamlet
    CF61: Llan M 5C **110**
Woodside Rd.
    NP44: Cwm'bn 1G **11**
Woodside Way
    NP44: Cwm'bn 1E **11**
Woodstock Cl. CF62: Barry.....2F **117**
Woodstock Cl. NP26: Cald...... 6C **60**
Woodstock St. NP26: Cald...... 6C **60**
Woodstock Way NP26: Cald.... 6C **60**
Wood St. CF10: Card............6B **4** (5H **95**)
Wood St. CF37: Cilf'dd............2F **15**
Wood St. CF64: P'rth 1E **109**

Woodsy Cl. CF23: Pontp 3G **73**
Woodvale Av. CF23: Cyn......... 6C **72**
Woodview Ct. NP4: P'pool 3B **6**
Woodview Cres. NP11: Ris 6E **17**
Wood Vw. Rd. NP11: Ris 5E **17**
Woodview Ter. NP4: P'pool 3B **6**
Woodville Ct. CF24: Card....... 1A **96**
Woodville Rd. CF24: Card...... 1A **96**
Woodville Rd. NP20: Newp.... 5H **35**
Woodward Av.
  NP11: Cross K 3A **16**
Woodward Rd.
  NP11: Cross K 3A **16**
Woolacombe Av.
  CF3: L'rmy............................ 2A **88**
Woolaston Av. CF23: Cyn 2B **86**
Woolmer Cl. CF5: L'dff.......... 5H **83**
Woolos Ct. NP20: Newp......... 5B **36**
Woolpitch Wood
  NP16: Chep 2C **62**
Woosnam Cl. CF23: Pen L 5E **87**
Worcester Cl. CF11: Card 1H **101**
Worcester Cl. NP44: L'rfn 2A **12**
Worcester Ct. CF11: Card 2H **101**
Worcester Cres.
  NP19: Newp 1F **37**
Worcester Path NP44: L'rfn.... 2A **12**
Worcester St. CF11: Card 1H **101**
Wordsworth Av.
  CF24: Card 1H **5** (2C **96**)
Wordsworth Av.
  CF64: P'rth 1C **108**
Wordsworth Cl.
  CF61: Llan M 3D **110**
Wordsworth Cl. NP26: Cald.... 6B **60**
Wordsworth Cl.
  NP44: Cwm'bn 3F **11**
Wordsworth Gdns.
  CF37: R'fln 3H **25**
Wordsworth Rd.
  NP19: Newp 4F **37**
Working St.
  CF10: Card 4D **4** (4A **96**)
World of Boats 3C **102**
Worle Av. CF3: L'rmy 2H **87**
Worle Pl. CF3: L'rmy 2H **87**
Worrells Pl. CF5: Ely 1F **99**
Wren Cl. CF3: St Mel............. 1E **89**

Wrenford Ct. NP20: Newp 5C **36**
  .... (off King St.)
Wren Rd. CF62: St Ath 3G **111**
Wrexham Ct. CF3: Rum 2C **88**
Wright Cl. NP19: Newp 6H **37**
Wrinstone Dr. CF5: Wen 6E **99**
Wroughton Pl. CF5: Ely.......... 2A **94**
Wyatt Ho. CF72: Hens.............5F **79**
Wyebank Av. NP16: Tut........... 1G **63**
Wyebank Cl. NP16: Tut........... 2G **63**
Wyebank Cres. NP16: Tut 2G **63**
Wyebank Dr. NP16: Tut 1G **63**
Wyebank Pl. NP16: Tut............ 2G **63**
Wyebank Ri. NP16: Tut........... 2G **63**
Wyebank Rd. NP16: Tut 2G **63**
Wyebank Vw. NP16: Tut.......... 2G **63**
Wyebank Way NP16: Tut......... 2G **63**
Wye Cl. CF62: Barry.............. 1E **117**
Wye Cl. NP44: Thorn.............. 1D **10**
Wye Cres. NP16: Chep........... 3E **63**
Wye Cres. NP20: Bet............. 5G **19**
Wye Valley Link Rd.
  NP16: Chep 3D **62**
Wye Valley Link Rd.
  NP16: Math 3D **62**
Wye Valley Link Rd.
  NP16: Pwllm......................... 3D **62**
Wye Valley Wlk.
  NP16: Chep 1D **62**
Wyeverne Rd. CF24: Card....... 1A **96**
Wyeverne Rd. NP19: Newp..... 4G **37**
Wyfan Pl. CF14: Card.............5F **85**
Wyncliffe Gdns. CF23: Pent.....5F **73**
Wyncliffe Rd. CF23: Pent....... 5G **73**
Wyndham Arc.
  CF10: Card 5D **4** (4A **96**)
Wyndham Cres. CF11: Card 3F **95**
Wyndham Pl. CF11: Card 4G **95**
Wyndham Rd. CF11: Card 3F **95**
Wyndham St. CF11: Card 4G **95**
  .... (not continuous)
Wyndham St. CF15: Tong........ 4G **69**
Wyndham St. CF63: Barry 2H **117**
Wyndham St. CF83: Mac........2F **31**
Wyndham St. NP20: Newp 3C **36**
Wyndham Ter. NP11: Ris 6F **17**
Wynd St. CF63: Barry........... 1B **118**

Wynnstay Cl. CF11: Card........ 6G **95**
Wyon Cl. CF5: L'dff................ 4H **83**

Y

Yarrow Cl. CF5: Ely 4E **93**
Yellow Row NP4: P'pool........... 4A **6**
  .... (off Crumlin Rd.)
Yeo Cl. NP20: Bet....................6F **19**
Yeo Rd. NP20: Bet................. 6G **19**
Yetts, The NP16: Sed 3H **63**
Yewberry Cl. NP20: Malp....... 5B **20**
Yewberry La. NP20: Bryng...... 5B **20**
  .... (not continuous)
Yewberry La. NP20: Malp 5B **20**
  .... (not continuous)
Yewberry La. NP20: Newp...... 5B **20**
  .... (not continuous)
Yew St. CF15: Taff W 1E **69**
Yew Tree Cl. CF5: F'wtr 1G **93**
Yew Tree Cl. NP26: Cald 6C **60**
Yewtree Cl. NP26: Undy.......... 5E **59**
Yew Tree Ct. CF23: Pen L 5C **86**
Yew Tree Ct. CF62: Barry 4E **117**
Yew Tree Gro.
  CF62: Eg Bre 2B **112**
Yew Tree La. NP18: Caerl 4H **21**
Yew Tree Ri. NP26: Rog.......... 6A **60**
Yew Tree Ter. NP44: Croes........ 6G **9**
Yew Tree Ter.
  NP44: Cwm'bn 3F **11**
Yew Tree Wood
  NP16: Chep 2B **62**
YMCA CF24: Card Cardiff 3B **96**
  .... (off The Walk)
Ymyl yr Afon CF37: R'fln 5G **25**
Ynysangharad Rd.
  CF37: P'prdd 6D **14**
Ynys Bery Cl. CF83: Caer 1H **45**
Ynys Bri. Ct. CF15: Gwae G 3F **69**
Ynysbryn Cl. CF72: Tallb G...... 2E **65**
Ynys Cl. CF37: R'fln 3F **25**
Ynyscorrwg Rd. CF37: R'fln ... 5H **25**
Ynysddu CF72: P'clun............. 5C **64**
Ynysfach Yd. CF15: Tong 4F **69**
Ynys-Gyfelin Rd.
  CF37: P'prdd 5C **14**
Ynys Hir CF37: Glync 1D **14**
Ynys La. NP44: Croes 6G **9**

Ynyslyn Rd. CF37: R'fln.......... 5H **25**
YNYSMAERDY......................... 6C **40**
Ynysmaerdy Ind. Est.
  CF72: L'sant 5E **41**
Ynysmaerdy Ter.
  CF72: Y'erdy 6C **40**
Ynys Ter. CF37: R'fln.......1D....4F **25**
Ynys Wlk. NP26: Magor.......... 6B **58**
YNYS Y BARRI 5G **117**
Ynysybwl Rd. CF37: Glync...... 1B **14**
Ynysybwl Rd. CF37: P'prdd..... 1B **14**
Ynysybwl Rd. CF37: Y'bwl...... 1B **14**
Ynys y Coed CF5: L'dff.......... 1C **94**
Yorath Rd. CF14: Whit 2D **84**
York Cl. NP44: G'mdw............. 2C **10**
York Ct. CF10: Card 6G **5** (5C **96**)
York Ct. CF15: Rad..................1F **83**
  .... (off Maes yr Awel)
York Dr. CF38: Llan F 5D **42**
York Pl. CF11: Card............... 2H **101**
York Pl. CF62: Barry..............4F **117**
York Pl. NP11: Ris.................. 4D **16**
York Pl. NP20: Newp.............. 5B **36**
York Rd. NP19: Newp 2E **37**
York St. CF5: Card 4E **95**
  .... (not continuous)
Youghal Cl. CF23: Pontp 3G **73**
Youldon Ho. CF64: Din P....... 2H **107**
YSBYTY PRIFYSGOL
  Y FAENOR 3C **12**
Ysgol Glan Morfa
  CF24: Card 4D **96**
Ysgol Pl. NP44: Pnwd 5C **8**
Ysgubor Fach CF83: Mac 2F **31**
Ystradbarwig CF38: Llan F..... 5C **42**
Ystradbarwig Ter.
  CF38: Llan F 5C **42**
Ystrad Bldgs. CF83: Tret 3A **30**
  .... (off Newport Rd.)
Ystrad Cl. CF3: St Mel 6E **75**
Ystrad St. CF11: Card........... 1A **102**

Z

Zinc St. CF24: Card................. 3D **96**
Zion Hill NP4: P'nydd 1A **6**
  .... (off Pentrepiod Rd.)

GUIDE TO SELECTED PLACES OF INTEREST

HOW TO USE THE GUIDE

Opening times for places of interest vary considerably depending on the season, day of the week or the ownership of the property. Please check opening times before starting your journey.

The index reference is to the square in which the place of interest appears. e.g. **Cardiff Castle** 3C **4**, is to be found in square 3C on page 4. **NT**, National Trust

CARDIFF

As capital City of Wales, Cardiff is the national centre for commerce, retail and conferences. The Principality Stadium, home of the Welsh Rugby Union, is the venue for international rugby and hosts a wide range of sporting fixtures, concerts and other events.
This important conurbation is full of interesting features and places to visit. Major investment is regenerating areas of past heavy industry as is most easily seen in the redevelopment of the former Cardiff Docks into a vibrant major visitor destination, Cardiff Bay.

© Shutterstock/Matthew Dixon

Cardiff Bay

 Tourist Information Centres

Caerphilly, The Twyn CF83 1UD.
Tel: 029 2088 0011.. 1D **46**
e-mail: caerphillytourism@yahoo.com

Cardiff, Cardiff Bay, Unit 1,Bute Place, CF10 5AL
Tel: 029 2087 7927.. 1C **102**
email: visitcardiff.web@gmail.com

Cardiff, The Old Library, The Hayes CF10 1BH.
Tel: 029 2087 3573.. 4D **4**
email: visitcardiff.web@gmail.com

Chepstow, Bridge Street NP16 5EY.
Tel: 012 9162 3772.. 1F **63**
www.chepstow.co.uk

Newport, John Frost Square NP20 1PA.
Tel: 016 3384 2962.. 5C **36**
www.newport.gov.uk

scan this QR code for:
www.visitcardiff.com

Barry Island Pleasure Park   5G **117**

Friars Road CF62 5TR.
Tel: 07976 413330.
www.barryislandpleasurepark.wales
Waterfront traditional Fun Fair, with a mixture of fun rides, amusements and stalls.

Butetown History & Arts Centre 1C 102

4 Dock Chambers, Bute Street CF10 5AG.
Tel: 029 2025 6757.
www.butetownhac.org.uk
Collects, preserves and presents the social and
cultural history of Cardiff Docklands, through
community work, educational and exhibition
programmes.

Caerleon Roman Fortress & Baths

see National Roman Legion Museum.

Caerphilly Castle 6D 28

Castle Street CF83 1JD. Tel: 029 2088 3143.
http://cadw.gov.wales/daysout/caerphilly-castle
The largest castle in Wales. Construction of
Caerphilly Castle began in 1268; built as a defence
against the Welsh by Gilbert de Clare. This is a
perfect example of the concentric castle, with its'
double defensive walls and massive circular corner
towers, the whole of which, is surrounded by a
double moat. Unaltered since the 14th century,
Caerphilly is a fine example of a medieval castle.
The south east tower leans at an alarming 10
degrees.
The castle with its four great gatehouses, portcullises
and fine 14th-century banquet hall was rescued from
dereliction in the 19th century by the wealthy
Marquess of Bute, responsible for similar work at
Cardiff Castle.

Caldicot Castle 4E 61

Church Road NP26 4HU. Tel: 012 9142 0241.
www.visitmonmouthshire.com/caldicot-castle
An impressive Norman and Medieval fortress
beautifully set within the landscape of a country park.
Its massive curtain wall links the keep to five
defensive towers and offers panoramic views over the
surrounding park and countryside. A small local
history museum features items from the Caldicot
Collection with its furniture and fittings from the Cobb
family, the castle's last private owners.

Cardiff Castle 3C 4

Castle Street CF10 3RB. Tel: 029 2087 8100.
www.cardiffcastle.com
This extensive Norman motte and bailey castle is
built on the site of a Roman fort, its features include a
dominating stone keep and attractive tree lined
parkland within massive outer walls. In the 19th
century the castle's domestic interiors were
transformed in an exuberant romantic gothic style for
the 3rd Marquess of Bute who had amassed his
fortune with the export of coal. In 1947 the 5th
Marquess gave the castle and neighbouring Bute

Park to the people of Cardiff.
The castle's fascinating 2,000 years of history are
brought to life in the multimedia Interpretation Centre.
Within the castle is 'Firing Line' - see separate entry.

Cardiff Story Museum 4D 4

The Old Library, The Hayes CF10 1BH.
Tel: 029 2034 6214.
https://cardiffmuseum.com
The story of Cardiff is told in the museum's
permanent Cardiff in Context gallery, its development
from an ancient settlement to the vibrant modern city
of today. The City Lab galleries are an interactive
learning experience both for adults and children,
offering the chance to explore the city's past and
present through hands-on displays and activities.
What's on galleries display a programme of
temporary exhibitions.

Castell Coch 3G 69

Castle Road, Tongwynlais CF15 7JS.
Tel: 029 2081 0101.
https://cadw.gov.wales/visit/places-to-visit/castell-coch
Built for the 3rd Marquess of Bute in the 1870's on
the remains of an earlier 13th century castle, "Red
Castle" was a country retreat for the owner of Cardiff
Castle. Although quite small, the interior decoration
and furnishing is spectacular.

© Shutterstock/Tim Dobbs

Castell Coch

Chepstow Castle 1E 63

Bridge Street NP16 5EY.
Tel: 012 9162 4065.
https://cadw.gov.wales/visit/places-to-visit/
chepstow-castle
This massive Norman castle, begun soon after the
Battle of Hastings, to subdue the Welsh, enjoys a
dominating cliff top position over the River Wye.
Enlarged during the 12th and 13th centuries its linked
courtyards are defended by massive walls and
towers. A Royalist stronghold during the Civil War it
was twice besieged and later repaired by the
Parliamentarians, though falling into ruin in later
centuries. The substantial remains are impressive

© Shutterstock/tazzymoto

Dyffryn Gardens

Chepstow Museum 1F 63

Bridge Street NP16 5EZ. Tel: 012 9162 5981.
www.monmouthshire.gov.uk/chepstow-museum
Sited in a fine 18th century town house the museum
shows items of local and regional interest and the
history of the town itself from Roman times to the
present. Displays explain the former importance of
Chepstow as a market town, port and local
shipbuilding centre.

Cosmeston Lakes Country Park 6D 108
& Medieval Village

Lavernock Road, Penarth CF64 5UY.
Tel: 029 2070 1678.
www.valeofglamorgan.gov.uk/en/enjoying/Coast-and-
Countryside/cosmeston-lakes-country-
park//cosmeston-lakes-country-park.aspx
Two flooded former quarries, meadows and
woodlands form a park rich in wildlife. Of particular
interest are wildflower rich grassland and a boardwalk
giving visitors access to view the plants and wildlife
along the reedbeds. Cosmeston Medieval Village is
brought to life by costumed villagers who encourage
visitors to step back in time to see, touch, and even
smell something of 14th century village life.

Dyffryn Gardens NT 1D 104

St Nicholas, Dyffryn CF5 6SU. Tel: 029 2059 3328.
www.nationaltrust.org.uk/dyffryn-gardens
This restored Edwardian garden features a series of
linked themed gardens including a Pompeian Garden,
Mediterranean Garden, Physic Garden and Theatre
Garden, each enclosed by yew hedges to form a
series of outdoor rooms. There are expanses of lawn
and formal gardens around the 19th century Dyffryn
House. There are also wild gardens and an extensive
arboretum.

Firing Line 3C 4
(Cardiff Castle Museum of the Welsh Soldier)

Cardiff Castle, Castle Street CF10 2RB.
Tel: 029 2087 3623.
www.cardiffcastlemuseum.org.uk
Located within Cardiff Castle, the history of infantry
in South Wales is imaginatively presented in an
interactive exhibition commemorating over 300 years
of distinguished service that has evolved to form the
1st The Queen's Dragoon Guards and The Royal
Welsh Regiment.

Fourteen Locks Canal Centre 3D 34

Cwm Lane, Rogerstone, Newport NP10 9AJ.
Tel: 016 3389 2167.
www.fourteenlocks.mbact.org.uk
A canal Heritage Centre showing the history and
former importance of the canal system, as well as the
lives and work of the canal communities. The flight of
fourteen locks on the Monmouthshire and Brecon
Canal, rising 160 feet in half a mile, are a short tow
path walk away.

Llandaff Cathedral 6D 84

Cathedral Close CF5 2LA. Tel: 029 2056 4554.
www.llandaffcathedral.org.uk
The Cathedral Church of SS Peter & Paul was

founded in 1107. Its features include the fine 13th century West front and Chapter House, 14th century windows in the Perpendicular style and 15th century Bell Tower. Full interior restoration followed its near complete destruction by World War II bombing. Notable artworks include the triptych by D G Rossetti and the aluminium statue of Christ in Majesty by Sir Jacob Epstein, suspended dramatically above the nave on a soaring concrete arch.

Nantgarw China Works & Museum   3E 45

Tyla Gwyn CF15 7TB.
Tel: 014 4384 4131.
http://nantgarwchinaworksmuseum.co.uk
Small museum devoted to Nantgarw Porcelain established in 1813 by William Billingsley and Samuel Walker. Utilising a formula developed while working for Royal Worcester, its fine artistically decorative ware went on to be regarded as a rival to Sèvres.

National Assembly for Wales   1C 102

Cardiff Bay CF99 1NA.
Tel: 030 0200 6565.
https://senedd.wales
The National Assembly for Wales meets in a landmark building, The Senedd. Opened in 2006, it is transparent at the public level with a curving wave-like roof structure. Its debating chamber, The Siambr, with its unique roof funnel feature, includes a 128 seat public gallery. Public areas include the upper level Oriel cafe from where it is possible to view assembly sessions.

National Museum Cardiff   1D 4

Cathays Park CF10 3NP.
Tel: 030 0111 2333.
https://museum.wales/cardiff
Home to the archaeology, art, geology and natural history collections of Wales. Displays explore and explain the diversity of wildlife in Wales, its landscape, geology as well as the fascinating 'Evolution of Wales' story told across time.
Six new contemporary art galleries comprise the National Museum of Art showing both historic and modern fine art together with a wide range of applied art. The museum is rich in art from Italy, the Netherlands and Britain, especially Wales; it has notable collections of both the Pre-Raphaelite and 19th century French schools.

National Roman Legion Museum   5H 21

High Street, Caerleon NP18 1AE.
Tel: 030 0111 2333.
https://museum.wales/roman
Situated within the layout of the fortress of Isca built AD 75, one of only three such permanent fortresses in Roman Britain.
The museum vividly describes the life of the legionaries and the important contribution of the Roman civilization to Britain with its remarkable displays of unique finds. Within a short distance the fortress ruins include the most complete Roman Amphitheatre in Britain, well preserved Fortress Baths and the Legionary Barracks which were built to house over 5000 men. The museum gardens are laid out and planted to represent a Roman garden where it is possible to discover how many of todays garden plants were cultivated in Roman Britain.

Newport (St. Woolos) Cathedral   5B 36

Stow Hill NP20 4EA.
Tel: 016 3326 7464.
www.newportcathedral.org.uk
A cathedral since 1949, St. Woolos church is of ancient 9th century origins with a 12th century nave and medieval side aisles. Enlarged in the 20th century to suit its role as a cathedral, features include the fine 11th century arched doorway, 15th century tower and an east end mural by John Piper. The cathedral is noted for its musical tradition.

Newport Museum & Art Gallery   5C 36

John Frost Square NP20 1PA.
Tel: 016 3365 6656.
www.newport.gov.uk/heritage/Museum--Art-Gallery/Museum-Art-Gallery.aspx
Shows collections devoted to the history of Newport and the surrounding district. Displays include archaeology, natural history and social history, including domestic, commercial and industrial themes. Features include the design and construction of the Newport Transporter Bridge. Also a medieval ship discovered in 2002 on the banks of the river Usk. The Art Gallery collection includes paintings, watercolours and prints. Also pottery and porcelain, with period room displays showing the Wait collection of teapots and the historical development of tea drinking.

Norwegian Church Arts Centre   2C 102

Harbour Drive CF10 4PA. Tel: 029 2087 7959.
www.norwegianchurchcardiff.com
Founded in 1868 for the many thousands of Scandinavian sailors at a time when Cardiff Docks were internationally important in the export of coal. Dismantled in 1987 and re-opened on its present site in 1992, the centre is an important visitor attraction on the Cardiff Bay Waterfront, staging art exhibitions and cultural events.

Pierhead 2C **102**

Cardiff Bay CF99 1NA. Tel: 030 0200 6565.
www.visitcardiff.com/highlights/pierhead
This historic terracotta dockside building of 1897 with its clock tower focal point to the inner harbour, was built to house dock company offices. Now belonging to the people of Wales it has been carefully restored and is open as a visitor, events and conference centre with informative displays and interactive exhibitions.

Pierhead

Pontypool Museum 2C **6**

Park Buildings NP4 6JH. Tel: 014 9575 2036.
www.pontypoolmuseum.org.uk
Devoted to the history of Pontypool and the Torfaen Valley. Displays illuminate the social and industrial heritage with its wide range of domestic artifacts, craftwork and fine art. Features include fine examples of decorative Pontypool & Usk Japanware, also other important 18th century industries, mining, glass and steel manufacture among them.

Principality (Millennium) Stadium 5B **4**

Westgate Street CF10 1NS.
Tel: 084 4249 1999.
www.principalitystadium.wales
Completed in June 1999, the 74,500 capacity stadium is the home of the Welsh national rugby union team and also hosts many of the national football team's games, as well as special events and concerts. Tours of the stadium are also available.

Principality Stadium

St Fagans National Museum of History 2D **92**

Michaelston Road, Cardiff CF5 6XB.
Tel: 030 0111 2333.
https://museum.wales/stfagans
St Fagans is part of the National Museum and is devoted entirely to the life and culture of Wales. Situated in 100 acres of parkland it is one of Europe's most important open-air museums with over 40 original re-erected buildings, representing various historical periods and locations in Wales; including an Iron Age Village, a Medieval Church, traditional cottages, a farmhouse, a row of 19th century ironworkers' houses, a village school and a chapel. A diverse range of traditional workshops with resident craftsmen can be seen, including a blacksmith forge, saddlery, woollen mill and water driven corn mill. The museum completed a £30 million redevelopment in 2018 with new learning spaces and improved galleries in which Welsh culture, its language and faiths are examined.
The museum is situated within the landscape gardens of St. Fagans Castle, a fine Elizabethan manor house, with its evocative room displays and Italianate garden.

Sophia Gardens
3A **4**

Cardiff CF11 9XR.
Tel: 029 2040 9380.
www.glamorgancricket.com/sophia-gardens
A large public park in central Cardiff and the traditional home of Glamorgan County Cricket since 1967. The cricket ground, which seats 16,000, is also a venue for Test Matches and One Day International cricket for the England team.

Techniquest
2B **102**

Stuart Street CF10 5BW. Tel: 029 2047 5475.
www.techniquest.org
An exciting and educational science discovery centre, where an imaginative range of hands-on interactive exhibits encourage visitors to explore science and scientific principles. Other features include science theatre shows and a planetarium.

Transporter Bridge (Newport)
2D **54**

Brunel Street, Newport NP20 2JY.
Tel: 016 3365 6656.
www.newport.gov.uk/heritage/Transporter-Bridge/Transporter-Bridge.aspx
Constructed in Newport in 1906 to improve cross river transport links for workers in local growth industries, it employs a very unusual and eye catching design where traffic is winched 645ft (196m) across the River Usk by a gondola suspended from twin 242ft (74m) towers. There are very few examples in the world and it is now a Grade I listed structure. Access to the high level walkway is via the Visitor Centre.

Tredegar House   NT
4F **53**

Pencarn Way, Newport NP10 8YW.
Tel: 016 3381 5880
www.nationaltrust.org.uk/tredegar-house
An imposing 17th century red brick mansion house

on the site of a 15th century stone hall, home of the Morgan family for over 500 years. The state rooms give an insight into the lives of the family, their historical importance and significant contribution to the industrialisation of South Wales. Below stairs recreates the lives and working conditions of those 'in service', evocative display rooms include the Butlers Pantry, the Great Kitchen and the Pastry Room. The 90 acre grounds include various formal gardens and an orangery, while the former landscape park and lake now form Tredegar House Country Park.

Wales Millennium Centre
1C **102**

Bute Place CF10 5AL.
Tel: 029 2063 6464.
www.wmc.org.uk
Opened in November 2004 the centre is an important arts venue with an ongoing programme of opera, ballet, contemporary dance, drama, cinema and art exhibitions.
The design which contains both a large theatre and two smaller halls, makes predominant use of Welsh slate and other materials sourced from Wales. Its dramatic frontage is pierced with backlit monumental inscriptions in Welsh and English.

Welsh Hawking Centre
6C **104**

Waycock Road, Barry CF62 3AA.
Tel: 014 4673 4687.
www.welsh-hawking.co.uk
View over 200 birds of prey including eagles, owls, hawks, falcons and buzzards. Flying demonstrations take place daily, weather permitting, within the landscaped parkland setting.

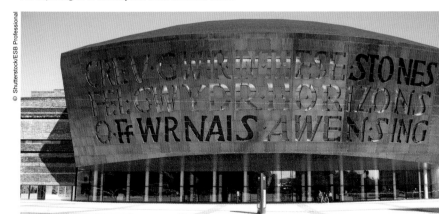

Wales Millennium Centre

© Shutterstock/ESB Professional

Published by Geographers' A-Z Map Company Limited
An imprint of HarperCollins Publishers
Westerhill Road
Bishopbriggs
Glasgow
G64 2QT

www.az.co.uk
a-z.maps@harpercollins.co.uk

7th edition 2021

© Collins Bartholomew Ltd 2021

This product uses map data licenced from Ordnance Survey
© Crown copyright and database rights 2020 OS 100018598

AZ, A-Z and AtoZ are registered trademarks of Geographers' A-Z Map Company Limited

All rights reserved. No part of this publication may be reproduced, stored in a retrieval system, or transmitted, in any form or by any means, electronic,mechanical, photocopying, recording or otherwise without the prior permission in writing of the publisher and copyright owners.

Every care has been taken in the preparation of this atlas. However, the Publisher accepts no responsibility whatsoever for any loss, damage, injury or inconvenience sustained or caused as a result of using this atlas. The representation of a road, track or footpath is no evidence of a right of way.

A catalogue record for this book is available from the British Library.

ISBN 978-0-00-844519-5

10 9 8 7 6 5 4 3 2 1

Printed and bound in China by RR Donnelley APS Co Ltd.